평화의 신학

: 한반도에서 신학으로 평화만들기

평화의 신학: 한반도에서 신학으로 평화만들기

2019년 7월 2일 초판 1쇄 인쇄
2019년 7월 9일 초판 1쇄 발행

엮은이 | 한국문화신학회
지은이 | 강응섭 고성휘 김상덕 김은규 김종만 김혜경 박문수 박일준 박종현
         박태식 손원영 윤영훈 이민형 이병성 이상목 이찬수 전철 전철후
펴낸이 | 김영호
펴낸곳 | 도서출판 동연
등   록 | 제1-1383호(1992년 6월 12일)
주   소 | 서울시 마포구 월드컵로 163-3
전   화 | (02) 335-2630
팩   스 | (02) 335-2640
이메일 | yh4321@gmail.com
블로그 | https://blog.naver.com/dong-yeon-press

ISBN 978-89-6447-512-6 93200

평화의 신학

: 한반도에서 신학으로 평화만들기

한국문화신학회 엮음 | 이찬수 외 함께 씀

동연

신학이 한반도의 평화에 공헌하기 위하여

신학(神學, theology)은 '신(神, theos)에 대한 말(學, logos)'이되, 인간이 하는 말이다. 정치, 경제, 사회, 문화 등 전반적 생활 세계의 의미를 삶의 근원이 되는 신과의 관계성 속에서 묻고 찾으며 다시 신적 질서에 어울리도록 재구성할 것을 요청한다. 당연히 신학도 인간 삶의 모든 영역에 영향을 받으며 형성되는 것일 수밖에 없다. 한국문화신학회에서는 이러한 원리를 의식하며 신학자들 간의 학문적 교류를 지속해왔다. 신학적 보편성을 한반도라는 구체적 현장에서 찾으면서 한국 신학으로서의 정체성을 확보하려는 시도라고 할 수 있다.

한국문화신학회는 특히 문화에 관심을 기울여왔다. 이때의 문화는 정치, 경제, 사회의 하위 범주가 아닌, 더 심층적이고 광범위한 인간 활동의 소산을 의미한다. 정치, 경제, 사회는 물론 과학, 예술 등 거의 전 영역을 녹여내고 있는 생활양식 총체인 것이다. 문화신학회에서는 바로 이러한 문화의 문제를 다루면서, 기독교 신학 자체가 한국의 문화와 사상 전반에 영향을 받으며 정체성이 형성된다는 사실도 의식해왔다. 동시에 한국의 문화와 사상을 더 넓고 깊게 변혁하는 동력이 될 수 있기를 바라는 마음도 늘 견지해왔다. 그렇게 지금까지 다양한 학술논문집과 단행본을 출판했다(이 책 맨 뒤 '엮은이 소개' 참조).

2017년 말부터 2019년 초까지는 성서학, 조직신학, 역사신학, 사회신학, 기독교교육, 선교학 등 신학의 여러 영역은 물론, 종교철학, 평화학, 문화이론 등 다양한 전공의 회원들이 '평화'의 문제를 천착하기 위한 모임을 꾸렸다. 학회 차원에서 이른바 '평화신학 콜로키엄'을 열자고 마음먹었을 때는 북한의 지속적 핵 실험으로 인해 한반도에 전쟁이 일어날지 모른다는 위기의식이 고조되던 시절이었다. 역설적으로 평화가 얼마나 소중한 가치인지, 아니 기독교의 궁극적 가치가 평화라는 사실을 새삼 되새기게 해주는 때이기도 했다.

그러다가 북한의 김정은 국무위원장이 2018년 신년사에서 평창올림픽에 참가할 의사가 있다는 사실을 밝히고, 평창올림픽 기간 중에 한미연합군사훈련을 연기하자는 문재인 대통령의 제안을 미국이 수용하면서 북한이 평창올림픽에 참가하는 명분을 제공해 주었다. 북중, 남북, 북미 간 정상회담이 '한반도 비핵화'를 수단으로 연이어 열리면서 한반도에 전례 없던 평화의 기운이 강력하게 솟아났다. 원치 않는 분단으로 70년 이상 고통 받아오던 한반도가 다시 원래 하나였던 그 시절을 새 시대에 맞게 회복할 수 있으리라는 기대가 고취되었다. 문화신학회에서도 이러한 현실을 설렘과 기대로 맞이하면서, 평화 관련 신학적 토론을 본격 시도했다.

2018년 1월부터 매월 두 사람씩 각자의 전문성에 기반한 발표를 하고 참석자들이 전원 패널이 되어 격의 없는 토론을 14개월 동안 이어 갔다. 자유로우면서도 심층적인 발표와 토론으로 글의 완성도를 높이면서 단행본을 준비해왔다. 그렇게 모두 18명의 신학, 종교, 평화 관련 학자들이 참여한『평화의 신학』이 출판되기에 이르렀다. 기쁜 일이 아닐 수 없다.

평화의 범주는 넓다. 개인의 심리적 편안함에서 우주적 조화까지 이어질 뿐만 아니라, 특히 분단으로 인한 심각한 갈등을 넘어 통일과 그 이후 사회적 통합까지 이루어내야 하는 한반도의 경우 평화는 복잡하게 꼬인 정치 및 사회적 현실까지 반영해내야 하는 복잡하고 어려운 과제이다. 그러면서 필연적인 과제이기도 하다. 이 모든 차원을 관통하는 한 문장으로 평화를 규정하라면, "평화는 폭력을 줄이는 과정"이라고 할 수 있다(이 책 제1장 참조). 신학자라면 한반도는 물론 전 세계에서 여러 가지 모습으로 형성 및 전개되고 있는 폭력을 지속적으로 줄여 궁극적으로는 일체의 폭력 없는 세상을 만들어가는 과정에 기여해야 할 책무를 느끼지 않을 수 없다. 이번 『평화의 신학』의 필자들은 글을 쓰며 그런 책무의 일부라도 감당할 수 있어서 기뻤다. 아울러 '신학으로서의 평화학' 혹은 '평화학으로서의 신학'의 가능성도 상상할 수 있었다. "평화를 이루는 사람은 행복하다, 그들은 하느님의 자녀라 불릴 것이다"(마태복음 5:9)라는 예수의 말처럼, 이 책이 한반도에 평화를 이루기 위한 신학적 징검다리가 될 수 있기를 바랄 뿐이다.

이 원고를 집필하는 데 '원아시아재단'(One Asia Foundation)으로부터 일부 지원을 받았다. 일본과 홍콩에 본부를 두고 있는 원아시아재단은 전 세계의 수백 개 대학에 '아시아공동체론' 관련 과목을 개설하도록 연구비를 지원함으로써 인류가 분열과 갈등을 넘어 조화로운 공동체적 가치를 구체화시키는 데 기여하고 있는 재단법인이다. 아시아의 평화와 관련해 의미가 적지 않은 단체라고 할 수 있다. 먼저 원아시아재단에 감사드린다. 무엇보다 일 년 반 가까이 매월 빠지지 않고 콜로퀴엄을 열어 평화의 신학에 대해 발표하고 함께 토론한 한국문화신학회 회원 연구자들에 대한 감사의 마음이 제일 크다.

2019년 5월
필자들을 대신하여
한국문화신학회 회장
이찬수

차 례

3부 대중문화와 평화

4부 _ 시민운동과 평화

1부

평화의 다리를
놓으며

감폭력(減暴力)의 정치와 평화의 신학*

이 찬 수

(서울대학교 통일평화연구원)

1. 왜 평화롭지 않을까

1) 평화의 방법이 다르다

많은 이들이 평화를 원하지만, 세상이 평화롭지 못한 이유는 무엇일까? 단순하게 말하면, 평화를 원하기는 하되, 실천은 하지 않기 때문일 것이다. 좀 분석적으로 표현하면, 평화에 대한 개념적 이해와 실천적 의지가 다르기 때문이기도 하다. 칸트(I. Kant)의 통찰에서처럼, 어떤 대상을 개념적으로 인식하는 '순수이성'과 도덕적 의지에 따라 행동을 규정하는 '실천이성'은 다르다. 평화에 대해 생각하고 상상하는 관념적 사유의 능력과 그 생각이 실제로 도덕적 가치에 부합하도록 실천하

---

* 이찬수, "평화는 어떻게 이루어지는가: 감폭력과 평화구축", 「불교평론」 19권 3호(2017)의 글을 일부 수정 보완한 李贊洙, "平和はどのように成り立つのか: 減暴力と平和構築", 「リ-ラ-「遊」」 Vol. 10(2018)을 이번 단행본 취지에 맞게 다시 수정 보완한 글이다.

려는 의지 사이에는 제법 거리가 있다. 나아가 '하고자 하는' 의지가 '실제로 하는' 데까지 나아가기까지의 간격도 넓다. 이런 간격과 거리가 평화에 대한 말은 많아도 실제 평화로까지 이어지지 않게 한다.

설령 원하는 대로 실천한다 해도 그 실천이 다른 실천과 부딪히기 때문이기도 하다. 다른 실천과 부딪히는 이유는 평화 실천의 방법이 다르기 때문이다. 방법이 다른 이유는 사실상 목적이 다르기 때문이다. 방법은 목적을 구현하는 수단이거니와, 목적 자체가 자기중심적으로 설정되어 있으면, 실천도 자기중심적으로 하게 된다. 자기중심적 태도는 타자를 소외시키거나 후순위로 몰아낸다.

문제는 대부분의 개인과 단체와 국가가 그런 식으로 한다는 것이다. 그래서 개인끼리도 부딪치고 국가 간에는 긴장하고 갈등한다. 나의 평화가 너의 평화와 부딪치고, '너희' 평화는 '우리'에게 어색하다 느끼고, 자국의 평화가 타국에 대한 제한이나 압박으로 나타난다. 개인이나 집단, 나아가 국가의 평화구축 행위가 다른 개인, 집단, 국가의 구축 행위와 대립하는 것은 대체로 이런 이유 때문이다.

종교도 다르지 않다. 평화를 추구하고 내세우는 종교인들 사이에 갈등도 있는 이유는 평화를 자기중심적으로 해석하고 적용하고 실천하려 하기 때문이다. 가령 "그리스도는 우리의 평화"(엡 2:14)라는 성서를 보자. 이것은 본래 그리스도를 만나 평화를 이뤄가는 이들의 공동체적 경험을 표현한 말이지만, 현실에서는 그리스도를 말하거나 신앙하지 않는 이들에게는 평화가 없거나 적다는 식으로 이해하곤 한다. 그리스도의 이름을 부르고 그에 대해 비슷한 기대를 가진 이들 안에만 평화가 임재하는 것처럼 상상한다. 불교에서는 "일체중생실유불성"(一切衆生悉有佛性, 『대반열반경』)이라는 혁명적 가르침을 선포하고 있지만, 그 가르침을 실제로 깨달으려면 불교에서 전통적으로 해오던 방식에 따르는 것이 좋다고 생각한다. 비불교도에게도 불성이 있기는 하지만, 왠지

불자만은 못할 것 같다는 무의식적인 느낌을 받는다.

『쿠란』에는 "우리(무슬림)의 하나님과 너희(유대-그리스도인)의 하나님은 같은 하나님이시니 우리는 그분께 순종한다"(29:46)는 말이 있다. 그런데 무슬림이 실제로 생각하는 '그분'은 자신들이 이해하는 이슬람의 하나님이다. 문장의 지향점은 '같은' 하나님이라는 말에 있지만, 현실에서는 유대인이나 기독교인의 하나님을 실제로는 '같게' 여길 수 없도록 되어 있는 것이다. 이러한 현실은 무슬림이 '우리'의 하나님과 '너희'의 하나님을 구분해서 말할 때 그리고 기독교인이 그리스도는 '우리'의 평화라며 우리가 아닌 '타자'를 전제할 때, 이미 함축되어 있다고 할 수 있다. 불성이라는 말을 쓰지 않는 곳에는 왠지 불성이 없거나 덜 활발할 것 같은 느낌을 갖는 곳에서도 마찬가지다. 거의 무의식적으로 차별성을 함축하고 있는 것이다.

2) 목적과 수단이 분리된다

차별성은 자기중심성의 필연적 발로다. 평화를 자기중심적으로 구현하는 과정에 이미 타자소외가 들어있다. 평화의 이름으로 타자를 소외시키고, 사실상 자신의 내적 욕망을 충족시키려 한다. 평화에 대한 자기중심적 이해가 평화를 위한 수단도 자기중심화한다. 타자에 대해서는 사실상 폭력적이지만, 그럼에도 불구하고 평화의 이름으로 포장하고 있는 이들은 타자소외의 실상은 잘 느끼지 못한다. 이것을 '자기중심적 평화주의'(ego-centric pacifism)라고 할 수 있을 것이다.

여기서는 폭력이 —물론 정도의 차이는 있지만— 불가피한 수단처럼 일상화되어 있을 때가 많다. 어떤 목적을 구체화시키고 정당화시키기 위한 도구로 폭력을 인정하곤 한다. 발리바르(Étienne Balibar)가 잘 제시한 바 있듯이, 억압으로부터의 해방을 지향하는 혁명적 정치 행위도 해방의 추구라는 목적을 부각시키며 자신의 폭력성에 대해서는 관대해지는 경우가 많다.[1] 자본가의 억압에 대한 노동자의 저항적 폭력을 정당하다고 보았던 마르크스주의가 그 전형적인 사례다.

이른바 민주주의도 겉으로는 사회적 안정과 질서를 명분으로 내세우지만, 속으로는 권력과 체제의 정당성을 확장하려는 의도를 숨기고 있곤 한다. 그런 경우 이른바 민주정부조차도 위계에 의한 과거의 일방적 명령 체계를 은근히 기대한다. 그런 체계를 공고히 하려는 욕망도 꿈틀댄다. 이런 숨은 욕망 속에서 수단이 점차 폭력화하는 것이다. 지젝(Slavoj Zizek)이 "체계적 폭력"(systematic violence)라는 말을 쓴 바 있는데, 이것은 체제가 공고하게 자리 잡아 굉장히 안정적으로 보이는 사회 시스템이 도리어 폭력적일 수 있다는 사실을 담고 있다.[2]

그렇게 되는 이유는 무엇인가. 그것은 평화의 개념과 실천 방법이 다를 뿐만 아니라, 실천마저 자기중심적으로 하기 때문이다. 자기중심성 속에는 타자가 없거나 소외된다. 타자를 배제하거나 소외시킨 평화는 사실상 폭력으로 작동한다. 수단이 폭력적인 곳에서 드러나는 것은 폭력뿐이다.

평화를 지향한다면 실천을 위한 수단도 평화적이어야 한다. 고대 로마의 전략가 베게티우스(Flavius Vegetius Renatus)가 말한 "평화를 원하면 전쟁을 준비하라"는 격언에 반대하며 근대 평화학에서는 "평화를 원하면 평화를 준비하라"는 말을 금언으로 삼고 있다. 갈퉁(Johan Galtung)의 주저인 『평화적 수단에 의한 평화 *Peace by Peaceful Means*』라는 말에서처럼, 수단과 목적은 일치해야 하는 것이다. 20세기 한국

---

1 에티엔 발리바르/진태원 옮김, 『폭력과 시민다움』(서울: 난장, 2012), 11-12.
2 슬라보예 지젝/이현우 외 옮김, 『폭력이란 무엇인가』(서울: 난장이, 2011), 24. 우리말 번역에서는 systematic violence을 '구조적 폭력'이라고 번역했는데, 갈퉁의 structural violence와 구분하기 위해서 이 글에서는 '체계적 폭력'으로 표기했다.

최고의 실천적 사상가라 할 함석헌도 수단과 목적의 관계를 다음과 같이 규정한 바 있다: "목적은 끄트머리에만 있는 것이 아니라 전 과정의 순간순간에 들어있다. 수단이 곧 목적이다. 길이 곧 종점이다. 길 감이 곧 목적이다."[3]

3) 개념이 다르고 목적이 충돌한다

그렇다면 또 물어야 한다. 목적과 수단은 왜 분리되는가? 이것은 목적의 두 얼굴 때문이다. '자기중심적 평화'라는 말에 이미 함축되어 있었거니와, 평화라는 단일한 이름 속에 숨겨진 의도와 목적이 서로 어긋나기 때문이다. 실제로 개인, 집단, 국가가 평화를 바라는 의도와 목적은 동일하지 않을 때가 많다. 가령 강자는 현 체제 및 질서의 안정을 통해 평화를 이루려 한다면, 약자는 강자에 의해 만들어진 불평등의 해소에서 평화를 느낀다. 그래서 강자는 구조적 혹은 체계적 폭력을 불가피하거나 필연적인 것으로 정당화하려 하고, 약자는 불평등의 해소를 위한 또 다른 폭력에 기대는 쪽으로 기운다. 다른 기대와 내용을 자기중심적으로 충족시키는 과정에 갈등이 증폭되는 것이다.

더 근본적인 문제는 평화에 대한 이해 자체의 상이성이다. 평화라는 '기표'와 '기의' 간 차이도 있는 것은 물론이거니와, 평화에 대한 사람들의 개념 자체가 서로 다르다. 같은 언어에 대한 이해가 사람들 사이에 반드시 동일하지 않다는 뜻이다. 가령 북한에 대한 남한의 이해는 이른바 '진보'와 '보수' 어느 진영에 있느냐에 따라 애당초 달리 설정된다. 남쪽의 보수는 대체로 북한에 대해 배타적이거나 정복적 자세를, 진보는 대체로 포용적이거나 대화적 자세를 취한다. 북한의 정식 명칭은

---

3 함석헌, 『함석헌저작집 제2권』 (파주: 한길사, 2009), 28.

"조선민주주의인민공화국"이고, 남한의 정체는 "민주공화국"(헌법 제1조)에 두고 있지만, 북한과 남한이 이해하는 '민주'나 '공화국'의 개념은 서로 다르다.

가령 북한의 헌법 전문은 이렇게 시작한다: "조선민주주의인민공화국은 위대한 수령 김일성동지와 위대한 령도자 김정일동지의 사상과 령도를 구현한 주체의 사회주의조국이다. 위대한 수령 김일성동지는 조선민주주의인민공화국의 창건자이시며 사회주의조선의 시조이시다." 예상할 수 있듯이, 북한은 이 두 사람의 위대한 령도를 내내 강조한다. 북한이 말하는 조선민주주의인민공화국은 특정인의 창건 이념을 수행한다는 점에서 주권을 인민에 두는 일반적인 의미의 공화국과 다르다. 공화국의 의도와 목적, 절차와 과정 등 거의 모든 것이 다르다. 무엇이 옳으냐 그르냐를 논외로 한다면, 한반도의 남쪽이나 북쪽이나 현 체제 중심적으로, 자기 정권에 유리하게 제시하고 사유한다는 점에서는 비슷하다.

이런 현실을 직시하면, 특정한 상황과 맥락 안에서 내려진 평화에 대한 개념적 정의는 그것이 어떤 것이든 최종적일 수 없다. 특정 평화 규정을 최종화하고 실천 방법을 단일화하려는 순간 그런 시도가 평화를 위한 다른 실천과 부딪히며 도리어 폭력의 동인이 된다. 그렇다면 과연 평화를 이룬다는 것은 가능하겠는가? 평화를 정의한다는 것은 가능하겠는가? 이런 불편한 사실을 의식하면서, 일단 기존의 평화 규정을 재검토해보자.

2. 평화를 다시 생각한다

1) 폭력이 없던 적은 없다

평화에 대한 가장 일반적인 정의는 '평화는 폭력이 없는 상태'라는 문장이다. 그런데 어떤 강력한 힘이 조직이나 체제를 조절 및 통제하고 있어서 외견상 폭력이 없는 것처럼 보일 수도 있다. 하지만 그렇다고 해서 폭력이 없는 것은 아니다. 국제 징치나 정책적 조율로 인해 서로 침범하지 못하고 있다고 해서 평화가 온전히 이루어진 것은 아니다. 현실적으로 평화는 정책이나 조약의 조절 대상이기도 하지만, 더 근본적으로는 인간 삶의 전체 영역과 관련한 문제다. 갈퉁이 말한 '적극적 평화'(Positive Peace)가 대체로 여기에 해당하며,[4] "유엔개발계획"(UNDP) "인간개발 보고서"(1994)에서 말한, '국가 안보'(national security)를 넘어 '인간 안보'(human security)가 보장된 상태라고 할 수 있다.

하지만 문제는 인류가 이러한 적극적 평화를 경험해본 적이 없다는 사실이다. 성소수자 혐오나 성차별과 같은 것을 포함해, 일체의 문화적 폭력마저 사라진 상태, 이른바 '인간 안보'가 실현된 적이 없다. '인간 안보'라는 용어조차 인간이 그 어떤 힘에 의해 보호받는 상태라는 수동성을 면하기 어려울뿐더러, 그나마도 현실에서는 여전히 이상적인 지향일 뿐이다. 평화에 대한 인간의 감각은 전쟁이 멈춘 이후 느낄 수 있을 일시적이고 상대적인 안정감 수준에 머물러 있다. 특히 한반도와 같은 곳에서는 전쟁이 일시 중지되고 국토가 분단된 상태를 잘 관리하기만 해도 평화롭다고 말한다. 분단 상태를 잘 유지하는 것만으로도 유용한 평화의 실천이라는 생각이 많다.

---

4 요한 갈퉁, 『평화적 수단에 의한 평화』(들녘, 2000), 19-20, 88 참조.

물론 '분단폭력'을 잘 관리하는 행위도 한반도와 같은 전쟁 중단 상황에서는 대단히 현실적인 과제다.5 하지만 '분단'이라는 말 자체가 임시적이고 잠정적인 상황을 의미하며, 무력적이든 평화적이든 극복되어야 할 어떤 일시적인 장벽으로 여겨진다. 분단 과정에서 겪는 갈등과 긴장도 일일이 파악할 수 없을 만큼 크다.

이 마당에 독재 정치나 경제적 종속에 의한 구조적인 폭력도 없고, 구조적 폭력을 보이지 않게 정당화하는 문화적 폭력도 없는 상태라는 기존 평화 규정은 비현실적으로 느껴질 정도로 이상적이다. 이러한 평화를 이루기 위한 각종 노력을 기울여야 하는 것은 분명하지만, 인류는 지속적으로 폭력에 노출되어 왔다는 사실이 더 실감나는 현실이다.

2) 평화의 세 차원, 유지 · 조성 · 구축

물론 거시적으로 보면 직접적이고 물리적인 폭력은 분명히 축소되어 왔다. 하지만 평화를 더 큰 힘이 지켜줄 때의 안정 상태 정도로 상상하다 보니, 더 큰 힘을 갖추기 위해 무력을 확대하거나, 더 큰 힘에 기대어 자신의 안위를 지키려는 경향은 지속되고 있다. 더 큰 힘에 기대어 현 상태를 유지하려는 행위를 평화학에서는 '평화유지'(peace keeping)라고 하는데, 인류는 분명히 좁은 의미의 평화 유지를 위한 구심력을 발휘해왔다. 특정 국가, 특히 강대국의 보호나 감시로 인해 군소 국가들이 서로를 침범하지 못한 채 현 상태를 유지하고 있는 것이 그 사례다. 성서에 나오는 다음과 같은 비유적 표현은 이천 년 전에도 평화를 더 큰 힘에 의한 보호받고 있는 상태로 이해하고 있었음을 잘 보여준다: "힘센 사람이 무장하고 자기 궁전을 지키는 동안 그의 소유는 '평화 안

---

5 김병로 · 서보혁 편, 『분단폭력』 (파주: 아카넷, 2016) 참조. 특히 제1장과 6장.

에(en eirēnē) 있습니다'"(눅 11:21).

　이런 상황을 의식하고서 어떤 힘에 의해 보호받는 데서 오는 안정감을 더 확보하기 위해 상호 간 안전을 보장하는 조약을 맺어 더 큰 충돌을 예방하기 위한 행위를 하기도 한다. 이런 행위를 '평화조성'(peace making)이라 한다. 더 큰 힘과 그보다 작은 힘 사이의 정치적 역학 관계에 따라 이들 힘이 견제와 균형을 이루도록 협정을 맺어 물리적 충돌이 벌어지지 않게 하는 행위다. '평화조성'이 '평화유지'보다 더 평화적이라고 할 수 있다면, 그것은 무력적인 힘을 조약이나 협정이라는 문자적 혹은 언어적 정신으로 대체한다는 데 있다. 각종 조약이나 협상은 현실 너머에서 공통의 영역을 상상할 수 있는 인간 정신의 언어적 구체화다. 이 언어적 표현에 상대방도 비슷한 무게중심을 둘 줄 아는 행위는 진화론적으로 보건대로 분명히 평화를 향한 일보 전진이다. 신예 역사학자 유발 하라리(Yuval Harari)가 인류의 거시사를 다룬 베스트셀러 『사피엔스』에서 인류는 평등의 길을 걸어왔다는 작은 결론을 내릴 수 있었던 데에도 '허구'를 공유할 줄 아는 인간의 능력을 긍정적으로 평가한 데 따른 것이다.6

　거시적으로 보면 국가 간 합의 내지 조약의 빈도수도 많아졌다. 칸트가 국가 간 힘들에 의한 전쟁과 폭력을 극복하려면 일종의 세계정부가 필요하다고 제시한 이래 유럽의 사상가들은 이에 대한 상상을 지속해왔고,7 그 배경 속에서 '유엔'이 성립된 것이 대표적인 평화조성 행위다. 인류는 분명히 평화조성을 위한 걸음을 차근차근 내디뎌왔다고 할 수 있다. 다행스러운 변화이다. 하지만 폭력의 양상이 변화하며 인간의 내면에 침투해왔다는 사실도 보아야 한다. 폭력의 양은 줄어들었지만,

---

6 유발 하라리/조현욱 옮김, 『사피엔스』 (파주: 김영사, 2015), 580.
7 임마누엘 칸트/오진석 옮김, 『영원한 평화를 위하여』 (서울: 도서출판b, 2011).

폭력의 양상이 변화되었고, 질은 강화되어 왔다. 무슨 뜻인가.

폭력이 폭력인 이유는 그 힘이 주는 피해와 고통 때문이다. 폭력 (violence)의 라틴어 어원의 의미는 '힘'(vis)의 '위반'(violo)이며, 의역 하면 '지나친 힘'이다. 한자어 폭력(暴力)의 의미는 '사나운 힘'이다. 이 때 지나치고 사나운 정도를 판단하는 주체는 폭력이 향하는 대상자 혹은 피해자다. 힘의 대상자가 그 힘을 부당하다고 판단할 때, 그 힘은 폭력이 된다. 반대로 대상자가 그 힘을 정당하다고 판단하면 그 힘은 더 이상 폭력이 아니다.[8]

그런데 가령 자유 경쟁에 따라 성과의 축적을 찬양하는 신자유주의 사회에서는 경쟁에서 이기도록 요구하는 외부적 강제력을 당연시한다. 개인과 집단 안팎으로 가해오는 사나운 자본의 힘은 오늘날 거대한 폭력의 원천이지만, 개인이나 집단이 그 폭력을 기꺼이 감내할 뿐더러 스스로를 닦달하며 적극적으로 추구하기까지 한다. 이 힘을 폭력으로 판단하는 주체가 사라져, 폭력이 더 이상 폭력으로 보이지 않게 된다. 폭력을 개인 안에 내면화시켜 자발적으로 감당하는 흐름이 형성되고 있는 것이다. 폭력이 예전과는 다른 방식으로 내면화하는 바람에 폭력을 해결하기가 도리어 더 힘들어진 시대라고 할 수 있다. '구조적 폭력'의 극복과 '적극적 평화'의 실현은 인류의 여전한 과제이며, 전술한 '평화 유지'와 '평화조성' 그 이상의 차원, 즉 '평화구축'(peace building)이 요청되는 것은 이런 맥락 때문이다.

평화구축은 개인의 내면은 물론 구조적이고 문화적인 차원에서까지 폭력을 줄이고 더 나아가 없애는 행위다. 리사 셔크(Lisa Schirch)의 정리를 빌면, 평화구축은 "모든 형태의 폭력을 예방하고 감소시키고 변화시키며 사람들을 폭력으로부터 회복할 수 있도록 돕는" 활동이다.[9]

---

8 이찬수, "탈폭력적 폭력: 신자유주의 시대 폭력의 유형", 이문영 편, 『폭력이란 무엇인가: 기원과 구조』(파주: 아카넷, 2015), 112-113 요약 인용.

적극적 평화를 세우기 위해 국제 질서는 물론 인간과 자연 간 관계까지 염두에 둔 폭넓은 규정이다.

평화조성 행위에서도 보았듯이, 평화를 위해서는 법과 법에 기반한 질서도 필요하다. 하지만 더 근본적인 것은 평화를 위한 법을 만들고 나아가 그것이 제대로 지켜지도록 아래로부터 요청하는 다양한 목소리들이다. 이것이 평화구축의 근간이다. 평화구축은 하나의 완결 상태가 아니라 적극적 평화를 이루어가는 과정이다. 폭력 없는 상태를 지향하며 폭력을 줄여가는 과정이다.

3. 평화는 폭력을 줄이는 과정이다

1) 평화와 비폭력

평화를 세운다는 것은 폭력을 줄인다는 것이다. 폭력을 줄여나가는 만큼 평화가 세워지며, 따라서 폭력을 줄여가는 과정이 평화의 과정이다. 평화는 폭력에 반비례한다. 이와 관련하여 갈퉁의 아래와 같은 평화도식은 유의미하다.

$$\text{평화}\,(Peace) = \frac{\text{공평}\,(Equity) \times \text{조화}\,(Harmony)}{\text{상처}\,(Trauma) \times \text{갈등}\,(Conflict)}\,{}^{10}$$

---

9 Lisa Schirch, *The Little Book of Strategic Peacebuilding: A vision and framework for peace with justice* (PA: Good Books, 2004,), 9.

10 Johan Galtung, *A Theory of Peace: Building Direct Structural Cultural Peace* (Transcend University Press, 2012). Knut J. Ims and Ove D. Jakobsen, "Peace in an Organic Worldview", Luk Bouckaert & Manat Chatterji, eds., *Business, Ethics and Peace,* Contributions to Conflict Management, Peace Economics and Development, vol. 24 (Emerald Group Publishing Ltd., 2015), 30 재인용.

평화는 공평과 조화의 곱에 비례하고, 상처와 갈등의 곱에 반비례
한다는 것이다. 적극적으로 해석하면 공평과 조화의 역량을 키우는 방
식으로, 소극적으로 해석하면 상처와 갈등을 줄이는 방식으로 평화를
키워나가야 한다는 것이다. 비교적 명쾌한 도식이다.

이때 좀 더 중시해야 할 것은 분자보다는 분모 부분이다. 인류가 평
화에 대한 경험보다는 폭력의 경험이 더 클 뿐더러, 실제로 폭력을 떠나
본 적이 없다는 점에서, 평화를 '폭력 줄이기'로 이해하는 편이 현실적
이다. 상처가 없고 갈등이 없는 이는 없을 것이다. 의사에게도 병이 있
고, 상담사에게도 고민이 있다. 신부도 다른 신부에게 고해성사를 한다.

마찬가지로 인류는 언제나 폭력 속에서 그 너머를 지향해왔다. 상
처의 치유와 갈등 해소의 길에 나선다는 것은 현재까지의 상처와 갈등
의 경험으로 더 큰 상처와 갈등을 예방할뿐더러 지금의 상처와 갈등을
더 줄이자는 것이다. 큰 틀에서 보면, 작은 폭력으로 큰 폭력을 줄이는
것이다. 작은 상처로 큰 상처를 보듬고, 작은 갈등으로 큰 갈등을 예방
및 치유하는 것이다.

물론 폭력으로 폭력을 줄일 수 있겠느냐는 비판적 목소리들이 많다.
주지하다시피 간디, 톨스토이, 함석헌 같은 이들은 폭력적 저항을 거부
하며 비폭력에 대해 강조했다. 폭력을 없애는 최상의 길은 비폭력(非暴
力, non-violence)이라고 가르쳐왔다. 가령 간디는 이렇게 말한 바 있
다: "비폭력은 우리 인간의 법칙이다… . 이 세상의 모든 착취당하는 사
람들을 구제하려면 한쪽에는 진리, 또 한쪽에는 비폭력이라 쓰인 깃발
을 하늘 높이 치켜들어야 한다."[11] 이러한 간디의 비폭력 저항은 두루
칭송받고 있다.

그런데 다시 물을 필요가 있다. 비폭력이란 무엇이며, 비폭력은 과

---

11 마하트마 K. 간디/이명권 옮김, 『간디명상록』 (서울: 열린서원, 2003), 113-114.

연 가능한가? 인류가 폭력을 떠나본 적이 없고 더욱이 폭력이 내면화해 가고 있는 마당에 '폭력 아님'을 실천한다는 것은 무엇이며, 나아가 그 것은 과연 논리적으로 가능한 말일까.

비폭력이라는 말은 본래 동물을 제물로 바치는 제사 전통에 반대하 며 생명의 희생 없이 해탈을 추구하던 인도의 종교 전통에서 나온 말이 다. 비폭력의 원뜻은 '불살생'(不殺生, ahiṃsā)이다. 그런데 간디가 소 로우(Henry David Thoreau)의 『시민의 불복종』(*Civil disobedience*, 1849) 등에 영향을 받으며 부당한 권력에 대한 불복종 운동을 진개하면시 종 교적 의미가 더 컸던 '아힘사'는 사회적 의미를 담은 '비폭력'이라는 말 로 번역되고 확장되었다. 이 때 종교적 성향의 '불살생'(아힘사)이 다소 정치·사회적 언어인 '비폭력'으로 알려지게 된 것은 폭력을 짐승 살상, 무력적 싸움, 전쟁처럼 소극적 차원으로만 이해하던 저간의 경향을 반 영한다고 할 수 있다. 협의의 차원에서 비폭력은 물리적 폭력을 쓰지 않는 행위 정도로 사용되고 있다. 그 점에서는 분명히 설득력 있는 언어 이다.

그러나 과거에 비해 물리적 폭력은 약해지고 있지만, 한편에서는 폭력이 더 깊게 내면화하고 더 넓게 구조화되는 과정을 실감하고 있는 오늘날에는 '폭력 아님'이라는 말이 도리어 비현실적으로 다가온다. 벤 야민, 데리다, 들뢰즈 등이 법의 폭력성, 힘의 관계에서 이루어지는 언 어의 폭력성 등에 대해 분석했듯이, 나아가 동물 등 다른 생명체를 먹어 야 살 수밖에 없는 인간의 생존활동 자체가 폭력적이듯이, '비폭력'이라 는 말은 폭력의 의미를 제한적으로 해석하는 곳에서만, 즉 물리적 폭력 으로 이해하는 곳에서만 유의미하다. 무력에 무력으로 대응하지 않음 으로써 무력의 비인간성을 폭로하는 전략은 한편에서 의미가 적지 않 다. 그렇지만 사회와 국가적 구성 자체가 폭력적이라는 인식이 확장되 어가고 있는 오늘날 그 효과는 제한적이다. 저마다의 욕망을 긍정하고

경쟁에서의 승리를 칭찬할 만큼 사실상 폭력이 일상화해가는 '탈폭력
적 폭력'12의 현실에서 비폭력의 위치는 모호하고 불확실하다.

　게다가 비폭력이라는 말의 논리를 과연 어디까지 확보할 수 있을지
가 의문이다. 상대방이 내 생각과 의도대로 따라주기를 바라며 사용하
는 언어 자체가 폭력적 구조를 하고 있는 마당에 인간이 타자와의 관계
를 온전히 비폭력적으로 맺는 길은 없다. '폭력에 외부가 있을 수 없다'
는 데리다의 폭력론13은 비폭력이라는 말을 무색하게 만든다. 다소 광
범위한 해석이기는 하겠지만, 어떻든 인간의 언어는 물론 다른 생명을
먹어야만 사는 인간은 태생적으로 폭력으로부터 자유로울 수 없기 때
문이다. 인간은 늘 폭력 안에 있어 왔고, 폭력을 떠나는 행동을 해본 적
이 없다.

2) 새로운 평화 규정, 감폭력(minus-violencing)

　완전한 '비폭력'이 불가능하거나 제한적으로만 유의미하다는 말은
평화를 위해 폭력을 완전히 떠나는 것이 불가능하다는 뜻이다. 폭력으
로 폭력을 줄이는 길만이 가능하다. 달리 표현하면, 작은 폭력으로 큰
폭력을 줄이는 것이다. 간디나 톨스토이 같은 이들이 '시민의 불복종'
운동을 실천한 데 영향을 받으며 '비폭력'이라는 말이 회자되고 전승되
어 왔지만, 그 실질적인 내용은 작은 폭력으로 큰 폭력을 줄이는 과정이
라고 할 수 있다.

---

12 경쟁을 통해 자본을 축적할수록 승리자로 칭송하는 신자유주의 시대에는 성과 축적을
　요구하는 거센 압력을 도리어 적극 내면화함으로써 그 힘을 폭력으로 느끼지 못한다.
　필자는 이러한 폭력을 "탈폭력적 폭력"(deviolent violence)이라고 명명한 바 있다. 이찬
　수, 앞의 글.
13 이문영, "21세기 폭력의 패러다임과 폭력·비폭력의 경계: 발리바르, 데리다, 아감벤의 폭
　력론을 중심으로", 한국평화연구학회, 「평화학연구」 Vol. 16, No.1 (2015), 13-18.

가령 미국 정부가 멕시코 전쟁(1846~1848)을 일으키고 노예제를 고수하는 등 폭력적 권력을 휘두르자 이에 저항하며 세금을 납부하지 않았던 소로우의 불복종 운동은 한 사례이다. 그의 저항은 거대한 구조적 폭력에 미세한 흠집을 내는 정도에 지나지 않았겠지만, 세금을 거부하는 과정에 오갔을 언쟁조차 없지는 않았을 것이다. 하지만 이러한 언쟁이 거대한 폭력의 부당성을 폭로하는 데 어떤 형식으로든 기여했을 테니, 작은 폭력으로 큰 폭력을 줄이는 사례라 할 수 있겠다. 평화운동기 존 디어(John Dear S. J.) 신부가 동료들과 '비폭력 서약'을 하고도 노스캐롤라이나 주 공군기지 철조망을 무너뜨리고 들어가 F15 전폭기(당시 이 비행기는 1993년 미국의 이라크 침공 당시 수천 명 이라크 국민을 살상하고 다시 보스니아 폭격을 앞두고 있었다)를 망치로 내리친 일이 있다.[14] 이런 행위는 분명히 '비폭력 선언'과 어긋나는 '폭력'이다. 하지만 무력으로 세계의 패권을 유지하려던 미국의 군사적 행동에 저항하고 그 부당성을 비판적으로 폭로하는 '상징적인' 폭력이었던 것도 분명하다. 노벨평화상 수상자였던 데스몬트 투투 주교가 존 디어 신부를 2008년 노벨평화상 후보로 추천하기도 했는데, 이것은 존 디어 신부의 행위에서 평화가 구체화되어가는 과정을 보며 공감했다는 뜻이다. 백남기 농민이 세월호 참사 진상 규명과 역사교과서 국정화 반대 시위 중 (2015.11.14.)에 시위대를 봉쇄하려던 경찰 버스를 밧줄로 끌어당기다가 물대포를 맞고 사망한 일이 있는데, 경찰 버스를 밧줄로 당기는 그의 행위도 폭력은 폭력일 것이다. 하지만 공권력의 부당성 및 거대한 폭력에 굴복하거나 회피하지 않고 그 한복판에서 저항하는 작은 폭력이다.

이러한 '작은' 폭력은 단순히 폭력의 '크기'만을 의미하지 않는다. 물론 크기는 작되, 폭력적 현실, 특히 거대한 구조적 폭력을 주체적이고

---

14 존 디어/김준우 옮김, 『예수의 평화 영성』(고양: 한국기독교연구소, 2008), 75-77.

반성적으로 각성한 이가 자발적으로 기존의 큰 폭력에서 한 걸음 혹은 몇 걸음 물러나는 행위라는 점에서 폭력의 '질'이 다르다. 기존의 거대한 폭력이 타자를 부정하는 자기 욕망의 확장으로 강화된다면, 작은 폭력은 그 욕망의 확장으로 인해 고통당하는 이들에 대한 연민을 가지고 자신의 물리적인 힘을 의도적으로 제한한다. 자신의 물리적 힘을 제한하되, 도피하거나 굴복하지 않고 저항한다. 이러한 작은 폭력들이 더 큰 부정과 폭력을 폭로하고 줄이는 결과로 이어지는 것이다.

물론 결과만 중요한 것은 아니다. 큰 폭력을 비판적으로 의식하면서 축소하기 위해 폭력 안으로 들어가는 과정적 행위 자체가 중요하다. 평화는 공동묘지의 고요함이 아니라, 세상의 고통스러운 비명을 줄이는 과정 속에서 구현되어가는 과정이기 때문이다. 위 사례들의 공통점 역시 폭력으로부터 도피하지 않고 폭력 안으로 들어간다는 것이다. 그 한 복판에서 선택했던 저항적 폭력은 거대한 폭력적 현실을 절감하되 의도적으로 자신을 제한하는 과정에서 나온 작은 폭력이다. 그러나 그 자기제한성으로 인해 폭력의 질이 달라진다. 자기를 제한하면서도 도피가 아니라 저항하며 부당한 폭력의 문제를 폭로한다. 이런 식으로 폭력의 구조적이고 문화적인 차원까지 극복하려면, 폭력 안으로 들어가야 할 도리밖에 없다. 폭력 안으로 들어가는 과정과 저항하는 과정에서 의도적으로 더 작은 힘들을 사용하며 폭력의 극복에 주체적으로 참여할 뿐이다.

이런 점에서 '평화는 작은 폭력으로 큰 폭력을 줄이는 과정'이라고 재규정할 수 있다. 그리고 이러한 폭력 축소 과정을 '감폭력'(減暴力, minus-violencing)이라 명명할 수 있다. '폭력'(violence)에서 멀어져가는(minus) 과정(~ing)인 것이다. 구조적이고 문화적인 폭력마저 없었던 때가 없었다는 점에서 평화는 완료형이 아니라 늘 진행형이다. 그래서 감폭력이다. 폭력을 줄이는 과정만이 옳다.

'비폭력'이 명사이고 낱말이라면, '감폭력'은 동사이고 문장이다. 비폭력이 폭력적이지 않은 어떤 '상태'를 의미한다면, 감폭력은 폭력을 감소시켜가는 '과정'이다. 그러면서 감폭력은 이전보다 더 감소된 다음 단계를 꿈꾼다는 점에서 '목적'이기도 하다. 폭력을 더 줄여 온전한 탈폭력적 세상으로 수렴해갈 수밖에 없다는 점에서 감폭력은 과정이자 목적이다. 복잡한 힘들의 부정적 역학 관계 때문에 어디서 누군가 더 큰 폭력에 의해 아픔을 겪을 수밖에 없는 현실을 자각하고서 폭력을 줄이고 줄이고 또 줄여나가는 데 동참할 뿐이다.

데리다가 "모든 철학은 폭력의 경륜(economy of violence) 속에서 더 작은 폭력을 선택할 수 있을 뿐"15이라고 말한 것은 큰 힘을 축소시키고 힘들 간 조화를 찾는 과정을 평화로 해석하는 이 글의 입장과 통한다. 작은 힘들이 다양한 곳에서 여러 방식으로 큰 힘에 저항하면서 '폭력의 경륜'은 폭로되고 흩어지며 그만큼 평화는 구축되어간다. 작은 폭력들의 연대가 큰 폭력을 줄여 그만큼 평화를 가시화시키는 동력이 되는 것이다.

아울러 폭력이 여러 힘들 간 불균형에서 비롯된다면, 평화는 작은 힘의 의미와 가치를 열어보여서, 힘이 크기의 문제가 아니라 내용의 문제라는 사실을 지속적으로 밝히는 과정이다. 힘의 진정한 본질은 억압이 아니라 자유를 보장하고 상생을 이루는 데 있음을 드러내는 저항이 기존의 폭력을 줄인다. 인간은 의도적으로 더 작은 폭력을 선택하고, 그 작은 폭력으로 큰 폭력을 감소시켜야 한다. 타자를 향한 폭력의 벡터(크기와 방향)를 흐릿하게 하는, 그러한 폭력의 감소가 감폭력이다.

---

15 자크 데리다/남수인 옮김, 『글쓰기와 차이』(서울: 동문선, 2001), 485. 우리말 번역본에는 economy of violence를 '폭력의 경제학'으로 옮겼으나, 여기서는 '폭력의 경륜'으로 표기했다.

3) 반폭력과 공업(共業)

발리바르가 일차원적 대항폭력과 소극적 비폭력을 넘어, 구조화된 폭력 안에서 폭력에 맞서는 '반폭력(anti-violence)의 정치'를 제안한 바 있다. 반폭력은 구조화된 폭력 속에서도 타자에게 배타적이지 않은 정치적 주체세력으로서의 '시민다움'(civilite)을 형성해가는 과정이다. 반폭력의 정치는 작은 폭력으로 큰 폭력에 저항해 큰 폭력을 줄이는 감폭력의 과정과 비슷한 구조를 지닌다.

기존의 폭력이 타자를 부정하는 자기 욕망의 확장으로 강화되고 구조화된다면, 감폭력은 자신의 내적 욕망을 절제하며 타자를 인정하고 살리는 행위이기도 하다. 아렌트(Hannah Arendt)가 공화주의적 삶을 위해서는 일종의 '연기'(action)를 해야 한다[16]고 말했던 것처럼, 자신의 욕망을 괄호에 치고 차이를 수용하며 공적인 영역을 만들어가야 한다. 이러한 행위에 누군가의 고통에 함께 하는 연민(compassion)이 뒷받침된다면, 그것이야말로 인간다움의 근간이라고 아렌트는 본다.

이런 자세 및 세계관은 불교의 '공업'(共業) 개념이 잘 보여준다. 세상만사는 상호 관계적이고 상대적이라는 연기적(緣起的) 세계관은 폭력을 줄여야 하는 명확한 이유가 된다. 모든 생명에게서 불성을 보는 대승적 생명관으로 보면 더욱이나 그렇다. 모든 것은 관계성 속에 있으니, 폭력으로 인한 누군가의 아픔에는 크든 작든 나의 책임도 얽혀있을 수밖에 없기 때문이다. 폭력은 그것이 어떤 것이든 개인적이기 이전에 사회적이고, 결국 모두의 문제다. 폭력으로 인한 누군가의 아픔에는 사

---

16 아렌트는 인간의 세 가지 '활동적 삶'으로 노동(labor), 작업(work), 행위(action)를 제시하며 이 중 '행위'를 중시한 바 있는데, 이 '행위'는 공동의 뜻에 어울리도록 저마다 내적 욕망을 절제하는 '연기'이기도 하다. 한나 아렌트/이진우 옮김, 『인간의 조건』(파주: 한길사, 2017), 73-85.

회적 책임이 뒷받침되어야 한다. "중생이 아프니 내가 아프다"(『유마경』)
는 유마거사의 일성은 감폭력의 불교적 원리를 잘 보여준다.

"야훼는 폭력을 몹시 미워하신다"(시 11:5)고 할 때의 '폭력'은 일단
물리적 폭력을 의미하는 것으로 보이지만, 오늘의 맥락에서 보면 구조
화된 폭력, 문화적 폭력도 포함하여 일체의 폭력을 줄여나가야 한다는
메시지로 읽힌다. 폭력을 줄여 평화를 이루는 보살도는 공업의 원리에
따른 공감력을 근간으로 한다. 마찬가지로 폭력으로 인한 상처에 공감
하며 누군가 폭력을 줄여나갈 때 '하느님은 폭력을 미워한다'는 사실도
구체화된다. 공감력이 폭력을 줄이기 위한 실천적 동력이 되는 것이다.
아렌트의 연민(compassion)도 이러한 공감력에 대한 현대 정치철학
적 해석이라고 해도 과언이 아니다.

4. 공감, 평화다원주의, 절대평화주의

1) 공감적 저항

공감(empathy)은 타자의 눈으로 자신을 다시 보는 것이다. 외부의
눈으로 내부를 들여다보는 것이다. 내부에만 있으면 내부가 안 보인다.
타자의 눈으로 자신을 본 뒤 다시 타자를 향해 나아가는 행위가 공감이
다. 공감은 단순히 내적 마음 자세가 아니라, 인격적 교류의 과정, 특히
타자의 고통의 주체적 수용과 그에 기반해 저항하는 실천이다. 평화를
계량화하여 계약의 대상으로 삼는 방식에 비하면 대단히 인격적이고
심층적이다.

예수가 예루살렘 도성을 내려다보며 울었다고 한다(눅 19:41). 신
의 이름으로 신을 잃어버린, 즉 평화의 길을 보지 못하는(눅 19:42) 거
대도시의 상황을 자신 안으로 가져오니 연민이 일어났던 것이다. 그 연

민을 저항으로 승화시켜 타자로 향해 나아갔던 것이다. 그리고 다시 그
타자의 눈을 가지고 자신으로 돌아오는 순환 과정을 통해 예수는 더욱
신에게 나아갈 수 있었다. 그렇게 타자와 자아, 내부와 외부가 모두 변
화되어가는 것이다. 이른바 희생양 시스템에 입각한 인류 문명의 폭력
적 구조를 밝힌 지라르(René Girard)도 밖으로부터의 관점을 융합해낼
때 폭력적 희생양 시스템이 극복될 수 있다고 말한다.

> 체제의 안에서 보면, 차이들밖에 없다. 반대로 밖에서 보면 동질성 밖에
> 없다. 안으로부터는 동질성이 보이지 않으며, 밖으로부터는 차이가 보
> 이지 않는다. 그렇다고 이 두 관점이 대등한 것은 아니다. 안으로부터의
> 관점은 언제나 밖으로부터의 관점에 통합될 수 있지만, 밖으로부터의 관
> 점은 안으로부터의 관점에 통합될 수 없다. 이 체제에 대한 설명은 안으
> 로부터와 밖으로부터라는 두 관점의 화해 위에 근거해야 한다.[17]

　　지라르가 말하는 두 관점의 화해는 공감의 구성 원리를 잘 보여준
다. 안으로부터의 관점은 타자 배제적으로 드러나지만, 밖으로부터의
관점은 타자 수용적으로 드러날 가능성이 크다. 공감은 타자와 함께 하
면서 그 배제적 가치를 극복하려는 행동으로 드러난다. '유다인과 이방
인을 원수로 갈라놓았던 담을 '몸을 바쳐' 헐고서 화해로 인도한 그리스
도가 우리의 평화'(엡 2:14-15)라는 성서의 고백은 안과 밖의 화해를 잘
보여준다. 그것은 저절로 되지 않고 '몸을 바치는' 저항을 통해서만 된다.

---

17 르네 지라르/김진식 외 옮김, 『폭력과 성스러움』 (서울: 민음사, 2000), 238.

2) 평화구축과 평화다원주의

폭력을 감소시켜 그만큼의 평화를 세우려면, 주어지는 수동적 평화가 아니라 저항적으로 세워가는 능동적 평화여야 한다. 그것이 평화구축(peace building)으로 나아가는 것이다. 주체적 성찰 없는 감폭력도 없다. 감폭력은 타자를 배제하는 자기중심적 체제에 주체적으로 저항하는 과정이고 끝없는 목표다. 이것이 갈퉁이 말하는 평화 도식의 분자('공평×조화')를 키우고, 분모(트리우마×갈등)를 줄인다. 그렇게 적극적 평화로 나아가게 되는 것이다.

다양한 형태들 간 공감대를 확보해나가면서, 다양성이 갈등이 아닌 조화로 이어지도록 해야 한다. 평화는 어느 순간 특정 입장에 의해 완성될 정적 상태가 아니다. 이른바 자기중심적인 여러 '평화들'(peaces)의 동적 조화의 과정이기도 하다. 평화마저 자기중심성으로 이해 폭력으로 비화한다는 점에서 어떻든 여러 가지 (자기중심적) 평화들 간에 조율이 필요하다. 그런 식으로 '평화들의 조화로서의 평화'를 세워가야 한다. 그렇게 폭력을 축소시켜가려는 입장과 자세가 '평화다원주의'(pluralism of peace)다.

평화다원주의적 시각과 자세로 여러 평화들(peaces) 간의 공감적 합의 과정을 통해 '평화'(Peace)라는 단수형 이상(Ideal)에 다가선다. 물론 그 이상에 다가서는 과정도 이상에 어울려야 한다. 갈퉁의 주저 『평화적 수단에 의한 평화 *Peace by Peaceful Means*』에서처럼, 평화라는 이상에 도달하려면 그 수단도 평화적이어야 한다. 그런 점에서 전술한 '작은 폭력'도 무력(물리적 폭력)은 최소화하거나 없을수록 평화학적 이상에 더 가까이 다가선다.

물론 현실은 다르게 작동할 때가 많다. '정의로운 전쟁'(just war) 혹은 '거룩한 전쟁'(holy war)이라는 언어가 통용되고 있듯이, 평화를 위해서는 때로 물리적 폭력도 정당화된다는 입장도 지속되어 왔다. 전술했던 "평화를 원하면 전쟁을 준비하라"는 표어가 그것을 잘 나타내준다. '힘에 의한 평화'를 내세우는 오늘날의 국제정치적 질서도 그 연장에 있다. 원칙적으로 '평화주의'(pacifism)는 일체의 전쟁과 폭력에 대한 반대의 입장과 자세를 의미하지만, 평화를 위해서는 때로 전쟁도 정당화될 수 있다는 입장도 그 안에 뒤섞여 왔다. 이러한 입장을 pacificism이라는 별도의 용어로 구분하려는 경향도 있지만, 아직 정립되어 있는 개념은 아니다.[18]

　중요한 것은 '평화를 원하면 평화를 준비하라'는 현대 평화학의 금언이다. 전쟁이나 물리적 폭력은 전적으로 배제하려는 일종의 '절대평화주의'(absolute pacifism)가 평화학적 이상에 더 가깝다. 노벨평화상 수상자인 14대 달라이 라마(Dalai Lama, 땐진 갸초)나 퀘이커(Quaker) 같은 단체가 원칙적으로 절대평화주의를 지향한다고 할 수 있겠다.[19] 절대평화주의가 완전히 불가능한 것만은 아니라는 사실을 이들의 보여주었다. 더 나아가 세계적으로 사례를 찾기 힘들 정도로 이례적이었던 2016~17년 대한민국의 촛불은 무려 일천만 시민이 절대평화주의적 저항으로 폭력의 폭로에 한 걸음 더 다가설 수 있음을 보여준 사건이기도 하다.

---

18 Andrew Fiala, "Pacifism", *Stanford Encyclopedia of Philosophy*, 2014: https://plato.stanford.edu/entries/pacifism/; Andrew Alexandra, "On the Distinction between Pacifism and Pacificism", Barbara Bleisch & Jean-Daniel Strub, eds., *Pazifismus Ideengeschichte Theorie und Praxis* (Bern/Stuttgart/Wien: Haupt Verlag, 2006), 107-124 참조.

19 이문영 편, 『평화를 만든 사람들 노벨평화상 21』(과천: 진인진, 2017)에서 필자가 집필한 퀘이커 부분(128-141) 및 달라이 라마 부분(264-281) 참조.

5. 감폭력의 정치와 평화신학의 요청

북한의 국무위원장 김정은이 2018년 신년사에서 남측에 대화를 제의하면서 한반도가 급격한 전환기를 맞이하였다. 동계올림픽에 북측이 전격 참가한 이후 북중정상회담, 남북정상회담, 북미정상회담이 연이어 열렸다. 한반도 비핵화를 수단으로 북한 체제 보장과 북미평화협정, 나아가 북미수교까지 거론되고 있다. 한반도의 평화를 위시해 세계 평화를 위한 대단히 중요한 시점이다.

물론 이러한 약속과 기대가 실제로 구체화되는 과정은 험난하며, 약속을 뒤흔들 무수히 많은 변수들이 있다. 실제로 북한 체제가 보장된다는 것이 무엇을 말하는지, 비핵화의 개념과 범주는 어디까지인지 등을 포함해 현안으로 들어가면 남·북한, 미국, 중국 등의 입장이 다르다. 비핵화를 단계적으로 하자는 북한과 한꺼번에 하자는 미국 사이의 입장 차이가 워낙 커서 모처럼 조성된 북미대화는 살얼음판을 걷듯 위태해 보인다. 여기에 일본, 러시아 등의 변수까지 더하면 더 복잡해진다. 이른바 자기중심적 평화주의를 또 경험할 공산도 크다. 자기중심주의 혹은 자국중심주의를 넘어 당면한 문제를 해결해가는 과정은 험난하기 그지없다. 국제정치도 서로의 차이를 용납하는 다원주의적 시각에서 이루어지면 좋겠지만, '힘'과 '이익' 중심의 국제 질서 하에서 지금까지는 그런 정치를 별로 경험해보지 못했다.

그럼에도 불구하고 개인 차원에서든 국제적 차원에서든 다양한 차이들 간의 조화와 공통의 목표를 향한 합의 없이 평화가 이루어지지 않는 것도 분명하다. 피해자 및 약자 중심의 평화구축과 절대평화주의적 실천을 위한 목소리를 더 크게 내야 할 때이다. 평화를 인사말처럼 해온 종교에서의 영성적 깊이와 신학적 이상이 현실 안에 개입해야 하는 중요한 이유이다. 저마다 자신들이 직간접적으로 행한 폭력으로 인해 누군가 어디선가 받은 아픔을 반성적으로 통찰하고, 그에 공감하는 종교적 성찰이 전제되지 않고서는 힘과 이익 중심의 국제질서는 별반 바뀌지 않는다. 평화가 신학과 신앙의 영역이 되어야 하는 이유도 여기에 있다. 신학은 비현실적 이론 혹은 그들만의 언어에 머물지 않아야 한다. 신학과 신앙이 현실에서 사회와 호흡하려면 반드시 평화의 이름으로 문제가 벌어지는 현실을 직시해야 한다.

'평화'라는 단수형 이상은 자기 완결적이지 않다. 진행형이다. 상호이해를 통한 갈등의 지양이고, 그를 통한 다양성의 조화이며, 너와 나사이의 차이가 상생적 조화로 승화되는 과정이다. 평화에 대한 이해와인식, 실천 방법 등이 달라서 서로 부딪히더라도, 공감의 지점을 향해다시 대화하고 합의하고 수용해 나가야 할 도리밖에 없다. 때로는 '횃불'이 필요하더라도 가능한 '촛불'을 들고서 '덜' 무력적으로 폭력을 비판하고 대화의 자리를 만들어야 한다. 대화는 때로 논쟁으로 비화되기도 하지만, 한 가지 평화론 혹은 방법론만 고집하는 데서 오는 폭력을예방하고 이상적 평화를 향한 공공영역을 활성화시키는 데 기여할 가능성이 훨씬 크다. "평화를 이루는 이가 하느님의 자녀로 불리리라"(마 5:9)는 예수의 선언은 오늘날 이런 방식으로 이루어져야 한다. 이렇게보면 평화 연구와 실천은 지상에서 하느님 나라를 이루려는 신학 및 신학자의 사명과도 통한다. 이 글의 주제대로 말하면, 그것이 감폭력적평화구축의 근간인 것이다.

참고문헌

간디, 마하트마 K./이명권 옮김.『간디명상록』. 서울: 열린서원, 2003.

갈퉁, 요한/이재봉 외 옮김.『평화적 수단에 의한 평화』. 서울: 들녘, 2000.

김병로 · 서보혁 편.『분단폭력』. 파주: 아카넷, 2016.

데리다, 자크/남수인 옮김.『글쓰기와 차이』. 서울: 동문선, 2001.

디어, 존/김준우 옮김.『예수의 평화 영성』. 고양: 한국기독교연구소, 2008.

발리바르, 에티엔/진태원 옮김.『폭력과 시민다움』. 서울: 난장, 2012.

아렌트, 한나/이진우 옮김.『인간의 조건』. 파주: 한길사, 2017.

이문영. "21세기 폭력의 패러다임과 폭력 · 비폭력의 경계: 발리바르, 데리다, 아감벤의
        폭력론을 중심으로". 한국평화연구학회,「평화학연구」Vol. 16, No.1 (2015).

이찬수. "퀘이커"/"14대 달라이 라마". 이문영 편,『평화를 만든 사람들 노벨평화상 21』.
        과천: 진인진, 2017.

이찬수. "탈폭력적 폭력: 신자유주의 시대 폭력의 유형". 이문영 편,『폭력이란 무엇인가:
        기원과 구조』. 파주: 아카넷, 2015.

지라르, 르네/김진식 외 옮김.『폭력과 성스러움』. 서울: 민음사, 2000.

지젝, 슬라보예/이현우 외 옮김.『폭력이란 무엇인가』. 서울: 난장이, 2011.

칸트, 임마누엘/오진석 옮김.『영원한 평화를 위하여』. 서울: 도서출판b, 2011.

하라리, 유발/조현욱 옮김.『사피엔스』. 파주: 김영사, 2015.

함석헌.『함석헌저작집 제2권』. 파주: 한길사, 2009.

Alexandra, Andrew. "On the Distinction between Pacifism and Pacificism." Barbara Bleisch &
        Jean-Daniel Strub, eds. *Pazifismus Ideengeschichte Theorie und Praxis.*
        Bern/Stuttgart/Wien: Haupt Verlag, 2006.

Fiala, Andrew. "Pacifism." *Stanford Encyclopedia of Philosophy*, 2014.

Galtung, Johan. *A Theory of Peace: Building Direct Structural Cultural Peace.*
        TRANSCEND University Press, 2012.

Schirch, Lisa. *The Little Book of Strategic Peacebuilding: A vision and framework for
        peace with justice.* PA: Good Books, 2004.

안중근의 동양평화론 재평가

박 종 현

(연세대학교)

1. 들어가는 말

대한민국 박근혜 대통령이 탄핵으로 임기를 채우지 못하고 기소됨에 따라 2017년 5월 17일 치러진 조기 대통령 선거에서 더불어민주당의 문재인 후보는 41.1%의 득표율로 당선되었다. 정권이 교체된 후에도 정치적 혼란이 지속되었다. 게다가 한반도를 둘러싼 지정학적 혼란도 가중되는 형편이었다.

2017년 초부터 북한의 핵실험과 이를 저지하려는 미국 사이의 신경전이 점차 무력 대결로 갈지도 모른다는 일촉즉발(一觸卽發)의 상황이 진행되었고 한국 정부는 주변의 조선과 중국, 러시아를 한 축으로 하는 군사적 정치적 연합세력과 미국과 일본 그리고 대한민국의 정치적 군사적 연합 세력의 대결 구도 안에서 운신하기 어려운 상황을 맞았다.

2017년 8월 7일 대한민국 19대 대통령 문재인은 미합중국 대통령 도널드 트럼프와 전화 통화에서 한반도 전쟁 불가론을 전달하였다. 이는 곧바로 대한민국 언론에 보도되었다. 안보논쟁이 몰아쳤다. 그러나 문재인 대통령의 한반도 전쟁 불가 선언은 뒤이은 동북아 6자에 대한 외교 전략을 통해서 극적인 반전이 나타났다. 문재인 대통령은 미국과 북한을 연달아 방문하여 극단적 대립을 하던 양국이 대화 국면에 나서도록 이끌어내었고, 그 결과 2018년 6월 12일 싱가포르에서 양국 정상이 만났다. 회담 결과는 북한이 비핵화의 의지를 드러내었다고 미국 정부가 공식적으로 승인하였고 북한도 정상 국가의 궤도에 들어서고 있다는 의지를 표명한 깃으로 보이고 있다. 뒤이이 2019년 2월 27일부티 이틀에 걸쳐 베트남의 하노이에서 북한과 미국의 정상회담이 개최되어 한반도 평화가 가시권 안에 들어왔다는 인상을 주고 있다.

이러한 가시화된 동양평화는 최근의 염원이 아니라 이를 추구한 대한제국 시대의 안중근의 사상 안에서 먼저 발견된다. 안중근은 1909년 10월 26일 러시아령 하얼빈 역에서 조선통감 이토 히로부미를 저격하여 대한인의 독립의지를 만국에 알렸다. 그는 여순 교도소에서 재판을 받는 중에 『동양평화론』을 저술하였다. 그의 이 저술은 평화를 주장하는 인물이 폭력적 암살을 했다는 일견 모순되어 보이는 사안으로 그간 다양한 논의가 진행되어 왔다.

이 글은 2018년부터 한반도를 중심으로 확산되는 평화적 노력과 관련하여 안중근이 주장한 동양평화론의 의의를 검토하려고 한다. 안중근의 동양평화론은 칸트의 영구평화론의 영향 문제, 가톨릭교회의 신학적 영향 문제, 동북아시아 평화를 위한 안중근의 정치적 문화적 상상력, 안중근의 동아시아 세계에 대한 이해 등을 중심으로 다양한 연구가 이루어져 왔다.

안중근에 대한 연구는 다양한 대중 서적에서 안중근의사숭모회가 주최하여 발간한 학술서 및 역사학 논문들이 주를 이루었다. 안중근 연구를 위한 자료들은 당시 한국과 국제 언론의 보도 자료, 공판기록, 가계 연구, 종교적 배경, 안중근의 저술, 유묵 등이 주된 연구 대상이었다. 안중근에 대한 연구는 국제정치적 관계 속에서 안중근의 행동의 의의, 한국과 일본, 중국 , 러시아에서 안중근에 대한 인식 문제와 국제적 반응 그리고 그가 급작스럽게 처형되고 난 후 그의 매장지가 극비로 감추어져 그의 매장지에 대한 연구 등이 안중근 연구의 토대를 이루고 있다.1 이 글은 안중근의 동양평화론의 배경과 그에 대한 연구 성과를 소개하고 기독교적 관점에서 동양평화론의 의미를 재해석하고자 한다.

2. 안중근의 활동 — 자서전을 중심으로

안중근(安重根, 1879~1910)은 1909년 10월 26일 러시아령 하얼빈에서 러시아를 방문한 조선통감인 이토 히로부미 후작을 권총 세 발로 저격하였다. 이토는 그 자리에서 사망하였고 이 사건으로 안중근은 대한제국과 중국, 일본 및 러시아와 서구 언론의 주목을 받았다. 안중근은 러시아 군에게 체포 구금되었고 원래 러시아령인 하얼빈에서 재판을 받아야 하였으나 일본은 자국령인 여순으로 안중근을 이송하여 재판을 진행하였다.

안중근은 옥중에서 두 권의 책을 저술하였다. 하나는 자신의 생애를 회고한 자서전인 『安應七 歷史』와2 『東洋平和論』을 저술하였다. 두 권의 저서는 모두 한문으로 기록되었고 그의 사후에 등사본들이 발견되어 소개되었다. 그의 『동양평화론』은 동양의 평화를 위한 그의 구상을 담고 있다.

안중근은 1심에서 사형이 판결되고 나서 자신이 집필하는 『동양평

---

1 안중근의사기념사업회, 『안중근 연구의 기초』 (서울:경인문화사, 2009) 참조.
2 안응칠은 안중근의 아명으로 그가 출생할 때 배에 일곱 개의 점이 있어 아명을 응칠이라 하였다.

화론』을 완성하게 해준다는 조건으로 항고를 포기하겠다고 히라이시 고등법원장과 구두로 약속하였다. 그러나 안중근은 이미 동아시아 및 세계 언론의 주목을 받고 있던 터라 일제의 여순 사법당국은 안중근을 1910년 3월 19일 처형함으로써 여론의 주목을 차단하였다. 안중근이 항고까지 포기하고 저술하려던 그의『동양평화론』을 끝내 완성하지 못하여 미완성본으로 남겨졌다. 안중근은 옥중 자서전『안응칠 역사』에서 자신의 생애와 재판 과정을 비교적 소상히 소개하고 있다.

안중근은 1879년 황해도 해주부 수양산 근치에서 출생하였다. 중근이란 이름은 그의 성격이 급해서 성격을 다듬기 위해 지어진 이름이고 아명인 응칠은 출생 당시 배와 가슴에 일곱 개의 점이 있어서 붙여진 이름이었다.[3] 그의 조부 안인수(安仁壽)는 무관 출신으로 말 타기와 활 쏘기를 즐겨하였다. 안중근도 어려서부터 말 타기와 활쏘기를 잘하는 조부의 호방한 기질을 물려받았다. 부친 안태훈(安泰勳)은 전형적인 문신으로 글쓰기에 탁월한 능력을 보유하였다. 진해현감을 지냈던 조부를 거쳐 부친 대에 이르기까지 경제적 어려움은 없었고 안중근은 어려서부터 조선의 전통적 엘리트 교육을 받았다. 안중근은 글 읽기보다는 말 타기와 활쏘기를 선호하는 무인 기질의 인물이었다.[4]

그의 부친 안태훈은 1884년 박영효와 함께 개화운동에 참여하였다. 박영효는 안태훈을 포함하여 70여 명을 일본으로 유학시켜 근대적 지식인으로 육성을 시도하였으나 갑신정변으로 이것이 좌절되었다.[5] 안중근은 박영효의 개화운동을 긍정적으로 평가하였으나 동학운동에

---

[3] 안중근,『안중근 의사 자서전』(서울: 범우사, 2017), 9.
[4] 앞의 책, 12-13. 부친 안태훈의 문인 기질보다 조부 안인수의 무인의 기질이 안중근에게 넘쳐나 보인다. 이러한 그의 기질은 개인의 성격을 넘어서 풍류적 한국문화를 엿보게 하기도 한다.
[5] 앞의 책, 10-11.

대해서는 부정적 평가를 한다.

안중근이 16세 되던 해인 1894년 동학이 궐기하였다. 안중근은, 이 동학당이 외세배척을 핑계로 관리를 죽이고 재물을 약탈하는 집단으로 인식하였다. 이 동학당을 관군이 진압하지 못하여 일군과 청군이 한국으로 건너와 전쟁을 벌임으로써 아시아의 큰 전쟁이 벌어질 빌미를 제공하였고 한국이 위태롭게 된 원인을 제공하였다고 보았다.6 안중근은 그의 부친과 뜻을 모아 동학군을 토벌하는 70여 명의 의병을 모집하였고 이들을 지휘하여 2만여 명 동학군과 전투를 벌이기도 하였다. 안중근의 국가 인식은 조선의 사대부의 인식구조를 그대로 갖고 있어서 동학군을 국가에 저항하는 약탈자의 집단으로, 반국가적 집단으로 인식하였다.7

동학과 안중근 가문의 투쟁이 이어질 무렵 안중근의 가족은 천주교에 귀의하여 모두 영세를 받았다. 개화적 지식인의 풍모를 지녔던 안태훈의 태도가 결정적 영향을 주었을 것으로 보이는 이 가족의 개종은 프랑스인 홍 요셉 신부에 의해 이루어졌고 안중근은 도마라는 세례명을 받았다.8

수년간 교리 학습을 통해 안중근은 독실한 신자가 되었고 거주지 주변의 고을을 순회하며 전도하는 정도에 이르게 되었다. 안중근은 천주교의 교리들을 학습하였다. 그는 대중들에게 천주교 교리를 강설하였다. 그는 생혼, 각혼, 영혼의 세 종류의 혼이 있고 인간은 영혼이 불멸한다는 영혼 불멸의 교리를 가르쳤다.9 또 유일신 교리에 해당하는 천

---

6 앞의 책, 14.

7 안중근은 동학당이 친일단체인 일진회와 연관이 있다고도 보았다. 그러나 그 근거가 무엇인지는 확실하지 않다.

8 앞의 책, 23. 천주교 조선 교구는 1839년 북경교구로부터 독립할 때에 프랑스의 파리외방전교회의 관할 아래 놓여 프랑스 신부들이 조선에 거주하고 있었다.

9 안중근은 혼의 세 가지 종류를 소개한다. 식물의 생혼, 동물의 각혼 그리고 인간의 영혼이

주의 교리를 이해하였는데 그것은 유교 지식 체계로 유일신을 해석하
여 천주를 하늘의 아버지이며 하늘의 임금으로 이해하였다.10

　예수 그리스도는 천주의 둘째 자리인 성자로 강림하여 인간을 구원
하고 열두 제자 중 한 사람인 베드로를 교종으로 삼아 그 자리를 대신케
하고자 하여 규칙을 정하고 교회를 세웠다고 하였다.11 그리고 지금 이
탈리아 로마에서 그 자리를 잇는 이가 교황이라고 소개하고,12 '천국으
로 들어가는 문은 다만 천주교회 문 하나뿐이라고 하였다.13 그러나 안
중근과 교회와 길등도 있었다. 인중근은 홍 신부를 통해 시울의 민 주교
(뮈텔)를 방문하여 천주교 고등교육기관인 대학교를 설립하여 인재 양
성에 힘쓰자고 조언하였으나 민 주교는 학식이 높아지면 신앙이 낮아
질 수 있다는 이유로 그 제안을 거절하였다. 이에 안중근은 천주교회의
가르침은 높으나 그에 속한 사람은 깊이 신뢰할 바가 못 된다고 여기게
되었다.14 자서전에 따르면 안중근은 천주교에 반대하는 광산업자 주
모씨를 찾아가 업자와 인부들을 설득하기도 하였고15 한양의 고위 관
리가 지방민을 토색하는 것에 저항하기도 하고, 청국인들의 횡포에 맞
서기도 하였다.16

　1905년 을사늑약이 체결되자 부친 안태훈과 안중근은 의병을 일으
키는 계획을 수립하고 시행하게 된다.17 그는 산동이나 상해 등지로 이

각각 존재한다고 말한다. 이는 토마스 아퀴나스의 영혼론을 수용한 것으로 성서의 영,
혼, 육과는 구별된다. 성서의 영(프뉴마), 혼(프쉬케), 육(사르크스)에 해당하는 동양의
용어는 혼, 백, 육으로 구분하는 것이 합당하다.
10 앞의 책, 25.
11 앞의 책, 29.
12 앞의 책, 30.
13 안중근이 천주교의 교리를 매우 정확하고 깊은 신념으로 학습하였던 것을 알 수 있다.
14 앞의 책, 23-33.
15 앞의 책, 34-38.
16 앞의 책, 39-53.

거하여 거기에서 독립운동을 위한 기반을 구축하려 하였다. 그는 상해
에서 민영익의 은신처를 방문하여 방책을 의논하려 하였으나 문전에서
거절당하였다. 상해에서 그는 프랑스인 곽 신부를 만나 독립운동은 해
외에서 망명하여 할 것이 아니라 한국으로 돌아가 독립을 위한 실력을
쌓아야 한다는 권고를 듣는다. 곽 신부는 장차 독립을 위해 교육 발달,
사회 확장, 민심 단합, 실력 양성을 할 필요가 있다고 조언하였다.[18] 이
에 안중근은 1906년 진남포로 귀국하여 거기에서 삼흥학교와 돈의학
교를 설립하고 교무를 맡아 후진 양성에 노력하게 된다.[19] 1907년 김
진사라는 이가 찾아와 노령의 블라디보스토크에 백만을 헤아리는 동포
들이 있으니 거기서 독립운동을 일으키라고 조언하였고 안중근은 평양
과 북간도를 거쳐 블라디보스토크에 이르게 되었다.

　이 무렵부터 안중근은 동양평화에 대한 깊은 사고를 하게 된다. 이
때 그는 이범윤이라는 이를 찾아가 독립운동을 위한 조력을 요청한다.
그때부터 안중근은 일본이 대한의 독립을 공고히 하겠다고 선포하고
러시아를 공격한 것은 대의에 맞는 행위였다고 판단한다. 그러나 이후
일본은 그 대의를 배신하고 신의를 저버리고 대한을 약탈하기 때문에
이를 처단하는 것은 하늘의 도리에 어긋나는 것은 아니라 주장한다.[20]

　여기서 안중근의 동아시아의 전통적 대의명분론에 입각한 시대 인
식을 보여준다. 일본이 동아시아를 침략하는 서구 세력인 러시아를 저
지하기 위해 전쟁을 한 것을 정당하게 판단한다. 그러나 그 대의를 배신
하고 대한을 침략하여 농토와 시설을 약탈하고 수십만의 인명을 살상
한 것은 대의에 어긋나는 것으로 이를 처단하여야 한다고 본다.

17 앞의 책, 54-62.
18 앞의 책, 60.
19 앞의 책, 63.
20 앞의 책, 67-72. 이 무렵부터 안중근의 사상은 거의 확립된 것으로 보인다.

그는 한 걸음 더 나아가 대일 투쟁이 근본적인 목적이 아니라 대한 독립을 이루고 동양의 평화를 수립하는 것이 가장 근원적 목표임을 인식하기 시작하였다. 안중근의 사상의 기저는 전통적 유학의 대의명분론에 근거하고 있었고 대중적 운동인 동학에 대한 반발, 천주교 교리의 개인주의적 수용 등에 비추어 볼 때 그의 평화사상에 종교적 영향은 거의 없다고 판단할 수 있다. 그의 평화론은 개인의 내면적 평화론은 없었고 동북아시아의 국가 간의 평화론을 주장하였다는 점에서 그의 강조점이 있다.

그는 이 무렵부터 두만강 일대에서 의병활동을 개시하였다. 동료인 김두성과 이범윤이 대장급 직위를 맡았고 안중근은 대한독립군 의병 참모중장으로 피선되었다.[21] 1908년 6월경부터 대일 전투에 직접 참여하였고 소기의 성과를 거두었다. 일본군과 일본인 상인들을 포로로 체포하였다. 안중근은 이들에게 무기를 돌려주고 석방하였다. 이에 독립의병 부대 내부에서 논쟁이 발생하였으나 안중근은 만국공법[22]에 따라 이들을 석방하여야 한다고 동료들을 설득하였다. 이 사건으로 부대는 내분이 일어나 각기 흩어지게 되었고, 안중근은 한 달 반을 걸어서 연해주로 귀환하였다.

이듬해인 안중근은 1909년 러시아령 예치아에서 12명의 동지들과 함께 대한독립을 위한 단지동맹을 결성하였다.[23] 1909년 안중근은 블라디보스토크로 건너갔다. 거기에서 그는 이토가 블라디보스토크를 방문할 것이라는 정보를 입수하게 된다.[24] 이때부터 그는 거사에 착수하

---

21 앞의 책, 74.

22 국제법.

23 안중근, 박봉석, 강계찬, 백남규, 강기순, 류치홍, 김기룡, 정원주, 김백춘, 조순응, 김천화, 황백겸 이상 12인.

24 앞의 책, 93.

게 된다. 여기서 그는 우덕순, 유동하, 조도선 등과 함께 거사에 참여하
게 한다. 그는 이토의 하얼빈 당도 시간에 대한 자세한 정보를 수집하고
10월 26일 당일 오전 7시 하얼빈 역으로 나갔다. 그는 차를 마시며 두
시간을 기다린 끝에 이토가 탄 기차가 하얼빈 역에 도착하였다. 안중근
은 비장한 마음으로 먼저 나타난 노인을 4발 저격하였고 자신이 본 이
토의 모습과 달라 뒤이어 오는 주빈급 인사를 세 발 저격하였다. 안중근
은 그 자리에서 러시아 헌병에게 체포되었다.[25] 대략 10월 26일 오전
9시 30분경이었다.

    안중근은 러시아 헌병에게서 일본 영사관에 이첩되었다. 그리고 미
조부치라는 담당 검찰관의 심문을 받게 되었다. 그는 이토를 저격한 이
유에 대해 그 유명한 15개 조항으로 대답하였다. 약 4~5일 후 안중근
은 우덕순, 조도선, 유동하, 정대호, 김성옥 외에 2~3인과 같이 결박되
어 여순에 11월 3일에 도착하였다. 형리와 검찰관들은 비교적 관대한
편이었다. 안중근에게는 블라디보스토크의 한인들이 고용한 러시아와
영국인 변호사가 변호를 맡았다.[26] 전옥 구리하라와 경리계장 나카무
라가 안중근을 우호적으로 대하였다. 그러나 두 달쯤 지나고 나서는 검
찰관의 태도가 돌변하였고 안중근은 일본 권력 상층부에서 모종의 지
시가 있었음을 직감하였다. 그리고 공판도 부적절하게 판정 나게 될 것
을 예감하게 된다.[27] 한국인 변호가 안병찬이 변호인단에 합류하려 하
였으나 재판부가 거부하여 방청객으로 참여하였다.

    선고 이전 마지막 재판에서 안중근은 자신이 이토에 대한 사사로운
혐오로 이토에게 위해를 가했다는 일본 측의 주장에[28] 대해 이토의 죄

---

25 앞의 책, 100-101.
26 앞의 책, 106.
27 앞의 책, 109.
28 안중근은 일본이 이토의 저격을 개인 범죄로 만들려고 한다고 보았고 이에 저항하였다.

악은 세상이 다 알고 있는 사실이며 자신은 "대한국 의병 참모중장의 의무로, 임무를 띠고 하얼빈에 이르러 전쟁을 일으켜 습격한 뒤 포로가 되었으니 만국공법과 국제공법으로 판결하는 것이 옳다"는 유명한 주장을 펴게 된다. 그러나 사흘 뒤 미나베 재판관은 안중근에게는 사형을 선고하고, 우덕순에게는 징역 3년, 유동하는 징역 1년 6월을 선고하였다.[29]

그 뒤 안중근은 고등법원장 히라이시를 접견하고 그에게 동양 대세의 판세와 동양 평화 정략에 관한 의견을 피력하였다. 그리고 호의적인 히라이시에게 동양평화론을 저술하려 하니 사형 집행을 한 달 가량 늦추어달라고 요청한다.[30] 히라이시는 한 달이 아니라 석 달도 가능하다는 입장을 피력하였다. 안중근은 이에 동양평화론을 집필할 수 있다면 만족하다 여기고 항소를 포기하게 된다. 이후 그는 옥중에서 지필을 얻어 글을 쓰게 되었고 이때 법원과 감옥의 다수의 관리들의 요청으로 많은 유묵을 남기게 된다. 1910년 3월 11일 안중근의 요청으로 천주교 홍 신부가[31] 그를 접견하고 성사를 베풀어준다. 그리고 그의 자서전은 1910년 3월 15에 원고를 탈고한 것으로 되어 있다.[32] 그는 3월 26일 비밀리에 처형되었다. 일본은 안중근의 시신이 묻힌 곳도 은폐하여 현재까지도 그의 유해는 발굴되지 못하고 있다.

3. 안중근의 동양평화론의 내용과 의의

안중근의 동양평화론은 그가 여순 감옥에서 재판을 받는 중에 집필한 저술이다. 그는 동양평화론에 많은 애착을 보였다. 자신의 재판이

---

29 앞의 책, 114.
30 앞의 책, 116.
31 프랑스 신부 요셉 빌렘.
32 앞의 책, 119.

러시아 관할권인 하얼빈에서 일본 관할권인 여순으로 옮겨지고 자신의 검찰관의 태도가 급변하는 것을 간파한 그는 공소권을 포기하는 대신 동양평화론의 집필을 할 수 있는 시간을 요구하였다.[33]

동양평화론은 그가 자서전인 『안응칠 역사』를 1910년 3월 15일 탈고한 것으로 보아 이와 비슷한 시기에 집필되었을 것으로 추측된다. 만약 자서전과 비슷한 시기에 집필이 시작되었다면 상당 부분 저술이 되어야 했을 것이나 급작스럽게 처형됨으로써 그의 동양평화론은 서문에 그치고 말았다. 이런 점에 비추어 볼 때 3월 15일 이후, 그가 공소권을 포기하고 한 달 여 안에 집필을 완료하려 했던 것으로 추측된다. 그러나 안중근은 10여 일 후인 3월 26일 전격적으로 사형이 집행이 되어 그의 동양평화론은 완성되지 못하였다.

원래 동양평화론은 서문, 전감(前鑑),[34] 현상(現狀)[35], 복선(伏線),[36] 문답(問答)[37]으로 구상되었다. 그러나 그가 갑작스럽게 처형됨으로써 안중근의 동양평화론은 서문과 전감 부분만이 저술되어 남겨졌다.[38]

동양평화론의 서문은 당시의 동아시아 및 세계 정세에 대한 안중근의 판단이 담겨 있고 동아시아 국가들의 연대를 위한 기본적 요건들을 설명하고 있다. 안중근은 전체적으로 동양과 서양 두 개의 권역을 고찰한다. 그는 동양의 문화는 오랫동안 문학에 힘을 쓰고 자기 나라를 지켜왔지 한 치도 유럽의 땅을 빼앗지 않았음을 상기시킨다. 그러나 유럽 국가들은 수백 년 이래 무력을 일삼아 도덕을 상실하였다고 판단한다.

---

33 안중근, 『동양평화론』(서울: 범우사, 2016), 7.

34 과거를 거울에 비추어 보듯 들여다본다.

35 지금의 상태를 살펴보다.

36 만일의 일을 위해 대비하다.

37 주제를 묻고 답함.

38 『동양평화론』 역시 한문으로 저술되었고 원본의 존재는 없이 등사본이 남아서 번역되어 현재 남아 있다.

그는 지난 수세 기간의 유럽의 제국주의를 상기시키고 있다. 그중에서도 러시아는 동구와 서구 모든 곳에 잔인성과 해악을 끼치고 있다고 판단한다.[39] 그는 제국주의의 해악이 러시아를 통해 가장 극명하게 나타났다고 인식한다.

그런데 1904년부터 1905년에 치러진 러일전쟁은 이러한 러시아의 황포를 제어하는 중요한 전쟁이었다고 본다. 만일 한국과 청나라가 일본과의 지난 원한을 기억하여 일본에 대항하였다면 일본은 결코 그 전쟁에서 승리하지 못하였을 것이다. 한국과 청나라가 일본을 도운 이유가 두 가지가 있다고 본다. 일본이 러시아에 선전포고 할 때 '동양평화를 유지하고' 대한독립을 공고히 한다는 명분을 내세웠고, 또 이 전쟁이 황인과 백인의 전쟁이라 지난 원한을 잊고 하나의 인종적 연대 의식에서 일본을 도왔다고 판단한다.[40] 일본이 러시아에 승리했을 때 일본이 아시아의 평화를 위한 초석을 놓았다는 안도와 기쁨이 있었다고 술회한다. 그러나 전쟁이 끝난 후 일본은 한국을 억압하는 조약을 체결하였고 만주의 장춘 이남의 지역을 한국을 포함하여 조차함으로써 일본이 배신의 행위를 한 것으로 이해한다.

안중근은 이러한 일본이 한국을 침략하는 대의를 배신하는 행위의 위험성을 서세동점의 시대에 동양의 내분으로 이해한다.[41] 일본의 이러한 배신행위는 청나라와 한국이 서구의 힘을 빌려 일본의 침략을 제어하려는 유혹에 직면하게 될 것이고 이는 동양 전체가 서구의 힘에 의존하여 분열하고 대립하여 자멸하는 양상으로 발전할 것이라 진단하였다.[42]

---

39 앞의 책, 16.

40 앞의 책, 17. 안중근의 국제정치 인식 특히 일본 인식의 상당한 제한성이 드러나는 부분이다. 그는 자신의 대의명분의 사상이 일본에도 공유할 것이라는 가정을 하였던 것으로 보인다. 그러나 일본의 근대화의 제국주의화를 간과하는 인식의 한계를 보여준다. 이는 그가 전형적 유교 엘리트라는 점, 한반도 서북과 중국 중심의 활동에 기인한 것으로 보인다.

41 앞의 책, 19.

안중근은 이러한 상황을 타개하기 위하여 동양평화를 위한 정의로운 전쟁을 하얼빈에서 개전하였고 그 후 동양평화에 대한 담판을 위하여 여순 구역에서 자리를 잡았으니 깊은 논의가 필요하다고 밝히고 있다. 안중근은 여순에서 재판이 동양평화를 위한 자신의 소신을 밝히는 기회가 될 것으로 여겼던 것으로 보인다.

서문에 드러난 중요한 개념은 서구 국가들의 제국주의의 문제이다. 이는 안중근이 지난 수세기 간의 역사에 대한 명확한 인식을 하고 있었음을 보여준다. 동양의 평화적 전통에 대해서는 다소 과장된 듯 보이지만 그의 강조점은 동양이 서양을 침략하지 않고 있다는 것에 있었다. 그의 동양평화론은 일본의 동아시아에서의 역할을 전통적 대의명분 안에서 찾으려고 하였다. 그의 대의명분론은 그의 논지를 전개하는 매우 중요한 사유의 틀을 형성하였다. 그가 주장한 이 동양평화론은 자신의 논거를 통해 일본의 동북아시아에서 정치적 역할에 변화를 주려는 시도로 이해할 수 있다.[43]

안중근은 자신의 행동이 수년 내에 아시아 국가들 사이에서 인정을 받게 될 것이라고 기대하고 있었다.[44] 그는 일본이 서구 국가들처럼 제국주의 국가가 되었다고 인식하지 않았던 것으로 보인다. 동양의 전통에 서구와 같은 형태의 식민주의적 과거가 없었기 때문에 일본이 서구의 제국주의 국가들과는 다르다는 사고의 전제를 갖고 있었던 것으로 추측된다.[45] 그는 향후 일본이 35년 동안 한국을 식민지로 삼아 지배하

---

42 앞의 책, 20. 동양의 정체성에 관한 안중근의 판단은 동양의 국가들이 오리엔탈리즘을 내재화했을 때 오는 정신분열적 위기에 대한 진단으로 탁월한 통찰을 갖고 있다.

43 근대화 담론이 보편화된 현대에서는 안중근의 대의명분론이 퇴색된 담론으로 보일 수 있으나 당시로서는 전통적 엘리트 집단에서는 설득 가능한 논리라고 보인다.

44 그는 대략 5년 내에 동양평화에 대한 논의가 확산되고 한국이 독립을 이룰 것으로 기대하였다.

45 안중근의 이러한 인식은 당시 한국의 일본 인식에 대체로 나타나는 현상이었다. 일본의

게 되리라고는 상상하지 않았던 추측된다.

그래서 일본 검찰이 안중근의 이토 저격 행위를 사사로운 개인의 폭거로 규정하려는 시도에 제동을 건다. 일본의 논거는 안중근의 행위를 테러리즘 이하의 어떤 것으로 규정하려는 시도였고 안중근은 자신의 행위를 의로운 전쟁(war of justice)으로 규정함으로써 동양평화에 대한 더 깊은 토론을 요청하였다. 안중근은 자신의 행위를 거대 담론을 형성하고 동양평화의 토론으로 이끄는 촉발점이 될 것이라는 기대를 가졌던 것 같다.

서문 다음의 전감에서 그는 직전의 동아시아의 상황을 기술한다. 안중근은 청일전쟁의 원인을 '좀 도둑' 동학당의 소요로 인해 청일 양국 군대가 조선에 주둔하고 전쟁을 하게 되었다고 인식한다.[46]

청일전쟁이 일본의 승리로 끝나고 청나라의 패배가 된 이유는 청나라는 대국이라는 이유로 주변국을 오랑캐라고 부르는 그 거만한 태도를 유지하였고 반면 일본은 개화기 내전을 치르는 등 내분이 있었으나 청나라와 전쟁이 발발하자 외부의 적에 대항하기 위하여 단결하는 힘을 통해 승리하였다고 분석한다.[47]

이 기간 동안 러시아는 독일과 프랑스의 압박으로 만주 지역에서 청나라에 대한 수탈을 축소하였다. 그러나 러시아는 봉천 이남과 여순, 대련 등지의 부동항과 철도 부설을 통해 만주 지역에 대한 관할권을 획득하는 데 주력하였다. 그런데 그 원인은 같은 동양 국가인 일본의 청나

침략을 전쟁과 일시적 지배의 형태로 보았지 항구적 식민지화를 추구하는 것이라고 보지 않았던 것으로 보인다. 그의 부친 안태훈이 박영효에게 추천되어 일본 유학을 시도했던 것을 기억하면 한국의 개화파의 일본 인식의 한계를 보여준다.

46 그는 동학의 개혁적 요구에 대해 조선 조정이 불응하여 내전이 되었고 정부군이 패배하여 외국군을 끌어들인 조선 조정의 패착에 대한 이해는 나타나지 않는다. 안중근의 인식에 전통적 엘리트 의식이 엿보이고 그 해결 방안 역시 자신과 동일한 계급의 일본의 지식인에게 대화를 요청하는 것으로 보인다.

47 앞의 책, 22.

라 침략에서 비롯하였다고 분석한다.[48]

청일전쟁으로 청나라에서 변법자강운동을 비롯한 근대 개혁운동이 일어났으나 그 효과가 미미하였고 오히려 제국주의 열강들에 의하여 북경, 상해, 천진 등이 서구 8개국 연합군에 의하여 점령되고 이 시기를 틈타 러시아의 만주 진출이 노골적으로 진행되었다. 만주에서 러시아와 일본의 군사적 대결은 이런 과정의 필연적 귀결이었다. 일본이 러시아와 전쟁을 할 때 한국과 중국이 일본에 대한 지나간 원한을[49] 기억하여 일본군의 후방을 공격하였다면 일본은 러시아에게 무너지고 종국적으로 동양은 서구 제국주의 군대에게 유린당하는 처지가 되었을 것이라고 추론한다.

따라서 일본이 러시아와 전쟁을 할 때 청나라와 한국이 출병하지 않은 이유는 일본의 승리 후에 동양의 평화를 유지하기 위한 기대가 거기에 자리하고 있었다는 논리였다.[50] 만일 일본이 러시아를 만주에서 몰아내고 청나라와 대한의 독립을 도왔다면 동양의 평화가 이룩되고 동아시아 국가의 연대에 의하여 서구 세력을 아시아에서 몰아낼 수 있었을 것이라고 주장하였다.

러일전쟁 후 러시아와 일본 사이의 조약도 미국에서 맺어졌는데 이때 미국 대통령의 노회한 수단으로 동양의 평화가 아닌 서구 제국주의에 유리한 형국이 되었고, 일본은 전쟁 배상도 제대로 받지 못한 채 오히려 이웃나라를 침략하여 독부(獨夫)[51]라는 판단을 필할 수 없게 되었다는 것이다.

전감에서도 안중근은 서구 제국주의와 동양의 국가들, 백인 국가와

48 앞의 책, 23.
49 1895년의 을미사변과 청일전쟁.
50 앞의 책, 28.
51 인심을 잃어 고립된 사람.

황인종 국가들을 대립시키면서 종국적으로 동양의 평화는 이러한 지역적 연대를 통해서만 구축 가능한 것이라는 점을 밝힌다.

그의 동양평화론이 서문과 전감에 그쳐 그 전모가 드러나 있지 않기 때문에 구체적 동양평화론의 실천적 내용은 그의 저술들에서는 더 이상 나타나지 않는다. 그러나 안중근이 여순 감옥에서 재판을 받을 때 접견한 히라이시 고등법원장과의 대화가 전해져 간접적으로 그의 동양평화론의 대강을 이해할 수는 있다. 안중근이 제시한 새로운 방안은 다음과 같다.

1) **동양평화회의 조직**: 여순을 개방하여 일본, 청국, 한국이 공동 관리하는 군항을 개설하고 세 국가의 대표를 파견하여 평화회의를 조직한 뒤 이를 공표한다. 일본이 여순을 청국에 반환하여 침략의지가 없음을 보이고 평화의 중심지로 전환하는 것이다. 재정 확보를 위해 여순에 동양평화회의를 조직하고 각국 국민이 1인당 1원을 모아 삼국의 인민들이 다수 참여하게 하는 것이다. 각국의 지역에 동양평화회의 지부를 설립한다.

2) **공동은행 설립**: 그 자금으로 은행을 설립하고 삼국이 공용하는 화폐를 발행한다. 각 지역에 은행의 지부를 설립한다.

3) **공동 방위체제**: 일본, 청국, 한국의 청년들로 공동의 군단을 조직한다. 이들에게 2개국 언어를 학습하게 하고 삼국의 우방 또는 형제 관계를 함양한다.

4) **경제 협력**: 한국과 중국 두 국가는 일본의 지도 아래 상공업 발전을 추구한다.

5) **평화 체제의 공인**: 한국, 중국, 일본 세 국가의 황제가 로마 교황청을 방문하여 협력을 서약하고 왕관을 받는다. 이를 통해 세계 인민

의 신용을 얻는다.

안중근의 동양평화를 위한 실천 방안에는 동아시아 의회, 아시아 은행 및 공용 화폐를 발행하여 경제 공동체를 구성하고 공동 방위체제를 구성하여 안보 체제를 구축하는 것 그리고 세계적으로 공인된 평화 체제를 확립할 것을 제시하였다.

일본의 근대적 지식인들 사이에서도 안중근과 유사한 동양연대론이 등장한 바가 있었다. 메이지 유신 이후 일본 조야에서는 조선을 정복하자는 정한론(征韓論)이 비등하고 있었다. 이들은 일본의 우익 세력들로서 사리고 다카모리의 사상을 잇는 열광적 국가주의자, 천황주의자들로 구성되었다. 이들은 청국에 대한 조선에서 일본의 우위권을 획득하기 위한 군사적 정치적 방안을 획책하였다.

이들 정한론자들과 주도권 다툼에서 밀려난 정치 그룹들에서 연대주의가 나타났다. 후쿠자와 유기치는 서구의 위협에 대처하기 위하여 일본을 맹주로 동양인들이 연대할 것을 주장하였다. 그러나 그는 한일 관계를 문명과 야만의 관계로 설정하고 일본이 조선의 문명화에 대한 책임을 갖고 있다고 주장하였다.[52] 문명화를 전면에 내세운 조선 지배 논리의 구축이었다.

후쿠자와 외에도 다루이 이토요시는 1893년 『大東合邦論』을 통해서 백인의 서양 열강에 대항하기 위하여 일본과 한국이 연대하고 대동(大東)이라는 하나의 국가를 만들고 여기에 청국을 참여하게 하여 정치체제를 구축하자는 이론이었다. 그러나 일본은 이러한 대동 이론을 아시아 침탈의 이론적 근거로 사용하였고 1931년 만주사변 이후 15년

---

52 김호일, "安重根 義士의 [동양평화론]", 사단법인 안중근의사숭모회, 『대한국인 안중근 학술연구지』 (서울: 안중근 의사 숭모회, 2004), 311-312.

전쟁기간 동안에는 대동아전쟁이라는 대아시아 확장 전쟁의 이론적 근
거로 활용하였다.[53]

당시 일본의 대표적 극우단체인 흑룡회도 다루이의 이론을 강화하
여 일본의 조선 지배의 걸림돌인 러시아를 주적으로 삼아 전쟁을 할 것
을 주장하였고 아시아 연대주의를 전면에 내세웠다. 조선에서는 일진
회의 이용구 등이 흑룡회와 더불어 친일 행각에 나서기도 하였다. 이토
히로부미는 이러한 일본 우익의 조선 문명화 주장을 명문으로 조선 침
략을 구체화한 인물이었다. 이토는 이것을 일본이 조선을 구제하고 있
다는 보호국 및 구제론으로 침략을 합리화하였다.[54]

그러나 안중근은 이러한 침략을 위장하기 위한 또는 정당화하기 위
한 일본의 위장 평화론에 대하여 동등한 아시아 국가의 연대에 기초한
동양평화론을 제시하였다. 제국주의가 편만한 20세기 초인 당시로서
는 안중근의 주장이 매우 이상적이고 실천 가능성이 낮은 방안으로 보
였다. 그러나 20세기 중반 이후 안중근이 제시한 국제적 지역 공동체는
유럽을 중심으로 확립되어 현재의 유럽연합을 이루어 왔다. 1952년 네
덜란드의 제안으로 관세 동맹을 근간으로 하는 유럽 경제공동체
(European Economic Community)의 설립이 제기되었고 1957년 유
럽 경제공동체 설립 조약으로 출발한 6개국[55]은 1967년 이를 유럽 공
동체(European Community)로 확대 조직하였다. 유럽 경제공동체는
1993년 유럽 전체를 하나의 공동체로 확장하는 마스트리히트 조약으
로 유럽연합(European Union)으로 확장되어 28개 국가가 연합하는
역사상 초유의 국가 연합을 이룩하였다.

---

53 앞의 책, 313.

54 앞의 책, 315; 윤병석, "안중근 의사의 하얼빈 의거와 '동양평화론'", 안중근의사기념사
업회, 『안중근과 그 시대』 (서울: 경인문화사, 2009), 392.

55 프랑스, 독일, 네덜란드, 이탈리아, 벨기에, 룩셈부르크.

유럽연합은 단일 시장, 단일 화폐로 경제적 사회적 발전을 융합하고, 북대서양조약기구(NATO)를 기반으로 공동 외교 및 안보를 구축하며, 유럽 시민권 제도를 통한 유럽 시민의 위상 강화, 자유와 안전 그리고 정의를 추구하는 공동의 발전의 추구를 목표로 제시하였다. 유럽연합은 리스본 조약을 통해 각국의 자율성과 독립성을 최대한 보장하였고, 1999년 유로화를 도입하여 단일 시장을 만드는 데 성공하였다.

안중근이 제시한 동양평화론은 아직 동아시아에서는 시기상조의 주장으로 남아 있으나 그의 주장의 상당 부분은 현재에도 구체적 실천 방안을 포함한 아시아의 평화적 연대의 사상적 기반을 제공해주고 있다.

4. 안중근의 동양평화론과 칸트의 영구평화론과 관계

안중근이 동양평화론을 주장하게 된 계기는 무엇인가, 그 사상적 원류는 무엇인가 하는 점이 기존 연구자들의 관심을 끌었다. 그중 하나는 당시 동아시아 특히 한국과 일본에서 회자되던 합방론 또는 연대론이다. 일본에서는 후쿠자와 유기치의 연대론이 등장하였고 한국에서도 일부 개화파 인사들이 후쿠자와 유기치의 연대론을 수용하였다. 이토 히로부미도 1898년 대한제국의 황제를 방문하여 황제와 대신들을 상대로 연대론을 주장한 바가 있었다.

그러나 한국에서는 대부분 일본의 연대론에 대한 경계심을 감추지 않으며 제휴론을 주장하였다. 이는 일본이 맹주가 되는 일본식 연대론과 달리 한국 중국 일본이 독립성을 유지한 채 러시아에 대한 공동 방어를 구축하여야 한다는 견해였다. 러시아의 여순·단동 점령이 일어나면서 이기와 장지연 등의 이러한 주장이 나타나기 시작하였다.[56] 안중근

---

56 이태진, "안중근의 동양평화론의 재조명", 안중근·하얼빈 학회, 『영원히 타오르는 불꽃 안중근의 하얼빈 의거와 동양평화론』 (서울: 지식산업사, 2011), 338-339.

의 동양평화론은 당시 한국의 이러한 제휴론을 계승하고 있는 것으로
볼 수 있다.

안중근의 동양평화론은 그 기저의 주장에서 일본의 맹주론을 비판
하고 동아시아 삼국이 동등한 위치에서 신뢰할 만한 국제적 조직과 조
약 그리고 경제, 정치, 안보의 연대를 구축함으로써 동양평화론의 사상
과 제도 실현 가능성을 한층 높여 주었던 것이다.57

안중근의 동양평화론이 칸트의 영구평화론과 사상적 연결점에 대
한 연구도 진행되었다. 인중근의 시대에 칸트의 사상은 중국의 사상기
양계초의 저서『음빙실문집 飮氷室文集』에 의해 동아시아에 소개되어
있었다. 양계초는 이 책에서 칸트의 사상을 도덕철학의 기초, 개인의
양심에서 나오는 자유, 개인의 자유에 기초한 국가 주권, 국가 주권을
수호하기 위한 국제법 사상 등을 소개하였다. 그리고 칸트의 영구평화
론을 "영세태평론"(永世太平論)이라는 제목으로 소개하였다.58 따라서
안중근이 그 시대에 소개된 칸트의 사상을 인지하였을 개연성은 매우
높다. 칸트의 영구평화론과 안중근의 동양평화론에는 구조적 유사성이
존재한다는 측면에서 둘 사이이 사상적 연결성의 개연성이 높다.

칸트의 영구평화론이 과도한 이상주의로 인식되어 오랫동안 유럽
사회에서 묻혀 있었으나 20세기 유럽연합의 구성 과정에 그의 사상은
필수적 근거를 제공하였다. 마찬가지로 안중근의 동양평화론도 당시로
서는 이상적 상상력에 불과하다는 평가를 받을 수 있었으나 동아시아
평화의 상상력 체계에 중요한 토대를 제공해준다.59

칸트의 영구평화론의 핵심 내용은 전쟁을 예단하는 조약 체결이 평
화조약이 아니며, 타 국가의 매도 증여 등 여타의 침략 행위 금지, 상비

---

57 앞의 책, 340.
58 앞의 책, 349.
59 마키노 에이지, "안중근 의사의 동양평화론의 현대적 의의", 앞의 책, 394-396.

군제 폐지, 전쟁 국채 발행 금지, 국가 간의 폭력적 개입 금지 등이 명시되어 있다.[60]

안중근의 동양평화론에도 이러한 칸트의 평화적 방법에 의한 평화의 추구의 원칙들이 명시되어 있다. 안중근은 동양평화의 근거를 만국 공법이나 새로운 조약 또는 법적 제정을 통해 이루어야 한다고 주장하였다. 그는 또한 서구의 제국주의와 일본의 이웃 국가에 대한 침략을 비판하고 침략이 평화의 걸림돌임을 간파하였다. 안중근은 새로운 세대에 평화 교육의 필요성을 강조하였고, 무력에 의한 평화의 불가능성을 인식하였다. 안중근도 칸트처럼 신의 존재와 섭리의 가능성을 믿었다. 천주교인으로서 안중근은 인간의 노력의 한계를 인식하고 신의 간섭을 믿었다.[61] 안중근은 칸트의 영구평화론의 주제들을 학습하였고 이를 동양평화론이라는 아시아의 지정학적 환경에 적용하려는 이론으로 재구성하였다.

5. 동양평화론과 동북아 경제공동체론

안중근의 동양평화론의 유산을 구체적으로 실천하는 것은 가능하고 그것은 어떻게 구현될 수 있을까? 칸트의 영구평화론은 유럽연합이라는 구체적 구조물로 구현되었다. 유럽연합은 역내 경제 시장의 단일화와 단일 화폐를 통해 경제공동체를 구성하였다. 유럽 의회는 가장 민주적인 정치 제도로 정착하였고, 에라스무스 프로젝트, 소크라테스 프로젝트 등으로 대표되는 문화와 교육의 교류는 유럽의 교육과 문화에 역동성을 불어 넣었다. 유럽의 공동 안보는 저비용으로 공동의 안보를

---

60 앞의 책, 398-399.
61 앞의 책, 401-404. 그러나 안중근은 신의 간섭보다 동북아시아의 대의론(大義論)의 설득 구조에 의존하고 있다고 보인다.

이룩하게 되었다.

칸트의 사상과 유럽연합의 구상의 연결점처럼 안중근의 사상과 동북아 경제공동체를 구상하는 주장들이 나타났다. 21세기 동아시아의 연대는 세계의 정치, 군사, 경제의 패권 국가인 미국의 정책에 대한 상대적 반응 형식으로 나타난 것이 현실이다. 더욱이 동아시아 국가들은 군비 경쟁, 이념적 대결, 과거사 청산의 미진 등으로 동아시아 공동체의 구성이 요원한 상태이다. 반면 자유무역협정 체결이나 기후변화 및 미세먼지 문제 등 경제적 환경적 분야에서 연대는 점차 가시화된 측면을 보이기도 한다.

안중근의 동양평화론은 동아시아 평화공동체 구성에 기본적인 철학적 원칙을 제공해준다. 현재 유럽연합에서 실시하는 상당수의 정책들이 안중근이 동양평화론에서 제시한 것들과 일치한다는 점은 놀랍다. 그런 점에서 안중근의 사상은 동양평화론의 선구적 지위를 유지한다. 유럽연합처럼 북미지역에서도 NAFTA를 통해 역내의 무역 장벽 해소를 위한 노력이 가시화되고 있다.[62]

그러나 동아시아의 경제공동체 설립의 요구는 시간이 갈수록 더 많은 요구에 직면하게 될 것이다. 노무현 대통령은 2002년도 대통령 선거에 대한민국을 동북아 중심국가로 만들자는 공약을 전면에 내걸어 지지를 받았다. 이 주장은 한국을 동북아 중심 국가, 나아가 세계의 경제·물류의 중심지로 만들자는 이른바 '동북아 허브론'으로 불렸다. 이러한 주장은 안중근의 동양평화론에 입각하여 그 중심지가 여순이 아니라 한반도로 바뀐 것뿐 안중근의 주장에 닿아 있는 것이다.

이러한 안중근의 구상을 현대화한 주장도 제기되었다. 여순의 중립화는 한반도의 중립적 조정 국가론으로, 삼국의 동양평화회의는 동

---

62 물론 최근의 도널드 트럼프 대통령의 무역전쟁은 잠시 동안의 예외로 한다.

북아평화회 및 6자 회담으로, 삼국의 공동 안보는 동북아 집단안보 및
동북아의 공동 군비 축소와 공동 비핵화론으로, 공동 은행은 동북아 개
발은행으로, 공동화폐의 발행은 아시아 유로 발행과 아시아 통화기금
및 아시아채권시장 개설로, 경제 공동개발은 동북아 시장 통합 및 공동
기술개발센터 설립으로, 로마 교황청의 인증은 UN 안에서 상호 존중
과 신뢰 구축 작업으로 가능하다는 주장으로 전환되었다.[63]

안중근의 기독교 관련 연구는 그의 초년 시절 선교활동,[64] 안중근
과 혼 신부의 관계,[65] 종교적 윤리와 폭력의 문제,[66] 안중근의 신앙의
특징,[67] 안중근의 행위에 대한 신학적 평가[68]등이 연구되어 있다. 자서
전에 따르면 안중근은 천주교의 교리를 깊이 수용하였다. 그의 개인적
성향으로 볼 때 강인하고 열정적인 신앙인이었던 것이 명확하다.

자서전에 인용된 동양의 고전과 자신의 신앙인 천주교의 내용이 자
연스럽게 배어나오는 것은 안중근의 신앙이 동양적 천명론과 기독교의
절대자 신앙의 융합한 결과로 보인다.[69] 그의 동양평화론도 이러한 천
명을 거스르는 일본의 행위에 대한 비판에서 시작하고 자신의 전쟁 행
위도 이러한 천명의 실천으로 인식하였던 것으로 보인다.

안중근은 이토를 처단한 직후 성호를 긋고 천주께 기도했다고 한다.
그는 북간도에서 의병에 참여할 때도 꿈속에서 성모 마리아의 발현을
체험하기도 하였다. 그는 자신이 겪은 난관을 극복할 때마다 그것 배후

63 김영호, "안중근의 동양평화론과 동북아 경제통합론",『학술연구지』, 101-102.
64 원재연, "안중근의 선교 활동과 황해도 천주교회", 안중근의사기념사업회,『안중근 연
   구의 성과와 과제』(서울: 채륜, 2010), 305-348.
65 조현범, "안중근 의사와 빌렘 신부", 349-378.
66 프랭클린 라우시, "종교와 폭력의 정당성", 379-404.
67 김동원, "안중근의 천주교 신앙과 사상적 성격", 405-440.
68 천수홍, "안중근 사건의 신학적 고찰", 441-487.
69 김동원, 앞의 글, 434.

에는 초자연적 힘이 있다고 믿었다.[70] 그러나 심문 과정에서 이토의 저격이 천주교의 윤리에 저촉되지 않는가 물었을 때 안중근은 이토의 죄상에 비추어 자신의 행위를 의롭다고 주장하였다. 그러나 일본 당국은 그에게 성사를 베푼 빌렘 신부의 견해가 안중근과 다르다고 알려주자 그때부터 안중근은 종교와 관련된 문제에 침묵하였다. 아마도 교회에 누가 될 거라는 판단이 그에게 있었다고 보인다.[71]

안중근의 동양평화론은 일본의 국가주의 또는 아시아의 맹주론에 반대하였다. 그의 평화론이 성시의 급진적 아나키즘의 정치체제와 직접 연결되는 것은 아니지만 국제 관계에 있어서는 무력과 전쟁을 통한 지배 구조에 근본적인 대립을 취함으로써 국가주의를 제한하였다. 그가 처한 역사적 한계 안에서 국가주의를 제한하고 폭력적 국가를 국가의 연대를 통해 해소하려고 시도하였다. 이러한 요소는 안중근의 정치신학의 핵심적 구성 요소로 보인다. 그럼으로써 평화주의자의 폭력이라는 그의 행위는 폭력으로 폭력을 줄이는 감폭력의 행위로 간주될 수 있다.[72]

안중근이 경제에 대한 기독교 신학적 자신만의 견해를 주장한 바는 없다. 그는 경제 행위는 국가의 행위의 또는 국가 간의 행위의 하부 구조로 인식한 것으로 보인다. 경제적 평등은 그가 제시한 평화체제의 하부구조로서 국제 교류의 방편으로 인식하고 있는 것으로 보인다.

6. 결론

안중근은 이토를 저격하고 자신이 설파한 동양평화론이 알려지면

---

70 프랭클린 라우시, 앞의 글, 399.

71 앞의 책, 400.

72 이찬수, 『평화와 평화들』(서울: 모시는 사람들, 2016), 3장을 참조하라.

아시아인들의 각성으로 5년 이내에 한국이 독립을 하게 되거나 길어도 10년 안에는 독립이 성취될 것으로 예견하였다. 그러나 그 시간은 무려 110년을 기다려야 하는 장구한 시간이 되었다.

1919년 3.1운동의 여러 선언문에는 동양평화론이 등장한다. 이 동양평화론은 대한의 독립을 통한 민권 국가의 재건과 완전한 독립 그리고 이를 토대로 한 동북아시아의 평화체제 수립이 세계평화의 시발점이 될 것이라는 인식을 담고 있다. 그러나 파리강화회의는 식민지 문제를 다루지 않음으로써 식민지 국가들은 코민테른의 민족해방운동으로 급속하게 기울게 된다.

1945년 2차 세계대전의 종결로 한반도의 자주적 독립과 평화 정착을 기대하였으나 열강의 대립과 냉전의 대두와 함께 분단으로 그리고 한국전쟁으로 이어져 3.1운동 이후 100년간의 미완의 독립이 이어져 왔다.

그럼에도 그간의 다양한 시도들이 있었으나 휴전선의 벽은 강고하였고 남북의 각기 동맹 관계는 한반도의 긴장이 항상 고조된 상태로 존재하게 하였다. 이 기나긴 시간은 동북아의 평화는 불가능할지도 모른다는 내면적 기제를 형성한 것처럼 보이기도 하였다. 그러나 2017년 8월 7일 문재인 대통령의 전한반도 전쟁 절대 불가의 강인한 의지의 표명과 선언은 급진적으로 남북관계 및 동북아시아의 질서를 재편하고 있다. 한국의 의지가 주변 정세에 긍정적 변화를 이끌어낼 수 있다는 중요한 정치적 실험의 성공이며 평화 의지의 구현이라 판단된다.

한 세기 전 안중근이 꿈꾸었던 동양평화가 비로소 실현될 것 같다는 희망이 솟아나기 시작하고 있다. 이제 남북의 경제 협력뿐 아니라 중국과 러시아를 통한 유라시아의 교류가 더욱 확대되고 새로운 변화가 나타날 전망이 보이고 있다.

안중근의 동양평화론이 가지는 가치는 동양삼국의 자주적이고 완전한 독립이 평화의 선결 조건이라는 것을 인식하였다는 점에 있다. 이 것은 동북아 역사에서 세 가지 중요한 개념, 근대적 국민국가, 자주권의 확립과 존중 그리고 평화적 체제의 수립이라는 과정의 공식화에 있다.

그것은 향후 중국의 신해혁명, 한국의 3.1운동과 정부수립으로 가시화되는 듯하였다. 그러나 일본은 제국주의를 거쳐 군국주의라는 파시즘으로 나아갔다. 이 일본의 극우 이념은 오리엔탈리즘의 내면화를 통해 자기분열 증상으로 나아갔다. 그리고 이러한 오리엔탈리즘은 식민지 한국에도 가용되어 내면화된 측면이 있었고 그 역시 자기 분열적 증상으로서 극복의 대상으로 남아 있다.

안중근의 기대는 한 세기 이상의 기다림을 요구하는 전망이 되었다. 일본의 제국주의적 야망은 21세기 일본의 대동아공영권의 추억 속에 작용하고 있다. 중국과 북한의 사회주의 혁명은 여러 개혁의 시도에도 불구하고 민주주의에 있어 취약한 모습을 보이고 있다. 동북아의 정치적 군사적 위기는 서구 세력의 작용과 그 서세동점의 교두보로서 일본의 특이한 지위 속에 이데올로기의 대결, 해양과 대륙의 대결인 G2의 대결이라는 큰 구도 안에 남한과 북조선의 대립은 지속되고 있다. 동북아시아 평화가 남북의 평화와 화해와 함께 도래할 것이라는 기대 속에 시도되고 있다. 다만 2018년 이후 담론의 구조는 근대적 민권국가와 자주적 독립 그리고 평화라는 공식에서 평화의 구축에서 자주적 민주국가의 공동체라는 역방향으로 진행되고 있다.

안중근의 지정학적 상상력은 21세기에도 한국의 동북아시아에서의 역할에 중요한 사상적 기초를 제공한다. 아시아 대중의 상상력 안에 평화공동체의 가능성을 보여주고 그 방향을 예언적으로 보여주었다. 이런 안중근의 상상력이 남북 화해와 새로운 동북아 시대에 다시금 조명 받아야 할 이유가 여전히 존재한다.

심리적 평화의 기제에 관하여
— 바울, 아우구스티누스, 루터, 파스칼, 프로이트, 라깡을 중심으로*

강 응 섭

(예명대학원대학교)

1. 들어가는 말

이 글은 심리적 평화의 기제에 대해서 다룬다. 이 말은 곧 정신(심리)의 질서에 관해 다룬다는 것을 의미한다. 이를 위해 바울, 아우구스티누스, 루터, 파스칼, 프로이트, 라깡이 제시한 몇몇 문헌을 살피면서 그들이 제시한 정신기제(심리기제)를 밝혀볼 것이다.

우리가 주지하듯, 정신의 질서에 따른 평화는 내적 평화나 정신의 평화만을 의미하지는 않는다. 거기에는 반드시 외부 세계와 그것을 체

---

* 이 글은 「한국조직신학논총」 제55집에 게재된 논문 "심리적 평화의 기제로서 정신의 질서에 관한 소고: 바울, 아우구스티누스, 루터, 파스칼, 프로이트, 라깡을 중심으로"를 수정하여 한국문화신학회의 『평화의 신학』에 기고한 것이다.

화하는 감각적인 몸이 자리한다. 그렇기에 이 글은 정신과 외부 세계를 매개하는 육체의 관계의 틀에서 정신의 질서를 섬세하게 다룬 정신분석학이 평화의 신학을 논할 때 어떤 역할을 하는지에 귀착할 것이다.

2. 심리적 평화의 기제에 대한 바울의 견해

바울은 「로마서」(57-59년) 1장 서두에서 자신이 로마에 가고자 하는 의도를 밝힌다. 그 의도는 지금껏 그가 다른 지역에 있는 이들에게 복음을 전했듯이 로마에 있는 이들에게도 복음을 전하기 위한 것(롬 1:15)인데, 그 이유를 세 개의 γαρ(왜냐하면, 롬 1:16, 17)를 사용하면서 설명한다. 18절부터는 내용을 전환하여 '하나님의 진노'를 말하고, 3장 21절에 이르러서 다시 '하나님의 의'를 말한다. 바울은 아직 자신으로부터 직접 복음을 듣지 못한 이들에게 율법 아래 있는 것과 복음 아래 있는 것의 차이를 극명하게 설명한다. 이 차이를 알지 못하는 사람은 그 차이에 따른 마음의 상태를 알지 못하겠지만 일단 그 차이를 알게 되면 마음의 상태가 어떻게 달라지는지 알게 된다. 차이에 따른 상태를 바울은 구약성경을 풀어가면서 제시한다. 그 차이를 깨닫기 전에 가졌던 마음의 상태는 그 차이를 깨닫고 난 후, 완전히 다른 마음에 이른다(롬 7:9, 10). 율법의 깨달음에 따른 정신의 질서는 율법을 깨닫기 전에는 내가 살고, 율법을 깨달은 후에는 죄가 살고 나는 죽는다. 율법을 깨달은 후, 정신의 질서는 분열된다. 이를 두고 바울은 7장 24절에서 "오호라 나는 곤고한 사람이로다. 이 사망의 몸에서 누가 나를 건져내랴"라고 탄식한다. 이 구도는 예수 안에 거하면서 다시 한 번 분열의 과정을 겪는데, 로마서 8장 1-2절은 그것을 잘 보여준다.

육신의 생각   영의 생각

예수 밖

육신의 생각   영의 생각

예수 안

이와 같이 바울은 예수 안에 있는 생명의 성령의 법에 따른 정신의 질서를 말하는데, 육과 영을 잇는 마음의 상태는 우선적으로 율법의 개입과 예수 안에 있는 생명의 성령의 법에서 비롯된다. 이를 통해 우리는 평화가 어디서 올 수 있는지를 볼 수 있다.

3. 심리적 평화의 기제에 대한 아우구스티누스의 견해

아우구스티누스는 후기 저서 「영과 문자」(412년)에서 바울이 말하는 몸의 두 부분의 관계를 '결여'의 관점으로 정리한다. 그는 "만일 '영의 새것'이 결여되면, 사람들은 죄로부터 구원하기보다는 오히려 죄에 대한 앎을 통해 사람을 정죄한다"[1]고 말하면서, 옛것과 새것은 이분법적 관계가 아니라 상호적 관계에 있다고 본다. 한쪽(새것)이 결여되면 또 한쪽(옛것)이 득세하고, 한쪽(새것)이 충만하면 또 한쪽(옛것)은 그 기능을 잃거나 약화되는 알력 관계라고 본다. 일종의 에너지론이라고 볼 수 있다. 바울이 말하는 정신의 질서는 아우구스티누스에 의해 '문자와 영'으로 설명된다. 사람 밖에 기록된 문자는 죽음의 직분과 정죄의 직분이고, 사람 안에 기록된 문자는 영의 직분과 의의 직분이다. 여기서 문자와 영은 몸의 두 부분의 관계처럼 이분법적인 것이 아니라 오히려 사람 밖에 있던 문자가 사람 안에 들어오면 사람 밖에 있던 문자는 폐하여

---

1 아우구스티누스/이형기 · 정원래 공역, "영과 문자", 『아우구스티누스: 후기 저서들』(서울: 두란노아카데미, 2011), 292, §26. Cf. 같은 책, 296-297, §31; 같은 책, 305, §42에서 문자와 영, 사람 밖과 사람 안을 돌비에 비유한다.

죽음의 직분 정죄의 직분 -두려움	영의 직분 의의 직분 -기쁨
사람 밖의 문자	사람 안의 문자

지고, 사람 안에 들어온 문자가 기능함을 의미한다. 사람의 안팎에 있는 문자의 직분에 따른 정신의 질서를 필자는 아래의 그림으로 표현한다.

문자와 영, 사람 밖과 사람 안의 구도를 이해할 수 있도록 아우구스티누스는 '돌비와 마음'을 예로 든다. 돌비와 마음은 사람 밖과 사람 안에 대응한다. 그렇기에 문자가 죽이느냐 살리느냐는 문제는 사람 밖에 기록되느냐 사람 안에 기록되느냐의 문제이다. 문자에서 영으로의 변화를 설명하기 위해 그는 성령의 사역을 도입한다. "성령의 도움과 분리된 이 모든 것들은 의심할 바 없이 죽이는 문자이다. 오로지 생명을 주는 성령이 현재할 때, 그것은 내부에 새겨지고 사랑을 받는 원인이 된다"(아우구스티누스, 같은 책, 297, §32). 성령이 문자를 인간의 마음에 새길 때 인간의 의지는 어떤 조건에 놓이는가 하는 문제는 정신의 질서에서 줄곧 화두가 되어 왔다. 그는 인간 의지의 능동성을 말하는데, 가령 "그러므로 선택의 자유는 방해를 받지 않는다"(326, §59), 또한 "이러한 약속에서 믿음으로 사는 사람이 어떤 불의한 쾌락에 동의하여 굴복하는 것은 죄가 될 것이다"(332, §65)의 표현에서 보듯, '선택의 자유'와 '동의'는 펠라기우스와의 논쟁을 불러일으킬 만큼 오해의 소지를 낳는다. 그가 말하는 인간 의지의 능동성은 성령의 임재 가운데서 비롯된다. 죽이는 문자가 주는 두려움에서 벗어나 기쁨을 가지려면 성령의 임재 가운데 그에 상응하는 적용과 그에 따른 작용이 뒤따라야 한다는 것이 그의 주장이다. 이것이 믿음의 능동적 측면이라고 볼 수 있고, 그것은 사랑으로 귀결된다.

사람은 몸에 두 부분을 갖고 있는데, 성령이 임재하기 전에는 한 부분이 몸을 지배하지만, 성령이 임재하면서 몸의 또 한 부분이 그 한 부분과 맞서게 된다. 이때 전자의 몸이 후자의 몸을 지배한다면, 즉 믿는 이가 이전의 상태로 머물고자 한다면, 믿는 이에게 생명은 임하지 않는다. 그렇기에 믿는 이는 인내하면서 이전의 상태에서 벗어나고자 힘써야 된다. 이처럼 육과 영의 관계는 서로 대결 구도에서 힘겨루기를 해야한다. 그의 말로 표현하자면, "믿음으로 날마다 새 생명의 사람에 의해 옛 시대의 연약함은 치료함을 받는다"(325, §59).

믿는 이의 삶이 어떠해야 하는가 하는 원리에 관해 아우구스티누스는 하나님의 은혜와 인간의 자유 선택으로 설명한다. "만일 내가 어떤 사람이 이 세상에서 죄 없을 수 있는지 질문을 받는다면, 나는 그것이 하나님의 은혜와 인간의 자유 선택으로 말미암아 가능하다는 것을 인정할 것이다. 비록 나는 선택의 자유 자체는 하나님의 은혜에 관계하는 것임을, 즉 하나님이 주는 사물에 – 그 존재, 적절한 방향성 그리고 하나님의 계명을 지키도록 돌이킴에 관계하는 것임을 확신한다"(328, §62). 아우구스티누스가 하나님의 선물로서 '믿을 의지'와 본성에 의한 '선택의 의지'를 말할 때, 우리가 어느 쪽을 선호한다고 해도 풀리지 않는 질문이 제기되는데, 이것을 푸는 열쇠가 바로 "이러한 은혜가 인정되기 위하여 우리는 믿으며, 우리의 믿음은 의지의 행위다"(323, §57)와 "의지의 행위는 신적인 선물에 기인한다"(326, §60). '선택의 의지'가 우리 자신의 능력을 염두에 둔 것이라면, '믿을 의지' 또는 '믿는 의지'는 하나님의 선물을 받아들이는 것(또는 동의하는 것)인데, 이 둘 사이에 성령의 임재가 전제된다는 것이 중요하다.

믿음의 동기가 없음 믿음의 초대가 없음	하나님의 선물에 동의 믿음의 초대에 동의
본성에 의한 선택의 의지	믿음의 선물로서 의지

이처럼 두려움과 사랑 사이에 선 인간은 '선택의 의지'를 통해서는 더 큰 두려운 상태에 있게 되고, '믿는 의지'를 통해서는 사랑의 상태에 놓인다. 즉, 하나님이 우리를 의롭다고 하실 때, 그 의는 우리의 의가 아니라 하나님이 우리에게 주시는 의이다. 우리의 평안은 하나님이 주시는 의를 우리가 의지적으로(선택의 의지를 통해) 수용할 때 두려움에 놓이지만 실제적으로(믿는 의지를 통해) 적용할 때 기쁨에 놓인다. 우리의 믿음이 의지의 행위라고 말할 때, 우리의 선택 의지로 믿음을 선택할 수 있다는 것이 아니라 하나님의 선물인 의지로 믿고 행한다는 것이다. 이처럼 아우구스티누스에게 '믿는 의지'는 육체와의 관계에서 내적 평화를 이루는, 하나님으로부터 오는 힘이라고 볼 수 있다.

4. 심리적 평화의 기제에 대한 루터의 견해

루터는 "일시적 권세에 대하여"[2]에서 두 나라(하나님 나라와 세상 나라)와 두 정부(영적 정부와 세속 정부) 사이에 위치한 믿는 자의 자리에 대해 논했다. 세 부분으로 구성된 이 글의 제1부에서 루터는 로마서 13장 1, 2절의 내용에 근거하여 "하나님의 뜻과 질서 아래 세상의 법과 칼이 세상에 존재한다"는 것을 보이면서 두 나라로 구분한다.[3] 즉, 하나님의 나라는 그리스도의 나라이다. 온 세상이 그리스도의 나라 백성이

---

2 1523년, "De l'autorite tempoelle", *Œuvres IV*(Genève: Labor et Fides, 1957), 불어판 루터 전집 4권.

3 Luther, 앞의 책, 15, *WA XI*, 247.

라면, 세상의 권력은 필요 없을 것이다. 하지만 현실적으로 볼 때, 그리스도를 믿지 않고 그에게 복종하지 않는 사람이 있다. 그렇기에 그들은 그리스도의 나라에 속하지 않는다. 그리스도를 믿는 사람이 아닌 그들은 세상의 나라에 속한다. 하나님의 나라와 그리스도의 나라가 하나님과 그리스도에 의해 주어지고 통치되는 것이라면, 세상의 나라 또한 하나님에 의해 마련된 것이라고 말한다. 하나님의 나라가 그리스도 아래서 성령의 통치 아래 놓인다면, 세상의 나라는 칼에 복종되도록 만들어졌다. 그리스도를 믿지 않는 자들이 악을 행하고자 할 경우 아무런 주의함 없이 악을 행할 수 없도록 사전에 제약 사항을 세상의 나라에 준 것이다.

　루터가 구분한 하나님 나라와 세상 나라는 이 땅에 임하는 두 나라 개념을 넘어선다. 신앙을 갖기 이전에는 하나의 나라가 있지만, 신앙을 갖게 되면서부터 두 개의 나라가 내적 질서로 자리 잡는다. 또한 그 중 하나의 나라(세상 나라)는 두 개의 정부로 구분된다. 즉, '세상 나라'는 그리스도를 믿는 이들과 그리스도를 믿지 않는 이들로 구분된다. 이것이 루터가 제시하는 '영적 정부'(le gouvernement spirituel)와 '세속 정부'(le gouvernement temporel)이다.[4] '영적 정부'는 칭의 받는 이와 그리스도인을 만드는 정부인데, 교회가 담당하는 기능이다. '세속 정부'는 칭의 받지 않은 이와 그리스도인이 아닌 이를 눌러 자신들의 의지로 살지 못하게 하는 정부, 그러면서도 외적인 평화와 안정을 유지하게 하는 정부이다. '영적 정부'는 '세속 정부'와는 달리 내적 평화와 내적 안정을 이루게 하지만, '세속 정부'는 외적인 기능에만 머문다. '세속 정부'가 내적 평화를 이루는 데 기여할 수 없고 외적 평화만을 이루는 데 이바지한다면, 이 평화는 무너지기 쉬운 매우 허약한 평화이다. 그렇다고 '영적 정부'는 칭의 받은 이가 아무런 노력을 하지 않는데도 내적 평화를 주지

---

4 Cf. Luther, 앞의 책, 19, *WA XI*, 251.

는 않는다. 내적 평화는 반드시 외적 평화와 관계된다. '영적 정부'는 '세속 정부'의 기능이 없다면 바로 작동하지 않고, '세속 정부' 또한 '영적 정부'의 기능이 없다면 바르게 움직이지 않는다. 루터에 의하면, 두 정부가 각각의 기능이 있다고 말한다. 하나의 정부가 두 정부의 기능을 모두 가져야 된다고 말하지 않는다. 오히려 하나의 기능이 작동하지 않는다면 다른 하나의 기능도 제대로 작동하지 않는다고 말한다. 그렇기에 두 정부는 서로 견제와 협조를 해야 한다. 두 나라(하나님 나라와 세상 나라)가 하나님 앞에서 인간의 현실을 들여다본 것이라면, 두 정부(영적 정부와 세상 정부)는 인간의 삶이 지니는 두 부분에 관한 것이라고 볼 수 있다. 두 나라가 하나님과 인간의 수직적인 구도에서 본 것이라면, 두 정부는 인간 삶의 수평적인 구도를 다룬 것이라고 볼 수 있다. 그러니까 두 정부는 믿는 이의 현실적인 삶을 위한 실제적인 구도라고 볼 수 있다.

　중세 시기의 서방교회에 교회의 수장인 교황이 있었고, 세속 기관의 장으로서 왕이 있었지만, 교황과 왕의 권력에 대한 분명한 구분이 있었다고는 볼 수 없다. 이런 상황에서 루터는 그 두 권력을 섬세하게 분리하고자 했다. 이 둘 간의 역할이 분명하지 않을 때, 갈등이 초래한다. 그렇기에 평화를 위해서는 각각의 역할 분담이 요청되었다. 루터는 이런 맥락에서 두 나라라는 구도에 두 정부라는 구도를 도입하였고, 두 정부의 기능 가운데 세속 정부(세속 권력)가 담당해야 할 부분을 규정한다. 그런 논의는 제2부에 명시된다. 영적 정부에 관해서는 이미 교회가 해오던 역할이 있었기 때문에 세속 정부가 영적 정부와의 관계에서 해야 할 역할을 규정한다. 세속 정부가 해야 할 능동적인 기능으로는 악을 막고, 평화를 유지하는 것이고, 또한 영적 정부가 세속 정부의 권력을 장악하거나 지배하도록 허용하지 않는 것이다. 세속 정부가 해야 할 수동적인 기능으로는 복음 선포에 간섭하거나 막지 않는 것이다. 루터의 견해로 볼 때, 이것이 두 정부가 하나님 앞에서 해야 할 제 기능이다.

영적 정부만이 하나님 앞에서 예배하고 봉사하고 섬기는 것이 아니라, 세속 정부 또한 하나님 앞에서 자신이 해야 할 기능으로 하나님 앞에서 본연의 임무를 다하는 것이다. 두 나라와 두 정부의 관계를 그림을 표현하면 다음과 같다.

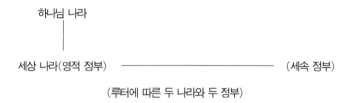

(루터에 따른 두 나라와 두 정부)

위와 같이 두 정부가 각자의 임무가 다르기는 하지만 하나님을 향해 열린 행함을 해야 된다는 것이 루터의 견해이다. 특히 세속 정부가 해야 할 역할에 대해 루터는 제3부에서 부연한다. 영적 정부에 속하는 교회와 관련된 이들이 세속 정부가 정한 규칙을 어기면 그 대가를 받듯이, 세속 정부에 속한 이들 또한 영적 정부가 제시하는 규칙의 범주 내에서 활동해야 한다. 루터가 세속 정부의 수장이 하나님의 기준을 기대해야 한다고 말하는 것은 영적 정부와 수평 관계에 속한 것이라고 해도 하나님 나라와의 수직 관계를 염두에 두어야 한다는 취지로 말한 것이라면 이해할 수 있다. 이 말이 의미하는 것은 세속 권력론에서나 인간적 삶의 현실적인 문제를 다룰 때에도 언제나 동일하게 궁극적 차원을 염두에 두어야 한다는 것을 알 수 있다. 즉, 세속 권력론이 칭의론의 구도 차원과 연결되어야 함을 말하는 것이다. 이처럼 루터가 말한 세상 권력은 수직적 차원에서의 두 나라 관점에서 이해할 수 있다. 즉, 루터가 말하는 칭의론이 하나님과의 수직적 구도에서 작용한다면, 세속 권력은 그런 수직적 관계에 근거하여 수평적 차원으로 이어질 때 영적 정부와 긴밀한 가운데 펼쳐진다. 수직적 관계에서는 수평적 관계를 벗어나서 생

각할 수 있지만, 현실에서는 수평적 관계를 간과할 수 없다. 즉, 영적
정부와 세속 정부 간의 역할 분담이 있기 때문에 서로의 기준을 침범해
서는 안 된다. 다시 말해, 두 정부는 두 나라와의 관계에서 볼 때 수직적
차원으로 열려 있지만, 수평적인 관계에서는 견제와 조율이 필요하다
는 것이다. 그런데 수직적 차원을 염두에 두지 않는다면, 두 정부의 기
능은 서로 상호적일 수 있을까 하는 질문이 제기된다. 이 질문은 세속화
된 서구 사회만의 문제가 아니라, 믿는 이, 의롭다 인정된 이가 살고 있
는 사회라면 제기되는 문제이다. 이 구도 안에서 믿는 이, 의롭다 인정
된 이의 평화가 거론되기 때문이다. 다시 말해, 루터가『요한복음강해』
(집필 시기 미상)에서, '숨으시는 하나님의 역사하심'(opus alienum
Dei)과 '계시하는 하나님의 역사하심'(opus proprium Dei)을 구분하
고, 전자는 사람에게 절망을 주는 하나님의 수동적 의, 후자는 사람에
게 희망을 주는 하나님의 능동적 의라고 말했을 때, 하나님의 이중 행위
가 사람의 평화에 결정적으로 영향을 끼친다는 것을 보여준다.[5] 이러한
하나님의 이중적 의는 사람을 그리스도로 안내한다. 이때 그리스도에
게 인도된 사람은 의롭다고 인정을 받는데, 이것이 칭의론이다. 즉, 칭
의는 우선적으로 하나님과 사람(나)의 수직 관계에 근거하며, 사람과
사람, 사람과 피조물의 수평 관계를 결정짓는다. 또한 루터는『노예의
지론』(1525년)에서, 인간이 자유의지를 갖는다는 에라스무스의 주장(『
자유의지론에 관하여』, 1523년)[6]을 논박하면서, 하나님의 자유의지(또는
의지의 자유)와 인간의 노예의지(또는 굽은 의지)를 다룬다. 여기서도 인
간은 하나님과의 관계에서는 노예의지(또는 굽은 의지)이나 인간과의 관
계에서는 자유의지(또는 의지의 자유)를 갖는다고 말한다. 그래서 루터는

---

5 요한복음강해 16장 20절, WA 28권, 135.

6 Erasme, *La philosophie chrétienne* (Paris: Librairie philosophique J. Vrin, 1970).

내적 인간(εσω ανθροπος)은 노예의지의 구도에 속하고, 외적 인간(αξω αν θροπος)은 자유의지의 구도에 속한다고 본다. 루터는 이 둘을 잇는 가교는 없다고 말한다.

이와 같이 루터가 제시하는 두 나라, 두 정부, 두 의지는 신앙을 갖게 되면서 신앙이 갖게 되는 정신의 질서이다. 신앙을 갖지 않은 이는 이런 정신의 질서 안에 거하지 않는다. 그렇기에 신앙을 갖는다는 것은 이 두 구도로 된 정신질서가 내적으로 생기고, 또한 외적으로나 행정적으로도 그런 기관이 구성되는 것이다.

5. 심리적 평화의 기제에 대한 파스칼의 견해

루터가 제시한 정신의 질서는 파스칼이『팡세』에서 구분한 마음의 질서와 정신의 질서와 비교할 수 있다. 그에 따르면, 마음의 질서에는 섬세한 정신, 사랑의 질서, 초차연적 기능, 계시, 보편, 하나님의 주권적 의지(la volonté souveraine) 등이 속하고, 정신의 질서에는 기하학적 정신, 개체, 대상을 향한 마음의 지향성(les bons mouvements) 등이 속한다.[7] 파스칼이 제시하는 마음과 정신의 구도는 아리스토텔레스와 신플라톤주의의 구도와 연관된다고 볼 수 있다. 아리스토텔레스는『영혼에 관하여』[8]에서 혼(ψυχη, psyche, 정신)의 기능인 지성(νους,

---

7 파스칼,『팡세』(1670년, 서울: 삼성출판사, 1990), 35-37(단장 1, 4), 141(단장 283).

nous, intellect, 마음)을 능동적 지성(active intellect)과 수동적 지성(passive intellect)으로 구분했고, 토마스 아퀴나스는 『지성단일성』[9]에서 지성다수성의 구도를 지지했다. 신플라톤주의에 의하면, 일자(ἑν, hen, 一者)에서 유출된 것이 마음(νους, nous)과 정신(ψυχη, psychē)을 거쳐 질료(υλη, hylē)에 이른다.

이런 구도를 염두에 둘 때, 파스칼이 말하는 마음과 정신은 일자와 질료 사이에 위치하는데, 마음은 일자에 가깝고 정신은 질료에 가깝다. 파스칼에게서 일자에 가까운 마음의 질서는 질료에 가까운 정신의 질서보다 더 우세한 기능을 갖는다. 즉, 마음의 질서가 수직적인 관계라면, 정신의 질서는 수평적인 관계라고 볼 수 있다. 하지만 파스칼은 마음의 질서와 정신의 질서를 아리스토텔레스나 신플라톤주의의 구도에 의거하지 않고 사용하고, 정신과 육체의 결합에 관해 알 수 없다는 입장을 취한다. 그의 말을 들어보자. "우리는 모든 사물들이 정신과 물질로 구성된 것이라고 생각하여, 그런 혼합물이라면 우리로선 이해하기 쉬우리라고 생각지 않는 사람이 있을까? 그러나 이것은 사람이 가장 이해하지 못하는 것이다. 인간이란 그 자신에 있어서 모든 자연 가운데 가장 이해하기 곤란한 대상이다. 왜냐하면 그는 육체가 무엇인지를 모르기 때문이다. 하물며 어떻게 정신과 결합할 수 있느냐 하는 것은 전혀 이해할 수 없기 때문이다. 이것이 인간을 이해하기 어려운 점이기도 하며, 또 인간 존재의 본질이기도 하다. "정신이 육체에 결합하는 방식은 인간에 의해 이해될 수 없다. 그런데 바로 이것이 인간이다."[10] 그가 제시한 마음의 질서와 정신의 질서는 신플라톤주의 구도와 비교할 수 있다.

---

8 아리스토텔레스, 『영혼에 관하여』 (궁리, 2010).
9 토마스 아퀴나스, 『지성단일성』 (분도, 2007).
10 이우구스티누스, 『신국론』 21권 10장; 파스칼, 앞의 책, 60-61.

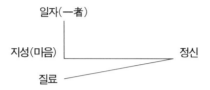

　　파스칼이 말하는 정신의 질서는 사랑의 질서라고도 불리는 마음의
질서와 불연속적 변증 과정을 거친다. 섬세의 정신이라고도 불리는 마
음의 질서는 기하학적 정신이 보지 못하는 것을 본다. 즉, 섬세의 정신
은 자연적 질서 이편의 초자연적 질서를 경험하면서 마음의 질서를 구
성한다. 그러니까 마음의 질서는 보편적인 것과 개별적인 것의 대립 시
발생하는 회심을 통해 확립된다. 파스칼이 말하는 '회심'은 개별적인 것
으로부터 돌이켜 보편적인 것으로 향하는 것, 즉 개별적인 것을 보편자
앞에서 무화시키는 것(無化, l'anéantissement)이다.[11] 즉, 개별자의 욕
망이나 사역은 보편자의 직무에 순종한다는 것이다. 이처럼 파스칼이
말하는 마음의 질서는 이미 루터가 제시한 문구인 "회개치 않으면 소용
없다"[12]와 통한다. 이렇게 파스칼은 보편과의 관계 속에서 개별의 가치
를 설명하는데, 이것은 앞서 말해온 것처럼 수직적 관계 속에서 수평적
관계를 찾는다는 의미이다.

---

11 파스칼, 『팡세』(서울: 민음사, 2003), 단장 378. "진정한 회심이란 여러 번 우리를 분노케
　　하던 그리고 매번 우리를 정당하게 파멸시킬 수도 있는 그 보편적인 존재 앞에 스스로
　　무(無)로 만드는 데 있다. 그리고 그가 없이는 아무 것도 할 수 없다는 것과 은총의 상실
　　외에는 그에게 아무 것도 받을 자격이 없다는 것을 인정하는 데 있다. 이 회심은 하나님
　　과 우리 사이에 넘어설 수 없는 대립이 있다는 것과 거기에는 중보자 없이는 어떤 교제
　　도 있을 수 없다는 것을 아는 데 있다." 파스칼의 단장 번호 378은 파스칼 전공 교수인
　　장성민 교수가 제시한 것인데, 필자는 국내에 번역된 두 번역본의 단장 378에서 이 문장
　　을 찾을 수 없었다.
12 M. Luther, "Commentaire de l'Epître aux Romains(t. II)", *Œuvres 12* (Genève: Labor et
　　Fides, 1985), 210.

루터나 파스칼이 강력하게 주장하듯, 회개와 회심이 없이 이성이나 논리로는 하나님의 의에 도달할 수 없다는 점을 인지하는 가운데, 인간의 의를 추구하는 길을 모색해야 할 것으로 보인다. 회심이라는 기제를 통해 수평적인 구도를 수직적인 구도에 접속시키는 것이 요청된다. 이것을 행하는 주체가 하나님 자신(특히 그리스도의 공로를 우리에게 적용시키는 성령 하나님)이라는 것은 여전히 수직적 구도가 수평적 구도의 조건이라는 의미이다. 이런 구도가 우리 마음의 평화를 이루는 기제라고 기독교(Christianity)는 전통적으로 주장해왔다. 하지만 '하나님의 의'를 제외하고, 또는 그것을 가설적인 것으로만 남겨두고, '인간의 의'만으로 지탱하는 경우, 그 평화는 어떻게 유지될 수 있겠는가 하는 질문이 제기된다. 근대 서구의 보편법(Ius commune)이 양법(utrumque ius), 즉 교회법(lex canonica)과 세속법(lex mundana)의 병합인 것[13]도 이런 질문과 연관된다.

6. 심리적 평화의 기제에 대한 프로이트의 견해

프로이트는 『꿈의 해석』(1900년) 제7장 '꿈의 심리학'에서 정신기관을 도표로 보여준다. 서양사회에서 '영-혼-육', '일자-(지성-정신)-질료', '주관적 정신-객관적 정신-절대정신' 등의 구도에서 논의된 정신기관을 프로이트는 '지각조직-(기억-무의식-전의식-의식)-운동조직'으로 설명한다. 즉, 이 구도는 기억과 세 심급(무의식-전의식-의식, 즉 제1차 위상)이 지각조직과 운동조직과 맺는 관계를 설명하면서 몸과 정신의 관계를 설명한다.

---

13 Cf. 한동일, 『유럽법의 기원』(문예림, 2013), 197-198, 211, 229.

'조립된 기구로서 정신기관'을 보여주는 이 기관은 심급(Instanz) 또는 조직(System)이라 부르는 구성성분을 갖는데, 지각조직에서 유입된 것이 기억에 저장되고, 그 기억은 '무의식-전의식-의식'의 심급의 과정을 거쳐 운동조직으로 표출되는 성분으로 되어 있다. 여기서 무의식은 육체와 정신을 잇는 가교 역할을 한다. 프로이트는 다윈이 사용한 missing link(잃어버린 고리)[15]를 사용하여 육과 정신을 잇는 것으로서 무의식을 말한 바 있다. 프로이트는 이 기관을 만들게 된 연유를 이렇게 말한다.

> 우리는 심리학적 토대를 고수하면서, 정신활동에 봉사하는 기구를 조립된 현미경이나 사진기, 또는 이와 유사한 것으로 생각하라는 요구만을 따를 생각이다. 심리적 소재는 영상이 형성되기 이전의 한 단계가 성사되는 기구 내부의 한 장소에 상응한다. 잘 알고 있는 바와 같이 현미경이나 망원경에서 이것은 부분적으로 관념적인 장소, (즉) 눈으로 볼 수 있는 기계성분은 전혀 없는 장소이다. 나는 이것이나 이와 유사한 비유들의 불완전함을 양해해달라고 당부할 필요는 없다고 생각한다. 이러한 비유들은 심리적 기능을 분해하여 세부적인 기능들을 기관의 세부적인 구성 성분에 할당하면서 기능의 복잡함을 이해하려는 시

---

14 프로이트, 『꿈의 해석』(열린책들, 2004), 628.

15 Georg Groddeck, *Ça et Moi*(Gallimard, 1977), 44. 이 내용은 1917년 5월 27일 그로데크가 프로이트에게 보낸 첫 편지에 질문한 것에 프로이트가 답한 것(1917년 6월 5일 편지)에 나온다.

도의 일환이다. 내가 알기로 정신 기구의 구성을 그런 식으로 분해하여 헤아려 보려는 시도를 한 사람은 아직까지 아무도 없다. 그러한 시도는 별다른 위험이 없는 것처럼 보인다. 나는 우리가 냉정한 판단력을 잃지 않고 골조를 오인하지만 않으면, 자유롭게 추정할 수 있다고 생각한 다.16

그는 정신기관의 활동에 봉사하는 기구를 '기억-무의식-전의식-의식'으로 설정하는데, 이것은 건축 시 사용하는 비계(das Gerüste, l'echafaudage, 飛階, 骨組)이고, 건물(der Bau, 즉 정신)은 아니라고 말한다. 그는 이 기관에 유입된 것이 정신기관에서 어떤 과정을 거치면서 쾌와 불쾌를 일으키는지 설명한다. 이 도식에서 프로이트는 지각조직이 운동조직으로 움직일 때 필요한 에너지원을 욕동(충동, trieb)으로 설명한다. 그가 말하는 욕동은 두 성격을 갖는데, 자아욕동과 성욕동이 그것이다. 전자는 리비도가 생성되기 전의 단계로 목숨을 이어가기 위한 과정이고, 후자는 리비도가 생성되는 단계로 요구와 욕망이 형성되는 과정이다. 후자의 과정은 두 개의 나르시시즘의 원리로 설명된다. 프로이트가 제시한 이 원리는 정신기관을 '무의식-전의식-의식'으로 설정한 제1차 위상 때의 구도이다. 이때 정신기관은 내적 안정을 이루기 위해 외부에서 유입된 것을 밖으로 내보내려고 하지만 차단되어 내부에 머물면서 쾌-불쾌를 일으키는 요인이 되기도 한다.

프로이트는 수평적 구도의 관점에서 정신기관의 형식을 제시하면서 어떤 내용이 그 형식 안에서 작용하는지 정신분석기술을 활용하여 이끌어낸다. 앞서 본 바울, 아우구스티누스, 루터가 수직적 관계와 수평적 관계의 구도를 제시했다면, 프로이트는 수평적 구도의 관점에서

---

16 프로이트, 『꿈의 해석』 (서울: 열린책들, 2004), 623-624.

인간의 정신기관을 이해했다. 그러나 점차 그 구도가 갖는 한계를 알게
되면서 수직적 구도를 도입한다. 프로이트는 1920년 이후 '이드-자아
-초자아'로 정신기관을 설정하면서 수평에 수직을 덧붙인 구도를 갖춘
다. 이것을 그림으로 표현하면 아래와 같다.[17]

전개＼구분	욕동			
욕동	↗ 죽음욕동	↘ 생명욕동(= 리비도의 저장소인 자아)		
리비도	↓ (리비도 없음)	↗ (리비도 있음) ↘		
		자아보존욕동 (자아보존욕동 리비도)	자아리비도 ↓	대상리비도 ↓
나르시시즘		제1차 나르시시즘		제2차 나르시시즘

　　이 구도에서 정신기관은 죽음욕동과 생명욕동으로 구분되고, 생명
욕동은 자아보존욕동, 자아리비도, 대상리비도로 세분된다. 자아리비
도는 제1차 나르시시즘, 대상리비도는 제2차 나르시시즘인데, 전자는
대상과 관계를 맺기 전에 자기 자신과만 관계를 맺는 단계이고, 후자는
대상과 관계를 맺는 단계이다. 리비도의 흐름은 곧 대상과의 관계 맺기
로 연결된다. 이때 리비도의 흐름이 대상을 이끄는지, 대상의 이끎이
리비도의 흐름을 이끌어내는지에 관해 논할 수 있다. 프로이트가 말하
는 욕동은 육(몸)과 정신의 경계를 구분 짓는 요소이자 이 둘을 연결하
는 요소이기도 하다.
　　프로이트가 제시한 관점은 앞서 본 (바울, 루터 등의) 수직적 구도와
수평적 구도와 함께 고려하여 토론할 수 있다. 바울과 루터 등이 수직적
'개방' 구도를 제시했다면, 프로이트 또한 대상과의 '개방' 관계를 추구

---

17 강웅섭, 『프로이트』 (한길사, 2010), 195.

한다. 그가 상정하는 대상은 그 겹이 매우 중층적 의미(vieldeutigkeit, surdétermination)를 지닌다. 그 겹은 수평적 구도로 제한할 수 없을 만큼 펼쳐진다. 이런 논의는 프로이트가 『집단 심리학과 자아 분석』(1921년) 제7장 'Identification'[18]에서 제시한 정체화의 세 구도에서 확인할 수 있다. 정체화는 동일시, 동일화, 같아지기 등으로 번역되는데, 됨의 정체화, 가짐의 정체화, 상호적 정체화라는 상이한 방식으로 전개된다. 이것은 정신의 질서, 정신의 발달을 구조적으로 본 것이다. 처음 두 개의 정체화가 수직적 구도(부모와 아이[나]의 삼각구도, 오이디푸스 구조)라면, 마지막 정체화는 수평적 구도(아이[나]-동기간 등)이다. 이것에 기반하여 라깡은 세미나 9권 『정체화 *Identification*』[19]에서 제1범주의 정체화, 제2범주의 정체화, 제3범주의 정체화로 구분한다. 앞서 루터에서 본 수직적 구도가 하나님과의 관계라면, 프로이트에게서 수직적 구도는 삼각 구도에 해당한다. 그리고 앞서 루터에서 본 수평적 구도가 타자(이웃과 피조물)와의 구도라면, 프로이트에게서 수평적 구도는 삼각 구도에서 파생되는 '동기간 구조'(Sibling Structure)를 취한다.[20] 프로이트가 제시한 오이디푸스 콤플렉스는 아이의 몸(육체)과 정신이 연결되는 과정을 설명한 것이다. 그 과정에서 파생되는 증상은 몸과 정신의 불협으로 인한 고통지점이다.

---

18 프로이트, "집단 심리학과 자아 분석(1921년)", 『문명 속의 불만』(서울: 열린책들, 2013), 114-122.

19 라깡이 1961-1962년 행한 세미나(미출판 상태).

20 Cf. 줄리엣 미첼, 『동기간- 성과 폭력』(서울: 도서출판b, 2015). 티나 로젠버그, 『또래압력은 어떻게 세상을 치유하는가 – 소속감에 대한 열망이 만들어낸 사회 치유의 역사』(서울: 알에이치코리아(RHK), 2012).

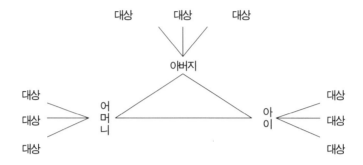

7. 심리적 평화의 기제에 대한 라깡의 견해

하지만 오이디푸스 콤플렉스의 구조를 삼각관계 위에 세운 프로이트의 입장에서 라깡은 세미나 4권 『대상관계와 프로이트의 구조들』(1956~1957년)에서 2자 관계에도 이미 제3의 요소로서 φ(파이, 팔루스)가 있다고 말하면서 '어머니-아이-φ'라는 3자 관계를 제시한다.

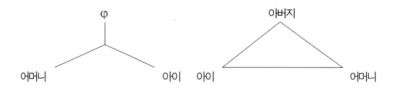

라깡이 2자 관계에서 삼각 구도를 찾아내는 것은 아이의 몸과 정신의 관계를 논하는 근본 토대가 되기 때문이다. 즉, 방해자 없이 순수한 측면, 상상적 관계에 놓인 관계는 없다는 것을 보여주는 것이다.

또한 라깡은 프로이트가 『꿈의 해석』에서 제시한 정신의 질서인 제1차 위상(무의식-전의식-의식)을 변형한 형태를 제시한다. 그는 그 형태를 세 짝인 Réel-Imaginaire-Symbolique(실재적인 것-상상적인

것-상징적인 것) 제시하면서 그것을 정신의 '비계'라고 부른다. 라깡은
필자가 앞서 제시한 프로이트의 제1차 위상에 따른 정신기관의 과정을
따라가면서 거울도식(그림)으로 정리한다. 아래에 제시된 '두 개의 거
울로 만든 도식'21은 라깡 자신이 제시한 '뒤집힌 꽃다발 실험'이라는
그림22을 변형한 것이다.

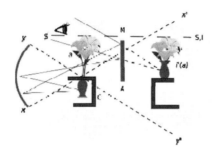

이 그림을 만드는 과정에서 라깡은 정신분석을 연구하는 사람들이
프로이트를 오인했기 때문에 자신이 그것을 바로잡기 위해 그림을 다
시 제시한다고 말한다. 아래의 인용문에서 보듯이, 비계 구조물과 건물
자체를 혼동한다는 것은 무슨 의미인가?

마치 충고란 지키지 않기 위해 있는 것인 양 우리가 프로이트 이후 줄
곧 비계 구조물을 건물 자체와 혼동해왔다는 것은 굳이 말할 필요도
없습니다. 다른 한 편, 제가 감히 하나의 도식을 만들어볼 엄두를 내게
된 것은 프로이트가 어떤 미지의 사태에 접근하기 위해 보조적 관계들
을 활용해도 좋다고 우리에게 허락해주었기 때문입니다.23

21 라깡, 『자크 라깡 세미나 01권-프로이트의 기술론』 (서울: 새물결, 2016), 226.
22 앞의 책, 141.
23 앞의 책, 138.

여기서 혼동은 몸(육)과 정신을 동일한 것으로 본다는 의미이다. 하지만 라깡은 프로이트가 말한 missing link처럼, 몸과 정신 사이에 있는 잃어버린 고리인 무의식이 존재한다고 말한다. 여기서 무의식은 골조(비계)와 건물 자체 사이에 있는 것으로서, 이 둘을 잇지만 그 이음 방식을 알기 위해서는 정교한 과정이 필요하다는 것이다.

필자는 이 거울그림을 프로이트가 제시한 욕동의 이원성과 연결하여 아래와 같은 그림으로 구성한다. 세 개의 꽃병은 논리적인 의미에서 그리고 시간적인 의미에서 각각의 위치를 점하면서 정신기관에 각인된다. 어떻게 각인되었는지 보기 위해 인문과학이나 자연과학은 다양한 도구를 개발하여 진단하고 있다. 신학 또한 이 도구를 사용하여 바울의 논의와 아우구스티누스의 논의, 루터의 논의 등을 해석할 수 있을 것이다.

라깡은 이런 산물을 3자 가문 동맹이라는 이탈리아의 귀족 가문 휘장에서 힌트를 얻어 '보로메우스 매듭'(noeud borroméen, Borromeo noeud 또는 Buono Romeo noeud)이라 부르는 다음과 같은 그림을 제시한다. 1972년경 제시된 이 매듭은 1975년에 이 매듭이 풀리지 않도록 하는 또 하나의 매듭인 생톰(sinthome, 病證)을 첨가한 형태가 되었다.[24] 즉, 조이스의 저서 『피네건스 웨이크 Finnegans Wake』(1939년)를

강독한 라캉은 1975년 세미나 23권에서 보로매오 매듭 세 고리에 또 하나의 고리를 더하는데, '오브제 아'(objet a)가 위치하는 그곳을 sin-thome이라고 명명한다.

이 그림은 무의식의 위상학을 표현한 것인데, 잘 알려졌듯이 언어처럼 짜인 무의식은 몸과 정신 사이에서 이 둘을 엮는 역할을 한다. 즉, 무의식의 성격은 언어(language)적이며, 몸과 정신이 실재를 담는 과정의 흔적을 가지고 있다. 그렇기에 정신의 질서는 무의식의 질서이며, 이 질서는 평화의 기제에 기여한다고 볼 수 있다.

8. 나가는 말

이상에서 필자는 몇몇 학자들이 제시한 정신기제(심리기제)의 형식을 통해 심리적 평화의 기제, 곧 정신의 질서를 제시했다.

바울이 말하는 심리적 평화의 기제는 예수의 공생애 사역 이후 바울이 깨닫게 된 율법의 기능에서 비롯된다. 즉, 하나의 몸 안에 발생하는

24 J. Lacan, *Encore* (Paris: Seuil, 1975).

죽음과 생명, 두려움과 기쁨, 우리의 주제와 연관하여 말한다면 내적인 전쟁과 내적인 평화가 예수 바깥에 있느냐 예수 안에 있느냐에 따라 이루어진다는 것이다.

아우구스티누스가 말하는 심리적 평화의 기제는 바울의 연장선상에서 이해할 수 있지만, 그는 바울이 말하는 두 항이 대립적인 것이 아니라 결여의 관계라고 말한다. 한쪽이 강하면 다른 한쪽은 약하게 된다는 것이다. 이 강약을 조정하는 것이 문자인데, 이 문자가 사람 밖에서 작용할 때와 사람 안에서 작용할 때 각기 다른 기능을 한다고 말한다. 정신의 질서의 관점에서 보면, 사람 안에서 작용하는 문자가 중요한데, 그는 내적인 문자와 의지의 관계를 다루는 데 몰두한다. 사람 안에 들어온 문자가 작용할 때 문자 자체의 기능만으로는 되지 않고 의지가 동의되어야 된다. 내적인 문자와의 관계 속에서 의지는 아우구스티누스가 생각하는 정신의 질서에서 핵심적인 요소라고 볼 수 있다.

아우구스티누스가 말하는 심리적 평화의 기제는 의지의 문제와 연관되면서 루터에게도 영향을 준다. '선택의 자유와 믿을 의지'의 논의는 루터에게 전달되는데, 자유의지에 관한 논의를 촉발시킨 에라스무스의 「자유의지론」에 답하는 범주에서 루터가 논의하기 때문에 의지에 대한 그의 입장은 매우 단호하다. 그는 자유의지의 담지자인 하나님과 노예 의지에 속한 인간을 대비시키면서 그 중간지점은 존재하지 않는다고 말한다. 하지만 인간과 인간의 관계에서는 자유의지가 있다고 말하면서 두 나라와 두 정부의 관계처럼 의지 또한 수직과 수평의 관점에서 논의한다. 이런 흐름에서 파스칼은 마음의 질서와 정신의 질서를 나누어서 설명한다.

이상이 신학적인 테두리에서 본 심리적 평화의 기제라면, 프로이트가 말한 심리적 평화의 기제는 정신의 심급, 조직, 골조로 표현된다. 이 영역은 내용적인 측면에서 신학에 관계된 것을 다룰 수도 있겠지만 보다 포괄적인 측면에서 사람의 정신을 다룬다. 라깡이 제시하는 정신의 구도 또한 그러하다. 신학적인 관점에서 보면, 정신구조의 세속화, 정신질서의 일반화라고 볼 수 있겠지만 이 구조를 운영하는 방식에 따라 신학적인 내용을 다룰 수 있는 여지는 더 넓고 깊어 보인다. 앞서 '들어가는 말'에서 신학과 정신분석학이 제시하는 방법이 상호적으로 사용될 수 있는지에 대해 살펴보겠다고 했는데, 그것을 정리해본다면 한편으로는 신학의 본질적 특성인 수직적 구도로서 계시에 대한 보충적 성격으로서 정신분석학의 경험적 사건에 대한 해석이고, 다른 한편으로는 정신분석학의 고유 특성인 수평적 구도에서 간과할 수 없는 기제로서 수직적 구도의 요청이다. 이 두 측면이 상호적으로 작용한다면 심리적 기제로서 평화를 구축하는 데 유용할 것이다. 우리의 삶은 모태에서 (In vitro) 시작되어 모태 밖으로(Ex vitro) 이어진다. 즉, 우리의 삶은 체질과 체험으로 구성된다. 그렇기에 정신의 구조가 체질(기질, 소인)과 체험에 관계되는지의 여부는 오랜 논쟁거리이다. 이것은 신학적인 문제에서도 그렇고, 정신분석학적인 문제에서도 그러하다. 신학이 하나님의 의, 하나님의 은혜를 상정한다고 해서 경험적인 요소, 의지적인 요소를 간과할 수 없듯이, 정신분석학 또한 체질적인 것을 떠나 경험적인 테두리 안에서만 다루어질 수 없다. 이런 특성을 적극적으로 수용하지 않고 정신기관의 구조와 그에 따른 정신의 질서를 논한다면 대극적인 결론으로 기울 게 될 것이다. 이런 상황을 전제하면서 하나님의 은혜와 선택의 자유, 하나님의 선물로서 믿을 의지와 선택할 의지를 논할 때 요청되는 우선성의 문제는 어떤 것을 우선적으로 자리매김하느냐에 따라 해석의 결과가 달라질 수 있다. 정신분석가들이 제시하는 정신기관의 구조 또한 어떤 입장에서 바라보면서 해석하느냐에 따라 그러하다. 즉, In vitro를 강조하느냐, Ex vitro를 강조하느냐에 따라 자연과 문화, 날것과 가공한 곳, 기질과 성격, DNA와 환경 등의 이분법적 논의가 제시될 것이다. 이 두 항은 대립, 일치, 유비 등 다각적인 관점에서 풀이될 수 있다.[25] 위에서 필자가 제시한 여러 도식(또는 그림)은 상이한 두 항을 잇는 missing link로서 '무의식'을 담고 있다. 무의식에 관한 논의는 1895년 출간된 『히스테리 연구』, 1900년 출간된 『꿈의 해석』 등 프로이트의 저서에서 형식과 경영 측면에서 줄곧 전개되었고, 라깡에게서도 '언어처럼 짜인 무의식', '증상처럼 구조화된 무의식' 등 새로운 차원의 논의가 진행되었다. 무의식과 의식으로 정신의 구조를 설명하는 것이 정신의 질서가 어떤 상태에 있는지 설명하는 데 유용한가에 대해서 필자는 이미 긍정적인 태도를 취하고 있다. 필자는 이 글에서 평화의 기제를 설명하는 형식적 측면으로서 정신의 질서를 다루었는데, 그 질서가 어떻게 경영되며, 그 과정에서 평화와 관련된 내용이 어떻게 전개되는지는 차후의 글을 통해 제시할 것을 기약한다.

---

25 Cf. 강응섭, 『자크 라캉과 성서 해석 - 정신분석학으로 성서 읽기』 (서울: 새물결 플러스, 2014). 강응섭, 『라깡과 기독교의 대화 - 라깡의 정신분석으로 기독교 읽기』 (서울: 새물결플러스, 2018).

참고문헌

강응섭.『자크 라캉과 성서 해석 ─ 정신분석학으로 성서 읽기』. 서울: 새물결, 2014.

_____.『라깡과 기독교의 대화 ─ 라깡의 정신분석으로 기독교 읽기』. 서울: 새물결플러스, 2018.

라캉.『자크 라캉 세미나 01권 ─ 프로이트의 기술론』. 서울: 새물결, 2016.

루터. "요한복음강해."『루터 선집 제3권: 루터와 신약 1』. 서울: 컨콜디아사, 1984.

_____. "노예의지론."『루터 선집 제5권: 교회의 개혁자 1』. 서울: 컨콜디아사, 1984.

루터 · 에라스무스/이성덕 · 김주한 옮김.『자유의지와 구원』. 서울: 두란노아카데미, 2011.

성서. 대한성서공회

아리스토텔레스.『영혼에 관하여』. 서울: 궁리, 2001.

아우구스티누스 "영과 문자."『아우구스티누스: 후기 저서들』. 서울: 두란노아카데미, 2011.

아퀴나스, 토마스.『지성단일성』. 왜관: 분도, 2007.

프로이트.『꿈의 해석』. 파주: 열린책들, 2004.

_____. "집단 심리학과 자아 분석(1921년)."『문명 속의 불만』. 파주: 열린책들, 2013.

Erasme. *La philosophie chrétienne*. Paris, Librairie philosophique J. Vrin, 1970.

Groddeck, Georg. *Ça et Moi*. Paris: Gallimard, 1977.

Lacan, J. *Identification*. 미출판, 1961-1962.

_____. *La relation d'objet et les structures freudiennes (1956-57)*. Paris, Seuil, 1994.

_____. *Encore (1972-1973)*. Paris: Seuil, 1975.

Luther, M. "De l'autorité temporelle"(1523). *Œuvres IV*. Genève: Labor et Fides, 1957.

_____. "Commentaire de l'Epître aux Romains(t. Ⅱ)." *Œuvres 12*. Genève: Labor et Fides, 1985.

이타주의에 대한 신학적 연구
: 포스트휴먼 이타성 담론과 평화 담론의 대화*

전 철

(한신대학교)

1. 들어가며

이타성의 본성은 무엇인가. '이타성'(利他性, Altruism)의 문제는 전통적인 도덕과 종교의 전유물 담론인가, 아니면 전대미문의 인공지능 시대를 살아가는 포스트휴먼이 여전히 인간의 문제로 고민해야 하는 현실적 과제인가. 본 연구는 현대 이타성 담론을 조명하고 더 나아가 포스트휴먼 이타성 담론에 기초한 평화론 구상이 어떻게 가능한지를 모색한다.

'이타성' 개념은 19세기 프랑스 철학자 오귀스트 콩트(Auguste Comte, 1798~1857)에 의해 형성되었다. 서양에서 이타성 개념은 비교

---

* 이 논문은 전철, "이타주의에 대한 신학적 연구: 포스트휴먼 이타성 담론과 평화 담론의 대화", 「신학사상」 184 (2019), 119-142에 게재되었다.

적 근대적으로 출현한 개념이다. 그러나 '이타성' 자체는 생명의 중요한 현상이며 이에 생명의 본성 해명에서도 중요한 주제였다. 생명의 본성은 이기적인가 아니면 이타적인가. 생명의 무대에서 펼쳐지는 이타성, 협력, 호혜, 선물, 공여 그리고 사랑은 인간과 사회의 본성 해명의 중요한 단서였다. 특히 종교의 '이타성'은 매우 중요한 의미를 지닌다. 종교의 일반적인 가르침과 강조는 타인과 이웃에 대한 자발적 사랑이며, 그 사랑을 더욱더 사회적으로 확산하는 것에 있다. 이 점에서 이타성은 생명, 도덕, 종교에 이르기까지 인간 본성과 인건 형성의 핵심 과제였다. 특히 호모 사피엔스(homo sapiens)의 협력과 협동은 다른 생명과 동물에서도 발견할 수 없는 매우 독특한 문화로 해석되기도 한다.[1]

생명의 적응과 삶의 협력을 위한 이타적 행위 연구는 진화생물학 외에 경제학, 수학의 한 분야인 게임이론, 문화학, 그리고 인공지능 담론에 이르기까지 다양한 관점으로 확대되어 진행된다.[2] 그러나 이타적인 협조의 행위는 현실에서 발견될 수 있지만, 이론적으로는 큰 수수께끼이기도 하다. 특히 인류학, 경제학, 사회학 등의 사회과학에서도 이타적 행위의 존재를 둘러싸고 실로 오랜 연구와 논쟁이 진행되어 왔다.[3] 또한 종교학과 신학도 전통적 관점뿐만 아니라 타학문과 연계하여 이타성의 문제를 다루는 연구 또한 전개된다.[4] 그만큼 이타성의 문제는

---

1 Oliver Scott Curry, Daniel Austin Mullins and Harvey Whitehouse, "Is It Good to Cooperate? Testing the Theory of Morality-as-Cooperation in 60 Societies", *Current Anthropology* 60(2019), 최정규 외, 『이타주의자』 (서울: 사회평론, 2018), 175.

2 Martin A. Nowak and Sarah Coakley, ed., *Evolution, Games, and God: The Principle of Cooperation* (Cambridge: Harvard University Press, 2013).

3 최정규, 『이타적 인간의 출현』 (서울: 뿌리와 이파리, 2009), 27.

4 John Polkinghorne, ed., *The Works of Love: Creation as Kenosis* (Grand Rapids: Eerdmans, 2001); Philip Clayton, "Evolution, Altruism, and God: Why the Levels of Emergent Complexity Matter", Martin A. Nowak & Sarah Coakley, ed., *Evolution, Games, and God: The Principle of Cooperation* (Cambridge: Harvard University Press, 2013), 343-361; Philip Clayton and Jeffrey Schloss, ed., *Evolution and Ethics: Human Morality in*

개인적이며 내면적인 도덕담론으로 환원될 수 없는 생명, 인간, 사회의
본성 해명의 중요한 주제로 심화되고 있다.

분명 생명은 경쟁자에 따라 최선의 선택을 하는 내시 균형(Nash
equilibrium)[5]의 길 혹은 서로 갈등하는 길 사이에서 균형을 이루거나
흔들리고 있다. 예를 들어 보울스(Samuel Stebbins Bowles, 1939~)와
긴티스(Herbert Gintis, 1940~)는 혈연관계에 있지 않은 사람들 사이
에서 협력이 일어난다는 사실이야말로 인간이라는 종에서 발견할 수
있는 중요한 특징이라고 해석하였다.[6] 인간 종이 어떠한 메커니즘으로
협력과 이타성을 보여주는지에 대한 다양한 연구는 오늘날에도 계속
진행된다.[7]

Biological and Religious Perspective (Grand Rapids: Eerdmans, 2004). 특히 Joseph
Poulshock, "The Leverage of Language on Altruism and Morality", 114-131; Stephen J.
Pope, *The Evolution of Altruism and the Ordering of Love* (Washington: Georgetown
University Press, 1994); Calvin Mercer, ed., *Religion and Transhumanism: The Unknown
Future of Human Enhancement* (Santa Barbara: Praeger, 2015); Matt J. Rossano,
"Artificial Intelligence, Religion, and Community Concern", *Zygon* 36 (2001), 57-75.

5 Martin J. Osborne, *An Introduction to Game Theory* (Oxford: Oxford University Press,
2003), 11-52. "상대방이 어떤 전략을 선택하는지에 관계없이 내게 항상 높은 보수를 주
는 전략이 있다면, 그 전략을 우월 전략(dominant strategy)이라고 부른다. 죄수의 딜레마
게임에서 상대방이 '자백'을 하든 '부인'을 하든, 내게는 항상 '자백'하는 것이 '부인'하는
것보다 높은 보수를 준다. 이때 '자백'이라는 전략을 우월 전략이라 부른다. 그리고 두 용
의자 모두에게 '자백'이 우월 전략이므로, 두 용의자가 다 '자백'을 하는 상황은 우월 전략
균형(dominait strategy equilibrium)이자 유일한 내시 균형(Nash equilibrium)이다." 최
정규, 『이타적 인간의 출현』, 34.

6 새뮤얼 보울스 · 허버트 긴티스/최정규 · 전용범 · 김영용 옮김, 『협력하는 종: 경쟁하는 인
간에서 협력하는 인간이 되기까지』 (서울: 한국경제신문, 2016).

7 Thomas Nagel, *The Possiblities of Altruism* (Princeton: Princeton University Press, 1970),
79-89; Richard Dawkins, *The Selfish Gene* (New York: Oxford University Press, 1989);
Kristen Renwick Monroe, *The Heart of Altruism: Perceptions of a Common Humanity*
(Princeton: Princeton University Press, 1996); Elliott Sober and David Sloan Wilson, *Unto
Others: The Evolution and Psychology of Unselfish Behavior* (Cambridge: Harvard
University Press, 1999); Daniel C. Batson, *Altruism in Humans* (New York: Oxford
University Press, 2011), 11-32; David Sloan Wilson, *Does Altruism Exist? Culture, Genes,*

그렇다면 이타성과 평화의 관계는 무엇인가. 이타성은 '사랑'에 관한 담론이며 평화는 '정의'에 관한 담론인가. 이타성은 개인의 낭만적 선택과 자유의 영역이고, 평화는 이타적 존재양식이 사회적 경로를 통하여 구현되는 공적 영역인가. 이타성은 개인 행위의 심리적 측면이고, 평화는 그 행위가 종교적, 사회적, 정치적 관점에서 전개되는 제도적 측면인가.

본 연구는 이타성과 평화의 문제를 당위적 관점이 아닌 현실주의적 신학의 관점에서 접근한다. 이를 심화하기 위하여 본 연구는 우선 이타성 담론에 대한 다양한 현대적 관점들을 고려할 것이다. 첫째, 현대 이타성 연구 지형들이 신학적으로 어떠한 의미를 지니는지를 검토할 것이다(II). 둘째, 이타성의 본성에 대한 신경과학적 관점, 상호주의적 관점, 제도주의적 관점을 검토할 것이다(III). 셋째, 이타성 담론이 평화 담론에 어떠한 관점을 제공할 수 있는지를 다룰 것이다(IV). 마지막으로, 이타성 담론에 기반을 둔 평화론의 가능성을 모색할 것이다(V). 이를 통하여 본 연구는 '이타성'과 '평화'라는 매우 긴밀한 두 범주의 신학적 접합점과 긴밀한 대화의 가능성을 탐색할 것이다.

2. 현대 이타성 연구의 신학적 영향

전통적으로 이타성의 문제는 종교와 도덕과 윤리가 중요하게 주목한 문제였다. 이타성은 이기주의와 대립한 개념이며, 타자에 대한 사랑과 희생에 대한 전선으로 확산된다. 예를 들어 테이야르 드 샤르댕(Teilhard de Chardin, 1881~1955)은 개인의 본성 안에 끊임없는 진화의 새 장이 에너지적-사회적으로 펼쳐진다고 바라보았으며 그 증거를

---

and the Welfare of Others (New Haven and London: Yale University Press, 2015), 47-58.

사회적 '협동'으로 해석하였다.[8] 그러나 다른 한편으로는 이타성과 협동에 대한 해명의 과제는 종교와 도덕에만 귀속되는 전유물을 넘어선다. 생물학은 물론이고 경제학과 심리학과 뇌과학의 관점으로 이 문제를 연구한다. 이렇게 이타성의 문제를 다양한 관점으로 접근하는 것은 전통적인 이타성 이해를 넘어선 새로운 지평을 제시한다. 그렇다면 이타성 연구의 '새로운 관점'은 이타성에 대한 기존의 종교적 관점에 어떠한 지평을 열어주는가.

첫째, 새로운 관점은 전통적인 방식의 이기주의와 이타주의의 대립적인 관계, 혹은 악과 선의 종교적 구도를 넘어선다. 이타성을 둘러싼 양자택일적이며 흑백 구도의 전통적인 해석은 그만큼 이 주제를 개인적 선택과 판단의 문제로 해석한 경향이 있음을 역설적으로 드러낸다. 즉 전통적인 이기주의와 이타주의의 구도는 결국 개인의 도덕적 역량에 의하여 둘 가운데 하나를 선택할 수 있다는 견해가 주요하게 반영되었음을 보여준다. 그러나 이타적 선택을 둘러싼 도덕적 판단이 얼마나 개인적이며 주체적으로 가능한지에 대한 물음을 현대의 관점에서는 새롭게 제기한다. 사회적 복잡계의 관점에서 이타성에 대한 접근을 시도하는 것은 매우 중요한 전환점이다. 이 관점은 이타적 선택과 도덕적 판단이 작동하는 개인적 층위와 함께, 이 개인적 층위들을 추동하거나 수렴하여 등장하는 사회적 층위에 기반을 둔 복잡계의 동역학을 주목한다. 즉 이타성의 개인주의나 환원주의를 넘어선 도덕적 판단의 사회적 역학이나 복잡계적 조건을 이 관점에서는 더욱 고려한다.

둘째, 새로운 관점은 인간의 이기주의와 생존경쟁의 근거로 소환되었던 생물학적 진화론과 경제학적 행위이론에 대한 폭넓은 재해석의 관점을 제공한다. 이는 생물학적 진화론이 진정 생명의 이기주의를 주

---

8 삐에르 떼이야르 드 샤르댕/이문희 옮김, 『인격적 우주와 인간 에너지』 (서울: 분도출판사, 2013), 98.

장한다는 논거에 대한 비판과 함께, 동시에 소위 이기주의가 진정 사회
적 협동과는 무관한 무례한 존재 방식인지를 비판하는 것을 포함한다.
전통적인 종교의 이타주의가 희생과 봉사에 대한 방점으로 강조되었을
때 이기주의는 언제나 인간 본성의 어두운 측면으로 배제되었으며, 생
물학적 진화론은 바로 이 이기주의를 생명의 주요한 본성으로 부각시
킨 관점으로 활용한 면이 있었다. 이 새로운 관점은 복잡계적 생명과
사회의 토대에서 작동하는 '이기주의'를 주목하고 새롭게 재구성한다.9
더 나아가서 생물학적인 이기주의가 아닌 생물학적 이타주의의 기능성
을 최신의 연구들은 주목한다. 이러한 관점은 이기주의와 이타주의의
선택을 개체 차원에서 사회 차원으로 확산할 때 새롭게 부각되는 측면
이다.

셋째, 이타주의를 고양되고 특별한 지위, 혹은 종교적 순혈주의로
타자화하거나 추상화하지 않고 우리 생활 세계의 중요한 주제로 초대
한다. 즉 이타성에 관한 거대 담론적 분석과 의미 부여를 넘어서서 일상
적인 생활 세계와 사회관계에서의 효율적 판단, 전략, 공존, 협동의 문
제를 오늘의 이타성 담론은 매우 다양하게 적용한다. 특히 이타적 관점
에서 현대사회의 제반 문제를 해결하려는 유형 가운데 하나로 '효율적
이타주의'(effective altruism)를 손꼽을 수 있다. 효율적 이타주의는 전
통적인 방식의 당위적 이타주의에 대한 비판적 견해를 지니고 있다.10
이러한 효율적 이타주의의 등장에는 무분별한 이타주의에 대한 비판적

9 Jan Osterberg, *Self and Others: A Study of Ethical Egoism* (Dororecht: Kluwer Academic Publishers, 1988).

10 윌리엄 맥어스킬(William MacAskill, 1987-)은 효율적 이타주의(effective altruism) 운동을 이끄는 인물이며 그의 단체는 종신기부 서약 등을 통해 5억 달러 이상을 모금하는 성과를 거두었다. William MacAskill, *Doing Good Better: Effective Altruism and a Radical New Way to Make a Difference* (London: Guardian Faber Publishing, 2015), 108-127; William MacAskill, *How Effective Altruism Can Help You Make a Difference Doing Good Better* (New York: Gotham Books, 2015).

성찰이 있다. 즉 모든 이들이 선하게 생각하는 무분별한 선행과 그에 대한 당위적 요청이 오히려 해악의 요소를 지닐 수 있다는 점을 효율적 이타주의의 관점에서는 주목한다.[11] 특히 효율적 이타주의 운동은 경제, 사회, 문화, 정치적 불평등과 자연적 위기의 노출 앞에 선 인간과 집단을 어떻게 공동체적이며 효율적으로 개선할 것인가에 관심을 지닌다.

3. 이타성의 본성: 타자와의 관계론

이타주의(Altruism)는 '다른 사람들'의 뜻을 지닌 라틴어 '알테리'(alteri)에서 기원한다. 개인, 타자, 사회와의 관계론은 이타성 문제의 핵심이었다. 이타성의 본성은 결코 이타성이라는 특성에 대한 실체론적 접근으로 해명되지 않는다. 분명 이타성은 개인, 타자, 사회와의 관계를 통하여 드러나는 현상에 대한 실재론적 접근이며 그 의미 또한 관계론적 해명 속에서 구성된다. 여기에서는 이타성의 본성을 관계의 차원에서 접근한 세 논의를 검토하고자 한다.

첫째, 이타성의 본성에 대한 신경과학적 관점을 검토하고자 한다. 이 관점은 이타성의 문제가 심리적이거나 도덕적인 문제에서만 논의되는 한계를 넘어선 뇌과학-신경과학적인 관점을 새롭게 열어주고 있다. 둘째, 상호주의적 관점을 검토하고자 한다. 상호적 이타성의 관점은 행위자의 사회적 상호성에 기반을 둔 이타성 행위에 대한 유용한 관점과 가설을 제공하고 있다. 셋째, 제도주의적 관점을 검토하고자 한다. 제도주의적 관점은 거시적인 차원의 국가나 제도의 수준에서 작동되고 있는 이타성을 둘러싼 이해관계의 현실적인 측면을 유용하게 다루고 있다.

---

11 Peter Singer, *The Most Good You Can Do: How Effective Altruism Is Changing Ideas About Living Ethically* (New Haven and London: Yale University Press, 2015), 13-21.

1) 신경과학적 접근

인간의 이타적 행위를 사회신경과학적으로 해명하는 한 관점은 이타성을 "타인으로부터 인정받고 싶은 마음"[12]의 발현으로 정의한다. 이 관점은 뇌과학의 성과를 반영하여 이타성에 대한 전통적인 도덕적이며 사회적인 분석을 넘어선 이타적 행위의 새로운 측면을 드러낸다. 특히 이 관점에서는 이타성을 순수한 호의나 선의로 바라보았던 전통적인 관점에 대한 재구성의 입장을 지닌다. 오히려 인간의 이타적 행위의 기저에는 타인으로부터 인정받고자 하는 욕구가 숨겨져 있음을 사회신경과학은 제시한다.

사회신경과학의 관점에서 분석한 '이타성'의 행위와 연동되는 뇌의 효율적인 의사결정 프로세스는 다음과 같다. ① 편도체(Amygdala)는 정서적인 경험을 담당하고 기억하는 영역이다. 이 영역은 주로 회피의 특성을 지닌다. ② 측핵(Nucleus Accumbens)은 쾌감중추이며 쾌감을 담당하는 뇌이다. 예를 들어 상대방에 대한 매력, 귀여움이 강할수록 높은 반응을 보인다. 편도체가 회피의 특성을 관장한다면 측핵은 접근의 특성을 관장한다. 측핵은 도파민의 영향을 받고 복내측에 정보를 보낸다. ③ 복내측 전전두피질(Ventromedial Prefrontal Cortex)은 회피와 접근을 조율하고 중재하는 기능을 수행한다. 여기에서 수많은 접근 -회피 간 갈등의 해소 경험들이 누적되어 자동화된 직관적 가치들이 저장된다. ④ 배내측 전전두피질(Dorsomedial Prefrontal Cortex)은 이타적 조건에서 더 분석적인 가치판단을 하는 부위이다. 이러한 뇌의 기능에서 가치의 발달은 범주화/추상화를 통해 최소의 노력으로 최대의 효과를 얻을 수 있는 새로운 보상을 끊임없이 찾아가는 과정이다.[13]

---

12 김학진, 『이타주의자의 은밀한 뇌구조』 (서울: 갈매나무, 2017), 263.

이러한 신경과학적 논의는 이타성의 행위를 뇌의 효율적인 의사결정의 관점에서 접근하고 그 의미를 재해석한다: "효율적인 의사결정은 보상(이익)과 처벌(손실) 사이에서 균형 감각을 유지하는 아슬아슬한 줄타기에 비유할 수 있다. 지나치게 보상에 이끌린 선택과 손실에 민감한 선택 모두 바람직한 선택으로 보기는 어렵다."14 이 관점에서 이타주의는 순수한 희생과 손실의 성격이기보다는 특정한 방식의 보상 혹은 이익과도 관련되어 있다는 것이다. 복내측 전전두피질은 이러한 특정한 방식의 보상과 이익 추구에 관련한다. 그런데 흥미로운 점은 복내측 전전두피질이 파손된 입장이 오히려 소수를 희생시키고 다수를 구할 수 있는 가능성이 있다는 점이다. 왜냐하면 오히려 개인적 이해관계로만 접근하는 판단이나 회피로 접근하는 판단은 공공적 다수를 위한 선택을 어렵게 만든다고 보기 때문이다. 이렇게 뇌의 관점에서는 오히려 보상과 처벌의 균형에 따른 판단이 공공을 위한 선택에 수렴한다고 본다.

이러한 신경과학적 관점은 전통적인 도덕주의적 관점과는 달리 타인을 위해 자신을 희생하는 숭고한 마음을 이기심의 발로로 훼손시키는 듯하여 한편으로 직관적이며 정서적 이질감을 야기할 수 있다. 그러나 본 연구는 이타성 뒤에 숨어 있는 이기심의 발로를 확인하려는 것에 핵심이 있지 않다. 오히려 신경과학의 관점으로 뇌가 이타적 행위를 어떻게 처리하여 구현하는지를 분석하여 보여준다는 점에 주목한다.

그러나 여전히 이 신경과학적 관점에 대한 질문은 남는다. 그렇다면 위의 신경과학적 관점에서 이타적 행위는 "타인으로부터 인정받고 싶은 마음"이라는 결론이 뇌 연구에서 어떠한 방법론적 절차를 거쳐 정

---

13 *Ibid.*, 7-47.
14 *Ibid.*, 41.

의되었을까를 검토하는 것에 관심이 있다. 예를 들어 뇌 기전의 신경과
학적 층위와 그 기전을 바탕으로 구현되는 인간학적 층위를 어떻게 연
결하고 해석할 것인가 문제이다. 더 나아가서 타인으로부터 인정받고
싶은 마음에서 그 타인의 영역을 어디에까지 정의하는가의 문제이다.
그 타인이 나를 지금 지켜보는 가족이자 연인일 수 있지만, 더 확대해서
사회나 공동체로까지 확장된다면 그 인정 욕구의 정체성과 경계에 대
한 질문이 새롭게 제기되기 때문이다.

2) 상호주의적 접근

  이타주의와 이기주의의 대항 관계를 매개하는 현대적 관점은 "상호
주의"적 해석이다.15 이러한 상호주의적 해석은 혈연선택 가설을 넘어
서서 사회의 이타적 행동을 설명하는 반복-상호성 가설을 중심으로 논
의된다.

  반복-상호성 가설은 반복적인 거래가 이루어지는 관계에서 협조하
는 것이 장기적으로는 유리하다는 점이 중요하게 고려된 가설이다. 우
리 사회에서 반복적인 거래가 이루어지는 상호적 조건에서는 당장의
이익이 있다 하더라도 장기적인 거래를 통하여 얻는 이득이 더욱 클 경
우라면 누구도 쉽게 장기적인 이득을 깨고 당장의 이익을 취하지는 않
을 것이다. 이러한 가설은 우리 사회가 지닌 상호 협력의 행동을 적절하
게 설명해주는 가설이라고 할 수 있다.16 이러한 반복-상호성 가설이
유효한 의미를 발휘하는 영역은 거시적인 규모의 사회보다는 소규모
사회에서 발현되는 이타적인 협조행위의 영역이다.

---

15 Michael Tomasello, *A Natural History of Human Morality* (Cambridge: Harvard
   University Press, 2016), 19-21.
16 최정규, 『이타적 인간의 출현』, 122.

　　그러나 문제는 이러한 반복이 전제된 거래의 협조적 행위를 넘어서
는 전혀 다른 상황에서 출현하는 지극히 희생적이며 이타적인 행위를
어떻게 해석할 것인가의 과제이다. 지난 2001년 1월 26일 일어난 신오
쿠보 역 승객 추락사고의 주인공인 이수현(1974~2001)의 이타적 행위
는 이타성의 본성에 대한 문화 사회적 성찰에 있어서 매우 중요한 사례
이다. 선로에 떨어진 일본 시민을 발견한 한국 유학생 이수현은 선로로
뛰어들었다. 그 행위에는 행위자의 거래 대상, 거래의 지속성과 반복성
그리고 거래의 이득을 측정할 수 있는 가능성 자체를 선명하게 정의하
기가 쉽지 않다. 반복-상호성 가설에서는 이러한 사례에 대한 분석이
어떻게 가능할 것인가.

　　바로 여기에서 '상호주의'와 그것을 넘어서는 '이타주의'의 간극과
차이를 고려할 필요가 있다. 그렇다면 반복-상호성 가설에 입각한 '상
호주의'와 '이타주의'의 차이는 무엇인가. 상호주의는 진화의 관점에서
볼 때 모든 협력하는 개체들이 이익을 분명하게 얻기 때문에 쉽게 설명
된다. 상호주의적 관점에서 이타성의 행위는 순수한 자발적 태도이기
보다는 상호적, 협력적, 계약적 성격을 지닌다. 이타주의의 행위가 상
호적 관련이 있다고 한다면 그 행위는 자발적이기보다는 조건부 협조
이다. 그러나 반복-상호성 가설의 조건부 협조를 넘어서는 상호적 인
간(homo reciprocans)의 등장은 어떻게 설명될까. 반복-상호성 가설
에서는 이러한 상호적 인간의 존재를 설명하기 어렵다. 이러한 반복-
상호성 가설에 의존하는 상호적 인간으로부터 그 조건부 협조를 넘어
서는 상호적 인간을 구분하기 위해 전자를 '약한' 상호성, 후자를 '강한'
상호성으로 정의할 수 있다.17

　　'약한' 상호성, 혹은 호혜성의 고전적 판본은 호혜적 이타주의(reci-

17 *Ibid.*, 137.

procal altruism)이다. 그러나 이러한 이타주의는 사회 계약이 없으면 호혜성이 어떻게 작동하는지를 이해하기 어렵다. 왜냐하면 호혜성은 사회적 계약과 사회적 거래의 지속성을 전제로 발현된 것이기 때문이다. 그러므로 이러한 약한 호혜적 이타주의는 어떠한 계약과 거래를 의식하지 않은 최초의 이타주의 행동을 전혀 해명해 주지 못한다.

이러한 고전적인 호혜성과 달리, '강한' 상호성에 기반을 둔 이타주의자의 행동은, 상대방의 반응에 의하여 나의 행동을 선택하거나 혹은 상대방의 도움에 대한 기대를 넘어서서 혹은 기대에 의존하지 않고, 나의 행동을 수행하는 것이다. 기대(take)하지 않는 기여(give)가 강한 상호적 인간의 출발점이자 정체성이라고 할 수 있다. 이러한 이타주의의 가능성과 그 근거는 도덕적 요청이나 종교적 신념이라는 토대에 그 의미를 얻는 측면이 있다.

이렇게 사회 계약적 이타주의나 호혜적 이타주의를 넘어서는 절대적 이타주의에 대한 논의는 자크 데리다(Jacques Derrida, 1930~2004)의 무조건적인 환대에 대한 분석 속에서 적절하게 제시된다.[18] 데리다는 타자의 받아들임과 환대를 둘로 구분하였다. 하나는 환대와 자기 비움이 현실적으로 작동하기 어려운 점과 연결되는 '권리의 환대'이다. 여기에서 이방인에 대한 관대와 배려는 제한적이며 조건부적이다. 그러나 데리다는 권리의 환대와 결별하는 '절대적 환대'를 말한다. 그것은 이방인과의 계약과 상호성을 요구하지도 않고, 그의 이름도 묻지 않는다.

이웃에 대한 진정한 환대가 가능할까. 만약 타인에 대한 환대가 나의 권리 안에서만 움직이고 결국 자신을 강화하는 도구가 된다면 이는 환대의 타락이리라. 여기서 이방인에 대한 관대와 배려는 제한적이며 조건부적이다. 그러나 그리스도교적 환대의 정신은 자신의 권리 유지

---

18 Jacques Derrida, *Of Hospitality* (Stanford: Stanford University Press, 2000), 75-83.

나 확장과는 무관한 무조건적이며 전적인 환대일 것이다. 왜냐하면 신
은 심지어 그의 피조물인 인간으로부터 영원히 고통받을 준비가 되어
있기 때문이다. 손님 앞에서 좌절하는 우리에게 신의 경지는 실로 불가
능한 가능성이다. 그리하여 데리다는 환대의 행위가 언제나 시적일 수
밖에 없다고 솔직하게 고백한다.[19]

그렇다면 오늘의 사회의 모습은 어떠한가. 오늘의 환대는 적극적이
지 않은 소극적 방식의 '권리의 환대'가 아닌가. 절대적 환대는 여전히
사회적이며 제도적으로 체현되지는 않아 보인다. 절대적 환대의 근거
가 되는 철저한 자기철회의 윤리와 감수성은 가족적인 사랑과 타자에
대한 개인적, 사회적, 종교적, 문화적 조건과 기억의 심층에서 근원적
이지만 여전히 미약한 지배력—'절대적 환대'—을 발휘할 뿐이다. 우리
에게 환대 행위는 진정 시적일 수밖에 없는 것일까.[20]

3) 제도주의적 접근

여기에서 이타주의에 관한 사회 계약적 관점과 종교적 관점의 차이
가 등장한다. 개인의 이타주의의 국면과 국가 단위의 이기주의적 국면
에 대하여 라인홀드 니버(Reinhold Niebuhr, 1897~1971)는 사회적이
며 거시적인 차원에서 이타주의가 작동되기 어렵다는 점을 지적한다.
니버는 특히 기독교의 평화주의를 넘어선 기독교 현실주의를 강조한
다. 왜냐하면, 예수의 사랑을 온전히 실천하려는 기독교의 평화주의는
복음 전체의 측면에서도 이단적이며, 인간 존재의 측면에서도 이단적
이다. 이러한 생각은 신약성서적 인간 이해뿐만 아니라 인간의 복잡한

19 전철, "손님과 주인", 「국민일보」 2018. 6. 29.
20 전철, "케노시스 개념의 인문학적 함의: 자기비움의 사회적 가능성에 대하여", 「신학과
　사회」 31 (2017), 27.

경험 사실과도 맞지 않는다는 관점이라고 그는 평가한다. 특히 니버는 복잡한 사회 그리고 국가와 글로벌 수준으로 행위의 영역이 급속도로 확대되어가는 상황에 대한 고려 없는 이타주의적 정신에 대한 기독교 완전주의(Christian perfectionism)를 비현실적인 관점으로 해석한다.[21]

니버는 집단과 국가의 관계에서 이타성이 어떠한 경로로 생성 소멸하는지를 현실적으로 다루었다. 국가와 국제정치의 현실주의적 전략은 개인의 이타주의적인 존재 양식을 기시적으로 재구성하고 변형한다. 개인적 차원의 이타적 존재 양식은 제도와 국가라는 복잡계의 층위를 거치면서 불가피하게 변형된다. 바로 여기에서 제도로서의 국가와 현실로서의 국제정치에 기반을 둔 현실적 이기주의가 정당성을 얻는다.

마이클 테일러(Michael Taylor, 1942~)는『공동체, 아나키, 자유 Community, Anarchy and Liberty』(1982)에서 사람들이 이기적이어서 이를 규제하기 위해 국가가 필요한 것이 아니라 국가가 있어서 사람들이 이기적으로 된다고 말한다.[22] 즉 이타주의는 안 쓸수록 덜 이타적으로 된다는 주장을 전개하며, 이기주의와 이타주의에 대한 거시적 제도가 가지고 있는 부정성을 지적한다.[23]

우리는 개인의 낭만적이며 이타적인 행위가 국가와 집단의 호혜적, 상호적 관점에서 새로운 의미의 변형을 거치고 있음을 확인하였다. 그것은 이타주의가 사회적 과정에서 어떻게 생산되고 유통되고 소비될 수 있는지를 거시적으로 고려한 측면이다. 이러한 관점에서 국가 간의

21 Reinhold Niebuhr, *Christianity and Power Politics* (New York: Charles Scriber's Sons, 1940), 1-12.

22 Michael Taylor, *Community, Anarchy and Liberty* (Cambridge: Cambridge University Press, 1982), 53-59.

23 최정규 외,『이타주의자』, 45.

이타주의는 국가의 이익과 이기주의를 건들지 않는 측면에서 상호적 가치와 의미를 지니게 된다. 국가 간 상호 이해관계에서 이익을 확대하는 원원의 전략은 이타성에 대한 제도주의적 관점의 본성을 매우 잘 드러내준다.

4. 이타성 담론과 평화 담론

1) 이타성과 평화의 세 관점

본 연구는 이타성에 대한 신경과학적 접근을 통하여 이타주의의 기반에는 타자에 대한 인정의 욕구와 이기주의가 함께 연결되어 있음을 검토하였다. 이는 뇌와 신경과학의 관점에서 인간의 이타성의 측면을 접근한 것이다. 이러한 관점은 인간의 전방위적이고 사회적인 행위로서 드러나는 이타성의 측면을 인간 뇌의 관점에서 구체적이며 새롭게 밝혀낸 장점을 지니고 있다. 그러나 뇌의 미시적이며 신경학적인 작동이 사회적 행위의 범주와 어떻게 연동되며 그 사회적 행위의 범주와 개념적 분석 설정이 얼마나 정당한지를 질문하였다. 이타주의적인 행동 기저에 뇌의 이기주의적인 인정의 욕구가 있다고 해석할 때, 그것은 뇌와 신경의 행동 기전에 대한 적절한 인간학적 개념화와 의미화가 될 수 있는지를 비판적으로 성찰하였다. 왜냐하면 뇌의 기전이 이기주의와 이타주의 개념의 의미론적이며 화용론적 정당성을 어떻게 충족시킬 수 있는지를 질문할 수 있기 때문이다.

다음으로 이타성이 사회적 관계에서 어떻게 상호적으로 연결되는지를 다룬 "상호적 이타주의"의 입장을 검토하였다. 상호적 이타주의의 한 사례로서 약한 상호성 가설인 반복-상호성 가설과, 강한 상호성 가설에 기반을 둔 이타적 인간의 등장을 검토하였다. 그리고 세 번째로 현실주의적 관점에서 전개되는 이타주의에 대한 해석과 그에 기반을 둔 정의론의 입장을 검토하였다. 이 입장은 개인과 사회를 관통하는 이타주의의 가능성에 대한 비판적 입장 그리고 이에 대한 현실주의적 견해를 피력하는 측면이 강하다. 이 또한 인간의 이타주의적 가능성이 사회와 국가 차원에서 작동될 때 불가피하게 이타성이 감축되는 측면을 분석하였다. 개인은 도덕적이지만 집단은 쉽게 도덕적일 수 없다고 보는 회의적이며 전략적 고려가 강하게 깔려 있다. 오히려 인간 본성의 부정성과 냉정한 현실성에 입각한 이타주의에 대한 해석이 현실적 이타주의와 현실적 평화를 도모하는 중요한 출발점임을 중시하고 있다.

위의 논의를 바탕으로 본 연구는 다음의 세 관점으로 이타성과 평화의 문제를 다룰 것이다. 이타성과 평화의 관계는 ① 양적 동일화의 관점, ② 인격적 동일화의 관점, ③ 신성적 동일화의 관점에서 접근할 수 있다.

① **양적 동일화의 관점**: 이 관점은 이타성과 평화의 문제를 호혜성과 사회적 계약의 관점에서 양적으로 접근한다. 이러한 관점은 위에서 언급한 라인홀드 니버의 이기주의/이타주의에 대한 해석이나 공리주의적 해석에서 주요하게 접근하는 관점이다. 이 관점의 장점은 이타성과 평화에 대한 현실주의적 모델을 구축하며 합리적 관점에서 해석의 근거와 가능성을 전략적으로 확보하는 측면이 있다.

② **인격적 동일화의 관점**: 이 관점은 이타성과 평화의 구현 가능성을 타자에 대한 인격주의적 동일화의 관점에서 시도한다. 이타주의적 행위에 대한 계산주의적 공리주의적 이해보다 더욱 중요한 행위의 동기가 타자의 인격성에 대한 공감이다. 우리의 이타주의적 행동에는 역지사지가 필요한데 그 역지사지는 양적 계산주의를 넘어선 인격주의에 근거한다. 타자와 인격을 향한 태도는 자신의 상실이나 포기가 아니라 새로운 미래를 만나는 것이다.

③ **신성적 사유의 관점**: 이 관점은 사회적 공리주의나 인격적 상호주의를 넘어서서 신적인 절대명령의 정언명령으로서 이타주의와 평화의 지위와 가능성을 확보하는 관점이다. 나를 넘어선 타인의 얼굴을 맞이하는 것은 진정한 신적 시간의 완성이다. 역사적으로 세계교회협의회와 개신교의 평화주의 전통에 대한 21세기의 재해석과 주목(Just Peace) 또한 양적 동일화(Just War)이며 인격적 동일화의 관점에서 접근하는 이타성과 평화 문제에 대한 새로운 방향전환일 것이다.[24]

2) 관점들의 교차

양적 동일화의 시각으로 이타주의의 문제에 접근하는 관점은 이타주의와 평화에 대한 문자주의적이며 이데올로기적인 측면에서 발화되는 신성적 접근을 비판적으로 바라본다. 즉 양적 동일화의 관점에서는 소위 초월적이며 종교적 메시지로 이타성을 계속 강변하는 방식이 오히려 사회에 긍정적인 의미를 줄 수 없음을 지적한다. 종교적 평화와 무조건적인 이타성에 대한 담론은 역설적으로 이타주의의 추상화나 대상화를 통한 사회적 상실로 그 영향을 미칠 수 있다고 보기 때문이다.

양적 토대에 근거하여 이타주의와 평화의 문제에 접근하는 관점에 대한 비판과 쟁점은 다음과 같다. 인간이 본성적으로 이타적이거나 이타적이지 않다고 양화하여 정의할 수 있는 근거는 어디에 있는 것일까. 그 가능성은 존재하는가. 인간이 본성적으로 이타적이거나 이타적이지 않다는 주장이 의미하는 바는 무엇인가. 그 본성은 평균을 말하는 것인가. 인간의 본성이 있다고 주장할 수 있는 근거는 무엇인가. 오히려 인간이 본성적으로 이타적이거나 이타적이지 않다고 말을 하는 순간, 개

---

24 장윤재, "WCC 평화신학의 이해와 비판", 「신학사상」 167 (2014), 145-182.

인의 매우 개별적이고 독자적이며 다양한 조건은 양적 통계와 평균 앞에서 구체적인 자리와 의미를 상실당하는 것은 아닐까.

"인간이 보편적으로 이타적 혹은 이기적 존재다" 혹은 "이타적 행위는 양화될 수 있다"는 명제의 정당성과 그 근거는 어떻게 존재하는가. 인간이 이타적 존재임을 드러내고 강조하는 담론은 결국 이타적 존재들이라는 수많은 희생양을 사회적으로 만들어낼 위험이 도사리고 있다. 심지어 인간이 이타적 존재라고 보는 관점이 양화되어 계산되고 인간학적으로 구상되며 사회적으로 공유된다 하더라도 그 '이타싱의 공유지'는 개인적으로 희생되거나 악용될 수 있기 때문이다. 즉 수많은 너가 이타적 존재일 경우 역으로 그 안에서 살아가는 나는 매우 편하게 생존할 수 있기 때문이라는 역설적 관점도 고려할 필요가 있다. 이러한 관점은 이타성의 양적 토대의 보편성과 본성에 대한 비토대주의적 관점에 따른 비판으로 요약될 수 있다.

그러므로 이타성에 대한 양적 접근과 이타성의 본성을 현실적으로 해명할 수 있다고 보는 토대주의적-본질주의적 관점은, 진정 이타적 삶이 가치가 있다고 보는 과정적 관점과 접촉면을 확보하기 어렵다. 이타성의 경험을 정확하게 정의할 수 있는가? 인간은 그 경험을 양화할 수 있는가? 물론 이타성과 평화의 문제를 추상화를 통하여 양적으로 분석하고 접근할 수는 있다. 그러나 그것이 이타성에 기반을 둔 평화론 구축의 주요한 타당성을 얼마나 확보하는지 비평적으로 질문해야 할 것이다. 특히 평화에 대한 전통적인 해석이 오늘 우리가 처한 다층적이며 복잡한 상황과 조건에서 어떠한 발화적 의미를 지니는지를 비판적으로 검토해야 할 것이다.[25]

---

25 이찬수는 평화를 추상적 단수 '평화'(peace)가 아닌 구체적 복수 '평화들'(peaces)로 이해해야 한다고 제안한다. 평화에도 다양한 층위와 의미가 병존할 수 있음을 '평화다원주의'(pluralism of peace)로 접근하고 있다. 또한 평화는 '폭력이 없는 상태'라고 하기보

인간이 이타적 존재인지 아닌지의 정의와 분석만큼 중요한 것은 어떠한 인간이 이타적 삶을 가장 온전하게 실현했던 존재인가를 주목하는 것이다. 인간과 사회의 이타성 문제는 양화된 평균의 세계를 넘어서는 의미와 그에 대한 주체적 체현과 관련되어 있기에 보편적 통계적 접근의 효용성보다는 그 개별적 현상이 그 개별자의 고유한 조건을 통하여 어떻게 구현되었는가를 해명하는 것이 더욱 중요한 의미를 지닐 수 있다.

이러한 점에서 이타성의 문제에 대하여 수많은 개별자들의 평균값으로 인간의 본성과 이기성/이타성에 대한 정의와 분석을 수행한다 하더라도 그 결과가 함의하는 바를 찾기가 매우 어려울 수 있다. 이타성의 문제에 대한 해명은 가족관계, 직장 및 생활 세계의 관계, 특정한 공동체 및 집단의 관계, 국가의 관계에서 이 문제가 어떻게 작동하는지를 적절하게 다층적으로 해명해야 할 필요가 있다. 또한 이타성의 경험은 문화적 요소를 지니고 있기에 인간의 문화적 변동과 관계의 변화가 야기하는 이타적 행위의 변화도 매우 중요한 요소를 지닌다. 이타성과 평화에 대한 양화된 논리와 이론은 삶에서 펼쳐지는 이타적 행위의 인과성을 모두 반영할 수 없을 것이다. 이러한 점에서 이타성에 기반을 둔 평화론은 정론과 정행 양자의 긴밀한 조화의 관점에서 형성되어야 할 것이다.

다는 '폭력을 줄이는 과정'으로서 '감폭력'(減暴力, minus-violencing)이라는 개념을 구상한다. 이는 평화 양화론 관점의 취약점을 넘어서는 평화 과정론적 사유가 반영된 동양적 평화론의 구상이 될 수 있다. 이찬수,『평화와 평화들: 평화다원주의와 평화인문학』(서울: 모시는사람들, 2016).

5. 나가며

인공지능 시대를 살아가는 포스트휴먼(미래 인간)에 대한 성찰과 검토의 과제 가운데 하나는 인간, 사회, 기술의 상호 협력과 이타적 관계론을 향한 공존의 모색이다.26 적어도 이타적 사회의 가능성을 그 공동체가 구상할 때 가장 중요하게 인식해야 할 중요한 요소가 있다. 바로 이타성의 사회는 당대 공동체의 미래 희망이 될 수 있지만, 이타성에 대한 분석과 기대는 결코 규범적이기나 당위적으로 수행되어서는 안 된다는 점이 아닐까. 이타성의 문제에 대한 종교적 재구성은 이러한 관점을 최대한 반영하여 구현해야 할 것이다. 현실에 기반을 둔 이타성과 평화의 모색은 이를 위한 종교적 재구성의 중요한 출발점이다.

오늘의 개인과 사회가 이기적인지 이타적인지를 질문할 수 있는 끊임없는 성찰의 능력이 있는지를 우리는 자문해야 할 것이다. 이타성과 평화의 계산 가능성은 얼마나 큰 신화일 수 있는가. 인공지능이라는 세련된 기술과학의 키워드로 오늘날의 문화와 문명의 의미망들이 매우 발 빠르게 직조될 때, 우리는 인간의 가능성과 그 심층적 의미를 계산 가능성의 신화로 고착시키거나 환원하는 것은 아닌가를 질문할 수 있을 것이다. 이러한 점에서 데리다가 던진 "무조건적인 환대"(unconditional hospitality)라는 화두는 단지 그 불가능의 가능성에 대한 인간의 실천 여부의 문제를 넘어선다. 계산이 불가능하다고 하여 행위를 할 수 없는 것은 아니다. 행위는 계산 가능성과 불가능성의 조건을 넘어선 현실의 새로운 변형이자 변모이다.

더 나아가서 이타성과 평화의 문제는 현존의 상태를 새로운 상태로

---

26 전철, "신의 지능과 사물의 지능: 지능의 본성에 대한 신학적 연구", 「신학사상」 183 (2018), 79-109; 곽호철, "실낙원에서 복낙원으로의 귀환: 인공지능과 노동, 그리고 기본소득", 「신학사상」 181 (2018), 109-140.

전환하는 능력, 혹은 '상태의 변화'와 관련되어 있다. 고양된 종교는 계산되는 이타성, 계산되지 않는 이타성, 계산 불가능한 이타성과 평화의 가능성에서 그 마지막을 주목한다. 비사회적 이타성, 사회적 이타성, 신적 이타성과 평화에서 종교는 그 마지막을 요청한다. 종교는 비커뮤니케이션적 이타성의 지위를 어떻게 커뮤니케이션적 이타성과 평화의 관점으로 전환할 수 있는지 그 가능성을 모색한다.

인간과 사회의 이타성과 평화 담론은 오늘날 정치, 문화, 외교, 과학, 군사의 차원에서 한편으로는 전략적으로, 다른 한편으로는 밀도 있게 전개되며, 이는 우리 사회의 이타성과 평화 담론의 주요한 해석체계와 개념적 의미망을 형성한다. 하지만 오늘날 종교의 이타성에 대한 종교적 정당성과 그를 통하여 발신되는 강력한 요청과 호소는 - 그 요청과 호소의 언어를 배반하는 - 현실적 타락의 이중주로 점철되며 퇴락하는 듯하다. 그만큼 포스트휴먼 시대 종교는 이타성을 말하기가 어려운 상황이다. 그럼에도 불구하고 종교는 이타성과 평화의 최종 심급을 다루는 심층적 담론의 공간이다.

오늘날 전개되는 현대적 이타성에 대한 담론과 종교적인 거시담론과의 학제간 만남은 어떻게 가능할까. 이는 이타적 존재라는 '사실'과 평화의 삶이라는 '가치'를 이타주의와 평화라는 주제로 연결하는 시도이기도 하다.[27] 동시에 뇌, 개인, 사회, 경제, 법, 정치, 문화, 종교라는 다원적 범주와 의미체계를 '평화'라는 핵심 키워드의 관점에서 연결시키는 작업이다. 이타성에 기반을 두지 않는 평화가 존속한다면, 이러한 체제의 지속적 유지(status quo)를 위한 평화는 진정한 평화일까. 현대의 '이타성' 담론과 체제와 문명의 전환에 관한 '평화론'과의 긴밀한 대화가 절실하게 필요한 이유가 바로 여기에 있을 것이다.

---

27 홍성욱·전철, "과학기술학(STS)의 관점에서 본 종교와 과학: 과학적 사실과 종교적 가치의 만남에 관한 연구", 「신학연구」 73 (2018), 29-53.

참고문헌

곽호철. "실낙원에서 복낙원으로의 귀환: 인공지능과 노동, 그리고 기본 소득." 「신학사상」 181 (2018), 109-140.

김학진. 『이타주의자의 은밀한 뇌구조』. 서울: 갈매나무, 2017.

보올스, 새뮤얼 & 허버트 긴티스/최정규·전용범·김영용 옮김. 『협력하는 종: 경쟁하는 인간에서 협력하는 인간이 되기까지』. 서울: 한국경제신문, 2016.

샤르뎅, 삐에르 떼이야르 드/이문희 옮김. 『인격적 우주와 인간 에너지』. 서울: 분도출판사, 2013.

이찬수. 『평화와 평화들: 평화다원주의와 평화인문학』. 서울: 모시는사람들, 2016.

장윤재. "WCC 평화신학의 이해와 비판." 「신학사상」 167 (2014), 145-182.

전 철. "손님과 주인." 「국민일보」 2018. 6. 29.

_____. "신의 지능과 사물의 지능: 지능의 본성에 대한 신학적 연구." 「신학사상」 183 (2018), 79-109.

_____. "케노시스 개념의 인문학적 함의: 자기비움의 사회적 가능성에 대하여." 「신학과사회」 31 (2017), 9-40.

최정규 외. 『이타주의자』. 서울: 사회평론, 2018.

최정규. 『이타적 인간의 출현』. 서울: 뿌리와 이파리, 2009.

홍성욱·전 철. "과학기술학(STS)의 관점에서 본 종교와 과학: 과학적 사실과 종교적 가치의 만남에 관한 연구." 「신학연구」 73 (2018), 29-53.

Batson, Daniel C. *Altruism in Humans*. New York: Oxford University Press, 2011.

Clayton, Philip and Jeffrey Schloss. eds. *Evolution and Ethics: Human Morality in Biological and Religious Perspective*. Grand Rapids: Eerdmans, 2004.

Clayton, Philip. "Evolution, Altruism, and God: Why the Levels of Emergent Complexity Matter." Martin A. Nowak & Sarah Coakley. eds. *Evolution, Games, and God: The Principle of Cooperation*. Cambridge: Harvard University Press, 2013), 343-361.

Curry, Oliver Scott and Daniel Austin Mullins, Harvey Whitehouse. "Is It Good to Cooperate? Testing the Theory of Morality-as-Cooperation in 60 Societies." *Current Anthropology* 60 (2019).

Dawkins, Richard. *The Selfish Gene*. New York: Oxford University Press, 1989.

Derrida, Jacques. *Of Hospitality*. Stanford: Stanford University Press, 2000.

Kim, Hackjin and Shinsuke Shimojo, John P O'doherty. "Overlapping responses for the expectation of juice and money rewards in human ventromedial prefrontal cortex." *Cerebral cortex* 21/4 (2010), 769-776.

MacAskill, William. *Doing Good Better: Effective Altruism and a Radical New Way to Make a Difference*. London: Guardian Faber Publishing, 2015.

_____. *How Effective Altruism Can Help You Make a Difference Doing Good Better*. New York: Gotham Books, 2015.

Mercer, Calvin. ed. *Religion and Transhumanism: The Unknown Future of Human Enhancement*. Santa Barbara: Praeger, 2015.

Monroe, Kristen Renwick. T*he Heart of Altruism: Perceptions of a Common Humanity*. Princeton: Princeton University Press, 1996.

Nagel, Thomas. *The Possiblities of Altruism*. Princeton: Princeton University Press, 1970.

Niebuhr, Reinhold. *Christianity and Power Politics*. New York: Charles Scriber's Sons, 1940.

Nowak, Martin A. & Coakley, Sarah. eds. *Evolution, Games, and God: The Principle of Cooperation*. Cambridge: Harvard University Press, 2013.

Osborne, Martin J. *An Introduction to Game Theory*. Oxford: Oxford University Press, 2003.

Osterberg, Jan. *Self and Others: A Study of Ethical Egoism*. Dororecht: Kluwer Academic Publishers, 1988.

Polkinghorne, John. ed. *The Works of Love: Creation as Kenosis*. Grand Rapids: Eerdmans, 2001.

Pope, Stephen J. *The Evolution of Altruism and the Ordering of Love*. Washington: Georgetown University Press, 1994.

Rossano, Matt J. "Artificial Intelligence, Religion, and Community Concern." *Zygon* 36 (2001), 57-75.

Singer, Peter. *The Most Good You Can Do: How Effective Altruism Is Changing Ideas About Living Ethically*. New Haven and London: Yale University Press, 2015.

Sober, Elliott and David Sloan Wilson. *Unto Others: The Evolution and Psychology of Unselfish Behavior*. Cambridge: Harvard University Press, 1999.

Taylor, Michael. *Community, Anarchy and Liberty*. Cambridge: Cambridge University Press, 1982.

Tomasello, Michael. *A Natural History of Human Morality*. Cambridge: Harvard University Press, 2016.

Wilson, David Sloan. *Does Altruism Exist? Culture, Genes, and the Welfare of Others.* New Haven and London: Yale University Press, 2015.

평화, 그 불확실성을 향한 용기
: 화이트헤드와 헨리 나우웬의 평화 개념에 대한 신학적 고찰

박 일 준

(감리교신학대학교)

"화평하게 하는 자는 복이 있나니, 그들이 하나님의 아들이라 일컬음을 받을 것임이요"(마 5:9).

1. 들어가는 글: 평화와 정의의 이분법을 넘어서

평화는 전쟁과 갈등과 폭력 혹은 분열과 상처가 없는 상태를 가리킨다는 우리들의 낭만적 환상이 존재한다. 하지만 본고는 '평화'란 갈등과 분열, 폭력과 억압의 한복판에서 현존하는 것, 그래서 세상에 초월의 이상을 비추는 것이라고 주장한다.

기독교 신학에서 '평화'는 "평화의 왕"이라는 호칭으로 불리는 그리스도의 탄생 속에서 표현을 찾아볼 수 있다. 여기서 '평화'는 정의의 실현 혹은 하나님 나라의 선포와 도래와 분리될 수 없다. 즉 정의와 평화 개념은 분리된 것이 아니라는 말이다. 하지만 우리 주변에서는 정의와 평화를 이분법적으로 나누어보려는 관점들이 팽배해 있다. 예를 들어, 마태복음의 소위 팔복의 말씀을 살펴보면, "화평하게 하는 자는 복이 있다"는 구절이 담겨있다. 본문의 화평하게 하는 자는 'peacemaker' 로서, '평화를 만들어가는 사람'을 말한다. 그런데 평화를 뒤집어 '화평' 으로 읽으면, 우리가 평화를 통해서 상상하는 이미지가 지극히 개인적 인 내면의 평화나 사람 개인들 산의 관계의 평화로 이미지가 급속히 바뀐다.[1] 이는 마치 바울의 dikē를 righteousness로 읽는 것과 마찬가 지이다. 테오도르 제닝스는 바울의 dikē를 언제나 justice와 연관된 것 으로 읽어야 한다는 신약학자 호세 미란다의 주석을 인용한다.[2] 번역 성서의 바울서신에서 "의"라는 말을 발견할 때마다, 이를 '정의'로 바꾸 어 읽다보면, 바울의 메시지는 급격히 다른 의미로 전환된다. 바울은 결코 개인의 내적인 의만을 강조한 사도가 아니었던 것이다. 그에게는 언제나 사회정의를 향한 관심이 자리 잡고 있었다. 마찬가지로 '평화'를 '화평'으로 번역해버리면, 평화라는 말이 담지하고 있는 공동체적이고, 사회적이고, 공공적인 차원의 책임감의 차원이 상실되어버린다.[3] '평화 를-만드는-사람들'이란 말에서 '평화'는 개인의 문제를 넘어서 사회적 이고 구조적인 문제를 포함한다. 그래서 '화평하게 하는 자'란 번역은 반역인 것이다. 이 '화평'이란 번역이 특별히 문제가 되는 것은 바로 이

---

1 이는 NRSV, NIV, KJV 그리고 NASB 모두 마찬가지이다. 따라서 이 번역은 '반역'이다.

2 Theodore W. Jennnings, Jr., *Reading Derrida / Thinking Paul: On Justice*, Cultural Momory in the Present series (Stanford, CA: Standford University Press, 2006), 5-6.

3 사실 '화평'(和平)은 평화(平和)와 크게 다른 말은 아니다. 실제로 peace에 대한 중국어 번역은 '화평'이라고 한다. 하지만, 적어도 국문번역에서 평화와 화평은 다가오는 느낌이 다르다. 즉 평화는 국가 간 문제 혹은 집단 간 문제 혹은 구조적인 문제를 포함하는 반면, 화평함은 개인 내면의 문제 혹은 개인 간의 문제로 한정된다는 인상을 지우기 어렵다.

어지는 구절에서 팔복은 '의를 위하여 박해받는 자'를 말하며, 선지자들도 그처럼 박해 받았다는 구절이 이어진다는 점이다. 이는 '화평'으로 번역된 말이 결코 개인적 차원의 문제가 아니라는 것이다. 오히려 영어 번역 성서의 'peacemakers'가 더 온전한 의미에 가깝다는 말이다.

여기서 마태복음은 단순히 '평화'라고 언급하고 있지 않고, 'peace-makers'라는 말을 사용하고 있음을 주목하자. 즉 '평화를 만들어가는 사람들'이란 뜻이다. 평화는 어떤 도달된 상태가 아니라, 의를 추구하고 하나님을 신실하게 믿는 사람들이 추구하며 나아가는 것으로서, 기독교인들은 그 과정 중(in process)에 있다. 즉 기독교인들은 '평화를 만들어나가는 사람들'이란 뜻이다. 그렇다면 평화는 기독교인들이 추구하는 근원적인 삶의 목표들 중 하나이다.

본고는 '평화'란 갈등이나 분쟁 혹은 전쟁이나 폭력이 없는 상태가 아니라, 오히려 갈등과 분열과 전쟁과 폭력의 세상 한 복판에서 우리의 삶을 앞으로 이끌어나가는 추동력이라고 주장한다. 평화는 이미 도래하거나 도래할 상태로서 어떤 것이 아니라, 우리 삶의 초월적 이상으로서, 현실과 유리된 추상이 아니라 삶의 구체적인 상황들을 그 이상의 상황으로 추동하는 힘이라고 주장하는 것이다. 그리고 그것이 바로 '말씀이 육신이 되셨다'라는 성육신론의 핵심이라고 주장한다. 이를 위해 본고는 화이트헤드의 '평화' 개념을 살펴보고, 이를 헨리 나우웬의 『평화로 가는 길 *The Road to Peace*』에서 전개되는 평화 개념과 더불어 성찰하고자 한다. 이를 통해 본고는 평화를 이분법적으로 조망하는 관점들이 간과하고 있는 성육신적 측면들을 부각시키고자 한다.

2. 삶의 아름다움에 대한 신뢰로서 평화: 화이트헤드

평화(peace)는 철학자 화이트헤드에게 문명의 근본토대들 중 하나로 간주된다. 화이트헤드는 문명을 정의하면서, 문명사회가 드러내는 다섯 가지 특성들을 규정하는데, "진리, 아름다움, 모험, 예술 그리고 평화"가 그 다섯 가지 특성들이다.4 하지만 화이트헤드는 '평화'를 정치적 관계의 차원에서 기술하지 않으며, 평화란 "훌륭한 행위는 사물들의 본성 속에 소중히 간직된다"는 것을 신뢰하는 "마음의 자질"(quality of mind)이라고 규정한다.5 기억해야 할 것은 화이트헤드의 철학에서 '마음'이란 단지 한 개인의 내면을 가리키는 것이 아니며, 우주 과정의 '정신적 극'(the mental pole)을 함의한다는 사실이다. 따라서 문명적으로 평화란 '훌륭한 행위를 사물의 본성 속에 보존하여', 그를 통해 문명을 앞으로 나아가게 하는 추동력(drive)이라는 것이다. 다시 말해서 평화란 문명이 그 아름답고 훌륭한 행위를 보존하여 다음 세대로 전달함으로써 앞을 향해 나아갈 수 있는 추동력을 말한다. 즉 평화는 문명의 마음인 것이다.

평화에 대한 화이트헤드의 이러한 이해는 실재(reality)를 과정(process)로 보는 그의 철학적 실재론에 토대를 갖고 있다. 실재는 형이상학적 원리들을 통해 조명되는데, 화이트헤드는 그의 형이상학적 실재론의 원칙을 세 원리들을 통해 조명한다: 과정, 유한성 그리고 단독성(Individuality). 과정으로서 실재는 그의 "되어감"(becoming)과 "소멸"(perishing)을 가리킨다.6 그 어떤 것도 영원히 정지되어 박제되는 것은 없으며, 모든 사물은 과정 속에 있고, 과정이란 곧 되어감과 소멸의 계속적인 과정이다. 과거의 소멸(perishing)은 영원한 사라짐을 의미하는 것이 아니라, 과거의 것이 새로운 피조물로 변혁되는 것을 가리킨다. 이는 모든 실재 과정의 물리적인 측면이다. 하지만 이 물리적

---

4 Alfred North Whitehead, *Adventures of Ideas* (New York: The Free Press, 1967), 274.
5 *Ibid.*, 274.
6 *Ibid.*

과정들은 언제나 (정신적) 관념들을 유희하는 영혼(the Soul)의 정신적
측면들을 동반한다. 영혼은 종합을 통해 새로운 사실을 창조해내는데,
이렇게 창조된 사실은 낡은 것과 새로운 것을 엮어낸 현상(Appear-
ance)을 말한다.7 이 엮음을 창출해내는 것은 실재 과정 속에 내주하는
"에로스"(Eros)가 영혼을 "촉구"(urge)함으로써 이루어진다.8 하지만
이러한 새로운 엮음이 언제나 선한 귀결을 갖는 것은 아니다. 과거로부
터 유래하는 수많은 다양한 느낌들은 때로 갈등하고 심지어는 양립불
가능하기도 하기 때문이다. 이때 특정한 이상(ideal)에 근거하여 들어
맞지 않은 다른 느낌들을 힘으로 솎아내는 행위가 개입할 수도 있으며,
이 폭력적 개입이 바로 악의 도래를 부추기기도 한다. 유한성(finite-
ness)은 "악이나 불완전의 결과가 아니"라, 다양한 느낌들이 협력하여
실현되는 과정에서 악을 만들어내는 "조화의 가능성들"을 가리킨다.9
따라서 조화(harmony)라는 것 자체가 언제나 선(good)인 것은 아닌
것이다. 어떤 공동의 이상적 실현을 위해 양립할 수 없는 이상들의 난립
이 악의 토양이 되며, 악은 바로 그 와중에 특정한 이상에 근거하여 부
적합한 것들을 배제하고 파괴하는 "협력적 시도"(attempted conjunct-
ion)10 가운데 탄생한다. 따라서 '악'도 조화의 결과물일 수 있다. 문제
는 어떤 조화를 이루느냐이다.

그렇기 때문에 화이트헤드에게 하느님 개념은 중요하다. 낡은 것과
새로운 것을 조화롭게 엮어내는 과정이 이상(ideal)을 향해 나아가도록
추동하는 원천이기 때문이다. 때로 현실적 조화를 고려하여, 이상이 종
합의 과정에서 배제될 수도 있다. 이 경우 현실적 조화는 악이 되기도

7 *Ibid.*, 275.
8 *Ibid.*, 275.
9 *Ibid.*, 276.
10 *Ibid.*, 277.

한다. 우주의 정신적 극의 원천인 신은 그 어떤 양립 불가능한 이상도 자신의 경험 속에 보존한다. 이 담지된 이상들, 즉 영원한 객체들을 바탕으로 신은 우주적 에로스로 도래하여 매순간 모든 사건 계기들을 이상으로 향하도록 유혹하고 설득한다. 현실(Appearance)이란 곧 이 신으로부터 유래하는 정신적 관념들이 물리적으로 실현되는 선택적 과정이다. 현실의 사건 계기들이 모든 이상들을 실현할 수는 없기 때문에 주어진 환경과 여건에 따라 실현가능한 이상들을 엮어내도록 신의 마음은 현실의 사건 계기들에게 유혹하고 설득하는 것이다. 요점은 우주의 과정 속에 특별히 문명의 과정 속에는 언제나 그 시대적 상황에 맞는 적합한 유형의 완전성이 이상 혹은 관념으로 주어져, 그를 향한 추동력으로 작동한다는 것이고, 그 추동력의 근원은 곧 신의 마음이다. 물론 그 이상 혹은 관념의 실현은 보장되지 않는다. 그 신의 마음은 결코 현실의 사건 계기들에게 관념의 실현을 강제하거나 무력으로 따르도록 하는 '신'이 아니기 때문이다.

하지만 어떤 새로움의 출현은 문득 현실의 사건 계기들 앞에 도저히 외면할 수 없는 존재감을 드러내기도 한다. 그것이 어떤 형식으로 등장하든, 그것은 현실로 등장한 계기들의 근저에 흐르는 실재, 즉 "맨 실재"(a bare It)를 드러내면서, 각 사건 계기들에게 그를 따라오도록 하는 강력한 유혹의 힘을 발휘할 수도 있다. 이것이 바로 "단독성"(Individuality)이다.[11] 어떤 면에서 모든 현실적 계기들은 이 단독성의 지속력(endurance)을 갖는다. 그 지속하는 단독자들을 "위대한 조화"로 엮어내고자 하려는 동기가 바로 고등 문명의 목표가 될 것이다. 즉 관념이 현상으로 실현되어, 단독성을 갖도록 하는 것이 과정(의 목표)이고, 이것이 또한 "예술"(Art)의 작업이다.[12] 현상은 "강조와 결합 과

11 *Ibid.*, 280.

정에 의한 단순화"(simplication by a process of emphasis and com-
bination)[13]이다. 어떤 결합이 강조되어 현상의 전면으로 대두되고, 과
거로부터 도래하는 모호하고 양립불가한 느낌들은 사건계기의 배경으
로 머무르지만, 사건과 그 배경은 함께 과정 속에 있다.

　이러한 맥락에서 단독성은 "주체적 색조의 힘"(force of subjective
tone)[14]을 발휘한다. 즉 주체적 창조성을 발휘하여, 과거로부터 유래
하는 자료들과 신으로부터 유래하는 시초적 목적 즉 관념들을 새롭게
엮어내어, 초월적 불멸성의 전율을 느끼게 만드는 것이 바로 단독성의
출현인 것이다.[15] 이 초월적 불멸성의 느낌은 역설적으로 '조화' 혹은
합치의 느낌이라기보다는 기존의 관습적 느낌으로부터 불일치 혹은 불
화(discord)의 느낌을 야기한다. 주의할 것은 모든 불화가 창조적 초월
성의 등장이 되는 것은 아니다. 하지만 어떤 단독성이 출현했을 때, 그
를 통해 초월적 불멸성의 느낌을 갖게 된다면, 그것을 창조성의 산물로
서 간주할 수 있다는 말이다.

　그것은 곧 그 불화하는 현상이 우리의 유한한 인식과 지각을 넘어
실재와 진실된 관계를 맺고 있을 것이라는 느낌으로부터 유래한다. 평
화란 바로 이 느낌의 도래를 의미한다. 다시 말해서, 평화는 갈등과 분
열과 긴장이 배제된 온건한 상태를 가리키는 것이 아니라, 현실과 불화
하는 이상이 실재의 진실에 더 가까울 것이라는 확신 그래서 그 이상을
따라갈 수 있는 용기를 의미하는 것이다. 그렇지만 우리의 용기는 실패
할 수 있다. 화이트헤드에게, 평화는 과정의 성패 혹은 그것이 가져올
상처와 좌절들에도 불구하고 "영혼의 삶과 움직임에 왕관을 씌워주는

---

12 *Ibid.*, 281.
13 *Ibid.*, 281.
14 *Ibid.*, 281.
15 *Ibid.*, 282.

긍정적 느낌"16이다. 그것은 곧 실재 과정의 "아름다움의 힘에 대한 신뢰"(trust in the efficacy of Beauty)17이다.

그런데 우리가 진리와 아름다움을 추구해야 하는 이유가 무엇인가? 차라리 나의 삶의 웰빙이나 행복을 추구하는 것이 더 낫지 않을까 하는 의구심이 들 수도 있다. 그럴 때, 삶의 진리나 아름다움을 추구할 수 있는 추동력은 우리의 이기적 본능에 해답을 갖고 있지는 않다. 그것은 그저 그 삶의 아름다움을 믿고, 그것을 위해 어떤 희생 혹은 헌신을 요구할 뿐이다. 그래서 삶의 아름다움에 대한 이 "자기-정당성을 신뢰"(trust in the self-justification of Beauty)하는 것은 우리의 "신앙"(faith) 혹은 신앙의 도약을 요구한다.18 이 도약의 힘이 바로 평화이다. 하지만 이것은 주체의 어떤 의도나 목적으로 지향되는 것이 아니라 그저 "하나의 선물로서"(as a gift)19 현실적 사건 계기들에게 주어지는 것이다. 평화를 선물로 받을 때, 현실적 사건 계기들은 '자아'를 버리고, 인격성보다 더 넓은 지평에서 관심사를 추구하기 시작한다. 평화의 도래 속에서 각 사건 계기들은 자신이 아니라 전체 인류를 사랑하는 열정을 뿜어내기 시작한다.

하지만 이 평화에 동반되는 열정은 결코 삶과 우주 과정을 낙관적으로 전망하지 않는다. 오히려 평화는 실재 과정의 비극(tragedy)적 측면을 놓치지 않는다. 각 사건 계기들이 경험하는 "각각의 비극은 이상의 계시"(disclosure of an ideal)가 된다.20 말하자면, 어떤 일이 달리 경과되었더라면, 그런 비극은 없을 것이라는 생각, 달리 행동했더라면 다

---

16 *Ibid.*, 285.

17 *Ibid.*, 285.

18 *Ibid.*, 285.

19 *Ibid.*, 285.

20 *Ibid.*, 286.

른 결과가 가능했을 것이라는 생각을 낳고, 이를 통해 각 현실적 사건 계기들이 나아가야 할 바를 감정적으로 정화하는 일이 가능하게 된다. 젊은 날의 수많은 실패와 좌절과 상처들이 결국 삶의 이상을 낳지 않는 가. 비극적 사건들을 통해 사건 계기들은 보다 고차원적인 목표들을 찾게 되고, 그를 통해 그러한 고상한 목적들이 얼마나 가치 있는 것인지를 깨닫게 된다. 그러면서, 자아의 사건 계기들은 명예나 부 혹은 권력과 같은 "이기적 욕망"들을 왜 넘어서야 하는지를 자각하게 된다.[21] 그것은 곧 우리의 삶의 모험들이 담지한 가치들을 자각하는 과정 외에 다름 아니다. 그것은 이기적 욕망을 추구하는 시절들을 부정하는 것이 아니다. 오히려 그런 과정들을 통해 삶과 인생과 우주의 보다 고차원적인 목적들을 체득하게 된다는 것이다. 이런 과정에서 각 사건 계기는 개별적인 인격과 그의 욕망을 초월하게 된다. "인격적 한계들을 넘어 이상(ideal)에 목적을 맞추는 것이 바로 평화라는 개념의 발단이고, 이와 더불어 지혜로운 사람은 자신의 운명을 대면하여, 영혼의 주인이 될 수 있다."[22] 이것이 바로 실재 과정 속에서 일어나는 "초월"(transcendence)[23]의 의미이다.

그래서 평화의 본질은 곧 "진리의 달성"[24] 외에 다름 아니다. 그것은 바로 "현상의 실재에 대한 순응"(confirmation of Appearance to Reality)"[25]인데, 이는 실재가 우리 앞에 초월적으로 단독성을 드러내며 찾아와 우리를 그 한계 너머로 예인해 가는 힘을 가리킨다. 그러한 초월을 담담히 쫓아갈 수 있는 힘을 화이트헤드는 '평화'라 불렀고, 이를 "조화

들 중의 조화"(harmony of harmonies)라고 불렀다.[26] 따라서 초월에 대한 인식과 그를 따라가려는 우리의 결단은 불확실한 것으로 나아가려는 모험적 결단이며, 이는 신앙의 도약을 요구한다. 그러한 불확실한 삶의 도박 앞에서 태연할 영혼은 없다. 하지만 그러한 모험을 담담히 감당할 마음의 상태, 그를 통해 실재의 과정들은 결국 앞으로 나아갈 것이라는 근원적 신뢰, 진리는 결국 아름답다는 확신, 더불어 살아가는 존재들에 대한 열정과 연민, 이 모든 것을 평화는 포괄한다.

3. 평화로 가는 길: 헨리 나우웬의 정의와 평화로 나아가는 길

헨리 나우웬은 평화를 기독교인의 "온전한 소명"(a full-time voca-tion)[27]이라고 주장한다. 특별히 마태복음의 산상수훈 중 "화평하게 하는 자는 복이 있나니, 그들이 하나님의 아들이라 일컬음을 받을 것임이요."(마 5:9)라는 말씀을 인용하면서, 기독교인들은 "평화를 만들어가는 사람들"(peacemakers)이라고 주장한다. 핵 전쟁의 위협 속에서 예배와 복음화의 일은 교회의 분열을 치유하는 일과 범세계적인 가난과 굶주림을 완화시키는 일과 인권을 변호하는 일과 결코 분리된 일이 아니며, 이 모든 일이 '평화만들기'(making peace)에 속한다. 그래서 가톨릭의 평화운동가 존 디어(John Deer)는 나우웬의 영성이 "평화를 만들어가는 영성"(spirituality of peacemaking)[28]이라고 표현한다.[29] 평화

26 *Ibid.*, 296.

27 Henri Nouwen, *The Road to Peace: Writings on Peace and Justice*, ed. John Dear, fifth printing (Maryknoll, NY: Orbis Books, 1998), 7.

28 Nouwen, *Ibid.*, xxvii.

29 가톨릭의 대표적 평화영성가로 알려진 헨리 나우웬의 가르침은 '영성'이라는 말로 희석되어 왔다. 존 디어(John Dear)는 친구 헨리 나우웬이 보내온 신간 저서 *The Life of the Beloved: Spiritual Living in a Secular World*를 읽고 난 후, 헨리에게 신랄한 비판을 담은

를 만들어가는 일은 여가 시간에 전쟁반대 캠페인에 참여하거나 시민
단체 자원봉사자가 되는 정도의 일이 아닌 것이다. 그래서 나우웬은,
만일 모든 기독교인들이 평화의 왕(the Prince of Peace)으로 오셨던
예수 그리스도를 본받아, 평화를 만들어나가는 일에 인종과 성과 계급
과 나이를 뛰어넘어 함께 한다면, "이 세상이 어떻게 될 것인가"[30]를 상
상하도록 촉구한다. 자유와 인권의 기치가 높이 올라가면서도, 평화라
는 말을 언급하기를 주저하는 세태 속에서 자유와 인권만큼이나 평화
라는 말을 발언할 "용기"가 기독교인들에게 그 어느 때보다도 필요하다
고 헨리 나우웬은 역설한다.[31]

　　헨리 나우웬의 평화만들기의 핵심은 바로 평화만들기가 "사랑의
일"(the work of love)이어야 한다는 것이다.[32] 사랑받고 그리고 사랑
안에서 기쁨을 누린 사람만이 진정한 평화만들기를 이룰 수 있다. 왜냐
하면 "'사랑받음'의 친밀한 앎이 우리를 자유하게 하여, 죽음의 경계 너
머를 볼 수 있도록 하고 그리고 두려움 없이 평화를 말하고 그것을 위해
행동할 수 있도록 하기 때문이다."[33] 헨리 나우웬에게 기도란 바로 이
"사랑의 경험"이다.[34]

장문의 편지를 보낸다. 이 부정의한 세상에서 정의를 향한 운동과 활동에 참여하지 않
은 채 평화의 영성을 추구한다는 것이 무슨 소용이 있느냐는 비판이었다. 나우웬은 디
어의 편지에 답신을 보내는데, 이후로 이어진 대화들을 통해서 디어는 나우웬이 남미를
여행하면서 세계의 부정의한 현실을 얼마나 생생히 절감했으며, 이의 극복을 위해 얼마
나 절박한 자신만의 노력들을 경주했고, 아울러 핵무기 반대와 같은 평화운동에 얼마나
저항적으로 참여해 왔었는지를 알게 되었고, 자신이 나우웬의 그러한 측면들에 대해서
무지했다고 고백한다. 후일 디어는 *The Life of the Beloved*를 다시 읽으며, 그 본문 속
에 세계의 부정의한 현실에 대한 고발이 충분히 담겨있으며, 더 나아가 나우웬이 이미
"신앙의 삶은 정의와 평화를 향한 투쟁을 포함한다"는 믿음을 견지하고 있음을 발견했
다고 고백한다 (*Ibid.*, xvi).

30 Nouwen, *The Road to Peace*, 7.

31 *Ibid.*, 8.

32 *Ibid.*, 16.

33 *Ibid.*, 16.

하지만 우리의 평화운동은 자주 적/아군의 이분법에 기초하여, 적에 대한 두려움을 이겨내기 위해 '적으로부터의 안전'을 최우선으로 삼는다. 저항하고 투쟁해야 할 적의 상정을 전제로 하는 것이다. 이때, 우리는 우리 내부의 두려움에 굴복하고, 그 두려움에 추동된다. 우리 자신 내부의 두려움이 우리 바깥의 낯선 사람 혹은 모르는 사람에게 투사되었을 때, 우리의 평화운동은 사랑으로 지향되기 불가능하다. 그래서 헨리 나우웬은 "투쟁을 위한 사람의 집은 두려움에 지배당하는 집"35이라고 말한다. 1960년대 헨리 나우웬이 전쟁을 반대하고 평화를 외치기를 주저했던 주요한 이유는 반전 운동들이 노출했던 "스타일과 언어와 행동"들에 대한 그 자신의 경험이었다.36 전쟁의 위협에 맞서 투쟁하는 사람은 "스스로 두려움에 동기부여될 뿐만 아니라, 또한 그 두려움을 다른 사람들이 행동에 나서도록 하는 데" 사용하기도 한다.37 문제는 평화만들기가 두려움에 기초해 있을 때, "그것은 '전쟁일으키기'(war-making)와 다를 바 없다"는 것이다.38

그래서 '평화만들기'의 가장 중요한 발걸음은 두려움의 집에서 사랑의 집으로 이사하는 것이다. 사랑의 집에 거하는 삶의 세 가지 특성들이 있다: "첫째는 기도이고, 둘째는 저항이고 그리고 셋째는 공동체이다."39 이 세 가지 특성들을 헨리 나우웬은 "평화만들기 영성의 특성들"40이라고 불렀다.

---

34 *Ibid.*, 16.

35 *Ibid.*, 15.

36 *Ibid.*, 5.

37 *Ibid.*, 16.

38 *Ibid.*, 16.

39 *Ibid.*, 59.

40 *Ibid.*, 59.

1) 평화로 가는 첫 발 걸음으로서 기도

무엇보다도, "'평화를 만들어가는 사람'은 기도한다."[41] 왜냐하면 평화는 "신성한 선물"로서, "우리가 기도 중에 받는 선물"이기 때문이다.[42] 평화를 얻기 위해서는 "평화를 싫어하는 이들의 거주지를 떠나, 우리에게 그의 평화를 주는 이의 집으로 들어가야"[43] 한다. 기도는 바로 이 새로운 집으로 들어가는 일이다. 기도는 무엇보다도 두려움의 집으로부터 사랑의 집으로 거처를 옮기는 것이다.

헨리 나우웬에 따르면, 기도의 삶이란 곧 "이 세계의 한 복판에서 상처들과 욕구들의 망에 사로잡히지 않고 살아가는" 삶에로의 초대를 의미한다.[44] 여기서 기도는 "폭력과 전쟁으로 이끌어가는 상호 연결된 의존성들의 악순환에 대한 급진적 중단"을 의미하고, 그래서 "완전히 새로운 거주지로 이사"가는 것을 의미한다.[45] 복음서에서, 특별히 요한복음(1:38-39)에서, 예수를 따른다는 것은 곧 "자리를 바꾸는 것, 새로운 환경(milieu)으로 들어가는 것 그래서 새로운 동료들과 더불어 살아가는 것"[46]을 의미한다. 기도는 바로 "그 새로운 집에 속한 새로운 언어"[47]이다.

부정의한 세계에서 특혜를 누리든, 그 부정의를 보고 분노로 일어나 정의를 외치고 행동하든 간에, 우리들 모두는 거의 "성공과 실패의 세계, 승리의 트로피들과 축출의 세계, 칭송과 비난의 세계, 스타들과

---

41 *Ibid.*, 9.
42 *Ibid.*
43 *Ibid.*
44 *Ibid.*, 14.
45 *Ibid.*
46 *Ibid.*, 15.
47 *Ibid.*

패배자(underdogs)의 세계"[48] 속에서 타인의 인정을 발판으로 성과에 우리의 존재를 걸며 살아간다. 이렇게 이 세상의 논리와 작동방식에 사로잡혀 사는 한, 우리는 어둠 속에서 살아가며 거짓된 자아에 매달려, "보다 큰 성공, 보다 많은 칭송, 보다 많은 만족"을 추구하며, 그것들을 "사랑 받음의 경험"으로 대치하며 살아갈 것이다.[49] 기도란 바로 이러한 성/패, 승자/패자, 칭송/비난의 이분법으로 경쟁주의적 삶의 방식을 몰아가며 거짓된 성공과 칭송 그리고 만족을 통해 거짓된 자아를 구축하는 세세로부터 우리가 물러나, 진정한 사랑 받음의 자리와 시간으로 우리를 인도해가는 길이다. 그것은 곧 처음 사랑으로 돌아가는 길이며, 이런 맥락에서 기도는 "돌아감의 행위"(act of returning)[50]이다. 다시 말해서 기도란 우리가 "갈등과 전쟁이 일어나는 세계에 속한 것이 아니라, 우리에게 그의 평화를 주시는 분에게 속했다는 사실"을 깨닫게 해주는 일이다.[51]

그래서 평화만들기의 역설이 발생하는데, 그것은 우리가 이 세상에 정주해 있는 것이 아니라는 깨달음이 일어날 때에라야 우리는 이 세상 안에서 평화를 말할 수 있다는 것이다.[52] 우리가 이 세상에 우리의 근거를 갖는 것이 아니라, 이 세계를 넘어선 곳에 계시는 분에게 우리의 근거를 둘 때에만, 우리는 이 세상에서 평화와 안정을 누린다는 말이다. 이런 점에서 인간은 세상에서 나그네의 삶을 살아가는 존재인지도 모른다. 따라서 기도란 "우리가 상상할 수 있는 가장 급진적인 평화 행동"[53]이다. 우리로 하여금 거짓된 삶과 우상에 휘둘려 살아가는 삶으로

48 *Ibid.*, 17.
49 *Ibid.*
50 *Ibid.*
51 *Ibid.*
52 *Ibid.*
53 *Ibid.*, 18.

부터 급격한 단절을 촉구하는 행동이기 때문이다. 기도를 통한 기존 삶으로부터 급격한 단절이 있을 때만이 우리는 "새로운 사고방식"[54]에 문을 열게 된다. 급진적 행동으로서 기도는 "세계 안에 우리의 온전한 존재방식을 비판하고, 우리의 낡은 자아들을 내려놓고 그리고 우리의 새로운 자아, 즉 그리스도를 받아들이도록 우리를 권면한다."[55] 이는 곧 우리가 기존의 자아들에 대하여 죽고, 그리스도 안에서 새로운 생명의 실존으로 태어나는 것이다. 그래서 기도의 행위는 "모든 행위의 근거이자 원천"[56]이다.

그런데 매우 역설적으로 기도의 고독한 시간에 우리는 아무 것도 하지 않는다. 우리 자신의 무기력함을 깨닫고, 그저 그분의 현존에 주의를 기울이고 귀를 기울인다. 아무 것도 하지 않은 이 "무기력함"(useless)이 권력과 통제에 대한 우리의 허상을 일깨운다. 우리는 결국 아무 것도 아니라는 것을. 평화를 만들어나가는 사람들의 가장 큰 유혹은 자신의 노력으로 세계를 변화시켜 내려는 의지를 강하게 갖는 것이다. 하지만 자신의 내면에 평화를 갖지 못한 채, 성급하게 타인들의 문제를 해결하고 정의를 실현하려는 노력들은 곧 한계에 부딪힌다. 헨리 나우웬은 이 기도의 고독한 시간에 아무 것도 하지 않고 스스로의 무기력함을 깨닫는 것을 "회개"(repentance)라고 표현한다.[57] 왜냐하면 우리는 결국 이 세계의 악순환에 무관한 것이 아니라 오히려 그 일부분이기 때문이다. 따라서 "참 저항은 우리가 저항하고자 하는 악의 동역자임을 겸손히 고백할 것을 요구한다."[58]

---

54 *Ibid.*

55 *Ibid.*, 20.

56 *Ibid.*, 22.

57 *Ibid.*, 25.

58 *Ibid.*, 39.

기도를 통해 주어지는 그 아무 것도 아니라는 깨달음이 우리를 우리의 존재의 중심에 은닉된 "사랑의 목소리"에 귀 기울이도록 한다.[59] 여기서 "아무 것도 하지 않기, 무기력하게 있지"는 들리는 것처럼 소극적인 것이 아니라, 오히려 "우리가 하나님의 치유하는 현존에 소용이 되도록 하는 적극적인 들음"이다.[60] 그리고 그렇게 가난한 마음과 영성으로 그리고 그렇게 속절없는 무기력함 속에서 우리는 "무자비한 폭격을 피해 자신들의 집과 땅과 마을을 버리고 탈출하는 수백 수천의 남자와 여자와 어린이들과 더불어 하나가 될"[61] 것이다. 이 절망 속에서 우리는 "깊은 연대감"을 갖게 되고, 우리의 마음이 고백하는 뉘우침 속에서 "의와 아량의 환상들과 [우리가] 세상의 구원자나 구세주라는 가식"을 서서히 극복해 나아갈 수 있다.[62] 우리의 망가짐(brokenness)에 대한 고백이 우리를 용서로 이끌 것이며, 이는 한 개인으로서가 아니라 "하나의 공동체로서, 하나의 도시로서, 하나의 민족으로서"[63] 용서받는 것을 의미한다. 이런 맥락에서, 우리는 홀로가 아니며, 우리는 서로 함께하며, 서로의 짐을 짊어주고, 무기력함을 공유하고 서로를 평화로 가는 길에 순수한 마음을 가질 수 있도록 예인해줌으로써 우리의 경직성과 마비를 돌파해 나아갈 수 있다.

2) 저항

저항(resistance)은 분노와 증오 가운데 수행되는 행위가 아니다. 저항은 결코 분노의 표현이 아니다. 부정의에 분노로 맞선다면, 우리는

---

59 *Ibid.*, 23.
60 *Ibid.*, 23.
61 *Ibid.*, 70-71.
62 *Ibid.*, 71.
63 *Ibid.*

결국 힘의 논리를 그대로 반복하게 되고, 그것은 곧 악의 순환 속에 빠지는 것일 뿐이다. 우리의 저항은 '사랑'을 통해서 이루어진다. 사랑을 통한 저항은 결코 순응이나 유화의 몸짓을 의미하지 않는다. 그것은 곧 '아니요'라고 말해야 할 때, '아니요'라고 당차고 결연하게 말하는 용기를 의미하지만, 분노로부터가 아니라 사랑으로부터 나와야 한다는 것이다.

우리가 저항해야 할 것은 우선적으로 "편견"(prejudice)[64]이다. 편견을 통해 우리는 모르는 사람들을 이름하고, 그들을 편협한 틀에 가두고서는, 나는 그들을 이미 잘 알고 있다고 말한다. 실로 우리 문화 속에서 우리는 우리와 다른 사람 혹은 우리 집단에 속하지 않은 다른 사람들을 보지도 않은 채 판단한다. 이 편견과 선입견은 우리가 총이나 살상무기로 그들을 죽이기 훨씬 전에 이미 말로 그들을 죽이는 것과 다름없는 행위이다.[65] 진정한 폭력은 우리가 말로서 타인들을 판단하고, 그들에 대한 이야기들을 뒷담화로 유포하는 행위들인 셈이다. 트럼프 정권 시대에 남미 이주민들에 대한 미국인들의 편견과 선입견이 더욱 더 조장되는 현재에 매우 의미심장한 지적이다. 이 말과 더불어 시작되는 폭력은 '공산주의'나 '전체주의' 혹은 폭탄들을 '평화지킴이' 같은 말로 표현할 때 시작된다. 즉 말이 혐오의 무기가 되는 것이다. 이 혐오의 육화가 "폭력"[66]이다. 나우웬에 따르면, 우리의 저항은 바로 지금 여기에서 그런 말들에 대해 '아니오'라고 말하면서 시작되어야 한다.[67] 사람들이 '가난한 이들, 장애인들, 외로운 이들, 헤어진 이들, 자신의 공간에 속박된 이들, 우리 주변의 작은 이들, 망가진 이들, 성공하지 못한 이들, 팔

---

64 Ibid., 61.

65 Ibid.

66 Ibid., 62.

67 Ibid.

목할만한 성과를 만들어내지 못한 이들' 등에 대해서 편견과 선입견의 시선으로 바라보며, 그들의 존재를 부정할 때, 그것은 "정신적"[68] 폭력이면서, 또한 "일종의 도덕적 살인의 행태"[69]에 해당한다. 그러한 정신적 폭력은 단지 심리적인 현상에 그치지 않고, 육화되어 폭력으로 모습을 드러낸다. 그러한 생각이 집단에 만연해 있을 때, 집단 내부적으로 지목받은 소수의 대상들은 언제나 다른 어떤 사회적 불안과 불평의 분출 대상으로 전락하기 마련이다. 그렇게 주변의 사람들을 선한 사람과 악한 사람으로 이분법적으로 구별하면서, 사람들은 '심판자 하나님 놀이'(play God)[70]를 한다. 타인들을 판단한다는 것은, 나우웬에 따르면, 그 판단하는 "우리가 약하고 실패하고 죄 많은 인간들이 거주하는 자리 바깥에 서있다"는 것을 전제하며, 이는 우리 스스로 하나님의 자리에 선 것이기 때문이다.

우리의 '아니오' 혹은 저항은 하나님은 바로 그 작은 이들을 지켜보시며 그들과 함께 하신다는 믿음, 즉 생명과 삶에 대한 긍정이다. 그렇기에 '평화를 만들어나가는 사람'의 첫 번째 덕목은 바로 '그 누구도 판단하지 않는다'이다.[71] 오히려 피스메이커는 자신의 이웃을 "동료 인간으로서, 동료 죄인으로서, 동료 성인(saints)으로, 귀 기울여주고 쳐다보고 하나님의 사랑으로 돌봐주어야 남자와 여자로서"[72] 바라보는 사람이다. 인종과 성과 계급과 민족과 차이들을 뛰어넘어 하나님의 한 가족 구성원으로서 이웃과 타자들을 바라볼 수 있은 것은 평화구현의 첫 번째 발걸음일 것이다. 타인들을 판단해야 한다는 강박관념으로부터

---

68 *Ibid.*, 34.

69 *Ibid.*

70 *Ibid.*

71 *Ibid.*, 34-35.

72 *Ibid.*, 35.

탈출해야만 우리는 진정한 내적 평화를 누릴 수 있다고 나우웬은 권면
한다.[73]

죽음의 세력에 저항하는 것은 우리가 생명의 힘들과 의미 있는 균형
을 이루고 있을 때 온전한 저항이 된다. 우리가 죽음에 저항하고 극복하
려고 노력하면 할수록, 우리 주의의 초점은 죽음과 그 힘에 더욱 더 매
달리게 된다. 이런 역설적 상황이 '악'을 악순환(vicious circle of the
evil)하게 하고, 오히려 악을 더 강하게 만들어주기도 한다. 그래서 결
국 나는 내가 저항하고 있는 악의 바로 그 힘에 희생자가 되고 만다.[74]
이는 '평화를 만들어가는 사람들'이 직면한 가장 큰 위험이다. 악의 세
력들에 저항하고 극복하는 과정에서 저항과 투쟁의 긴급함과 급박성을
강조하는 언어와 논리를 애용하게 되고, 그러면서 종말론적 사고방식
을 인용하는 정도를 넘어 그러한 사고방식에 잠식되어, 결국 그 분노와
적대감의 감정이 그들을 집어 삼키고 마는 것이다.[75]

그래서 생명에 대한 긍정과 죽음에 대한 저항은 "겸손"(humility)[76]
으로부터 도래해야 한다. 겸손(humble)의 라틴어 어원인 humus는 땅
(soil)을 의미하는데, "낮은 사람들"(humble people)은 땅에 가까우며,
땅을 통해 다른 사람들과 연결되어 살아간다.[77] 남미에서 이 겸손은 언
제나 "가난한 자의 겸손"(humility of the poor)을 의미한다.[78] 말하자
면, 겸손이란 곧 낮은 사람들과 더불어 함께 하는 것인데, "고통 중에
있는 친구와 한 오후 녘을 함께 지내는 것은 바로 우리의 공통된 인간애
에 대한 겸손한 축하"[79]이다. 핵무기 반대 시위를 하고, 정권에 맞서 반

---

73 *Ibid.*, 35.

74 *Ibid.*, 40.

75 *Ibid.*, 41.

76 *Ibid.*, 44.

77 *Ibid.*

78 *Ibid.*

독재투쟁을 벌이는 사람의 관점에서 "병자들을 방문하고, 굶주린 이들을 먹이고, 죽어가는 이들을 위로하고, 노숙자들에게 피난처를 제공하는 일"은 주목받을만한 일도 아니고, 가장 중요한 일이 아닐 수도 있다.[80] 하지만 진정한 평화는 "성공과 인기의 통계나 척도들과는 전혀 무관한 신성한 선물"임을 평화의 일꾼들은 상기할 필요가 있다.[81] 거대한 권력을 맞서 싸우는 일만큼 중요한 일은 우리들 중 작은 이들을 보살피는 일이며, 이러한 저항의 균형이 맞추어지지 않는다면, 우리는 거대한 권력을 무너뜨린 후 평화가 아니라 또 다른 죽음의 권력이 앙등함만을 목격하게 될 뿐일 것이다.

다시 한 번 강조하자면, "저항은 기도와 대립하여 맞서는 것이 아니라, 실제로는 그 자체로 기도의 한 형태"[82]이다. "오직 우리가 기도가 저항의 한 형태일 뿐만 아니라, 저항이 기도의 한 형태라는 사실을 인식할 때만이" 평화-만들기의 진정한 의미가 드러난다.[83] 평화를 만들어가는 우리의 일이 가시적으로 그 어떤 성과도 만들어내지 못한 채 표류하는 것처럼 보일 때, 평화의 일꾼들은 곧잘 탈진하곤 한다. 그러나 "기독교인의 저항은 성공의 징표들에 의존할 수는 없다."[84] 기독교인의 저항은 성과와 업적에 집착하는 것이 아니라, 우리의 저항이 "죽음에 집착하는 세상의 한복판에서 살아계신 하나님을 증거"하고 있느냐에 근거한다.[85] 우리의 운동들이 결집하지 못하고, 다양한 관심사들과 의견들로 인해 갈라지고 분열될 때조차, 이 다양한 행위들이 모두 "개인적

79 *Ibid.*, 45.
80 *Ibid.*
81 *Ibid.*
82 *Ibid.*, 50.
83 *Ibid.*
84 *Ibid.*, 53.
85 *Ibid.*

이거나 공동의 기도 형식으로" 경험되고 있느냐가 관건이 되어야 한
다.86 그래서 "기도와 저항"은 "기독교적 평화-만들기의 두 기둥들"이
며, 그래서 "동일한 근원으로부터 유래하고, 동일한 목표를 향해 나아
간다."87

3) 공동체: 탈자적 환희(ec-stasy)와 '고통에-함께-하는-사랑' (com/passion)

우리의 저항과 기도가 평화를 향한 생각을 공유하는 벗들과 더불어
실천되고 수행되지 않는다면 곧 객기어린 개인의 영웅주의로 나아갈
위험을 갖게 되고, 곧 정의와 평화를 향한 우리의 실천은 그냥 한 순간
에 이벤트로 사라지게 될 뿐이다. 그래서 함께 생각을 나누고 공유하는
이들의 존재가 중요한다.

그렇기에 기도와 저항은 결국 '더불어 함께 살' 공동체를 필요로 한
다. 이는 개인을 영웅화하는 문화에 대한 저항이기도 하다. 세상을 결
국 변혁시켜 나아가는 것은 삶을 함께 하는 공동체이지, 영웅적인 개인
이 아니다. 공동체란 "우리가 함께 와서 서로를 계속적으로 용서하고,
우리는 하나님이 아니며, 우리는 서로의 필요를 온전하게 채워줄 수 없
다는 사실을 인정하는 자리"88이다. 그러면서도 공동체는 "사람들이 서
로에게 자리를 내어주는 곳"이며, 비록 우리 스스로가 하나님은 아니지
만, 그런 우리가 비록 제한적인 방식으로나마 "하나님의 무한한 사랑의
매개자들"이 될 수 있는 자리이다.89 그래서 공동체는 기쁨과 환희가

---

86 *Ibid.*, 54.
87 *Ibid.*, 55.
88 *Ibid.*, 63.
89 *Ibid.*, 64.

서로에게 넘쳐나는 자리이다. 그렇기에 공동체는 "여전히 세상에는 축하할 일들이 있고, 여전히 기뻐할 일들이 있음을 세상으로 하여금 알게 하는 자리"이며, 그래서 '탈-자'(ec-stasy)의 자리, 즉 기존의 죽음의 상태로부터 벗어나("exstasis"[90]) 생명의 상태로 나아가 하나 되게 하는 자리인 것이다.

셀마로 가는 길에 만난 한 흑인의 인종차별로 인한 고통과 고난의 이야기, 특별히 그가 이 투쟁에 참여하면서 투옥됐던 경험담을 들으면서, 헨리 나우웬은 문득 자신이 그의 이야기를 통해 '흑인이 되어가고 있음'을 경험하게 된다.[91] 거기에는 흑인들만 참여했던 것이 아니다. 다양한 유형의 사람들이 참가했지만, 나우웬은 그 모든 유형의 공통점을 한 마디로 정의한다: "하나님의 바보들"(God's fools). 자신들의 일정과 해야 할 일들을 제쳐두고, '어쩌려고'라는 주변의 걱정 어린 시선에 '상관 안 해'라면서 '한 번 두고 보지'라면서 참여한 이들은 소위 말해 준비성이 철저해서 자신의 미래를 꼼꼼히 만들어나가는 그런 삶의 모범생들이 아니었던 것이다.[92] 그래서 나우웬은 참여한 이들을 "퇴물", "이스라엘의 남은 자" 그리고 "하나님의 사람들"[93]이라고 부른다. 이 셀마 행진은 여정 내내 백인 인종차별주의자들의 폭력행사에 대한 우려 때문에 두려움이 가득한 여정이었지만, 그럼에도 불구하고 인종차별에 반대하는 흑인들과 백인들이 함께 모여, 매일 밤바다 향연과 축제를 벌였다. 즉 이 저항은 결연한 의지로 긴장감이 나도는 전운 속에서 이루어진 것이 아니라, 두려움에도 불구하고 함께 모여 서로를 축하하며 위로하는 축제와 향연의 자리였던 것이다. 해가 저물어 행진이 멈추면, 큰

---

90 *Ibid.*, 64.
91 *Ibid.*, 77.
92 *Ibid.*, 80.
93 *Ibid.*, 81.

텐트를 치고 모닥불 주위에 둘러 앉아 누군가 기타를 치면, 흑인영가들이 합창되는 자리였던 것이다. 그렇게 헨리 나우웬은 생물학적으로 백인이었지만, 앨라배마로 향하는 행진 길에서 '흑인이 되어가고 있었다.' 이것이 연대의 핵심이다. 연대는 나와 다른 사람과 더불어 하나가 되는 것을 의미하며, 이는 신비적 합일의 경험을 의미하는 ecstasy라는 말의 본래적 의미이다. 그것은 바로 '기존의 자신의 상태로부터 나와서 다른 상황 다른 이들과 더불어 하나가 되는 것', 즉 '탈자'(脫自)를 의미한다. 평화란 나 자신의 상태를 벗어나, 낯설고 알 수 없는 존재들과 더불어 기꺼이 하나가 될 수 있는 용기이며, 그래서 초월의 용기인 것이다.

탈자적 환희 즉 ecstasy가 '성육신'의 본래적 의미이기도 하다. 인간을 사랑하셔서 하나님은 인간의 육신으로 오셨고, 인간과 동일하게 십자가에 무기력하게 죽으셨다. 이것은 곧 하나님이 인간이 겪는 고난을 아들 예수의 모습으로 겪었다는 것을 의미한다. 다시 말해서 하나님이 세상의 고통을 겪으셨다는 것이다. 그렇기에 "세상의 고통은 하나님의 고통이다."[94] 여기서 우리가 세상의 고통과 하나님의 고통이 서로 연결되어 있음을 깨닫게 된다. 하나님이 자신이 아닌 인간의 몸과 고통으로 '육화'(incarnate)하신 것이며, 이는 바로 ec-stasy 즉 '탈자'(脫自)를 가리킨다. 그렇기에 우리는 예수의 말씀을 따라 예수의 멍에를 짊어지게 되며, 그럼으로써 우리는 세상의 멍에를 짊어지는 것이다. 하나님이 성육신을 통해 탈자하셨듯, 우리도 예수의 멍에를 짊어짐으로써 우리 스스로로부터 '탈자'하는 것이다. 이는 "위대한 신비"로서, 이는 "우리가 하나님의 무한한 사랑을 알게 되었기 때문이다."[95] 이것이 바로 영성의 사회적 측면이다. 우리는 동료 인간의 망가짐(brokenness)

---

94 Ibid., 112; 하나님은 실로 "야웨 라카민(Yahweh Rachamin), 즉 엄마의 친밀감과 보살핌을 가지고 자신의 자궁 안에 고통 받는 사람들을 담아 동행하는 하나님"이시다 (ibid.).
95 Ibid., 113.

속에서 바로 "하나님의 망가짐"을 보게 되며, 그 하나님의 망가짐은 동정이나 혐오의 대상이 아니라, 우리의 짐을 짊어지시고 대신 우리를 자유하게 하신 하나님의 무한한 사랑을 얼굴로 드러내는 '망가짐'이다.[96] 그렇기에 "사람들의 아픔을 보는 것은 곧 하나님의 사랑을 알게 되는 길이 된다."[97] 이는 곧 선진국의 아픔이 지구촌 남반구의 아픔과 연결되어 있음을 알게 하는 출발점이 된다. 지구촌 남반구의 사람들이 겪는 가난과 억압은 지구촌 북반구 사람들이 행복을 추구하면서 겪는 아픔과 종류와 질에서 다르지만, 결국 소비자본주의 문화가 지구촌 전체를 돈을 좇는 동물로 만들어나가는 구조 속에서 양산되는 고통을 겪는다는 점에서 동질성이 있다는 말이다.

다시 오실 그리스도는 우리에게 묻는다: "너는 내 중의 가장 작은 이를 위해 무엇을 해왔는가?"[98] 이것이 기독교 종말론의 핵심 물음이고 참된 뜻이다. 이는 곧 "평화만들기와 정의를 위해 일하기가 결코 분리될 수 없다"[99]는 것을 의미한다. 그리고 이 물음은 그리스도의 재림을 "언제나 현존하는 사건"(an ever present event)[100]으로 만든다. 우리들 중 가장 작은 이들을 위해 무엇을 했는가의 물음은 '세상에 충분한 식량자원이 있음에도 불구하고 전쟁이 일어나는 이유'와 '가진 자들과 가지지 못한 자들 간의 격차가 존재하기 때문에 수많은 총포류들과 무기류들이 판매되고 유통되는 현실'에 대한 물음이기도 하다. 결국 그리스도의 재림과 종말론의 핵심 물음, '우리 중 가장 작은 이에게 너는 무엇을 했는가?'는 "겸손하게 우리 중의 하나로 오신 주님"을 가리키며,

---

96 *Ibid.*, 113.

97 *Ibid.*

98 *Ibid.*, 126.

99 *Ibid.*

100 *Ibid.*

그 분은 "우리가 서로에게 행한 것"을 우리에게 드러내신다(reveal)는 것을 의미한다.[101] 즉 종말론의 물음은 "부정의에 관한 물음"이며, 심판은 곧 우리가 우리 서로에게 행한 것을 판단하는 문제인 것이다.[102] 평화만들기란 곧 "죽으시고, 부활하시고, 재림하시는 그리스도 안에서 평화를 발견하는"[103] 문제인 것이다. 다시 말해서, "그리스도 안에서 평화"란 곧 "우리 [현실] 역사의 통렬한 실재로부터 우리를 초연하게 만드는 것이 아니라", 그 가혹하고 자극적인 유혹적 힘들에 의해 파괴되지 않고 "우리 세계 한 복판에서 우리로 하여금 일어서게 만드는 평화"인 것이다.[104] 그를 통하여 우리는 그리스도를 보게 된다. 즉 우리는 그리스도를 직접 보는 것이 아니라, 바로 '우리 안에 계신 그리스도'를 봄으로써, 그리스도를 보게 되며, 이는 곧 우리 서로 안에 있는 그리스도를 보게 됨으로써 우리는 이 세상의 한복판에서 그리스도를 보게 된다는 뜻이다.[105]

4. 동료 고난자(fellow-sufferer)로서 하나님과 평화운동

화이트헤드와 나우웬은 모두 '평화'를 어떤 현실적으로 실현가능한 상태나 상황으로 전제하기보다는 불/가능한 이상(ideal)으로 전제한다는 점에서 공통점을 갖는다. '불/가능'(im/possible)하다는 것은 '불가능하다'와 같은 의미가 아니다. 오히려 불가능하기 때문에 가능성을 부추기는 힘을 말한다. 평화의 이상이 실현된 나라는 '불가능하지만', 불가능하기 때문에 계속해서 우리의 욕망의 대상으로 남아있게 된다. 철

101 *Ibid.*, 131.
102 *Ibid.*
103 *Ibid.*
104 *Ibid.*
105 *Ibid.*

학자 자크 데리다(Jacques Derrida)에게는 이 '불/가능성'(im/possi-
bility)이 차연(différance)의 운동을 가능하게 하는 근원적 실재와 같
은 힘이었다. 기의(the signified)와 같은 실재는 애초부터 존재하지 않
는다는 것을 전제로 말이다. 그래서 데리다는 자크 라캉의 '욕망' 개념
을 빌려와 차연의 운동을 불/가능성으로부터 끊임없이 욕망의 대상을
공급받는 것으로 소묘해주었다. 하지만 화이트헤드와 나우웬에게는 이
'불/가능성'이 욕망의 운동과 관계하기보다는 오히려 우리가 살아가는
현실의 고난(suffering)과 관계가 있다. 우리가 최선의 노력을 다해 평
화의 상황과 상태를 실현한다고 하더라도, 그것은 언제나 다른 누군가
에게 타협이나 야합이며, 평화라는 대의를 위해 무시 받을 만큼 작은
이들을 억압한 결과로서 나타나기 마련이다. 그렇기 때문에 우리는 평
화를 포기하거나 무시해야 한다는 말이 아니다. 오히려 고난과 악의 현
실이 없는 듯이, 혹은 완전히 극복가능한 것처럼 평화운동을 전개하는
것이야말로 평화운동가들이 빠지게 되는 가장 근원적인 유혹이며 악이
라는 것이다.

　화이트헤드에게 평화의 불/가능성은 평화의 이상에 부응하지 못한
"비극"이고 그래서 '악'이지만, 이 악은 근원적이고 절대적인 어떤 것이
아니라, 우리의 유한성을 가리키는 기표일 뿐이다. 실재는 어떤 고정된
실체나 불변의 존재가 아니라, 끊임없이 변화하는 과정 중에 있으며,
이 과정으로서 실재의 흐름 속에서 유한성은 불가피한 측면이다. 만일
어떤 존재가 유한하지 않고 영원하다면, 그것은 '영원한 저주'와 같을
것이다. 하지만 과정을 통해 실재가 전개되어나간다면, 유한성은 한계
이자 동시에 기존상태를 초월할 기회가 될 것이다. 문제는 기존의 상태
를 초월할 계기 혹은 동기를 어떻게 유지하느냐일 것이다. 그것을 화이
트헤드는 신의 존재를 통해 설명한다. 신이 우리에게 설득을 통해 이상
(ideal)을 유혹한다는 것이다. 그렇다면, 우리는 신의 존재를 어떻게 확

신하는가? 신의 존재에 대한 믿음은 '삶의 아름다움에 대한 신뢰'로부
터 오며, 그것을 '믿음의 도약'이라고 화이트헤드는 주장한다. 이를 통
해 우리는 지금의 상태에 만족하지 않고, 계속해서 더 나은 평화의 상태
를 추구하며 앞으로 나아간다는 것이다. 이 계속적인 전진은 고난과 악
의 현실의 부정이 아니라, 그것들의 한복판에서 계속적으로 평화를 꿈
꿀 수 있는 힘을 통해 이루어진다.

나우웬도 평화를 고난이 없는 상태로 보지 않았다. 오히려 모든 사
람들은 고난을 겪는다. 가난한 자나 부유한 자나, 성공한 자나 실패한
자나, 강한 자나 약한 자나, 큰 사람이나 작은 사람이나 모두 그 안에
'숨겨진 고난'을 담지하고 있다고 나우웬은 주장한다.[106] 인간 삶의 이
숨겨진 고난의 측면은 "그 누구로부터도 건드려지기 원치 않는" "숨겨
진 분노, 말없는 비탄, 보이지 않는 외로움"의 모습으로 자리 잡고 있
다.[107] 그 어느 누구에게도 이 숨겨진 고난이 존재한다는 인식이 우리
를 모든 인간존재로서 마음과 마음으로 연결하게 되며, 그를 통해 우리
는 '서로의 아픔에 사랑으로 함께하는'(compassionate) 사람이 될 수
있는 것이다.[108]

그리스도의 고난과 죽음은, 나우웬에 따르면, 바로 이것을 말한다.
지금까지 전통적 정통신학은 고난을 죄와 연결시키는 교리를 강조해왔
다. 하지만 이것은 성육신 신학에 대한 모순이다. 그리스도는 죄 없이
죽음을 당하셨다. 그의 고난과 죽음은 결코 그의 죄의 대가가 아니었던
것이다. 그리스도의 고난과 죽음은 바로 고난과 죄 사이의 인과적 연결

---

106 *Ibid.*, 165.

107 *Ibid.*, 164.

108 *Ibid.*, 165; 그래서 캐서린 켈러(Catherine Keller)는 compassion을 com/passion으로 표
기하면서 '고난에 함께 하는 열정적인 사랑'으로 풀이한다 (*On the Mystery: Discerning
Divinity in Process* [Minneapolis: Fortress Press, 2008], 111-131).

성을 주장하는 소위 신명기적 율법 개념—욥의 세 친구들이 욥에게 찾아와 강요하던 신학—을 정면으로 저항하고 반박하는 것이다. 이것이 바로 예수의 가르침의 "혁명적인 성격"(the revolutionary character)[109]이다. 고난을 죄의 대가로 조명하는 신학은 곧 세상의 고난을 그 어떤 희생을 치르고서라도 회피해야 할 어떤 것, 그래서 혐오의 대상으로 전락시켜버린다. 하지만 고난과 고통을 이렇게 회피하는 것은 곧 삶의 진정한 구원에로의 길을 막아버리는 길이기도 하다. 라르쉐 공동체에서 장애인들과 더불어 공동체 생활을 하면시, 나우웬은 그들의 고통을 일종의 거부감을 가지고 불쌍하게 바라보았던 사실을 고백한다.[110] 그것은 곧 고난과 죄를 연결지었던 기존 신학의 부작용이었다. 자신의 장애와 더불어 살아간다는 것은 고난과 더불어 살아가는 것이며, 장애와 더불어 살아간다고 해서 기쁨과 구원이 도래하지 않는 것이 아니듯, 고통과 고난과 더불어 살아간다고 해서 그 삶이 죄의 대가로 저주받은 것도 아니다. 죄와 고난을 연결 짓는 고전적 정통신학의 부작용으로 우리는 고난의 한복판에서 "상처받은 몸과 상처 입은 마음"을 갖게 되고, 이는 "자기-거절, 자기-책망, 수치 그리고 죄책감"으로 이어지게 된다.[111]

하지만, 헨리 나우웬에 따르면, 우리의 무기력과 고난은 우리에게 죄에 대한 책임을 묻는 것이 아니라, 오히려 그 무기력과 고난을 통하여 '우리'를 보다 더 친밀하게 만나는 사건이 될 수도 있다. 그래서 화이트헤드는 하나님을 "동료-고난자"(a fellow-sufferer)라고 불렀다.[112] "세상의 고통이 하나님의 고통이 되"기 때문이다. 여기서 더 나아가, 헨

---

109 Nouwen, *The Road to Peace*, 169.

110 *Ibid.*, 170.

111 *Ibid.*, 170.

112 Alfred N. Whithead, *Process and Reality*.

리 나우웬은 그렇게 고난은 우리에게 "선물"(gift)이 된다. 우리의 고난이 우리로 하여금 말씀의 근원적 진리에 이르게 하기 때문이다. 진정한 구원은 우리가 고난과 더불어 살아가는 길에서 구원의 기쁨과 환희를 함께 더불어 살아가는 이들과 나눌 수 있는 데 있다.

> 하나님은 우리를 너무나 사랑하셔서, 그저 우리의 고난을 없애시지는 않으신다: 하나님은 우리와 함께 고난당하신다. 우리가 하나님의 연대성(solidarity)을 이해한다면, 우리가 하나님을 권력에 집착하는 것이 아니라 포기하는 분이시라는 것을 본다면, 그분이 모든 사람들의 문제들을 해결하는 능력에 집착하는 분이 아니시라는 것을 보게 된다면, 우리는 예수 그리스도의 마음을 갖는다.[113]

실로 예수의 사명 곧 선교는 "인간의 모든 슬픔을 지우고, 모든 고통을 제거하는 것이 아니라, 슬픔과 고통의 우리 세계로 온전히 들어오셔서 그 어떤 사람도 소외된 상태로 머물지 않도록 하는 것이다."[114]

그럼에도 불구하고 화이트헤드와 나우웬의 '생명' 개념은 매우 상반된 측면을 갖고 있다. 나우웬에게 생명은 "아주 취약해서" "보호가 필요하다."[115] 말하자면, 생명은 "작은 아기" 같다.[116] 나우웬의 이러한 생명의 이미지는 바로 인간의 생명이 아기로 태어나 이 세상으로 도래할 때, 유달리 많은 돌봄을 요구한다는 사실과 관련이 있다. 세상에 태어난 작은 아기는 "다른 사람들의 보살핌에 전적으로 의존되어" 있고, 그 작은 생명을 성숙하게 하는 일은 "죽음과 어둠의 권력에 대한 진정한

---

113 Henri Nouwen, *The Road to Peace*, 194.

114 *Ibid.*, 211.

115 *Ibid.*, 42.

116 *Ibid.*, 42.

반항(defiance)"이다.117 그래서 생명을 양육해 나아가는 일은 진정한 저항인 것이다. 죽음의 힘에 저항해야 하는 것은 그 작은 아기를 위한 희망을 세우는 일이기 때문이다. 실로 예수 그리스도는 아기 예수의 모습으로 이 세상에 강림하셨다.

그런데 이러한 생명에 대한 나우웬의 이미지는 사냥하는 늑대나 포식자들을 생명의 범주에서 제외하는 것 아닌가? 생명은 부드럽고 조용하고 온건하기만 한 것은 아니다. 그것은 사납고, 시끄럽고, 충돌하고, 도망치고, 사냥하는 모든 것을 포함해야만 한다. 그래서 화이트헤드는 생명은 "강도짓"(robbery)118이라고 표현한다. 그래서 "생명과 더불어 도덕은 첨예해진다." 왜냐하면 "강도는 정당성을 요구"하기 때문이다. 모든 생명은 다른 생명을 흡입하며, 파괴하며, 자신의 생명을 유지한다. 그래서 생명을 무조건적으로 선하다고 말하기 어려운 것이다. 생명이 선한 삶이 되려면, 그 선함을 규정하는 윤리와 도덕이 필요한데, 이 윤리와 도덕은 우리 자신으로부터 유래할 수 없고, 우리를 초월한 신, 즉 하느님으로부터 도래해야만 하는 것이다.

이 점에서 나우웬의 생명 이해는 너무 순진해 보이기까지 한다. 그럼에도 불구하고 나우웬의 생명 개념은 기도와 저항을 평화로 가는 길에 담지하고 있어서, 생명의 보살핌이 결코 순진한 과정이 아님을 인지하고 있다. 나우웬의 순진한 생명이해는 어쩌면 우리 시대 평화운동가들이 지닌 '문제-해결사'(problem-solver) 의식에 대한 경고인지도 모른다. 기도를 통해 우리가 깨닫게 되는 것은 우리가 문제를 해결할 수 있다는 자신감이나 자만이 아니라, 오히려 우리는 무기력할 수밖에 없음을 그래서 하나님을 믿고 신뢰하며 이 고통스럽고 무기력한 고난의

117 *Ibid.*, 43.
118 Alfred North Whitehead, *Process and Reality*, Corrected Edition by David.R. Griffin & Donald.W. Sherburne (New York: The Free Press, 1978), 105.

길을 하나님께 맡기고 나아갈 수밖에 없음을 알게 되는 것이다. 이 무기력에 대한 깨달음은 세인들에 눈으로 보면 쓸모없는 깨달음인지도 모른다. 바로 이 세인들의 유용/무용의 기준에 저항하는 것, 그것이 바로 나우웬의 평화운동이다.

참고문헌

Jennnings, Jr., Theodore W. *Reading Derrida / Thinking Paul: On Justice,* Cultural Momory in the Present series. Stanford, CA: Standford University Press, 2006.

Keller, Catherine. *On the Mystery: Discerning Divinity in Process.* Minneapolis: Fortress Press, 2008.

Nouwen, Henri. *The Road to Peace: Writings on Peace and Justice.* ed. John Dear. fifth printing. Maryknoll, NY: Orbis Books, 1998.

Whitehead, Alfred North. *Adventures of Ideas.* New York: The Free Press, 1967.

_____. *Process and Reality.* Corrected Edition by David R. Griffin & Donald. W. Sherburne. New York: The Free Press, 1978.

2부

종교문화와 평화

성서의 평화,
그런 평화는 없다

박 태 식

(성공회대학교)

우리가 평화라고 할 때는 아무래도 다양한 차원이 있는 것 같다. 요즘 시대의 화두로 자리 잡은 평화는 남북관계를 전제로 해 한반도에서 전쟁의 위협이 사라진 상태를 뜻한다. 그래서 종전 협정, 나아가 평화협정까지 맺어지면 더 이상 '목함지뢰도발' 식의 거친 용어가 사라질 것이다. 그날을 정말 기대한다. 그런데 다른 한편에서 수도자들과 대화를 나누면 의미가 달라져 어떤 외부 자극에도 흔들리지 않은 내면의 평화를 추구한다. 그렇게 평화의 양상이 입장과 상황에 따라 달라지니 '평온하고 화목함'이라는 사전적인 뜻은 마냥 건조한 정의로 다가온다. 사실 평화의 정의에 어디 두 입장만 있겠는가? 어떤 이들은 항구적 평화를 위해서 갖은 비난에도 불구하고 적폐청산을 수행해야 한다는 주장을 펼치는 반면 다른 이들을 그것이 바로 평화를 해치는 아집이라고 공격한다.

1. 예수와 바울로의 평화

예수라 하면 이 혼란한 세상에 평화를 주러 오신 분이라는 생각이 들겠지만 말씀을 들어보면 꼭 그렇진 않다. "여러분은 내가 세상에 평화를 베풀러 온 줄로 여기지 마시오. 평화를 베풀러 오지 않고 오히려 칼을 던지러 왔습니다"(마 10:34). 그러면 저절로 떠오르는 의혹 한 가지, 혹시 예수는 평화에 대해 우리가 익히 아는 평온하고 화목한 상태와 다른 개념으로 어휘를 사용한 게 아닐까? 말씀을 이어 들어보자. "사실 나는, 자식 된 사람이 제 아버지를 거스르고 딸이 제 어머니를 거스르고 며느리가 제 시어머니를 거스르도록 갈라놓으러 왔습니다. 각 사람의 원수는 자기 집 식구들일 것입니다"(35-36절).

공동체 중에서 가족은 아마 가장 작은 단위일 것이다. 요즘은 1인 가족까지 있다지만 아직 1인 공동체라는 말을 들어본 적 없다. 비록 가장 작을지 몰라도 어떤 공동체보다 탄탄한 결속력을 자랑하는 게 가족이다. 아무리 미워도 미워할 수 없는 사람, 아무리 사랑해도 부족한 사람, 어떤 경우라도 절대 깨질 수 없는 관계, 그런 사람들이 공동체 구성원이라면 당연히 평온하고 화목해야 하지 않겠는가. 그런데 만일 가족에 평화는 실종된 채 갈등과 미움과 반목만 넘쳐난다면 그게 어디 제대로 된 집구석이겠는가. 예수의 말씀은 그렇게 우리를 난감하게 만든다. 그런데 가족에 대한 예수의 평소 가르침에 비춰보면 이해가 안 가는 바도 아니다.

고향 나자렛을 떠나 공생활을 하시던 어느 날, 그분의 가족이 찾아왔다(막 3:20-35). 그들은 예수가 미쳤다는 소문을 듣고 고향으로 잡아가려고 온 친척들이었다. 항간에 떠도는 말이 '예수는 베엘제불에 사로잡혔다'거나 '귀신 두목의 힘을 빌려 귀신들을 쫓아낸다'(막 3:22) 등이라 상황이 더욱 심각해지기 전에 어서 집으로 데려오려 가족이 나섰을 것이다. 그러나 귀신에 잡혀 미쳐버린(!) 예수를 만나는 일이 쉽지 않았다. 그분이 설교하던 집에 군중이 빈틈없이 들어차 있어 도저히 가까이 다가갈 수 없었기 때문이다. 그래서 할 수 없이 군중 속으로 전갈을 보내 가족이 왔음을 알렸는데 뜻밖에도 "누가 내 어머니며 형제들이냐?"는 반문이 돌아왔다. 어머니를 몰라보다니, 미친 게 확실했다! 이 비슷한 예가 아버지의 장례를 치르고 돌아오겠다는 제자를 만류하면서 "죽은 자들의 장례는 죽은 자들에게 맡겨 두라"(눅 9:60)는 말씀도 있다. 모두 기존의 가족 관계를 거부하는 말씀들이다.

예수가 과연 미쳤을까? 상식을 뛰어넘는 말씀과 행동에서 그런 인상을 받을 수 있지만 정신이 멀쩡하다면 그에 합당한 설명이 필요하다. 예수에게 있어 절대가치는 하느님 나라, 곧 하느님이었다. 그런 까닭에 이스라엘 방방곡곡을 누비며 복음을 전했고 급기야 죽음을 맞기에 이른다. 그러니 하느님 나라를 위해서 어떤 분란도 마다않는 그분의 소신은 '평화'가 아닌 '칼'로 표현돼야 옳다. 인간사회의 보루로 작용하는 가족도 예외가 될 수 없으며 하느님 나라 앞에선 평화 역시 상대화될 수 있다. 그래서 그리스도교회도 예수의 입장을 철두철미하게 따르느라 지난 2천 년 동안 이전투구 싸움박질(?)이 그치지 않았던 모양이다.

이제 바울로의 평화 개념을 살펴보겠다. 바울로의 편지에는 평화라는 말이 유독 많이 나오는데, 특히 인사말을 할 때는 예외 없이 평화를 기원한다(살전 1:1; 갈 1:3; 고전 1:3 등등). 이는 유대인의 인사습관에서 영향을 받은 것으로 보이고 예수도 같은 인사말을 사용했다. "주간 첫날 저녁이 되자, 제자들은 유대인들이 두려워 문을 모두 잠가 놓고 있었다. 그런데 예수께서 오시어 가운데에 서시며, '평화가 여러분에게!' 하고 그들에게 말씀하셨다"(요 20:19). 헬라어 번역은 '평화가 여러분에게'(에이레네 휘민)지만 실제로는 '샬롬'(שלום)이라는 간단한 말 한 마디였다.

한 가지 고려할 점은 '평화'와 '은총'이 묶여있는 것이다. '평화와 은총'은 유대인에게는 없는 인사말로 바울로가 처음 사용했는데 이를 통해 평화가 어디에서 오는지 분명해진다. 그리스도인이 누리는 평화는 오로지 하느님에 의해 주어지는 은총이다. 짐작컨대, 히브리말에 능숙하지 않는 이방인을 상대로 '평화'라는 말을 사용하면서 그 말에는 하느님이라는 존재가 전제된다는 사실을 환기시키는 목적이 있었던 것 같다. 즉, 헬라인에게는 평화가 그저 인사말에 그치는 히브리어와 달리 다분히 정치적 의미를 갖는 데 비해 그리스도인의 평화는 온전히 종교적인 의미다. 같은 의도가 편지의 마지막 안부에 등장하는 '평화의 하느님'에도 잘 드러난다(살전 5:23; 갈 6:16; 고후 13:11 등등).

바울로에게 있어 '하느님의 평화'는 무질서의 반대 개념으로, 세상이 질서가 잡혀 건강하게 유지되는 상태다. "하느님은 무질서의 하느님이 아니라 평화의 하느님입니다"(고전 14:33). 그처럼 하느님은 세상에서 누리는 평화의 주인이다. 바울로는 이를 보다 구체화시켜 '평화'를 하느님과 화해한 상태로 간주한다. 예전의 인간은 하느님을 등져 죄의 종으로 팔려갔다. 그러나 하느님은 예수 그리스도의 죽음으로 죄 값을 치러 인간을 속량해주었다. 이로써 소원(疏遠)해졌던 하느님과 인간은 화해할 수 있게 된 것이다(롬 5:10-11; 고후 5:18-21). 바울로의 '화해' 사상은 후학들에 의해 보다 구체화된다(골 1:15-22; 엡 2:13-18).

바울로는 '평화'라는 단어를 결코 독립적으로 사용하지 않았다. 은총, 화해와 연계시키거나 아예 '평화의 하느님'이라는 용어까지 등장한다. 이 점에서 예수와 맞닿는데 평화에는 어떤 형태로든 전제된 바가 있다는 사실이다. 예수에게는 장차 이루어질 하느님 나라를 위해 평화의 유보(留保)를, 바울로는 하느님이 궁극적으로 세상에 주시게 될 평화를 강조한다. 그러므로 두 인물이 내세운 평화의 공통 전제는 하느님이라 할 수 있다. 하느님이라는 조건을 감안해야만 비로소 평화에 대한 이해가 가능하다는 뜻이다.

2. 제국의 평화, 교회의 평화

전쟁이 일상으로 여겨졌던 시절, 곧 종족, 부족, 국가 간의 분쟁을 해결하는 지름길이 전쟁이었던 시절에는 '평화'란 전쟁이 중단된 상태를 일컫는 말이었다. 그리고 평화를 이런 뜻으로 사용한 최초의 예는 로마제국일 것이다. 로마제국은 어느 누구도 상대할 수 없는 막강한 전력으로 지중해권을 정복해나갔다. 무려 4세기 동안 넓혀나간 제국의 범위는 유럽에서는 라인 강 이남, 아프리카에서는 사하라 사막 이북, 그리고 전체 동방이었다. 인구도 5천만~1억을 헤아렸다고 한다. 그 당시 세계 인구가 2억 정도에 머물렀던 것을 감안하면 대단한 수다. 정복국가로서 로마제국의 최대 과제는 정복지의 저항을 근절하는 것이라 다양한 방법, 곧, 정치적, 군사적, 법적, 문화적 방법을 총 동원해 제국의 안정을 꾀했고 그에 따라 등장한 개념이 '로마의 평화'(Pax Romana)다. 그러니까 로마제국의 위용 아래 강제적으로 주어진 평화였으니 평화란 본디 정치적 개념이라 할 수 있겠다.

다음으로 로마의 종교적 평화를 알아보겠다. 제국의 수도 로마에서 서기 64년에 큰 화재가 발생했다. 상황이 최악으로 치닫자 황제는 희생양을 찾기 시작했고, 곧이어 적당한 자들이 선택되었다. 그렇게 그리스도인들에 대한 박해가 시작되었는데 로마의 역사가 타키투스는 당시의 상황을 기록했다.

이 소문을 종식시키기 위해 네로는 **반종교적인** 성향으로 미움 받던 이들을 기술적으로 고문할 것을 명령했다. 그들은 일반적으로 '그리스도인'이라 불리었다. 그 이름은 티베리우스 시대에 폰티우스 필라투스 총

독(26~36)에 의해 처형된 그리스도로부터 온 것이다(타키투스, 『연
대기』 15장 44절).

타키투스의 기록 중에 '반종교적'이라는 표현이 중요하다. 로마인들
은 종교의 목적을 사회적 안정을 보장하는 데 있는 것으로 간주했다.
'종교'라는 뜻을 가진 'religion'은 키케로가 언급했듯이 라틴어 religio
에서 온 것이며, religio의 이해가 바로 로마 종교의 원 모습을 살펴보
는 지름길이라 할 수 있다. 이 말은 본래 "일처리를 하다"라는 뜻을 가지
는데 속뜻은, 어떤 일을 대충해나가는 것이 아니라 꼼꼼하게 수행해나
가는 것으로, 철저한 순종의 질서를 내포한다. 그러니 로마 시대의 종
교 문헌들에서 이 단어가 유난히 많이 발견되는 것은 전혀 놀라운 일이
아니다. 타키투스가 '반종교적'이라고 했을 때는, 그리스도교가 로마 사
회의 질서를 어지럽혔다는 뜻이다. 제국에서 모든 종교는 무릇 사회 질
서를 유지하는 데 공헌해야 한다.
　　네로 시대의 박해 이후 그리스도교는 380~392년에 로마의 국교가
되었고, 이제는 상황이 역전돼 그리스도교를 제외한 다른 모든 종교들
을 사회 질서를 어지럽히는 이단으로 간주해 공격적인 선교가 이어졌
다. 중세적 표현에 따르면 '그리스도의 평화'(Pax Christi)가 시작된 셈
이었다. 로마제국의 위용 아래 주어진 강제적인 평화를 본 따 가톨릭교
회도 '교권'(magisterium, 혹은 교도권)의 이름하에 강제적 평화를 원했
던 것이다. 교회가 '로마의 평화'를 응용한 것은 분명하지만 단순한 전
쟁 중지 상태가 아닌, 신앙의 이름으로 항구적 안정을 지향하는 점은
다르다.[1]

---

1 칸트가 주장했던 '영원한 평화'와 비슷한 개념이고, 신학적인 시각으로 보자면 이는 세속
　화된 천년왕국에 해당한다.

역사적으로 보면 비단 로마제국 외에도 교회와 국가가 부딪친 예를 충분히 찾을 수 있다. 우선 '카노사의 굴욕'(1077)이 생각난다. 신성로마제국의 왕이었던 하인리히 4세가 주교와 성직자의 임명권을 두고 그레고리우스 7세 교황과 일전을 벌였다가 패배해, 결국 교황 궁이 있던 카노사까지 찾아가 눈밭에서 3일간이나 용서를 빌어 겨우 사면을 받은 사건이다. 그런가하면 프랑스 왕의 강력한 견제를 받은 교황이 로마에 발도 디디지 못한 채 구금 상태에 놓인 일도 있어 1309~1377년에 7명의 교황이 프랑스 아비뇽에 머물렀다. 그 유명한 '아비뇽 유배' 사건으로 구약시대 이스라엘 백성의 '바빌론 유배'(기원전 586~538)에 빗대어 나온 용어다.

교회와 국가가 힘 견주기를 했던 가까운 예로 1929년에 무솔리니 정부와 가톨릭교회가 맺는 '라테란 조약'이 있다. 그 때 파시즘 정권의 위세에 주눅이 잔뜩 들었던 가톨릭교회는 이탈리아에 대한 정치적 영향력을 포기하는 대신 자치 공간을 부여받았다. 오늘의 바티칸 시국(市國)이 탄생한 배경이다. 또한 주교임명권을 두고 최근 벌어지는 교황청과 중국 정부의 힘겨루기도 교회와 국가가 부딪히는 예로 볼 수 있다. 특히, 공공성을 강조해, 종교가 사회 질서에 기여해야 한다는 중국 정부의 입장은 로마제국의 그것과 많이 닮았다. 역사적으로 흥미로운 상관관계다.

예수가 사용했던 '평화'는 인사말로 우리 인사말의 '안녕하세요' 쯤 될 것이다. 사실 인사말이란 그저 인사말에 머무르며 유대세계나 헬라세계나 차이가 있을 리 없다. 그래서 누군가 단어 자체에 깊은 의미가 있다고 떠벌리면 떠벌릴수록 싱겁게 들릴 뿐이다. 요즘 들어 내로라하는 평화 분석가들이 많아져서 하는 말이다.

오늘날에 평화라 할 때는 항구적 전쟁중지 상태를 넘어 전쟁의 위협마저 완전히 사라진 상태로서의 평화를 뜻한다. 글자 그대로 요원한 이

야기인 게 인류 역사상 언제 그랬던 적이 있었는가 싶어서이다. 그리고
앞서 보았듯 교회 역시 평화와 관련해 엉뚱한 야심을 품어왔다. 수도자
들이 외적 평화가 아니라 내적 평화를 찾는 데는 그럴만한 이유가 있다.
정치적 평화와 종교적 평화가 바라보는 곳은 확실히 다르다.[2]

　예수가 알려준 평화는 '이정도면 되겠지!'라는 식의 자기 합리화를 거
부한다. 간단히 말해 하느님이 허락하기 전까지 진정한 평화란 없는 것
이다. 그런 의미에서 '평화가 아니라 칼을 주러 왔다'는 예수의 말씀은
마치 두고두고 되씹어 마땅한 선불교의 화두(話頭)처럼 다가온다.

---

2 '평화'에 대해 신학 관련 사전에 제시하는 뜻으로는, 하느님께서 창조한 만물의 조화, 전
　인류의 종말론적인 구원, 하느님과 인간이 맺는 관계, 사람들끼리의 관계, 영혼의 상태
　등등이 있다.

참고문헌

『기독교 대백과 사전』 15. 기독교문사, 1980.

『제 2차 바티칸 공의회 문헌』. 한국천주교 중앙협의회, 1986.

게이틀리, E./황애경 옮김. 『따뜻하고 촉촉하고 찝쪼롬한 하느님』. 분도출판사, 1998.

루터교세계연맹, 로마교황청그리스도안일치촉진협의회/송용민 외 옮김. 『갈등에서 사귐으로』. 한국그리스도교 신앙과 직제협의회편, 2017.

몰트만, J./박태식 옮김. "부활, 우리 희망의 근거이자 힘과 목표." 『2000년대의 희망과 현실』. 들숨날숨, 2000.

박태식. 『팔레스티나에서 세계로』. 들녘, 2019.

_____. "평화." 『한국 가톨릭 대사전』 11. 한국 교회사 연구소, 2006, 8943-8946.

정양모. "신약성서의 평화관." 『현대사회와 평화: 김규영 교수 고희기념 논문집』. 서광사, 1991.

정태현. 『모든 이에게 평화의 복음을』. 성서와 함께, 1993.

Anchor Bible Dictionary (ABD), Vol. 5. NY: Doubleday, 1992, 206-212.

Theologial Dictionary of New Testament (TDNT), Vol. 2. Michigan: Gran Rapids, 1982, 400-419.

Theologische Realenzyklopädie (TRE), Bd. 11. Berlin: Walter de Gruyter, 1983, 599-646.

개신교 배타주의와 종교적 평화담론*
─ '상호존재신론'을 중심으로

김 종 만

(배재대학교)

1. 들어가는 말

그리스도교 구원론의 대 전제인 "교회 밖에는 구원이 없다"(Extra ecclesiam nulla salus)는 명제는 북아프리카 카르타고의 감독 키프리안(Caecilius Cyprianus)이 당시 교회 분열을 조장하던 도나투스파로부터 교회를 지키기 위한 신학적 주장이었다. 중세 때 이 명제는 교회 생활이 정치, 경제, 문화, 생활의 근간이었던 교회 안의 사람들에게 당연한 것이었다. 그러나 그리스도교권 밖에 있는 교회 외(外)의 사람들에게는 저주와도 같은 선포였다. 근대에 들어 로마 가톨릭은 제2차 바티칸 공의회를 통해 포괄주의를 공포함으로써 이 명제에 대한 유연한 입장을 유지했다. 하지만 개신교에서는 아직까지 이 명제를 구원과 동

---

* 이 논문은 2019년 「사회사상과 문화」 22권 1호에 게재되었다.

일시하여 극단적인 배타주의를 견지하고 있다.

그 뿐 아니라, 요사이 한국 개신교는 "교회 밖에는 구원이 없다"를 넘어 '우리 교회' 밖에는 구원이 없다는 행태로 일관한다. 한국교회는 교회의 공적 기능을 간과하고 철저히 개교회 중심의 사적 기능으로 전도(顚倒)되어 구원까지도 개교회, 혹은 특정 교파가 독점한 듯한 행보를 보인다. 이러한 한국 개신교의 파격적인 배타주의는 교회의 게토화로 이어졌고 결국 교회 성장의 제로 시대와 마이너스 시대로 귀결되었다.[1] 장왕식은 교회 게토화로 인한 한국인들의 교회에 대한 인식이 매우 냉소적이라며 한국 개신교를 다음과 같이 비판한다.

문제는 바로 여기에 있다. 즉 오늘의 많은 한국인들은 그리스도인들의 메시지에 귀를 기울이려 하지 않는다. 대부분의 사람들은 우선 한국의 기독교가 매우 독선적이라고 판단하고 있다. 바로 이런 기독교의 독선주의가 기독교를 낡고 시대착오적인 종교로 보게 만들며, 나아가 타종교인들과 비종교인들이 기독교에 혐오감을 느끼도록 만들고 있는 것이다. 다시 말해서 기독교의 배타주의는 기독교의 밖에 있는 사람들에게 기독교를 폐쇄적이고 아집이 가득한 문화적 낙오자로 비치게 만듦으로써 사회 내에서 기독교의 목소리가 설 자리를 잃게 만들고 있다는 것이다.[2]

본고는 개신교 배타주의의 원인을 서양 중심의 신관에서 찾는다. 서양의 신관은 실체론과 이원론에 바탕을 둔다. 실체론과 이원론에 기

---

1 김종만, "틱낫한과 폴 니터를 통해 본 상호존재신론 연구", 서강대학교 박사학위논문, 2018, 1-2.

2 장왕식, 『종교적 상대주의를 넘어서: 과정신학으로 종교다원주의를 품고 넘어서기』 (서울: 대한기독교서회, 2002), 6.

반한 서양의 신관은 다름에 대한 배타적 성격이 내재되어 있다. 본고는 한국 개신교의 배타주의의 본체인 서구 중심의 배타적 신관을 극복하고 배타주의를 타개할 지역적 신관으로 상호존재신론을 제시함으로써 종교적 평화 담론이 성립될 수 있게 하는 데 그 목적이 있다. 연구방법으로는 베트남 승려 틱낫한(Thich Nhat Hanh)과 종교해방신학자 폴 니터(Paul Knitter)가 주목한 '상호존재'(Interbeing)를 통해서이다. 틱낫한은 불교의 고전적인 핵심 사상인 공(空)과 연기(緣起)를 '상호존재'라는 현대적 해석으로 제시한다. 이에 영감을 받은 니터는 하느님을 '존재'(being)로 이해하는 서양의 신론을 비판하고 하느님은 존재가 아니라 '상호존재'(Interbeing)로 파악한다.

본 논문은 불교의 연기와 공을 틱낫한이 '상호존재'로 해석하고 거기서 다시 니터가 '상호존재'를 하느님으로 규정하는 것에 착안하여 불교의 공관과 그리스도교의 신관을 접목하여 새로운 신관인 '상호존재신론'(Interbeing-theism)을 제시하고자 한다.[3] 그리고 상호존재신론이 배타주의를 어떻게 해소하며, 그럼으로써 종교 평화 담론에 어떤 기여를 하는지를 고찰한다. 따라서 본고는 상호존재신론이 개신교 배타주의의 독소 제거제가 된다고 보고 이를 통해 종교적 평화 담론에 일조할 수 있다는 데 그 의의가 있다.

2. 한국 개신교 배타주의와 배타주의 신관의 기원

배타주의는 영어로 '익스클루스비즘'(exclusivism)이다. 이 말은 '밖으로 몰아내고(ex)문을 닫는다(close)'라는 뜻이다. 불순한 무언가

---

3 상호존재신론(Interbeing-theism)은 필자의 졸고인 "틱낫한과 폴 니터를 통해 본 상호존재신론 연구", 서강대학교 박사학위논문(2018)에서 처음으로 제시하였다. 자세한 논의를 위해서는 이 논문을 참조하라.

를 밖으로 쫓아내고 문을 걸어 잠금으로써 그 어떤 것도 들어오지 못하게 하는 것이다. 배타주의는 오랜 역사적 기원을 가진다. 그것은 고대 이스라엘 민족의 단일신론(henotheism)에서 시작하여 콘스탄티누스의 밀라노 칙령으로 이어진다. 그리하여 그리스도교의 정체성 유지를 위해 '타자를 악마화'하는 이념적 에토스로 작동한다.4 배타주의를 강화하는 이념적 에토스의 기능은 '이단'(heresy)과 결부되어 있다.

원래 '이단'(異端)을 뜻하는 영어 '헤러시'(heresy)의 어원은 헬라어 '하이레시스'(hairesis)에서 유래힌다.5 이단은 교회가 제정한 교리 외에 다른 것을 선택하는 것이다. 한마디로 이단은 선택권을 제한 당하는 행위이다. 당시 교회는 안팎으로 큰 위기를 맞았다. 교회 안에는 이단이 창궐하였고 교회 밖에는 로마의 핍박이 있었다. 이런 상황에서 교회는 보신주의에 기댈 수밖에 없었다. 교회를 지키려는 자기방어기제가 발동한 것이다. 그 당시 '이단'은 교회를 수호하려는 사명의식에 불타는 이들에 의해 기획된 자구책이었다. 물론 콘스탄티누스를 비롯한 당시 정치세력의 기획된 정치 공작으로 그리스도교가 이용됨으로써 교회가 어용세력화된 면도 분명히 있다. 하지만 역으로 생각하면 오히려 교회가 살아남기 위해 콘스탄티누스의 정치세력권의 편입을 역이용 했다고도 볼 수 있다. 아무튼 교회는 살아남았다.

그러나 치명적인 보수화 혹은 배타주의의 물결에 휩쓸릴 수밖에 없었다. 당시 그리스도교 내에는 매우 풍부한 이단 혹은 다양한 선택권이 보장된 사상들이 즐비했다. 유대에는 유대적 율법주의, 에비온주의, 엘카사이파가 있었다. 헬라에는 영지주의, 마르시온, 몬타니즘 등이 있었

---

4 배타주의의 기원과 한국 개신교 배타주의의 역사와 정황 등에 대한 자세한 논의는 김근수 외,『지금, 한국의 종교: 가톨릭 · 개신교 · 불교, 위기의 시대를 진단하다』(서울: 메디치, 2016); 길희성,『신앙과 이성 사이에서』(서울: 세창출판사, 2015); 김용복,『한국 기독교: 희망이 있는가?』(서울: 새길기독교사회문화원, 2001)을 참조하라.

5 Harold. O. J. Brown, *HERESIES* (New York: Doubleday & Company, 1984), 1.

다. 그 밖에 역동적 군주론, 양태론적 군주론 등이 득세했다. 교회는 이런 사상적 흐름에 대해 일사분란하게 대처했다. 신약성경을 정경화하고, 신앙의 규칙(regula fidei)을 제정하고, 감독의 권위를 확정했다. 이런 상황 가운데 리용의 이레니우스, 터툴리안, 힙폴리투스, 키프리안 등을 주축으로 하는 감독 중심의 교회론이 완성된다. 이런 인물들이 반(反)이단 신학의 효시(이레니우스)이자, 완성자(터툴리안)이다.6

교회는 이들을 통해서 교권중심의 교리가 구축되고 다양한 신앙, 다양한 선택에서 하나의 신앙, 하나의 선택으로 단순화된 배타주의의 길을 걷게 된다. 한마디로 사람들이 가진 사상의 다양성, 선택의 자유권을 강탈한 것이다. 이런 경직된 일원론적 선택권의 흐름이 오랫동안 이어지면서7 드디어 하나의 신앙, 하나의 선택권으로 귀결된다. 이후 그리스도교는 하나의 사상만이 진리이고 절대적이라는 '하나숭배주의'에 몰입한다. 그리스도교에서 두 개, 세 개 혹은 그 이상의 사상도 진리일 수 있다는 주장이나 교리는 정치적 단두대에 오르는 것이나 다름없었다. 그리스도교가 추구해온 진리일원주의는 포스트모던 시대에 한계에 봉착했다. 교회 공동화 현상을 겪고 있는 유럽의 교회가 그것을 증명한다.

한국의 교회도 예외가 아니다. 교인들의 수는 점점 줄어들고 있고, 간혹 증가하는 교회가 있다면 초대형교회(giga-church)들이다.8 교회

---

6 Justo L. González, *A History of Christian Thought*, vol. I (Nashville: Abingdon Press, 1987), 121-156.

7 니케아 공의회(325)를 통해 예수의 신성을 확보하면서 기독론이, 니케아-콘스탄틴노플 공의회(381)에서 성령론과 삼위일체론이 확정되고, 에베소 공의회(431)에서 네스토리우스와 단성론을 정죄하고, 칼케돈 공의회(451)에서 양성론이 승리하고, 2차 콘스탄티노플 공의회(553)에서 다시 단성론을 정죄하고, 3차 콘스탄티노플 공의회(681)에서 그리스도의 단의론을 정죄하고 2차 니케아 공의회(787)에서 양자론을 탄핵한다.

8 일요일 대예배에 참석하는 성인 교인 수가 2만 명 이상 되는 교회를 '초대형교회'(giga-church)라고 하고, 2천 명 이상 단위의 교회를 '대형교회'(mega-church)라고 한다.

가 기업화 혹은 대기업화되고 교회들 간에도 분화 현상이 발생하여 교
회 양극화 현상이 고착화되어 가고 있다. 미국 상원의 채플 목사인 리차
드 핼버슨은 "교회는 그리스로 이동해 철학이 되었고, 로마로 옮겨가서
는 제도가 되었다. 그 다음에 유럽으로 가서 문화가 되었다. 마침내 미
국으로 왔을 때… 교회는 기업이 되었다"고 말한다. 이에 덧붙여, 영화
'쿼바디스'의 감독인 김재환은 "교회는 한국으로 와서는 대기업이 되었
다"며 한국교회 실상을 비판한다.9

　이처럼, 대기업이 된 한국교회는 대량생산·대량소비로 에너지와
자원의 고갈, 대량의 산업폐기물을 만든 '포디즘'(Fordism)적 경영체
제와 다르지 않다. 극히 일부의 소수 교회가 대기업화되면서 중소교회
의 인적, 물적 자원과 에너지를 흡수·고갈함으로써 산업 폐기물과 같
은 각종 병적인 요소를 양산했다. 우리는 한국교회가 기업화 혹은 대기
업화로 변질되어 빈자와 약자 그리고 소수자를 멀리하면서 교회 본연
의 기능을 상실한 이때에 피어리스(Aloysius Pieris)의 비판적 성찰에
주목해야 한다. 그는 다음과 같이 말한다.

　그리스도교가 서구 문화의 옷을 버리고 아시아의 교회로 다시 거듭나

김진호에 따르면, 국내에는 초대형교회(giga-church)가 7개, 대형교회(mega-church)가
약 880개이다. 이는 대형교회의 수가 전 세계에서 가장 많은 미국의 1,200~1,500개에 비
하면 훨씬 적은 수이다. 하지만 전체 교회 수 대비 대형교회의 비율을 보면 미국은
0.005~0.007%인 데 비해 한국은 1.7%나 된다. 이 같은 사실은 양국의 인구로 볼 때, 한국
에 초대형교회가 얼마나 많은지 그리고 한국교회가 전 세계에서 대형화된 교회의 주도
권이 얼마나 강한지를 보여준다. 1960년대부터 시작된 개신교의 성장세는 1990년을 변
곡점으로 급속하게 하락한다. 1995~2004년 사이에는 마이너스 성장을 했다. 그리고
2002~2008년 사이에 폐업한 교회가 매년 1,300개 이상이다. 한국교회 대부분이 교세 위
기를 겪고 있지만 약 1.7%인 대형교회는 예외다. 대부분의 대형교회에서는 신도수가 감
소하지 않았고 일부 대형교회는 규모 축소를 위해 분가를 단행하거나 선언했다. 그러나
역설적이게도 대형교회의 이런 조치는 오히려 교세의 확장으로 이어졌다. 김근수 외,
57-58, 209.

9 https://blog.naver.com/feiloveu/221140379007(2019년 1월 4일 검색).

기 위해서는 이중 세례를 받아야 한다. 그는 예수가 요단강과 골고다 십자가 위에서 두 번 세례를 받았듯이, 그리스도교가 아시아인에 의한 아시아인의 종교로 거듭나기 위해서는 아시아 민중이 맞닥뜨린 '가난의 영성'과 '종교적 영성'으로 거듭나야 한다.10

　오늘날 한국교회의 이런 사태의 원인은 교회가 다양한 사상적 흐름을 인정하는 진리다원주의를 지향하지 않고 하나의 것만 옳다는 진리일원주의를 고집하기 때문이다. 교회가 진리일원주의에 경도되어 있는 근본적인 원인은 "배타적 교파주의" 때문이다. 한국 개신교의 특징이라 할 수 있는 교파주의는 배타적·집단적 성격을 지닌다.11 이것은 개별 교회중심주의에 매몰된 공공성과 공교회주의의 결여, 교파 간 협력 상실 그리고 타종교에 대한 극단적인 적대감으로 나타난다.

　한국 개신교의 이러한 집단적이고 배타적인 성격은 선교 초기부터 미국의 교파 교회의 선교를 통해서 한국에 이식되었기 때문이다. 장로교회나 감리교회 등의 교파 교회들은 모두 미국 모교회의 교파주의를 배경으로 한다. 이런 교파 교회의 선교사들은 다른 교파에 대해서뿐만 아니라 한국의 전통문화나 종교에도 매우 배타적이었다. 그 이유는 "미국이나 유럽에서 개신교 교파들의 등장 과정, 교리 형성과 대립투쟁 과정에서 상호 간에 지니고 있던 적대적 자세를 여전히 간직하고 있었기 때문이다." 즉 한국의 선교는 기독교의 복음 전파에 의한 순수 교회가 아니라 미국 교파의 확대 혹은 교파의 이식으로 생겨난 교파주의 교회

---

10 알로이시우스 피어리스/성염 옮김, 『아시아의 解放神學』(왜관: 분도출판사, 1988). 김명수, 『안병무의 신학사상』(파주: 한울아카데미, 2011), 267에서 재인용.

11 김용복에 따르면, 미국 선교본부의 지도자인 아더 브라운(Arthur Brown)은 한국에 파견된 선교사들이 신학적으로 편협하고 보수적이라고 지적했다. 이들을 통해 한국 재래종교에 대한 배타적인 신학적 오리엔테이션이 이루어졌고 그것이 항상 정통으로 유지되었다. 결국 이런 배타적 보수성이 한국 개신교의 '정통주류'가 되었다.

이다.12 이렇게 배타적인 교파주의 성격을 지닌 한국 개신교는 에큐메
니컬 운동은 고사하고 세계 개방성과 사회참여, 타문화와 종교에 대한
관용과 존중이 심각하게 결여되어 있다. 그리하여 교회는 점점 더 사회
로부터 소외되고 도덕적으로 신뢰받지 못하는 집단으로 전락함으로써
교회의 배타성(排他性)이 오히려 부메랑이 되어 교회의 배자성(排自
性)이 되었다.13 이것은 결국 개신교가 다른 종교를 무시하거나 서열화
하여 종교의 평화를 원천적으로 파괴하는 결과를 초래했다.14 김용복
은 이러한 한국교회의 실상을 다음과 같이 신랄하게 비판한다.

> 한국 기독교는 배타적이고 저돌적이고 공격적인 사이비 메시아적 · 쇼
> 비니즘을 가지고 있고 배금주의 종교로 전락했다. 한국 기독교는 차별
> 주의 종교, 가부장적인 권위주의의 종교다. 한국 기독교는 분열주의적
> 종교집단이다. 한국교회는 성서를 오독(誤讀)하며, 기복적 물신주의
> 에 만연되어 있고, 종말론적인 환상주의와 도덕적 독선주의와 위선주
> 의의 늪에 깊이 빠져있다.15

이처럼, 배타적인 교파주의에 빠진 한국 개신교는 다른 전통을 인
정하지 않고 자기중심적인 진리 절대주의를 외치며 진리일원주의를 숭

---

12 손규태,『세계화시대 기독교의 두 얼굴』(파주: 한울아카데미, 2007), 308-309.

13 김명수, 138.

14 그러나 1910년대 한국 개신교는 오늘날과 달리 평화정신을 구현한다. 그것은 1919년 3.1
운동을 통해서 드러난다. 천도교의 손병희와 최린은 개신교인 이승훈과 함께 독립운동
을 협의했다. 민족 대표 33인도 개신교인 16명, 천도교인 15명, 불교인 2명이었다. 당시
개신교 지도자들이 배타적이고 독선적인 생각을 가졌다면 종교의 벽을 넘어선 연대, 독
립 운동이 불가능했을 것이다. 3.1운동 당시 개신교 지도자들은 지금과 달리 평화적 포
용 정신이 체화되어 있었다고 볼 수 있다. 박재순,『함석헌의 철학과 사상』(파주: 한울
아카데미, 2012), 180-181.

15 김용복,『한국 기독교: 희망이 있는가?』.

배하는 집단으로 전락했다. 이러한 진리일원주의의 배후에는 배타주의
의 그루터기인 서양 중심적인 신관이 자리 잡고 있다. 그 신관은 실체론
과 이원론을 바탕으로 하는 초월적 유신론이다. 실체론은 사물의 근본
양태를 더 이상 쪼개지지 않는 자기 독립성을 가진 물질 조각으로 이해
하는 존재론이다. 이는 사물의 근본 양태가 더 이상 쪼개지지 않는 원자
라고 본 데모크리토스에서 실체의 본성을 자기완결이라고 본 데카르트
철학 그리고 뉴턴의 과학적 세계관이 합류함으로써 18세기의 서양의
신관은 이신론으로 굳어졌다.[16]

이 신관은 하느님이 태초에 우주를 창조하셨고, 그 후 우주는 더 이
상 하느님의 관여 없이 하느님이 부여한 자연법칙에 따라 세상이 작동
하는 것으로 이해한다. 이러한 이신론적 신관은 우주와 동떨어진 별개
의 존재(another being)로 상정하고 하느님을 전적 타자로 규정한다.
보그(Marcus J. Borg)는 이와 같은 하느님 이해를 초자연적 유신론
(supernatural theism)이라고 명명한다.[17] 실체론에 기댄 초자연적 유
신론은 이원론으로 이어질 수밖에 없다. 초자연적 유신론은 창조주와
피조세계 사이가 격절된 존재론적 간격이 상정된다. 이때 구원은 하느
님 쪽에서 인간으로 향하는 초자연적 계시를 통해서만 이루어지는 편
협한 구도가 만들어진다. 그 결과 신앙과 이성, 은총과 자연, 초자연과
자연, 신학과 철학, 교회와 국가, 성과 속이라는 엄격한 구별과 대립 구
도의 이원론이 형성된다.[18]

이러한 신관은 선교사 게일(James S. Gale)의 "한국인의 신관"(The

16 김종만·유광석, "'상호존재신론'(interbeing-theism) - 틱낫한(Thich Nhat Hanh)과 폴 니
터(Paul F. Knitter)의 인터빙 개념을 중심으로.", 「신학과 사회」 32 (2018), 139; 마커스
보그/한인철 옮김, 『새로 만난 하느님』 (서울: 한국기독교연구소, 2001), 34.
17 마커스 보그, 34.
18 길희성, 2015, 214.

Korean's View of God)에서 나타난다. 그는 한국인의 첫 하느님의 계시 사건이 기자 조선을 통해 소개된 주(周)나라의 신(神)이라고 본다.

> 이 신은 무한하고, 영원하며, 불변하는 영으로 하늘 높이 앉아 있어서 세상의 한계와 죄, 변화와 쇠망으로부터 분리되어 있고, 보이지 않으나 세계의 모든 일을 지배하는 존재였다. 마치 고대 이스라엘 사람들이 여러 가지 이름으로 자기들의 신을 부른 것과 마찬가지로 한국인들도 이 신을 다양하게 불렀다. 하느님, 신, 천, 상제, 신명, 대수재, 천군, 옥황, 조황 등이 모두 한국인들이 같은 신을 부르는 다른 이름이다.[19]

이것은 한국인들의 전통적인 천신이 유대-기독교적으로 해석된 것으로 한국인들이 비록 기독교의 조명을 받지 못했지만 고대로부터 하느님을 찾는 사람들로, 비개신교의 종교 전통 속에서도 계시의 흔적과 진리의 파편이 있고 결국 개신교가 그것을 성취, 완성한다는 "성취론"(fulfillment theory)의 입장에 근거한다.[20] 이를 통해 알 수 있듯이, 서양의 실체론과 이원론에 중심을 둔 초월적 유신론은 한국 고유의 신관까지 서양 중심적인 신관으로 포섭할 수 있다는 배타주의적 신관이다. 이 신관은 각각의 지역과 시대에 따라 고유한 환경과 문화 속에서 만들어진 진리의 다원성을 무시하고 자기본위의 진리를 보편화하고 진리일원주의를 고집함으로써 평화를 파괴하는 파쇼적 신관이다.

---

19 James. S. Gale, "The Korean's View of God", Korea Mission Field(March, 1916), 66; 류대영, 『한국근현대사와 기독교』 (서울: 푸른역사, 2009), 153에서 재인용.
20 류대영, 154.

3. 왜 지역신관(local theism)인가: 지역 신관의 필요성

그리스도교는 유대교의 한 분파에서 시작되었다. 이후 헬라 철학과 만나면서 유럽으로 확산되었고 유럽 대륙에 적합한 그리스도교로 토착화되었다. 그리스도교는 다시 제국주의의 등을 업고 전 세계로 확장되면서 여러 지역적 그리스도교로 토착화되었다. 고대 그리스도교는 서방 라틴어권, 동방 시리어권, 동방 희랍어권으로 구성되었다. 시간이 흘러 그리스도교는 서방 그리스도교와 동방 그리스도교로 갈라졌다. 서방 그리스도교는 로마 가톨릭과 개신교(프로테스탄티즘)로 양분되고 동방 그리스도교는 동방 정교회(the Eastern Orthodoxy Church), 동방 독립교회(獨立敎會, the 'separated' Eastern Churches), 동방 귀일교회(歸一敎會, Uniate Churches)로 나뉘어졌다. 동방 정교회는 다시 정통파에 속하는 그리스 정교회, 러시아 정교회, 비정통파에 속하는 여러 분파로 세분화되었다. 동방 독립교회는 서시리아 그리스도교, 동시리아 그리스도교, 콥트 그리스도교, 에디오피아 그리스도교, 아르메니아 그리스도교 등이 있다. 동방 귀일교회는 동방 가톨릭교(Eastern Catholics)와 우크라이나의 루데니안(Ruthenians) 그리스도교, 그리고 인도의 말라바르(Malabar) 그리스도교가 있다.[21]

이처럼, 서양에서 전 세계로 확산된 그리스도교는 각 지역의 종교와 문화가 접목된 독특한 그리스도교로 토착화되었다. 팔레스타인의 히브리사상과 헬라 철학으로 구성된 그리스도교가 유럽을 비롯한 전 세계로 흩어져 각 지역의 문화적 풍토에 맞게 재구성되었듯이, 바야흐로 21세기의 그리스도교는 포스터모던 정신에 맞게 신학의 지방화(localization) 혹은 지방신학(local theology)으로 나아가야 한다.[22]

21 한국종교문화연구소 편, 『세계종교사입문』(서울: 청년사, 2003), 554-567.

같은 논리로 21세기 그리스도교의 신관도 지방 신관이 되어 서양 그리스도교를 유지해온 지배적 신관인 초월적 유신론에서 각 지역의 풍토와 역사적 환경, 종교, 문화에 맞는 토착화된 지역적 신관으로 새롭게 형성되어야 한다. 그런 차원에서 상호존재신론은 그리스도교의 신관(theism)과 동양의 대승불교의 전통과 습합된 지역적 신관이라고 할 수 있다.

상호존재신론은 신관에 대한 새로운 이해를 목적으로 한다. 기존의 신론은 서구 철학적 신 이해에 바탕한 신학적 관점에서 서술되었다. 이에 반해 상호존재신론은 동양 대승불교의 연기와 공사상의 관점에서 새롭게 조명된 신론이다. 니체(F. W. Nietzsche)는 새로움을 잉태하지 않는 학자는 불임증에 걸린 내시와 같다고 했고 들뢰즈(Gilles Deleuze)는 철학이란 개념의 창조라고 주장했다. 개념 혹은 개념화는 라틴어 '임신'(conceptio)에서 유래한다. 새로운 개념을 잉태하는 것이 철학의 요체라는 의미이다.[23] 그러므로 상호존재신론은 새로움을 잉태하지 않는 내시와 같이 서양 중심의 철학적 이해에서 개념화된 신론이 아니라 그리스도교와 대승불교가 습합된 신론이라 할 수 있다.

그런 점에서 상호존재신론은 신관에 대한 새로운 잉태, 혹은 개념화이다. 하지만 상호존재신론에는 두 가지 환기할 점이 있다. 첫째는 언어가 신의 전부를 담을 수 없다는 것과, 둘째는 서양에서 양산된 신관이 모든 신관의 객관적 혹은 보편적 성격을 담지할 수 없다는 것이다. 언어학자 소쉬르(Ferdinand de Saussure)는 언어를 기표와 기의로, 사회적 언어체계로서의 '랑그'(langue)와 개인들의 발화행위로서의 '빠롤'(parole)로 구분했다.[24] 이에 대해 이찬수는 다음과 같이 설명한다.

---

22 한인철, 284.

23 이찬수, 『평화와 평화들』 (서울: 모시는 사람들, 2016), 30.

24 이에 대한 자세한 논의는 페르디낭 드 소쉬르/김현권 옮김, 『일반언어학 강의』 (서울:

여기에는 언어가 생각이나 느낌을 자신에게 해명하거나 남에게 전달
하기 위한 수단이긴 하되, 감각적 경험은 온전히 언어화되지 않고 타자
에게 온전히 전달되지도 않는다는 사실이 함축되어 있다. 다양한 빠롤
들이 서로에게 영향을 미치며 사회적 언어체계, 랑그를 형성하고 변화
시킨다. 의미는 언어적 다양성과 상호 관계성 속에서 형성된다. 기표와
기의가 구분된다는 말은 특정 언어의 고정적이고 객관적 의미라는 것
은 불가능하다는 뜻이기도 하다.[25]

선불교의 '지월'(指月)이 가리키듯, "달이라는 언어와 실제 하늘에
떠 있는 달 사이에는 간격이 있다." 이것은 비트겐슈타인(Ludwig Josef
Johann Wittgenstein)이 술회한 바처럼, 인간의 언어는 하나의 관점에
서 부분적으로만 실재를 표현할 수밖에 없기 때문에 진술된 진리는 항
상 제한성과 비절대성을 지닐 수밖에 없음을 뜻한다.[26] 마찬가지로 신
을 표현하는 언어와 '신'과는 거대한 간격이 있고 어떤 언어로도 신의
전부를 설명해내는 것은 불가능하다. 즉 신관에 대한 언어는 그 당시,
그 지역의 문화와 시대적 가치가 반영된 지역 언어로서의 신관에 불과
하다. 그러나 서양의 신관은 마치 자신들의 신관이 신의 전부를 품고
있는 보편적 언어, 객관적 언어인 양 군림해왔다. 이렇게 서양 중심적
으로 편협화된 신관은 그리스도교, 특히 개신교의 배타주의로 귀결되
고 이는 결국 종교 간 평화가 상실되는 첨병이 되었다고 판단된다. 따라
서 개신교 배타주의를 극복하고 종교 간 평화담론으로 향하는 첩경은
지역적 신관으로 나아가는 데 있다. 다음 장에서는 대표적인 동양의 지

지식을 만드는 지식, 2012)를 참조하라.
25 이찬수, 『평화와 평화들』, 27-28.
26 앞의 책, 28, 54.

역적 신관인 상호존재신론에 대해 알아 볼 것이다.

4. 상호존재와 상호존재신론

틱낫한은 1926년 베트남 중부 후에(Huế)의 불교 집안에서 태어났
다. 그는 1942년에 출가하여 1947년에 비구계를 받는다. 이후 베트남
의 상황은 전쟁의 소용돌이에 휘말린다. 틱낫한은 전쟁의 포화 속에서
이웃이 죽어가던 상황을 목도한 후, 불교는 산속의 담 자락에서 벗어나
전쟁 한 가운데서 함께 해야만 한다고 주장한다. 그럼으로써 1960년대
에 참여불교(Engaged Buddism)가 탄생한다. 참여불교는 자연과 초자
연, 성과 속이 분리되지 않은 비이원론적인 실천적 불교이다. 틱낫한의
참여불교의 사상적 근간은 상호존재에 있다. 상호존재는 존재를 설명
하는 '존재하다'의 영어 동사인 'to be'가 불완전하다는 인식에서 출발
한다. 만물의 존재는 단순하게 'to be'만으로 부족하고 존재를 완벽하
게 이루려면 접두사 'inter'(…사이의, 상호간의)와 동사 'to be'가 결합
하여 'inter-be'가 되어야 한다.[27] 그리하여 틱낫한은 'inter-be'에
'-ing'를 결합하여 'Interbeing'(상호존재)으로 명명한다. 상호존재는
만물의 상호연관성과 상호침투성, 그리고 만물의 공생을 전제하는 대
승불교의 연기론[28]을 현대적 용어로 재조명한 것이다.[29]
　이러한 틱낫한의 상호존재를 그리스도교의 신관으로 새롭게 조명

---

27 Thich Nhat Hanh, *The Heart of Understanding: Commentaries on the Prajnaparamita Heart Sutra*, edited by Levitt (California: Parallax Press, 1988), 3.

28 연기론은 초기불교와 대승불교 간에 차이가 있다. 초기불교는 인과관계에 초점을 둔다. 인간의 괴로움이 어떻게 발생하고 어떻게 사라지는지 그 인과관계의 과정, 고(苦)를 근본적으로 없애는 것에 주목한다. 반면 대승불교는 상호관계에 강조점이 있는데, 모든 법이 다른 법에 의존하여 일어난다는 관계성의 법칙에 주목한다. 레페스포럼 기획, 『종교 안에서 종교를 넘어』 (서울: 모시는 사람들, 2017), 106.

29 김종만, 17-18.

한 사람은 종교해방신학자 폴 니터이다. 그는 인생 후반기에 두 종교에
속한 사람으로 자처하면서 하느님을 저 하늘 위에 있는 수염 난 백인
남자, 혹은 어머니, 친구 그리고 구원자라는 인격체로 묘사하는 신인동
형론(anthropomorphism, 神人同形論)을 부정한다.

> 하느님이 나의 반대편 혹은 바깥에 있는 하나의 인격체가 된다면 내
> 안의 하느님, 생기를 불어넣은 에너지로서 체험되는 하느님의 그 특성
> 을 잃어버릴 위험이 있다. 하느님이 '나-당신' 관계의 일부가 될 때, 이
> '당신'으로서의 하느님은 내가 하느님에게 느끼거나 느끼기를 바라는
> 친밀함에 맞지 않는 어느 정도의 타자성을 띠게 된다. 내가 말하는 것
> 은 '당신으로서의 하느님'이 '타자로서의 하느님'이라는 이원론으로 너
> 무 쉽게 빠져든다는 것이다.[30]

니터는 "'초월적인, 전능한, 완벽한 하느님' + '인격체' = 초월적이고
전능하며 완벽한 존재인 '초월적인 인격체'"로서의 하느님을 비판한
다.[31] 한마디로 그는 '존재'(Being)로서의 하느님을 부정한 것이다. 대
신 니터는 하느님을 다음과 같이 이해한다.

> 나는 문제의 핵심은 인격적(personal)인 하느님이 아니라 하느님을
> 인격체(person)로 보는 것과 관련이 있다고 생각하게 되었다. 내가
> 말한 갈등의 대부분은 하느님을 '나-당신' 관계의 모델에 따라 신적인
> '인격체'로 생각하는 일반적인 이해에서 비롯된다. 따라서 나의 문제는

---

30 폴 니터/정경일 · 이창엽 옮김, 『붓다 없이 나는 그리스도인일 수 없었다』 (서울: 클리어
마인드, 2011), 80.
31 앞의 책, 80.

내 앞에 서 있는 하느님이라는 인격체와 관련된 것이다. 그런데 하느님의 이미지를 인격체가 아니라 인격적 특성을 지닌 실재 혹은 에너지로, 모든 것에 스며들어 있는 영으로 이해한다면 어떻게 될까?[32]

니터는 하느님이 인격체가 아니라 인격체로 임재하면서 지금도 전에도 나를 감싸고 살게 하는 상호존재의 역동적인 에너지로 규정한다.[33] 이처럼, 틱낫한이 대승불교의 연기론을 현대적으로 해석한 상호존재를 니터가 실체론적인 하느님을 비판하면서 하느님은 존재가 아닌 상호존재로 재조명함으로써 상호존재는 불교와 그리스도교의 교집합으로 등장한다. 하느님을 존재가 아닌 상호존재로 규정하는 니터의 신관을 토대로 '상호존재'(Interbeing)와 '신관'(theism)을 접목하여 '상호존재신론'(Interbeing-theism)이 탄생했다. 상호존재신론의 하느님은 특정한 '존재'가 아니라 편재하는 '에너지'이다. 그 하느님은 어떤 것에도 구속되지 않으면서 많은 것들에게 활력을 주고 내재하기보다는 상호 침투하는 방식으로서의 영이다. 그러므로 상호존재신론의 하느님은 태초부터 우리와 함께 있으면서 모든 생명, 모든 존재에게 근거를 만들어주고 서로를 연관시켜주는 창조의 도구 또는 힘이다.[34] 즉 상호존재신론의 하느님은 다음과 같이 규정된다: 에너지 혹은 생명의 영은 신의 속성이나 소유가 아니라 신 자체이며 신은 영을 소유한 주체나 실체라기보다는 영 그 자체가 신이다. 따라서 상호존재신론의 하느님은 모든 유한한 사물과 생명체들의 존재와 생명의 근원으로서 "물질계와 생명계와 정신계는 이 무한한 에너지의 다층적 변현(transformative manifestation)"이다.[35]

---

32 앞의 책, 88.

33 앞의 책, 104.

34 앞의 책, 68-69.

5. 상호존재신론의 특징과 평화의 공통점

1) 신 vs 신관들과 평화 vs 평화들

큉(Hans Küng)은 모든 상황에 객관적이고 보편적인 유일한 신학
(the theology)은 있을 수 없다고 본다. 다만, 주위의 문화와 종교들과
대화하며, 그 열려진 끝을 향하여 도상에 있는 항상 유동적인 다수의
신학들만 존재할 뿐이라고 말한다.[36] 보편적인 신학이 존재하지 않는
것처럼 모든 조건과 상황을 객관적으로 포괄할 수 있는 신관 또한 있을
수 없다. 상호존재신론은 이런 문제의식에서 비롯된 신관들 가운데 하
나이다. 구체적으로 말하면, 만물의 근거와 생명의 근원이자, 편재, 침
투하는 에너지로서의 하느님으로 서술된 상호존재신론은 동양적인 문
화를 토대로 형성된 또 하나의 지역적 신관이다. 여기서 '또 하나'라는
말이 주목된다. 지금까지 서양의 주류 신관으로 군림해온 초월적 유신
론은 모든 신관의 대명사인 것처럼 신관의 보편성, 신관 제국주의로 일
관하였다.

민중신학자 김명수는 이러한 신관에 나타난 신의 특성이 권능, 전
지, 지배, 주인, 힘, 정복이라며 신과 인간, 신과 자연을 소유주와 소유
물의 관계로 이해하는 신학적 근거를 제공함으로써 인간의 자연착취를
정당화하고 있다고 비판한다. 그러면서 이러한 신학은 신제국주의(神
帝國主義) 혹은 가부장적 신학이기 때문에 조화, 사랑, 균형, 계약, 공
생, 생명 경외의 특징을 가진 생태학적 신학으로 전향해야 한다고 주장

35 김희성, "하나님을 놓아주자", 『새길이야기』 (서울: 도서출판 새길, 2005), 122-123.

36 Hans Küng, tr. by John Bowden, *Christianity: Essence, History, and Culture* (New York: The Continuum Publishing Co, 1995). 김흡영, 『道의 신학』 (서울: 동연, 2012), 336에서 재인용.

한다.37 이러한 특징을 가진 서양 주류신관은 다른 종교뿐만 아니라 서양과 다른 지역의 특수성에 맞게 토착화된 그리스도교를 비주류나 서양신학의 아류, 혹은 등급화로 차별하였다. 이는 종교 간 평화를 심각하게 훼손하는 행위이다. 그러나 서구의 초월적 유신론이 서양적 문화 토양을 양분 삼아 형성된 지역적 신관이듯이 상호존재신론은 동양 종교와 문화 토양 가운데서 형성된 신관이다.

그런 점에서 상호존재신론은 신관의 보편화를 주장했던 서구의 주류신관과 달리, 신관의 상대성, 다원성을 인정하는 토착화된 '또 하나의' 지역 신관들 가운데 하나이다. 즉 신관은 신을 담는 그릇에 불과하지 신관이 신과 동의어가 될 수 없다. 신천 함석헌은 이에 대한 입장을 명확히 피력한다.

신관(神觀)은 변천 발달해 왔다는 것을 알 필요가 있습니다. 하느님은 영원불변하다는 것과 신관은 발달한다는 것을 섞어 생각해서는 안됩니다. 하느님이야 물론 영원불변이지, 변하는 것이라면 하느님일 수가 없습니다. 그러나 우리가 보는 하느님의 모습은 부단히 변해왔고 또 변해야 옳은 것입니다.38

함석헌은 신과 신관을 동일시하는 태도는 잘못됐고 신관은 시대에 따라 항상 변해야 한다고 주장한다. 그러므로 신을 담는 그릇에 불과한 신관을 앞세워 자신의 종교적 절대성과 진리 일원주의를 정당화하는 도구로 삼고 상대 문화와 종교를 폄훼하는 태도는 폭력이며 심각한 평화 파손행위라고 볼 수 있다. 따라서 상대성과 다원성을 인정하는 탈근

---

37 김명수, 59.

38 노명식 엮음, 『함석헌 다시 읽기』(서울: 인간과 자연사, 2002), 442. 원문에는 '하나님'으로 되어 있다. 전체 글의 통일성을 위해서 하나님을 '하느님'으로 수정하여 표기한다.

대적 사고체계에 기반한 상호존재신론은 개신교 배타성을 극복하고 종
교적 평화 담론으로 나아갈 수 있는 신관이다.

종교에서의 평화도 마찬가지이다. 각각의 종교들이 자신들만의 평
화를 규정하고 종교의 이름으로 갈등을 일으키는 이유는 '자기중심적
평화주의'(ego-centric pacifism)에 매몰되어 있기 때문이다. 이것은
"상대를 자신의 우산 아래 두고서 자기중심적 기준에 따라서만 긍정하
는 제국주의적 평화관"이다. 자기중심적인 제국주의 평화관을 지양해
야 하는 이유는 평화는 주어가 아니라 술어이고 평화는 단수로서의 '평
화'가 아니라 복수로서의 '평화들'이기 때문이다.[39] 복수로서의 '평화들'
은 일방적일 수 없고 쌍방적이고 복합적일 수밖에 없다.

그러나 평화의 다양성은 단지 '평화들'이 여럿이라는 중립성에 있는
것이 아니라 그 한 복판에 공감대로서의 평화가 있다. 다양한 '평화들'
을 긍정하고 평화들이 평화를 지시하는 다양한 술어들로 인정하는 논
리가 다름 아닌 '평화다원주의'(pluralism of peace)이다. 평화다원주
의는 평화의 개념, 이유, 이해 등이 다양하다는 사실을 인정하면서 그
다양성들 간에 조화가 가능하다는 사실을 긍정하는 태도이다. 그러므
로 평화는 단수가 아니라 평화들이라는 복수로 지칭되어야 한다. 인간
이 성격, 성별, 나이, 피부색 등 여러 분야에서 다양하지만 그럼에도 인
간으로서 공통성이 있는 것과 같은 이치이다.[40]

상술(詳述)하면, 평화다원주의는 "복수의 평화들이 인식적이든 도
덕적이든, 사회적이든, 정치적이든, 평화라는 공감대 안에서 유기적 연
계와 통합"의 가능성을 긍정하는, 즉 "평화를 설명하는 다양한 술어들
에게서 평화들의 세계를 보면서 평화의 유기적 통합력까지 읽어낼 줄

---

39 이찬수, 『평화와 평화들』, 64, 85.
40 앞의 책, 18-20.

아는 자세"[41]이다. 그런 점에서 평화는 조화이다. 평화에 대한 인식의 다양성은 결국 평화다원주의로 개념화된다.

그러나 평화다원주의에서 한 가지 주의할 점이 요청된다. 평화다원주의는 인식론적이든 도덕적이든, 사회적이든, 정치적이든, 평화들의 세계를 보면서 평화의 공감대, 평화의 유기적 통합력을 읽어낼 줄 아는 자세로 정의한다. 이 정의는 일견 인식론적 종교다원주의와 실천론적 종교다원주의의 구도와 맥을 같이 하는 것으로 보인다. 두 종교다원주의의 유형은 종교의 '공통기반'에 중심을 둔 다원주의이다. 전지는 종교들 간의 공통근거로 존 힉은 '궁극 실재', 토인비는 '공통 본질', 스미스와 로너간은 '보편적 신앙', 슈온과 토마스는 '공통적이거나 규정할 수 없는 신비적 중심'으로 규정한다. 후자는 하비콕스, 피에리스, 후기 니터 등으로 이들은 대화의 공통 근거로 '신'이나 '신앙' 대신 공통의 접근이나 공통의 상황으로서 '구원'(soteria)에 초점을 둔다.

평화다원주의는 인식적, 도덕적, 사회적, 정치적이란 말을 혼용함으로써 '공통기반'에 근거한 종교다원주의의 유형과 구조적으로 맥을 같이 하게 되었다. 그러면서 그 공통기반의 근거로 평화의 공감대와 유기적 연대와 통합력까지 읽어낼 수 있는 능력을 상정한다. 이것은 역설적으로 평화다원주의가 토대주의(foundationalism) 혹은 객관주의(objectivism)에 빠진 부르주아적인 평화 담론이 될 위험성이 있음을 시사한다.[42] 왜냐하면 지금 당장, 현실의 삶에서 유기적 연대와 통합력을 읽어낼 수 없는, 예를 들어 한 방울의 물, 신선한 공기, 하나의 빵이 급박한 이, 그리고 문맹자와 불구자 등에게 평화다원주의는 "또 다른 폭력의 중지인 세속적 평화와 신적 정의의 구현인 종교적 평화"[43]는 차

---

41 앞의 책, 59.
42 이에 대해서는 김종만, 74-95를 참고하였다.
43 이찬수, 『평화와 평화들』, 113.

지하고 또 다른 폭력과 부정의를 양산하는 기제가 될 수 있기 때문이다.

2) 생성으로서의 하느님과 과정으로서의 평화

상호존재신론은 신의 존재가 아니라 상호존재로 서술되기 때문에 하느님은 '존재'(being)가 아닌 '생성'(becoming)으로 파악된다. 라이프니츠의 말대로 세계 내의 그 어떤 것도 예정된 계획에 따라 결합되도록 단순하게 주어지거나 미리 조립되어 있지 않다. 하느님을 포함하여 우리는 존재 상태에 있는 것이 아니라 생성 상태, 즉 생성의 과정에 있다. 이것은 2,500년 전 헤라클리투스(Heraclitus of Ephesus)가 '만물은 유동한다'는 사실과 '사람은 같은 강물 속으로 두 번 다시 들어갈 수 없다'는 사실로 간파되었다.[44]

생성으로서의 하느님은 현재진행형이다. 다른 말로 하느님은 폐쇄된 과거로서의 신이 아니라, 지금 여기에 언제나 역동하는 '과정'으로서의 신이다. 즉 하느님은 불변하는 상태의 실체로서의 신이 아니라 무상한 생성으로서의 신이다. 그러므로 모든 것에 무한한 개방성을 지닐 수 있다.

마찬가지로 평화는 완성된 하나의 상태가 아니라 폭력이 줄어드는 과정, 혹은 폭력을 줄이는 과정이다. 그러므로 평화는 어딘가에 실재하는 공상적인 유토피아가 아니다. 그것은 서로를 공감하고 타인의 것을 합의하고 타인을 수용하는 과정이다. 따라서 과정으로서의 평화는 현재 완료형이 아니라 개방적이고 겸손한 현재 진행형이다.

---

44 이러한 사고는 맥락적으로 화이트헤드와 하트숀의 세계관, 생물권에서 정신권으로, 다시 오메가 포인트의 통일성에로의 고통스러운, 그러나 지속적인 진화를 말한 샤르댕의 우주관, 로너간의 '세계 질서의 출현 가능성', 그리고 신성에로의 진화를 말하는 아우로빈도의 힌두교적 세계관 등과 상통한다. 폴 니터/변선환 옮김, 『오직 예수이름으로만?』 (서울: 한국신학연구소, 1992), 56.

3) 공존으로서의 신관과 평화

상호존재신론은 만물의 편재하는 무한한 에너지이며 모든 생명과 존재의 거대한 힘이다. 이러한 상호존재신론의 하느님은 모든 민족, 모든 문화, 만물에 열려있는 자애의 원천이다. 왜냐하면 하느님은 사랑하는 아버지가 아니라 하느님은 사랑이기 때문이다(요일 4:8). 사랑은 자아를 떠나는 것, 자아를 비우는 것, 타자와 연관되는 것이다. 사랑은 비우고 연관시키는 에너지이며 그 에너지로부터 새로운 연관성과 새로운 생명이 생성된다. 즉 하느님은 별들과 우주의 상호존재이다.[45]

이처럼, 비우고 연관시키는 에너지로서의 상호존재 하느님이기 때문에 하느님과 나는 다른 두 존재로 분열되어 있지 않고 거리와 차별이 없이 내 안에서 나와 함께 나로서 살고 있는 것이다.[46] 그러므로 상호존재신론에 따르면, 나와 너, 서양과 동양, 자연과 초자연, 신과 세계가 분리된 이원론의 세계가 아니라 하나의 세계이기 때문에 자타의 구별이 사라진다. 그것은 실체론과 이원론의 신관으로 오염된 개신교 배타성의 독소를 제거하는 해독제이다. 그런 점에서 상호존재신론은 종교적 평화 담론의 첨병 구실을 할 수 있다. 상호존재신론의 특징이 종교적 평화의 근간이 되는 이유는 다음의 설명으로 뒷받침된다.

인간은 상호의존적 존재이다. 실제로 인간은 서로가 없이는 아무것도 할 수 없고, 아무것도 알 수 없다. 하지만 상호 의존성 혹은 의존적 관계 자체는 가치중립적 현상이다. 상호 의존성에 대한 인식이 타자에 대한 고마움과 타자 지향적 공감으로 나타날 때, 상호 의존성은 평화의 근간

---

45 폴 니터, 『붓다 없이 나는 그리스도인일 수 없었다』, 64.
46 앞의 책, 69.

이 된다. 인간의 원천적 상호 의존성에 대해 통찰한다면, 이웃의 삶에 무관심하기가 더 어렵다. … 이렇게 의존하며 살아갈 수밖에 없는 존재라는 사실을 통찰하는 이는 자신을 살아가게 하는 어떤 힘에서 생명력을 느끼며, 이것이 사람에 대한 공감과 평화적 인간관계로 나타나는 것이다.[47]

의존적 상관관계를 각성하고 자신을 비우며 서로에 대한 공감과 타자를 지향하는 자비로 향할 때 삶과 생명력의 근원적인 힘을 느낀다는 고백이 다름 아닌 상호존재신론에서 말하는 신이다. 이런 태도는 결국 '종교'의 평화 담론이 아니라 '종교적' 평화 담론을 지향하게 한다. 스미스(Wilfred Cantwell Smith)는 명사로서의 종교와 형용사로서의 종교를 구분한다. 명사로서의 종교는 종교를 가시적 측면, 즉 외적 전통 중심으로 사유하기에 경계 안과 밖을 나누고 경계 밖의 존재를 이방인이나 불신자로 규정한다.[48]

이것은 고대 유대교의 '바리사이'에서 나타난다. '분리주의자'라는 의미의 '바리사이'는 율법의 순수성을 유지하고자 부정성(不淨性)과의 '분리'를 준수함으로써 분리된 것들에 대한 폭력과 죽음을 용인했다. 그들은 신의 이름으로 법을 문자적으로 따르지 않는 사람들을 공동체에서 분리시켰다.[49] 이찬수는 '바리사이'[50]를 통해 보여진 명사로서의 종

---

47 이찬수, 『평화와 평화들』, 90.

48 앞의 책, 81.

49 앞의 책, 119.

50 상술한 바와 같이 바리새인에 대해 부정적인 평가만 있는 것은 아니다. 곤잘레스(Justo L. González)는 바리새인이 나쁘다는 일반적인 편견을 경계한다. 그는 신약성서가 바리새인들을 공격하는 이유는 그들이 다른 유대인들보다 더 악하기 때문이 아니라 개인적인 종교의 중요성을 강조하며 하느님 앞에서 인간의 잠재성을 가장 고귀하게 표현한 그야말로 최고의 사람들이었기 때문이라며 긍정적으로 평가한다. Justo L. González, 33.

교가 지닌 분리와 폭력성을 다음과 같이 설명한다.

> 순혈주의가 분리를 정당화했고, 신적 순수성을 확보하려던 시도가 타
> 자에 대한 폭력과 죽임으로 이어졌던 것이다. 법 조항 자체보다는 법적
> 정신을 구현하려던 예수를 사형이라는 수단으로 사회에서 분리시키게
> 된 것도 그런 맥락에 따른다.[51]

이에 반해 형용사로서의 '종교적' 태도는 굳어진 틀이나 현실을 넘
어서는 인간의 내적 능력을 중심하는 사유를 지향한다. 그렇기 때문에
자신의 정체성을 잃지 않으면서 그 정체성의 내용을 경계 밖에서도 확
인한다. 그러므로 형용사로서의 '종교적' 입장은 경계를 초월하고 경계
에 개방적이게 된다. 이것은 다원적 경계성을 인정하므로 이방인과 불
신자로 배타되지 않는다.[52] 이와 같이 형용사로서의 종교적 차원에서
볼 때 종교의 생명력이 획득되고 종교 평화에 대한 일원론적이고 획일
화에 개념화된 평화담론의 벽(壁)이 종교 평화 규정으로 소외되거나 이
방인이 되지 않는 문(門)이 될 수 있다. 왜냐하면 평화는 분리가 아니라
공존의 상태이며 공존의 삶이기 때문이다.

6. 나가는 말

개신교에 평화가 없는 이유는 평화에 대한 자기중심적인 평화주의
에 매달려 다른 종교의 평화를 아래에 두고 판단하기 때문이다. 개신교
의 자기중심적 평화주의의 사상적 모체는 신에 대한 이해에 있다. 개신

---

51 이찬수, 『평화와 평화들』, 119-120.
52 이찬수 편, "공동체의 경계는 어디까지일까", 『아시아 평화공동체』 (서울: 모시는 사람
들, 2017), 81.

교는 신을 저 너머에 있는 인격적 개체자로 상정하는 초월적 유신론을
주류적인 신관으로 삼는다. 이 신관은 초월과 내재, 자연과 초자연, 성
과 속, 서양과 동양의 분리를 합법화하는 종교 이데올로기 역할을 하였
다. 분리를 전제로 하는 합법화된 종교 이데올로기의 부산물이 '배타주
의'라는 독소를 낳았다. 개신교 배타주의는 자기 본위, 자기 위주의 평
화주의를 내세움으로써 결국 평화가 해체되는 결과를 맞았다. 서구는
초월적 유신론을 보편적 신관으로 삼고 타종교와 문화를 종속, 분리,
배타함으로써 종교적으로는 신관 제국주의의 길로, 정치적으로는 국가
제국주의의 길로 나아갔다. 종교의 평화를 파괴한 주범은 배타주의이
고 배타주의의 모체는 실체론과 이원론에 근거한 서구의 초월적 유신
론이었던 것이다.

  본고는 신관 제국주의의 부산물로 양산된 배타주의를 극복하고 종
교의 평화를 재건할 수 있는 방안으로 지역 신관인 상호존재신론을 제
시했다. 상호존재신론은 신관의 보편화 혹은 제국주의를 지향하는 초
월적 유신론과 달리 언제, 어느 곳에서나 토착화된 그리스도교에서는
새로운 신관이 창출될 수 있다는 개방성, 다양성, 상대성을 중시하는
신관이다. 이는 인식의 다양성을 존중하며 평화가 단수가 아니라 복수
이며 주어가 아니라 술어이고, 완료형이 아니라 현재 진행형으로서의
과정이고, 분리가 아니라 공존으로 규정되는 평화다원주의와 구조적으
로 동일하다. 상호존재신론 또한 평화다원주의와 마찬가지로 신관의
단수가 아니라 신관들의 복수를 지향하는 '또 하나의' 지역 신관이며,
'존재'(being)로서가 아닌 '생성'(becoming)으로서의 현재진행형의 과
정으로서의 하느님, 분리가 아닌 상호공존을 지향하는 신관이다.

  결국 상호존재신론의 하느님은 편재, 침투하는 에너지로서 거리와
차별이 없이 내 안에 나로서 살고 있는 영이기 때문에 하느님이 우리를
통하지 않으면 우리 안에 계실 수가 없다. 이것은 하느님이 저기 어딘가

에 있는 것이 아니고, 우리를 살아있게 하는 우리의 일부이며 나의 정체
성으로부터 영을 구분할 수 없기 때문에 세상 안에 활동할 때, 내가 곧
하느님이 된다는 것이다. 이러한 불이(不二)의 신관은 아프리카적 인
간성인 '우분투'(Uuntu)와 상통한다.

> 우분투의 정신은, 세계 모든 인류는 하나의 가족이고, 이 지구를 함께
> 여행하는 형제이자 자매라는 의식으로 귀결된다. 눈물을 흘리지 않는
> 사람이 없듯이, 모든 인류는 슬프면 아파하고, 기쁘면 웃는다. 한 사람
> 이 학대를 당하면 우리의 가슴은 아프다. 고통을 받는 아이들이 있으면
> 우리는 눈물을 흘린다. 서로 간의 인간성을 인식함으로써 결코 끊어지
> 지 않는 유대관계가 존재하는 것을 깨닫는다. 그것은 인류 전체를 연결
> 하는 절대 끊을 수 없는 연결 고리이며, 우분투의 위대한 정신이다.[53]

'우분투'는 우리가 존재하기 때문에 나도 존재한다는 '상호존재'의
다른 이름이다. 이러한 불이적 자성은 정신계뿐만 아니라 물질계 가운
데 결국 숨을 쉬고 있는 생명계에 향하고 인간을 향한다. 결국 상호존재
신론은 신관이라는 하늘의 언어를 사용하고 있지만 결국 인간의 복잡
하고 구체적인 삶과 유리되지 않는 사사무애(事事無礙)의 신관이다. 그
런 점에서 "영원한 평화, 신적 정의의 구현으로서의 평화도, 신학적 이
론과는 달리 인간과 인간 사이에, 여러 세력들 사이의 균형이 유지되는
방식으로 현실화"되고 "아무리 하늘의 언어를 설명한다 해도 평화에 대
한 연구가 인간성을 담보하고 인간의 얼굴을 한 연구여야"[54]한다. 그런

---

53 스티븐 런딘 외/김마림 옮김, 『우분투: 아프리카의 위대한 힘』 (서울: 케이디북스, 2011);
이찬수, 2016: 126-127에서 재인용.
54 이찬수, 『평화와 평화들』, 113-114.

점에서 상호존재신론은 한국 개신교의 배타주의를 극복하는 해독제 역할을 할 수 있고 그것을 통해 종교 간 평화를 지향하고 종교적 평화담론을 형성하는 데 적지 않은 기여를 할 수 있다고 판단한다.

참고문헌

길희성.『신앙과 이성사이에서』. 세창출판사, 2015.

_____. "하나님을 놓아주자."『새길이야기』. 도서출판 새길, 2005.

김근수 외.『지금, 한국의 종교: 가톨릭·개신교·불교, 위기의 시대를 진단하다』. 메디
치, 2016.

김명수.『안병무의 신학사상』. 한울 아카데미, 2011.

김용복.『한국 기독교: 희망이 있는가?』. 새길기독교사회문화원, 2001.

김종만. "틱낫한과 폴 니터를 통해 본 상호존재신론 연구." 서강대학교 박사학위논문,
2018.

김종만·유광석.. "'상호존재신론'(interbeing-theism) - 틱낫한(Thick Nhat Hanh)과 폴
니터(Paul F. Knitter)의 인터빙 개념을 중심으로."「신학과 사회」32 (2018),
137-180.

김흡영.『道의 신학』. 다산글방, 2000.

노명식 엮음.『함석헌 다시 읽기』. 인간과 자연사, 2002.

런딘(S. Lundin) 외/김마림 옮김.『우분투: 아프리카의 위대한 힘』. 서울: 케이디북스,
2011.

레페스포럼 기획.『종교 안에서 종교를 넘어』. 모시는사람들, 2017.

류대영.『한국근현대사와 기독교』. 푸른역사, 2009.

박재순.『함석헌의 철학과 사상』. 한울아카데미, 2012.

박충구.『예수의 윤리』. 대한기독교서회, 2011.

보그(M. Borg)/한일철 옮김.『새로 만난 하느님』. 한국기독교연구소, 2001.

소쉬르(F. Saussure)/김현권 옮김.『일반언어학 강의』. 지식을 만드는 지식.

손규태.『세계화시대 기독교의 두 얼굴』. 한울아카데미, 2007.

이찬수.『평화와 평화들』. 모시는 사람들, 2016.

이찬수. "공동체의 경계는 어디까지일까." 이찬수 편,『아시아 평화공동체』. 모시는사람
들, 2017.

장왕식.『종교적 상대주의를 넘어서: 과정신학으로 종교다원주의를 품고 넘어서기』. 대
한기독교서회, 2002.

폴 니터(P. Knitter)/정경일·이창엽 옮김.『붓다 없이 나는 그리스도인일 수 없었다』. 클
리어마인드, 2011.

_____/변선환 옮김.『오직 예수이름으로만?』. 한국신학연구소, 1992.

피어리스(A. Pieris)/성염 옮김.『아시아의 해방신학』. 분도출판사, 1988.

한국종교문화연구소 편.『세계종교사입문』. 청년사, 2003.

한인철.『종교다원주의의 유형』. 한국기독교연구소, 2000.

Brown, O. J. Harold. *HERESIES*. Doubleday & Company. 1984.

Gale, S. James. "The Korean's View of God." *Korea Mission Field* (March, 1916).

González, Justo L. *A History of Christian Thought* vol Ⅰ. Nashville: Abingdon Press. 1987.

Küng, Hans. *Christianity: Essence, History, and Culture,* tran. by John Bowden. New York: The Continuum Publishing Co, 1995.

Nhat Hanh, Thich. *The Heart of Understanding: Commentaries on the Prajnaparamita Heart Sutra. edited by Peter Levitt.* California: Parallax Press, 1988.

https://blog.naver.com/feiloveu/221140379007(2019년 1월 4일 검색).

가톨릭은 '정당한 전쟁' 교리를 폐기할 수 있을까?

박 문 수

(가톨릭동북아평화연구소)

가톨릭은 '정당한 전쟁교리'를 기준으로 교회나 그리스도교 국가가 전쟁에 참여할 때 그 참여의 정당성 여부를 판정해왔다. 이 교리는 오랫동안 '정의로운 전쟁론'으로 불려왔다. 그러다 최근 '정의로운' 전쟁은 애초에 불가능하다는 생각이 힘을 얻으면서 전쟁 참여의 정당성을 판정하는 기준이라는 의미의 '정당한 전쟁론'으로 부르기 시작했다. 하지만 이 명칭도 '비폭력 평화주의' 운동이 최근 영향력을 확대하면서 지속하기 어려운 처지에 있다.

'정당한 전쟁론'은 아우구스티누스(354~430)가 처음 주창하였다. 물론 그가 이론이라 불릴 만큼 체계적 논의를 전개한 것은 아니다. 그저 나중에 이론의 단초가 될 만한 단편들을 제공했을 뿐이다. 체계적 논의는 그의 사후 800여 년이 지나 토마스 아퀴나스(1224/5~1274)에 이르러 전개되었다. 그리고 최근 이 교리에 대한 폐지를 요구하는 움직임이 등장하기까지 그의 주장은 가톨릭의 공식교리로서 굳건히 자리매김해 왔다.

'정당한 전쟁론'은 어떠한 경우에도 전쟁을 허용할 수 없다는 '비폭력 평화주의'와 인간의 본성상 전쟁은 불가피하다고 주장하는 '현실주의'(realist politics) 중간쯤에 위치한다. 이 논의는 한마디로 '전쟁이 불가피한 경우가 있다'는 입장이다. 이를 테면, 상대방이 먼저 나를 공격했을 때 나의 생명을 보존하기 위하여 불가피하게 '폭력'을 사용해야 하는, 즉 '정당방위'의 필요성이 인정되는 상황이 있다는 것이다. 이 불가피성은 다른 나라의 '정의롭지 않은'(un-just) 공격(내지 침략)에 대해 공격받은 나라가 정당방위를 하는 경우에도 해당된다. 그러나 개인과 소규모 집단이 아니라 국가 단위에서는 비폭력이 평화를 보장하기 어렵다는 현실적인 이유 때문에 '정당한 전쟁론'을 지지하는 이들이 교회 내에도 적지 않다. 그럼에도 최근 가톨릭 내부에서 이를 폐기해야 한다는 목소리가 커지고 있다. 바티칸에서도 이 교리를 폐지하려는 논의를 진행 중이고, 머잖아 전향적 입장이 개진될 것이라는 소식도 들린다.

이에 필자는 아직 이 논의에 어두운 독자들의 이해를 돕기 위해 가톨릭에서 주장해온 '정당한 전쟁' 교리의 내용, 교리(敎理)의 전개과정, 최근 폐지 주장의 주요 논거, 이 논의의 한계 그리고 앞으로의 전망까지를 서술해보려 한다.

1. 아우구스티누스의 '의로운 전쟁'

초대교회 그리스도인들은 예수의 가르침에 따라 '살인' 가능성이 있는 '군복무'를 거부한 것으로 전해지고 있다. 실제 일단의 신자들은 로마의 군(軍) 입대 요구를 거부하다 순교한 것으로 확인된다. 그러나 시간이 지나면서 평민이나 비(非)로마인 출신 그리스도인들이 출세를 보장하는 군 입대를 선택하기 시작했다. 이교도 군인들이 군인 신분을 유지한 채 그리스도교로 개종하는 경우들도 있었다. 이처럼 그리스도교가 로마의 국교가 되기 전에는 비폭력평화주의를 따르는 흐름이 중심이고 군 입대에 응하는 경우는 소수였다.

그러나 그리스도교가 로마의 국교가 되고 나서부터 교회가 신자의 군 입대를 거부할 수 없게 되었다. 황제가 군 입대를 요구하였고 황제에게 신세를 진 교회로서는 이를 거절할 수 없었던 까닭이다. 당시 교회 일각에서 신자들에게 군 입대를 권고하기 시작한 사례들, 일부 주교들이 군 입대를 거부하는 신자들을 파문하겠다고 나선 사례 등이 교회의 난처한 사정을 잘 보여준다. 그 결과 4세기부터는 그리스도인의 군 입대가 자연스러워졌다.[1]

이에 교회가 더 이상 그리스도인의 군 입대, 로마가 수행하는 각종 전투에 참여하는 것을 거부할 수 없게 된 상황을 정당화하는 신학이 필요해졌다. 이 필요에 따라 등장한 것이 아우구스티누스의 '의로운 전쟁론'이다. 물론 그가 '의로운 전쟁'에 대해 체계적인 이론을 정립한 것은 아니다. 그저 『신국론』에서 신앙·교회에 대해 질문하고, 다시 그 질문에 스스로 자신의 생각을 밝히는 방식으로 생각의 일단을 밝혔을 뿐이다. 그럼에도 후대 신학자들이 그를 이 이론의 주창자로 평가하는 것은 그가 그리스도교에서 최초로 전쟁에 대한 신학적 논의를 전개하였기 때문이다. 그의 생각을 읽을 수 있는 몇 개의 인용구를 살펴본다.

전쟁들로 인해 인류는 더욱 가련하게 타격을 받았고, 잠시나마 평온을 되찾고자 또 전쟁을 벌이고, 전쟁이 없으면 또다시 싸움이 터질까 전전긍긍하고 있다. … 현자라면 의로운 전쟁을 수행할 것이라 한다. 아무

---

1 Ronald G. Musto, *Catholic Peace Tradition* (Orbis Books, 2002), 31-45 참조.

리 의로운 전쟁이라 하더라도 인간에게 **전쟁이라는 필요악이 존재한다**
는 사실에 대해 더 애통해해야 할 것이다. 의로운 전쟁이 아니라면 현
자는 그 전쟁을 수행해서는 안 되고, 따라서 현자는 어떤 전쟁도 수행
해서는 안 될 것이다. **현자로 하여금 의로운 전쟁이라는 전쟁을 수행하지**
않을 수 없게 하는 것은 '상대편의 불의'일 것이다. 전쟁을 일으킬 만한 그런
불의라면 인간 누구나 통탄해야 마땅하다. 비록 거기서 반드시 전쟁이 일
어나는 것은 아니더라도 어디까지나 인간들이 저지른 불의라는 점에
서 통탄해야 한다. 그러므로 사람이라면 누구나 전쟁이라는 이토록 거
창하고 가공스럽고 잔혹한 악에 대해 숙고할수록 고통스러워지며, 따
라서 전쟁이 비참하다고 실토해야 마땅할 것이다."(진한 글씨는 필자
강조. 이하 동일)[2]

아우구스티누스는 이 글에서 현자가 전쟁에 참여할 수 있는 근거로
'상대편의 불의'를 들었다. 적이 먼저 나(=자기 집단)에게 싸움을 걸어오
거나, 전쟁에 가까운 도전을 해오는 경우 정당방위로 대응할 때만 전쟁
을 정당화할 수 있다는 것이다. 이때 전쟁은 자기 집단의 '안보'(se-
curity)를 위해 불가피하다는 이유에서였다.[3] "전쟁을 수용한다는 것은
분명히 바로 국가의 안녕을 위해서다. 그 안녕에 의해 국가는 여기서
영속하는 존재로 남는다"(『신국론』 22권 6.2). 이는 상대 집단이 우리의
안보를 먼저 위협해올 때 이에 대한 정당방위로 전쟁을 수행할 때만 전
쟁을 정당화해줄 수 있다는 것이다.
　이처럼 아우구스티누스는 '전쟁의 개시 조건'(ius ad bellum)에 대

---

2 Augustinus, *Civitas Dei*, 성염 옮김, 『신국론』 3권 (분도출판사, 2004), 19권 7항.
3 이 입장은 "그리스도가 자기 가족을 적군의 광기에서 구해주지 않았다고 힐난하는 불신
　자들에게 무엇이라고 답해야 하는가?" 『신국론』 제1권 29항의 질문에 대한 답이다.

하여만 간단히 언급하였을 뿐, 요즘 정교화된 '전쟁 중의 정의'(ius in bello), '전쟁 후의 정의'(ius post bellum)에 대하여는 전혀 다루지 않았다. 이는 그가 체계적인 '전쟁론'을 전개하지 않았다는 증거다.

그는 '의로운 전쟁'도 악을 피할 수는 없다고 생각하였다. '전쟁이라는 필요악'이라는 주장에서 이 생각이 잘 드러난다. 그가 전쟁의 불가피성과 전쟁의 해악을 분리한 것은 전쟁이 어떤 경우든 악한 결과를 낳기 때문에 되도록 전쟁을 피하게 만들기 위해서였다. 하지만 로마제국이 아우구스티누스의 생각을 따랐다는 증거는 없다. 아마도 그의 생각에 개의치 않았을 것이다.

2. 토마스 아퀴나스의 '정당한 전쟁'의 조건

아우구스티누스의 단편적인 생각은 토마스 아퀴나스에 이르러 조금 더 정교해진다. 아우구스티누스와 아퀴나스 사이의 시간적 간격이 거의 800여 년에 이르니 13세기 전까지는 아우구스티누스의 생각이 주로 교회의 '전쟁 개시'(開始) 판단 기준이 되었을 것이다.

아퀴나스도 '전쟁 중의 정의', '전쟁 후의 정의'까지는 다루지 않았다. 전쟁 개시의 조건을 추가하였을 뿐이다. 그의 주장은 크게 '정당한 권위, 정당한 이유, 올바른 의도' 등 세 가지로 요약된다.[4]

〈반론 1〉전쟁은 항상 죄가 되었던 것처럼 보인다. 죄를 지은 경우가 아닌데 응징을 하는 경우는 없기 때문이다. 우리 주님께서 하신 마태오 복음 26장 52절 "칼을 칼집에 도로 꽂아라. 칼을 잡는 자는 모두 칼로

---

4 아퀴나스는 먼저 문제를 제기하고 그에 대한 반론을 펼치는 방식으로 논의를 전개한다. 이 세 가지 기준은 *Summa Theologiae*, Pt. IIa-IIae QQ.40 1절 '전쟁은 항상 죄가 되는가' 에 나온다.

망한다"의 말씀은 전쟁하는 사람들에게 위협이 된다. 따라서 모든 전쟁은 합법적이지 않다.

〈반론 2〉 더욱이 하느님의 법에 어긋나는 것은 무엇이든 죄다. 그런데 전쟁은 하느님의 법에 어긋난다. 이 점이 마태오복음 5장 39절 "그러나 나는 너희에게 말한다. 악인에게 맞서지 마라"와 로마서 12장 19절 "사랑하는 여러분, 스스로 복수할 생각을 하지 말고 하느님의 진노에 맡기십시오"에 쓰여 있기 때문이다.

〈반론 3〉 더욱이 죄처럼 덕행에 어긋나는 것은 없다. 그런데 전쟁은 평화를 거스른다. 따라서 전쟁은 항상 죄이다.

〈반론 4〉 더욱이 체계적인 신체 단련에서 잘 드러나듯이, 불법적인 일을 하는 것 자체가 불법이다. '토너먼트 경기'에서 볼 수 있는 호전적인 운동을 교회는 금한다. 이 대회에서 죽는 이들은 교회 식으로 장례를 치르지 못한다. 그러므로 전쟁은 그 자체로 죄인 것처럼 보인다. […] 나는 전쟁이 정당하기 위해서는 **세 가지가 필수적**이라 답하겠다. **첫째, 전쟁을 명령하는 군주에게 권위가 있어야 한다.** 전쟁 선포가 사사로운 개인의 일이 아닌 까닭이다. 왜냐하면 그가 그 보다 상위 직권자의 법정에서 그의 권리를 보상받을 수 있기 때문이다. 더욱이 전쟁 때 해야 하는 징집(徵集)도 사사로운 개인의 일이 아니기 때문이다. 공공의 복리를 돌보는 일이 권위를 가진 이에게 맡겨져 있기에, 그가 맡은 도시, 왕국, 그리고 지역의 공동선을 돌보는 일이 그 직권자들의 책임이다.[5]

---

5 Contra Faust. xxii, 75.

둘째, 정당한 이유가 있어야 한다. 이른바 공격을 받은 이들이 잘못이 있어 응분의 공격을 당할 만했다면 공격을 당해야 한다.[6]

셋째, 교전국들은 반드시 올바른 의도를 가지고 있어야 한다. 이들에게 선(善)을 증진하거나, 악을 피하려는 의도가 있어야 한다. 이에 대해 아우구스티누스는 다음과 같이 말했다. "참된 종교들은 권력 강화 또는 잔인한 동기를 드러내지 않고 평화를 보장하고 악한 행위를 하는 이들을 벌하며, 선한 이들을 고양(高揚)시키려는 목표를 갖는 전쟁들을 평화로운 것이라 간주한다.[7]

합법적 권위자가 **정당한 이유로 전쟁을 선포해도, 사악한 의도 때문에 불법이 되는 전쟁도 있을 수 있다.** 이 때문에 아우구스티누스는 다음과 같이 말했다. "해를 끼치려는 열망, 복수에 대한 잔인한 갈망, 평화롭지 않고 쉬지 못하는 영혼, 반란의 열망, 권력 탐닉 그리고 그와 유사한 것들 모두가 전쟁에서는 정당하게 단죄된다.[8]

아퀴나스의 입장은 아우구스티누스가 전개한 바를 더 정교하게 다듬은 것이다. 그러나 그의 입장은 한계도 뚜렷하다. 그가 이교도 특히 이슬람에 대하여 보인 적대적인 태도에서 알 수 있듯이 그는 시대의 한계를 벗어나지 못하였기 때문이다. 이는 그의 이교도에 대한 전쟁을 정당화하는 다음 논의에서 잘 드러난다.

〈반론 1〉 성직자와 주교들이 전쟁에 나가는 일은 합법적인 것처럼 보인다. 1절에서 서술한 바와 같이 적들의 손아귀에서 당하는 고통으로

---

6 QQ. in Hept., qu. x, super Jos.

7 Can. Apud. Caus. xxiii, qu.1.

8 Contra Faust. xxii, 74.

194 2부 _ 종교문화와 평화

부터 가난한 이들과 공공의 복리를 보호하는 한 전쟁은 합법적이고 정당하기 때문이다.

〈반론 2〉 더욱이 교황 레오 4세도 다음과 같이 말씀하셨다. "사라센 쪽에서 빈번하게 나쁜 소식이 전달되었습니다. 누군가는 사라센인들이 비밀스럽게 그리고 슬그머니 로마 항구에 이를 것이라고 말했습니다. 그래서 우리는 백성들을 모이라 명령했고, 바닷가로 내려가라고 지시했습니다."〔xxiii, qu. 8, can. Igitur〕그러므로 주교들이 전쟁에 나가는 것은 합법이다.

〈반론 3〉 더욱이 무엇이건 그 자체로 옳고 칭찬할만한 것은 고위 성직자들과 성직자들에게 합법적이다. 때로 전쟁을 하는 일은 옳고 칭찬받을만한 일이기도 하다. 왜냐하면 다음과 같이 쓰여 있기 때문이다. "만일 어떤 사람이 참된 신앙을 위해 죽거나, 그의 조국을 구하거나, 그리스도인들을 지켰다면, 하느님은 그에게 천국의 상을 내리실 것이다." 그러므로 주교들과 성직자들이 전쟁에 나가는 일은 합법이다.[9]

아퀴나스는 정당한 전쟁의 경우에 성직자들이 전쟁을 승인하는 것은 가능하지만 직접 무기를 들고 싸우는 일은 반대하였다. 이 인용들에 이어지는 반론도 이러한 취지하에 주교와 성직자가 무기를 드는 일을 반대하였다.

---

9 *Summa Theologiae*, Pt. IIa-IIae QQ.40 2절.

3. 미국 주교회의의 「평화의 도전 Challenge of Peace」[10]

토마스 아퀴나스의 정당한 전쟁론은 20세기 말까지 가톨릭교회의 전쟁 교리로 기능해왔다. 그러나 그 사이 교회 안에서 이 교리에 대한 도전도 다양하게 일어났다.

1) 토마스 아퀴나스 성인 이후에 나타난 평화주의의 도전

종교개혁 이후 탄생한 재세례파(anabaptist)는 완전한 평화주의를 내세우며 전쟁을 용인하는 가톨릭교회를 비판하였다. 이후 재세례파에서 갈라져 나온 분파들도 비폭력 평화주의를 실천하며 가톨릭에 도전하였다.

20세기 초반에는 가톨릭교회 안에서도 재세례파 교도들처럼 비폭력 평화주의를 실천하는 인물들과 평화운동이 등장하였다. '가톨릭노동자'(Catholic Worker) 운동을 시작한 도로시 데이와 피터 모린, 또 같은 시기에 활동한 다니엘 베리건 등이 이 부류에 속한다. 이들 외에도 당대에 평화주의를 실천한 가톨릭 인물들이 제법 있었다. 1891년에 반포된 레오 13세 교황의 사회 회칙 「새로운 사태」에서 시작된 가톨릭 사회교리의 흐름도 이 운동을 자극하였다.

이웃 종교의 인물들도 가톨릭 평화운동에 자극을 주었다. 간디가 대표적이다. 간디는 비폭력 저항운동으로 인도의 독립을 이끌었다. 1960년대에는 마틴 루터 킹 목사가 흑인 인권운동을 이끌며 비폭력 저

---

10 미국 주교회의 정의평화위원회에서 1983년에 발표한 문헌이다. 가톨릭교회는 대륙 주교회의 문헌, 개별 국가의 주교회의 공식 입장도 법적 지위를 부여한다. 가톨릭은 교구 중심제여서 보편교회법보다 지역교회법을 우선한다. 이 때문에 이 문헌도 공식적 지위를 갖는다.

항을 실천하였다. 이들 외에도 비폭력 평화 운동의 모범이 된 이웃 종교인들이 가톨릭 평화운동에 긍정적인 자극을 주었다. 1945년에 일본 히로시마와 나가사키에 투하된 핵폭탄은 결정적이었다.

이러한 자극들을 계기로 가톨릭의 '정당한 전쟁론'은 더 정교해졌다. 20세기 들어 공식적으로 가장 먼저 이 교리를 다듬은 미국 주교회의의 '전쟁과 평화에 관한 사목서한' 「평화의 도전」(1983년)을 살펴본다. 미국 주교단은 이 사목서한에서 전쟁을 수행할 때 '정당한 전쟁'으로 판정할 수 있는 윤리 기준을 제시할 때 최우선적 가치로 '이웃에 해를 끼치지 않는 것'에 두어야 함을 강조하였다. 이는 "전쟁에서 적을 어떻게 다루는가가 우리가 이웃을 얼마나 사랑하는지 여부를 가늠하는 핵심 척도"가 되어야 하며, "한 생명이라도 더 건지기 위해 노력해야 한다"(80항)는 표현에 잘 드러난다. 미국 주교단은 이 정신에 기초하여 정당한 전쟁 교리가 무분별하게 사용되지 않도록 토마스 아퀴나스의 세 가지 기준을 여덟 가지로 확장하였다. 개시의 조건을 까다롭게 하여 전쟁을 방지하기 위한 것이었다.

(1) 정당한 이유(just cause)

전쟁은 오직 분명하고 진정한 위험에 대처해야 할 경우에만 할 수 있다. 예를 들어 무고한 인명을 보호하거나 적절한 삶을 보장하는 데 필요한 조건을 보전해야 할 경우 그리고 기본 인권을 보장하기 위한 경우 등이다(85항).

(2) 합법적 권위(competent authority)

가톨릭 전통에서 힘의 올바른 사용의 기준은 늘 '공동선'이었다. 따라서 전쟁은 사적인 단체나 개인이 아니라 공공의 질서를 책임지고 있는 합법적 권위를 가진 이들이 선포해야 한다(87항).

(3) 상대적 정의(comparative justice)

"오늘날 전쟁을 개시하는 수단의 문제들에 관하여, 특별히 파괴력이 큰 무기들을 가진 나라에서 전쟁 상대 내지 적들이 상응하는 수단을 가지고 있는지 여부를 고려하지 않는 경향이 있다. 이 경우 과연 어느쪽이 '더 옳은가' 하는 문제가 제기될 수 있다. 사실 두 당사자 모두 정당할 수 있다. 따라서 어느 한 쪽 편을 들어주기 어렵다. 이를 감안할 때 제한된 수단만 사용해야 한다"(92~94항).

(4) 올바른 의도(Right Intention)

이 기준은 '정당한 원인'과 밀접한 관련이 있다. 전쟁은 이 '정당한 원인'의 범위 안에서만 합법적으로 고려할 수 있다. 분쟁 중에 '올바른 의도'는 평화와 타협을 추구하고, 불필요한 파괴행위를 피하며, 무조건 항복과 같은 불합리한 조건을 강요해선 안 된다(95항).

(5) 최후의 수단(Last Resort)

전쟁 개시가 정당화되려면 그 이전에 가능한 평화적 수단들을 다 동원했어야 한다는 전제가 있다. 이를테면 요즘은 분쟁 당사국 간 중재를 담당해줄 국제기구들이 있다. 이러한 국제기구들에 중재를 요청하는 것이 평화적 수단을 활용하는 방법이다. 게다가 요즘은 많은 국가와 시민들이 분쟁을 원치 않는다. 따라서 이런 이들의 힘을 빌면 전쟁을 예방할 수 있다. 이와 같은 수단들을 다 사용해보았음에도 해결되지 않을 경우에만 전쟁이 정당성을 갖는다(96~97항).

(6) 성공의 가능성(Probability of Success)

이 기준은 오늘날엔 매우 적용하기 어렵다. 그러나 이 기준은 비이성적으로 힘을 사용하려는 유혹을 억제하고, 성공할 가능성이 없는 데

도 무모하게 전쟁을 일으켜 큰 피해를 입는 것을 방지하는 데 필요하다
(98항).

(7) 비례성(Proportionality)

전쟁을 치렀을 때 다른 나라와 국제 사회에 주는 피해나 자국에 발
생하는 비용이 무력을 행사했을 때 얻을 수 있는 이익 혹은 혜택과 비슷
하거나 적어야 한다(99~100항).

(8) 분별성

어떠한 이유에서든 무고한 인명에게 직접 해를 끼쳐서는 안 된다
(101~10항).

(1)에서 (7)까지는 '정당한 전쟁의 (개시)조건'(ius ad bellum)에
해당한다. 비례성 혹은 상응성은 '전쟁의 수행 방식'(ius in bello)에도
해당한다. 마지막 '분별성'(discrimination)도 전쟁 수행 방식에 들어간다.

미국 주교회의는 전쟁 문제에 관한 한 이제까지 '정당한 전쟁론'을
고수해왔다. 미국이 국제정치에서 차지하는 비중을 고려하였을 것이
다. 그러나 미국 주교회의도 세계적인 흐름에 호응하면서 점차 태도를
변화시키는 중이다. 그리고 태도 변경 이전에 중간 단계로 '전쟁 개시
조건'을 까다롭게 하였다. 미국 주교회의의 이러한 노력에도 불구하고
미국은 세계 경찰 역할을 자임하며 계속 전쟁을 벌이고 있다.

4. '가톨릭교회 교리서'의 정당한 전쟁 교리

가톨릭교회 교리서(이하 교리서)[11]는 1992년에 발표되어 현재까지
수정 없이 사용되고 있다. 교리서 **제3편 그리스도인의 삶 제2부 십계명**

제2장 '네 이웃을 네 몸같이 사랑하여라'의 다섯째 계명 '살인하지 못한다' (출애 20,13) 'III 평화의 보호'에서 '정당한 전쟁 교리'를 다루고 있다. 교리서 2309항에서 '네 가지' 기준을 제시하고 있다. 토마스 아퀴나스의 기준 보다는 하나가 더 늘었고, 「평화의 도전」의 여덟 개보다는 네 개가 적다. 토마스 아퀴나스 이후 무려 700여 년 만이고, 20세기 초중반에 앞서 언급한 여러 도전들이 있었음에도 아퀴나스보다 한 가지 기준을 덧붙이는 데 그쳤다.

1) 평화

교리서에서는 '정당한 전쟁'을 다루기에 앞서 '평화'에 대한 교리를 다루고 있다. '정당한 전쟁'이 평화를 지키고, 또 실현하기 위한 방편이라 보기 때문일 것이다. 평화에 대하여는 네 항목을 다루는데 여기선 개인의 평화, 인류의 평화 두 가지만 소개한다.

〈2302항〉 "우리 주님께서는 '살인하지 마라'(마태 5,21)는 계명을 상기시킴으로써 **마음의 평화를 요구하시며 살의를 품은 분노와 증오의 부도덕성을 고발**하신다.
분노는 복수하고자 하는 욕망이다. '벌을 받아야 할 사람의 악에 대해 복수하고자 하는 것은 옳지 않다.' 그러나 '**악습을 교정하고 정의의 선을 보존하기 위해서**' 보상을 부과하는 것은 잘하는 일이다. 만일 분노로 해서 이웃에게 **심각한 부상을 입히거나 이웃을 죽이기를 원하기까지 한다면 이는 사랑을 크게 어기는 것이므로, 죽을죄에 해당된다.**"

---

11 *Compendium: Catechism of the Catholic Church* (『가톨릭교회 교리서』, 한국천주교중앙협의회, 2008).

2302항은 각자의 '마음의 평화'를 말하고 있다. 마음 안에 미움과 분노가 없어야 사회와 더 넓은 국제사회 차원에서 평화가 실현될 수 있다는 뜻을 담고 있다. 사소한 분노가 살의로, 살의가 살인으로 이어지고, 이 범위가 커지면 전쟁과 같이 극심한 폭력으로 이어질 수 있으니 이것이 지구적 평화 실현에 근본 해법은 아니어도 신자 각자가 실천할 수 있는 방법은 될 수 있을 것이라 보았을 터이다.

〈2304항〉 "인간 생명의 존중과 증진에는 **평화가 필요**하다. 평화는 단순히 전쟁이 없는 것만도 아니고, 적대 세력들 사이의 균형을 보장하는 데 그치는 것도 아니다. **사람들의 선익 보호, 사람들 사이의 자유로운 의사소통, 사람들과 민족의 존엄성 중시, 형제애의 끊임없는 실천 등이 없이는 평화는 지상에서 실현될 수 없다.** 평화는 '**질서의 고요함**'[12]이다. 평화는 '**정의의 결과**'(이사 32,17)이며 **사랑의 결실**이다(사목헌장 78항 참조).

이 구절은 제2차 바티칸공의회의 「사목헌장」 78항을 인용해 가톨릭에서 보고 있는 '진정한 평화'를 다룬다. 교회 밖에서는 평화를 '전쟁과 전쟁 사이에 잠깐 유지되는 불안한 상태'라고 본다. 이런 세상(국제정치학)의 평화 이해에 대하여 가톨릭은 이를 '충분치 못하다'고 본다. 이 전쟁 없는 상태로서의 평화는 '정의'와 '사랑'이 실현된 상태와 거리가 멀기 때문이다.

교리서에서 말하고 있듯이 '정의'와 '사랑'이 실현된 상태인 평화는 '사람들의 선익이 보호되고, 소통이 자유로우며, 각 개인과 각 민족의 존엄성[13]이 존중되고, 형제애가 지속적으로 실천되는 상태'이다. 그런

---

12 『신국론』 19, 13.
13 여기엔 주권, 인권, 문화의 독자성 등의 인정이 들어간다.

데 세속의 평화는 이 필요조건들을 거의 충족시키지 못한다.

2) 전쟁을 피함

교리서 2307항과 2309항에서 '정당한 전쟁'에 대한 가르침을 수록하고 있다. 2037항은 교회는 본래부터 인간 생명을 소중하게 생각하기에 모든 전쟁을 반대한다는 입장을 밝히고 있다. 이는 '정당한 전쟁' 교리가 전쟁을 승인하기 위해 만들어진 교리가 아니라 교회의 이런 가르침과 입장에도 불구하고 빈번히 일어나는 전쟁을 방지하기 위한 것임을 분명히 하고 있다.

〈2307항〉"다섯째 계명은 **인간의 생명을 일부러 파괴하는 것을** 금지한다. 모든 전쟁이 초래하는 불행과 불의 때문에, 교회는 선하신 하느님께서 오랜 전쟁의 굴레에서 우리를 해방시켜 주시도록 모든 이가 기도하고 행동할 것을 간곡히 촉구한다"(사목헌장 81항 참조).

2309항은 방어를 전제로 하고 있다. 이는 먼저 공격하는 것을 허용하지 않는다는 뜻이다. 물론 여기에는 먼저 공격하지 않고 방어 입장에 서는 경우라 하더라도 엄격한 기준을 적용해야 한다는 뜻이 들어 있다. 실제 역사에서는 한 국가가 상대 국가를 공격하기 위해 전쟁을 유도하는 경우들이 종종 있기 때문이다. 이런 경우까지를 감안해 신중에 신중을 거듭해야 무고한 생명을 해치지 않을 수 있다.

〈2309항〉"**무력을 통한 정당 방위에 대한 엄격한 조건들을** 엄밀하게 따져 보아야 한다. 이는 중대한 결정이므로 **무력을 쓰는 정당 방위는 도덕적**

정당성의 엄중한 조건들을 따라야 한다. 이 결정은 아래의 조건들을 동시에
충족시켜야 한다.

- 공격자가 국가나 국제 공동체에 가한 피해가 계속적이고 심각하
  며 확실해야 한다.
- 이를 제지할 다른 모든 방법들이 실행 불가능하거나 효력이 없다는
  것이 드러나야 한다.
- 성공의 조건들이 수립되어야 한다.
- 제거되어야 할 악보다 더 큰 악과 폐해가 무력 사용으로 초래되지 않
  아야 한다. 이러한 상황 판단에서 현대 무기의 파괴력을 신중
  하게 고려하여야 한다.

교리서에서는 미국 주교단의 「평화의 도전」 ④~⑦의 기준을 채택
하고 있다. '올바른 의도', '최후의 수단', '성공 가능성', '비례성' 등이다.
아퀴나스가 말한 세 가지 기준 즉 '정당한 이유', '합법적 권위', '올바른
의도'를 더 확장한 것이다. 그러나 이 세 가지는 따로 언급하지 않고 기
본 전제로만 삼고 있다. 이는 "도덕적 정당성의 조건들에 대한 평가는
공동선의 책임을 지고 있는 사람들의 신중한 판단에 달렸다"(가톨릭교
회 교리서, 2309항)에서 잘 드러난다. 이를 감안할 때 교리서는 「평화의
도전」과 거의 같은 기준을 적용한 셈이다. 아퀴나스의 생각을 크게 확
장한 것이다.

교리서보다 늦게 나온 가톨릭의 사회교리를 다룬 「간추린 사회교
리」(2004)[14]도 '정당한 전쟁' 교리를 다루고 있는데, 교리서를 확장하
기보다 반복하고 있다.

---

14 교황청 정의평화평의회, 『간추린 사회교리』, 한국천주교중앙협의회, 2004.

〈500항〉"침략 전쟁은 본질적으로 비도덕적이다. 그러한 전쟁이 발발하는 비극적인 경우에, 침략을 받은 국가 지도자들은 무력을 사용해서라도 방어를 할 권리와 의무가 있다."

[무력사용의 정당화 조건] "① 공격자가 국가나 국제 공동체에 가한 피해가 계속적이고 심각하며 확실해야 한다. ② 이를 제지할 다른 모든 방법들이 실행 불가능하거나 효력이 없다는 것이 드러나야 한다. ③ 성공의 조건들이 수립되어야 한다. ④ 제거되어야 할 악보다 더 큰 악과 폐해가 무력 사용으로 초래되지 않아야 한다. … 이 조건들이 이른바 '정당한 전쟁'에 대한 교리에서 열거되는 전통적인 요소들이다."

새로운 점도 있는데 '정당한 전쟁'에 그치지 않고, 예방 전쟁의 부당성까지 다루고 있는 점이다.

〈501항〉"국제 연합 헌장이 예외로 삼는 경우: ① 정당방위와, ② 평화 유지에 대한 책임 범위 안에서 안전보장이사회가 내리는 조치들이다. 어떤 경우이든 정당 방위권을 행사할 때는 '필요와 균형'이라는 전통적인 한계를 존중하여야 한다.

그러므로 "공격이 임박하다는 명확한 증거 없이 방어 전쟁에 참여하는 것은 도덕적 법률적으로 반드시 심각한 문제를 야기한다." "무력사용은 ① 엄격한 평가를 토대로, ② 동기의 근거가 충분한 경우에만, ③ 관할 기구의 결정을 통해서 국제적 정당성을 부여받을 수 있다."

그러나 이 교리에 대하여 정치철학자들은 윤리적 선언에 불과할 뿐 실효성이 없다고 비판하고 있다. 공격하는 국가들은 모르지만, 갑자기 공격을 당한 나라들이 이런 성찰의 여유를 가질 수 있겠느냐는 이유에서다. 공격자의 경우에도 교회의 이런 권고를 고려할 줄 아는 경우라면 애초에 전쟁을 일으키지 않았으리라는 것이다. 그럼에도 교리서는 반격에 신중하도록 요구한다. 그렇게 했음에도 전쟁이 최선이라는 결정을 내린다면 안타깝지만 그 전쟁을 승인할 수밖에 없다는 것이다.

5. 2016 '비폭력과 정의로운 평화 회의'

가톨릭의 '정당한 전쟁교리'의 수정 가능성을 가늠해볼 수 있는 회의가 2016년 바티칸에서 열렸다. 2016년 4월 11일에서 13일까지 로마 바티칸에서 교황청 정의평화평의회와 Pax Christi International, 교황청 설립 수도회들과 기타 단체들이 공동으로 '비폭력과 정의로운 평화 회의'(The Nonviolence and Just Peace Conference)를 개최하였다. 이 회의 참가자들은 폐막 최종선언문에서 교황과 교황청에 '능동적인 비폭력과 모든 형태의 폭력'에 반대하는 교회의 입장을 명확히 밝혀줄 것을 요청하였다. 이들의 주장은 여섯 가지였다.

첫째, 교회는 비폭력에 관한 가톨릭의 사회교리를 계속 발전시켜 나가야 한다. 특히 프란치스코 교황이 '비폭력과 정의로운 평화'를 다룬 회칙을 반포하기를 촉구한다.

둘째, 복음의 비폭력을 성사 생활을 포함한 일상생활 그리고 교구, 본당, 교회 기구, 학교, 대학, 신학교, 수도회, 자발적인 신자단체와 다른 모임들의 활동과 통합해야 한다.

셋째, 비폭력 실천과 전략들(예, 비폭력 저항, 회복적 정의, 트라우마 치료, 무장하지 않은 민간인들의 보호, 갈등 전환 그리고 평화 구축 전략)을 증진시켜야 한다.

넷째, 교회 내에서, 이웃 종교인들 그리고 더 넓은 세계와 함께 비폭력에 관한 지구적 범위의 대화를 나누는 일, 비폭력과 정의로운 평화의 비전과 전략들을 가지고 우리 시대의 거대한 위기들에 응답을 시작하도록 요청한다.

다섯째, **더 이상 '정당한 전쟁론'을 적용하거나 가르치지 말 것을 촉구한다.** 아울러 전쟁 억제와 핵무기 제거 옹호 활동도 계속하기를 요청한다.

여섯째, 불의한 세계 강대국들에 도전하고, 목숨을 걸고 평화와 정의를 위해 일하는 비폭력 활동가들을 지원하고 보호하기 위해 교회가 예언자적 목소리를 더 높여줄 것을 요청하는 바이다.

참가자들은 다섯 번째에서 '정당한 전쟁론'을 폐기하도록 요청하였는데 관련 언론기사에서는 토의 과정에서 이에 대하여 격론이 있었다고 한다.[15] 그럼에도 큰 방향은 '폐기'로 모아졌다. 이들의 제안에 대하여 프란치스코 교황은 같은 해 12월 8일 발표한 '제50차 세계 평화의 날 담화'[16]의 제목을 '비폭력, 평화를 위한 정치 방식'이라고 정함으로써 화답하였다. 이 담화문 6항에서는 단순한 수용을 넘어 교황이 이를 적극 수용하겠다는 의지도 표명하였다.

> **"가톨릭교회가 적극적 창의적 비폭력을 통한 평화 건설의 노력에 함께할 것을 보증합니다. 2017년 1월 1일부터 온전한 인간 발전 촉진을 위한 교황청 부서가 활동을 시작할 것입니다. 이 부서는 교회가 훨씬 더 효과적인 방**

---

15 교황청에서는 공식 자료를 내놓지 않았으나, 공동주최한 Pax Christi에서는 이 회의의 영상을 본 단체 홈페이지에 공개하고 있다.

16 매년 1월 1일 교황 이름으로 발표하는 문서이다. 1967년 처음 나오기 시작했고, 1968년 한 해를 제외하고 매년 나왔다. 통상 12월 초에 주요 언어로 먼저 발표한다. 각 나라 교회에서는 1월 1일을 기해 자국 언어로 번역해 발표한다.

법으로 '정의, 평화, 창조 보전이라는 헤아릴 수 없는 보화'를 증진시키
고 '이민, 궁핍한 이들, 아픈 이들, 배척된 이들, 사회적으로 차별된 이
들, 무력 분쟁과 자연 재해의 희생자들, 감옥에 간힌 이들, 실업자들,
모든 형태의 노예살이와 고문의 희생자들'[17]에게 관심을 기울이는 데
에 도움을 주게 될 것입니다"(6항).

교황은 '적극적 비폭력'을 옹호하면서도 '정당한 전쟁론'의 활용 및
폐기에 대하여는 뚜렷한 입장을 밝히지 않았다. 가톨릭교회에 긍정적
인 자극을 준 교회 밖 '비폭력 평화 실천' 사례들을 언급하고(4항), '군비
축소와 핵무기 금지와 폐지'를 강력하게 요청하면서도 이에 대한 답변
은 피해갔다. 아마 공식 교리를 폐기하는 데 부담을 느꼈기 때문일 것이
다. 그렇다고 공식 교리의 효력을 정지하는 일이 불가능하진 않다. 다
음과 같은 일이 실제 일어났기 때문이다. 프란치스코 교황은 2018년
8월 1일에 가톨릭의 사형옹호 교리를 수정하는 답서(Rescritto)를 승
인하였다. 알다시피 가톨릭은 이 답서 이전까지 공식 교리서에 사형제
를 지지하는 교리를 명시하며 찬성 의사를 유지해왔다. 사형을 옹호하
는 교리 역시 토마스 아퀴나스에서 비롯된 것인데 이 교리가 폐지된 것
이다.

오랫동안 공정한 절차를 거친 사법부의 권한으로 행사된 사형구형은
몇몇 중대한 범죄에 대한 적합한 대응으로, 또한 그것이 극단적이라 하
더라도 공동선의 보호를 위해 동의할 수 있는 수단으로 여겨져 왔습니
다. 하지만 오늘날 심각한 범죄를 범한 후에도 인간의 존엄은 침해할
수 없다는 인식이 더욱 생명력을 지닙니다. 또한, 국가로부터 행사된

17 프란치스코, 자의 교서 「인간 발전」(*Humanam Progressionem*), 2016. 8. 17.

형사처벌이라는 의미에 대한 새로운 이해가 확산되어 있습니다. 결국, 효과적인 구금 제도를 명확히 적용함으로써, 시민들을 적절하게 보호하도록 보장하고, 동시에 죄인이 궁극적으로 자유로워질 수 있는 가능성도 박탈하지 않습니다. 그러므로 교회는 복음에 비추어 **'사형은 개인의 불가침성과 인간의 존엄에 대한 공격이기 때문에 허용할 수 없는 것'**이라고 가르치며, **전 세계의 사형제 폐지를 위한 결의를 통해 가르침을 살아갑니다.**"[18]

기존 사형교리는 토마스 아퀴나스의 'lex talionis' 신학에 따라 사형의 '정당성'을 인정하는 입장이었다. 이로부터 이 교리는 거의 칠백여 년 이상 가톨릭의 공식 교리로 기능해왔다. 그러다 20세기 후반 들어 '사형' 폐지를 추진하는 교회 안팎의 흐름이 강해지자 마침내 수정하게 된 것이다. 이처럼 '믿을 교리'에 포함된 가르침을 폐지하는 것은 다른 교리들도 수정 내지 폐지 가능함을 보여준다.

'정당한 전쟁론'도 토마스 아퀴나스가 기초를 닦았으니 이와 같은 운명이 되지 말라는 법이 없다. 프란치스코 교황이 착좌 후 취해온 입장에 비춰볼 때 재임 중 '정당한 전쟁' 교리에 대하여도 전향적 입장을 보일 가능성이 크다. 실제 '제50차 세계 평화의 날 담화' 내용을 찬찬히 뜯어보면 '비폭력', '비폭력 평화투쟁'의 가치를 적극 긍정하면서 이 가치가 가정뿐 아니라 전 지구적 차원에도 적용 가능한 일이라 보고 있다. 최근 교황청에서 이와 관련하여 '교황권고'나 '사회회칙'을 준비하고 있다는 소식이 들리고 있다. 더 진전된 소식이다. 그렇다면 '정당한 전쟁 교리'는 조만간 폐지될 운명이다.

---

18 *Vatican News*, 2018. 8. 15.

6. 정당한 전쟁 교리 비판

20세기 전까지 가톨릭 내부에서 '정당한 전쟁' 교리를 비판한 사례를 찾아보기 어렵다. 본격적인 비판은 20세기에 이르러서야 등장한다. 특히 전쟁에 대한 연구가 본격적으로 이뤄진 1960년대부터 비판이 격렬해진다. 본고에서는 대표적인 비판만 소개한다.

첫째, 신현실주의 국제정치학자인 케네스 월츠는 전쟁이 독재자 같은 비정상적 개인이나 국가가 아니라 지구적 혹은 지역적 단위에서 세력 균형이 흔들릴 때 이를 재(再)균형 상태로 이행시켜 나가는 과정에서 발생하는 것이라 본다.[19] 이러한 상황에서는 대부분의 국가들이 자국의 의사와 관계없이 전쟁에 휘말린다. 따라서 국제 체제가 변동되는 과정에서 일어나는 총체적이고 전면적인 전쟁에서 누가 먼저 침략(aggression) 또는 공격했느냐는 중요한 문제가 아니다. 이처럼 정당한 전쟁론은 세력균형을 정당화해줄 뿐 '전쟁'에서 정의(justice)를 보장하지 못한다.

둘째, 국가 간의 관계를 일 대 일 관계로 보는 정당한 전쟁론은 정치적, 군사적 힘의 차이가 대등하지 못한 국가 간에 일어나는 갈등에 적용하기 어렵다. 지구적 헤게몬(hegemon)이 예방전쟁을 목적으로 다른 나라를 선제공격하더라도 다른 국가와 국제기구들이 이를 제재할 방법이 없다. 공정한 심판자가 없는 무정부적인 국제사회에서 '정의로운' 전쟁론은 공허하다.

셋째, 현대에는 전쟁 주체가 더 이상 국가뿐이 아니다. 개인, 단일 집단, 여러 국가 출신으로 구성되는 집단 등도 전쟁 주체로 등장한다.

---

19 Kenneth Waltz, *Man, State, and The War*, 정성훈 옮김, 『인간 국가 전쟁: 전쟁의 원인에 대한 이론적 고찰』 (아카넷, 2007), 37-70 참조.

그리고 이들은 고정된 장소에 있지 않고 단일한 모습도 아니다. 이들은 계속해서 움직이고 변화한다. '정당한 전쟁론'은 고정된 영토를 가진 국가를 전제로 하기에 현대의 이러한 양상들을 제대로 반영하지 못한다.

넷째, 미디어를 통한 조작을 통해 도발을 유도할 수 있는데, 이를 가려내기 어렵다. 의도를 알아차리기 어려운 것이다.

다섯째, 정당한 전쟁론은 '평화를 위해 전쟁이 불가피하다'는 평화의 역설에서 자유롭지 못하다. 전쟁으로 유지되는 평화란 억지된 전쟁 상태일 뿐 평화를 보장하지 못한다.[20]

정의로운 전쟁 원리들은 전쟁이 일어나기 전 국가의 대리인에 의해 적절한 의사결정에 적용될 수 있고, 전쟁이 끝나고 난 후에는 전쟁과 군사적 행동을 평가하는 데 적용된다고 가정한다. 그러나 전쟁 선포는 통상 이미 존재하는 조건들에 의해 과결정(over-determine)되고 전쟁 수행 방식 역시 기존 조건에 따라 결정된다. 어떤 국제정치 질서가 정의로운지 전쟁이 일어나는 국가들 간의 갈등이 어떤 원인 때문에 일어나는지 말해주지 않는다. 군사 기구와 그에 관련된 기구에 대하여도 언급하지 않는다. 전쟁이 일어나는 맥락에 대한 평가 없이 의로운 전쟁의 조건을 찾고 있는 것이다 정당한 전쟁의 조건들은 나열하지만 궁극적으로 전쟁의 목적, 즉 평화를 실현할 수 있는 방안을 제시하는 데는 실패하고 있다. 정당한 전쟁론의 수정이 필요한 이유이다.

7. 맺음말

프란치스코 교황은 역대 교황들과 달리 '복음'의 우선성을 강조한

---

20 철학연구회, 『정의로운 전쟁은 가능한가』(철학과현실사, 2006), "제2장 전쟁과 평화 그리고 정의" 참조.

다. 심지어 오랜 전통, 관습, 제도 등도 복음 정신에 어긋나면 폐지할
수 있어야 한다고 공언할 정도다. 실제로 그는 자신의 생각에 충실하게
일부를 실천에 옮겼다. 이 가운데 하나가 '사형교리' 폐지다. 무려 칠백
년을 유지해온 교리에 변경을 가한 것이다. 누구도 가능하다고 생각하
지 않았던 일이다.

최근 '정당한 전쟁론' 폐기 논의에 대하여도 교황이 입장을 준비 중
이라 한다. 아마도 그는 사형교리에서처럼 전향적인 입장을 취할 것 같
다. 앞에서 이뤄진 비판들을 비롯하여 이웃 종교인들이 보여준 영웅적
인 비폭력 평화운동 사례, '비폭력과 정의로운 평화 회의'에서 소개된
가톨릭신자들의 수백 가지 비폭력 실천사례들이 그로 하여금 교리의
변경 필요성을 절감하게 했을 테니 말이다.

사형교리 폐지도 지난 수십 년간 가톨릭교회 내부에서 진행했던 운
동의 결과로 나타났다. 정당한 전쟁교리도 지난 100여 년간 교회 내부
에서 활발히 전개돼온 비폭력 평화운동의 결과로 폐지될 운명이다. 사
실 이 교리의 폐지보다 '비폭력 평화주의'가 교회의 공식교리로 선포되
는 것이 더 중요한 일이다. 아마도 교황은 폐지를 넘어 이런 선언을 할
가능성이 높아 보인다. 늦었지만 다행한 일이다. 그래야 가톨릭이 종교
여부를 떠나 예수처럼 비폭력을 실천한 이들에게 부끄럽지 않을 수 있
다. 또한 선언에 그치지 않고 평화를 위해 투신하는 이들을 지지하고
또 교회 자신이 이를 몸소 실천할 때 복음을 사는 교회가 될 수 있을
터이다.

참고문헌

교황청 신앙교리성. 『가톨릭교회교리서』. 한국천주교중앙협의회, 2008.

교황청 정의평화평의회. 『간추린 사회교리』. 한국천주교중앙협의회, 2004.

김재명. "'정의의 전쟁' 이론에 대한 비판적 연구." 국민대대학원 박사학위 논문, 2006.

김정우. "정의로운 전쟁 이론에 관한 윤리신학적 고찰." 「현대 가톨릭사상」 Vol. 23, 대구 가톨릭대 가톨릭연구소 (2000).

박은구. "성 토마스 아퀴나스의 정치사상 2." 「숭실사학」 Vol. 31 (2013).

선우현. "정의로운 전쟁과 두 차원의 정의." 「사회와 철학」 Vol. 32 (2016).

차용구. "서양 중세의 정의로운 전쟁." 「역사학보」 Vol. 216 (2012).

채이병. "성 토마스 아퀴나스와 평화의 문제." 「철학」 Vol. 78 (2014).

철학연구회. 『정의로운 전쟁은 가능한가』. 철학과현실사, 2006.

최양석. "정의로운 전쟁은 어떻게 가능한가? 성 토마스 아퀴나스의 이론을 중심으로." 「중세철학」 Vol. 9 (2013).

프란치스코 교황. 「인간 발전 *Humanam Progressionem*」. 2016. 8. 17.

_____. 제50차 세계 평화의 날 메시지(2017.1.1). *Vatican News.* 2018. 8. 15.

Aquinas, Thomas. *Summa Theologica*. Benzinger Bros, 1947.

Augustinus. *Civitas Dei*. 성염 옮김. 『신국론』 3권. 분도출판사, 2004.

Donnelly, Jack. *Realism and International Relations*. Cambridge: Cambridge Univ. Press, 2000.

Langan, John. "The Elements of St. Augustine's Just War Theory." *The Journal of Religious Ethics* Vol. 12, No. 1(Spring, 1984), 19-25.

Mattox, John Mark. *Saint Augustine and the Theory of Just War*. Continuum, London, 2006.

Massaro, Thomas, S.J. *Catholic Perspectives on Peace and War*. Sheed & Ward, 2003.

Merton, Thomas. *Peace in the Post-Christian Era*. 조효제 옮김. 『머튼의 평화론』. 분도출판사, 2008.

Michael Walzer. *Just and Unjust Wars*. Basic Books, 2015.

_____. *Arguing about War*. Yale Univ. Press, 2005.

Musto, Ronald G.. *Catholic Peace Tradition*. Orbis Books, 2002.

_____. *Catholic Peace Makers: A Documentary History*. Garland Publishing, 1993.

Reichberg, Gregory M. *Thomas Aquinas on War and Peace*. Cambridge Univ. Press, 2017.

Waltz, Kenneth. *Man, State, and The War*. 정성훈 옮김. 『인간 국가 전쟁: 전쟁의 원인에 대한 이론적 고찰』. 아카넷, 2007.

가톨릭교회 평화의 이름
─ 제2차 바티칸공의회를 기점으로 한 용어와 의미의 발전

김 혜 경

(한국학중앙연구원)

1. 들어가는 말

가톨릭교회는 근대정신과 함께 서서히 진행된 역사의 변혁에서 때로는 중심에 서서, 때로는 주변인으로서 다양한 형태의 대립과 대조를 경험했다.

알려진 바, 평화라는 개념은 흔히 '전쟁'(혹은 '분쟁')의 대척점에서 그것을 반추하는 핵심 키워드로 작용하거나 그런 상황을 인식하는 척도로 사용해왔다.

강경한 변증법적인 논리는, 전쟁이 드러낸 이념은 근대성의 오류이고, 그것은 누차 교도권에서 인용한 바, 근대에 이르러 신을 부정한 대가로서 피의 심판이었다는 것이다. 하지만 시간의 흐름과 함께 평화는 갈등의 밑바탕에 존재하는 악(惡)을 드러내는 것이 아니라, 평화 자체에 담긴 구체적인 내용을 드러내야 한다는 인식이 보다 커졌다.

요한 23세(1881~1963)와 제2차 바티칸공의회의 "시대의 징표 신학"은 이런 내용을 보다 구체적으로 식별, 판단, 실천하려는 의지를 굳히는 데 크게 기여했다. 이것은 1960년대 초 가톨릭교회로 하여금 평화에 대한 열망이 사회 공공의 영역에서 발을 빼려는 시도의 한 부분이 아니라, 오히려 반대로 복음을 근거로 교회가 사회분야에 제시하는 방식이라는 것이다. 교회는 예수님께서 친히 남기신 복음의 핵심으로 돌아가서 인간 본성에 존재하는 평화에 대한 갈망을 밝히고, 실천 방안을 강구하는 것이다.

교회 역사상 스물한 번째 세계 공의회로 알려진 제2차 바티칸공의회(1962~1965)는 여러 측면에서 이전의 공의회와는 그 성격이 매우 다른 특징을 지니고 있다. 개최 목적만 보더라도 이전 공의회는 주로 이단이나 교회분열, 세속권력의 간섭 문제, 교회생활의 쇄신과 규율을 확립하는 등 교회 안팎에서 일어난 도전들에 직면하여 그에 대한 해결책을 모색한 반면에, 제2차 바티칸공의회는 특별한 동기가 있어서라기보다도 교회 자신의 '아조르나멘토'(aggiornamento), 곧 '현대화', '쇄신' 또는 '적응'을 위해, 즉 교회 안에 새로운 바람을 들여와 환기를 시키고자 개최되었다.[1]

교회가 세상을 향해 신학적이고 종교적인 해답을 주던 데서 벗어나

---

1 공의회를 소집한 요한 23세는 아조르나멘토를 '바깥의 신선한 공기를 방 안에 가득 채우기 위해 창문을 활짝 열어라'는 표현으로 해석했다. 요한 23세가 보기에 교회는 정적이고 고체화된 집단이었다. 교회 밖의 세상은 계속해서 바뀌고 있는데, 교회는 여전히 같은 모습이었다. 교회 안에 들어와 있는 오래된 공기를 바꾸어야 했다. 시대의 징표를 읽고 식별하여(마 16:3 참조) 쇄신(아조르나멘토)을 이루어야 할 때가 된 것이다. 제2차 바티칸공의회는 이렇게 시작되었다. 그리고 그 결과는 4개의 헌장, 9개의 교령과 3개의 선언문을 채택함으로써 가톨릭교회를 현대화했고 모든 그리스도인들을 일치시키고 현대 사회가 요구하는 시대적 요청과 관심에 적극 동참하고자 했다.

현대 세계의 이야기를 듣고, 그에 맞게 교회 자신이 맞추겠다는 의지를
표명한 공의회였던 것이다. 그리고 그 신학적 원리를 '그리스도의 강생'
에서 찾았다. 하느님의 아들이 인류 구원을 위해 직접 사람이 되어 오신
것처럼, 교회도 세상에 구원을 선포하는 사명을 수행하기 위해 세상 속
으로 들어가야 한다는 것이다.

　　이런 점에서 제2차 바티칸 공의회는 교회가 선포하는 신앙 진리를
새롭게 이해했고[2], 교회 자체를 새롭게 이해했으며[3], 세상을 새롭게 이
해했다[4]고 볼 수 있다. 성경과 교부들의 가르침, 교회 전통을 근간으로
현대 세계에서 교회의 정체성을 확립하고, 교회가 미래의 방향을 설정
하는 데 '나침반의 역할'을 하도록 촉구했다. 특히 사목 헌장 「기쁨과
희망」은 교회가 만나야 할 대상으로 이미 교회 안에 들어와 있는 이들
은 물론 교회 밖에 있는 온 인류라고 선언하면서, 하느님의 모상인 그들
모두에게 근본적인 존중과 함께 작게는 가정공동체에서, 크게는 정치
· 경제 · 문화 · 국제공동체라는 구체적인 주제를 줌으로써, 신학이 더
이상 하느님에게 국한되지 않고 인간의 모든 삶의 영역과 관련된 것임
을 분명히 하였다.

---

2 진리 자체는 불변하지만 그 진리를 이해하고 실천하는 방식은 시대와 상황에 맞게 적용
　되어야 한다고 의견을 모았다.

3 제2차 바티칸공의회 이전까지는 교황을 최고 정점으로 두고, 그 아래 주교들과 그 아래에
　신부들과 부제들이 있는 피라미드 형태의 위계적 교회였다. 그러나 공의회는 이런 위계
　적 교회보다는 교회를 '그리스도의 몸', '신비체'로 보면서 성직자, 수도자, 평신도가 똑같
　은 하느님 자녀로서의 품위를 누리는 '하느님의 백성'으로 이해했다.

4 이제 세상은 교회가 담을 쌓고 멀리해야 할 부정적 대상이 아니었다. 세상은 나름대로 질
　서를 갖고 있지만 그 질서는 복음 정신으로 개선해야 할 성질의 것이다. 교회는 비록 현
　세에서 나그네살이를 하지만 현세 질서를 하느님 뜻에 맞도록 개선하는 일은 교회가 수
　행해야 할 사명이기도 하다. 이 현세 질서를 개선하는 일은 특히 평신도에게 맡겨져 있
　다. 평신도는 나름대로 교회 성장을 위해 봉사하고 협력해야 하지만 무엇보다도 세속에
　살면서 누룩처럼 세상을 변화시키는 역할을 수행하도록 부름 받았다. 이것은 공의회를
　통한 평신도에 대한 새로운 이해기도 했다.

본고는 이런 새로운 패러다임을 몰고 온 제2차 바티칸공의회를 기준으로 가톨릭교회의 '평화' 개념에 대해서 살펴보고자 한다. 그간 평화는 분쟁, 다툼, 미움 등 악(惡)의 대척점에서 선(善)을 대표하는 논리로 사용해 왔다. 하지만 오늘날과 같은 세계화, 다원화 시대의 평화는 인간이 추구하는 기본가치의 실현을 보장하는 질서로 작용해야 할 것이다. 따라서 본고는 이렇게 시대의 흐름에 따라 요구되는 내용과 성취방법이 달라질 수밖에 없는 더 확장된 의미로서 '평화'에 대해 논의해보려고 한다. 그런 점에서 20세기 이후 가톨릭교회 평화운동을 대표하는 세 가지 키워드 '정의'와 '인간발전'과 범형제애를 기반으로 한 '사랑과 연대'를 중심으로 살펴보기로 한다.

2. 제2차 바티칸공의회 이전의 평화: 정의

1891년 레오 13세 교황이 선포한 회칙「새로운 사태」는 산업혁명으로 인해 노동의 현장에서 착취당하는 노동자들의 인권에 대해서 언급한 최초의 문헌으로 흔히 사회교리의 시작으로 간주한다. 한 마디로 노동의 현장에서 매일 일어나고 있는 반인권적인 상태를 정의롭지 못하다고 본 것이다.

구약성경을 통해서 우리는 하느님의 뜻(계약)에 따라 조직된 사회질서가 있었다는 것, 거기에서 벗어나는 것에 대해 예언자들은 엄중히 경고했다는 것(암 3:10이하), 권력자들이 악행을 멈추고 진정으로 정의를 실현할 때라야 하느님이 그들과 함께 하리라는 것(암 5:15), 힘 있는 자들이 가난한 사람5과 곤경에 처한 사람들의 권리를 두둔할 줄 알아야

---

5 구약성경에서 말하는 '가난한 사람'에 대한 정의는 신약성경의 표현을 빌리자면 궁핍한 자, 짓밟힌 자, 쫓겨난 자, 범죄자 들 넓은 의미로 확대하여 바라볼 수 있다. H. 헨드릭스/정한교 옮김, 『성서와 사회정의』(분도출판사, 1984), 124 참조. 김혜경, "세계화 시대의

비로소 하느님을 '안다'고 말할 수 있다(렘 22:16)는 것이다. 이런 가르
침은 그대로 신약으로 이어져 그리스도의 사명으로 선포되었다. "억눌
린 자들에게 복음을 전하고, 찢긴 마음을 싸매주고, 사로잡힌 자들에게
해방을 알리며, 옥에 갇힌 자들에게 자유를 선포하는 것"(참조. 사 61:1;
눅 4:18)이다.[6]

　　사회적 문제들과 복음이 분리될 수 없다는 것을 잘 아는 교회로서는
"가난한 사람이 갓 일군 밭에서 소출이 많이 나도 정의가 사라지면 남아
나지 않는다"(잠 12:23, 공동번역)는 것을 산업화 현장에서 목격하면서
그에 대해 침묵할 수 없었다. 그것은 현대 세계에서도 매일 일어나는
일이며, 교회와 시민사회가 목소리를 내는 이유가 되고 있다. 산업혁명
이후, 자본주의가 고개를 들기 시작한 초기부터 정치개혁, 노동자를 비
롯한 약자들의 인권, 가난의 문제가 두드러지던 시대적인 상황에 이르
기까지 사회정의는 누군가에 의해 실현되어야 하는 어떤 목표가 아니
라, 특정한 '사회적 상태'를 의미하는 것임을 선언했다. 그런 점에서 '평
화'의 다른 이름인 것이다.

　　노동 환경의 변화에 대한 인식과 함께 시작된 사회정의로서 평화
개념은 레오 13세 교황의 "정당한 임금을 착취하는 것은 하느님께 복수
를 호소하리만치 중대한 과오이다"(「새로운 사태」 14항)에서 이미 드러
났다. 뒤이어 비오 11세 교황(1922~1939 재위)에 이르러 사회정의에
대한 이런 논조는 더욱 공고해졌다. "창조된 재화의 분배는 공동선과
사회정의의 요청에 합치되어야 한다"고 하면서 초기 자본주의의 한계
로 인해 야기된 충돌과 그로 인한 문제에 대해 경고하였다. "지나친 부
를 소유한 소수와 궁핍한 다수 사이의 큰 차이가 현대사회에서 심각한

정의: 공동선", 「신학전망」 제184호 (광주가톨릭대학교 신학연구소, 2014), 161에서 인
용.

6 김혜경, 같은 논문, 160-161.

해악으로 대두되고 있다"[7]고 하였다.

산업화 혹은 자본주의의 등장과 함께 나온 또 다른 강력한 '평화' 개념은 비오 11세의 전임 교황 베네딕토 15세 교황(1854~1922)에 의해서였다. 제1차 세계대전 시 교회를 이끌었던 그는 세계대전 중에 '중립'을 선언함과 동시에 1916~1917년, 한쪽으로 치우치지 않는 균형 있는 입장에서 교전국 간에 평화를 중재하기 위해 노력했다. 1917년 8월 1일, 그가 교전국의 통치자들에게 주문한 일곱 가지 사항에는 구체적인 평화 제의가 담겨 있었다. 내용은 다음과 같다.[8]

① 무력이나 폭력이 아니라 법에 의한 도덕적 권력을 추구한다.
② 협의한 규율과 보장한 원칙에 따라 각국의 공공질서를 유지하기 위해 요구되는 충분한 양의 군비 감소가 교전국들 사이에서 동시에 상호적으로 이루어져야 한다.
③ 협약한 규범에 따라 국제문제를 국제 중재 재판소에 일임하거나, 그것을 수용하기 힘든 국가들을 위해 보장할만한 별도의 국제 중재 재판소를 설치한다.
④ 국민들 간의 소통에 장애가 되는 요소를 제거하고 항해와 같은 이동수단의 자유와 공공성을 보장한다.
⑤ 전쟁으로 인한 손해와 지출 비용은 쌍방이 완전히 포기한다.
⑥ 점령한 지역을 되돌려준다.

---

7 비오 11세, 「사십주년 Quadragesimo Anno」(1931), 28항. 교황청 정의평화평의회, 『간추린 사회교리』(한국천주교주교회의, 2004), 167항에서 재인용. 김혜경, 같은 논문, 163에서 인용.

8 Pope Benedict XV's Peace Proposal, https://wwi.lib.byu.edu/index.php/Pope_ Benedict_ XV%27s_Peace_Proposal; Benedict XV and his pursuit of peace, http://www.archivioradiovaticana. va/storico/2014/06/24/benedict_xv_and_his_ pursuit_ of_peace/en-1102133.

⑦ 적정 또는 가능한 것을 기준으로 하여 영지 문제를 검토한다.

베네딕토 15세의 이런 제안에 대해 영국은 호의적인 반응을 보였으나, 미국은 대통령 우드로 월슨이 나서서 받아들일 수 없다는 입장을 밝혔다. 불가리아와 오스트리아-헝가리는 호의적으로 받아들였고, 독일은 애매모호한 답변을 내놓았다. 그럼에도 불구하고 교황은 강제 징용을 법적으로 금할 것을 주문했고, 한 번에 받아들여지지 않자 같은 내용을 1921년에 재차 주문하기도 했다. 결국 양 진영 모두 그가 내놓은 여러 중재안들을 수용하지는 않았다. 하지만 그가 중재안과 함께 언급한 전쟁에 대한 '무익한 전략'은 어떤 형태로든 – 십자군전쟁과 같은 가톨릭교회의 경험에 비추어 – 전쟁은 '안 된다'는 강력한 경고였다. 전쟁론의 이면에서 이성을 맹신하고 전쟁의 당위성을 강조한 근대사상의 오류를 지적하는 것이기도 했다.

1차 세계대전 당시 세계 평화를 위해 그가 행한 모든 외교적 노력은 어느 것 하나도 성공하지는 못했지만[9] 그가 선언한 '무익한 전략'은 1차 세계대전의 종료와 함께 입증되었고, 뒤를 이어 제2차 세계대전으로 재차 확인되었다. 제2차 세계대전의 폭풍우 전야(1939)에 비오 12세 교황(1876~1958)이 말한 "평화로는 잃을 것이 아무것도 없지만, 전쟁

---

9 그의 인도주의적 차원에서의 활동은 그의 명성을 세상에 알리는 계기가 되었다. 부상병들과 포도들의 무사 귀환을 위해 전쟁 당사국 정부들과 협상을 벌이는 데 최선을 다하고, 포로 교환과 민간인들의 교환과 구출 등에 힘썼다. 종교와 민족과 국가를 초월하여 어린이들, 특히 굶주림에 시달리는 어린이들을 원조해줄 것을 국제기구에 호소하기도 했다. 종전 후에도 유럽의 빈곤과 기근 문제 해결을 위해 혼신의 노력을 했다. 이에 터키의 무슬림들은 교황의 업적을 기려 이스탄불 주교좌 성령 대성당에 그의 동상을 세워 기억했다. https://ko.wikipedia.org/w/index.php?title=교황_베네딕토_15세. 나아가 그의 활동은 후임 교황들의 모델이 되어, 교황 비오 12세가 제2차 세계대전 동안에 기울인 평화 활동과 베트남 전쟁 당시 교황 바오로 6세의 활동, 교황 요한 바오로 2세가 이라크 전쟁 발발 전후에 벌인 활동 등에 큰 영향을 끼쳤다.

으로는 모든 것을 잃는다"[10]는 것도 같은 말이다.

한편 베네딕토 15세가 선언한 '중립'이라는 교황청의 입장은 이후 분쟁 중에 있는 정당이나, 국가의 입장에서는 오히려 가톨릭 국가와 비가톨릭 국가를 구분하는 것처럼 들릴 수도 있고, 전쟁으로 민간인 피해가 속출하는 상황에서 아무것도 하지 않겠다는 뜻으로 들릴 수도 있었다. 그렇지만 전쟁의 상황이기 때문에 오히려 '중립'이 양측으로 하여금 스스로를 객관화시켜 바라보게 할 수도 있었을 것이다. 그러나 이런 생각들은 제2차 세계대전을 통해 모두 무산되고 말았다. 제2차 세계대전은 가톨릭교회를 매우 난처한 상황으로 몰고 갔던 것이다. 전쟁에 참가한 나치국가들과 파시즘 국가들이 가톨릭 세계 안에 있는 국가들이고, 그들의 세계재패라는 야망 속에서 교회가 취한 '중립'은 아무것도 하지 않는 것으로 기능했기 때문이다. 그 결과 제1차 세계대전 시에 취한 행동과 외교적 노력과는 상반되게, 또 인류가 스스로를 향해서 총을 겨눈 최대의 비극이 가톨릭교회를 중심으로 한 그리스도교 국가들 사이에서 일어났다는 엄청난 불명예를 안고야 말았다. 두 차례에 걸친 세계대전을 계기로 유럽은 근대 사상으로부터 벗어나고 있었고, 교회는 여러 노선으로 방향 지어지고 있던 정치이념에 분명한 입장을 취하는 커다란 계기가 되었다.

1960년 바티칸 기관지 오세르바토레 로마노지에 실린 공산주의에 대한 교회의 기본 입장은 이점을 잘 드러내준다. ① 교회는 신자를 이념적이고 실천적으로 인도해야 한다. ② 교회는 정치적으로 중립일 수 없다. ③ 교회는 신자와 비신자간의 정치적 협력이 허락될 수 있는지에

---

10 Gabriele Palasciano, *Il pensiero sulla pace nel Cattolicesimo, Uno sguardo oltre la politic a Intervista ad Alberto Melloni*(2019.05.13. 검색), http://www.notedipastoralegiovanil e.it/index.php?option=com_content&view=article&id=9818:il-pensiero-sulla-pace-nel-cattolicesimo&catid=353&Itemid=1100.

대해 판단해야 한다. ④ 교회는 신자들이 마르크스주의자와 협력하지
않도록 해야 한다.11

　이러한 노선은 이탈리아 기독교민주당(기민당)과 거리를 유지하는
가운데 요한 23세 교황에 이르러 국제적인 새로운 입장을 취하는 계기
가 되었다. 그 전략은 세 가지였다.

　— 동유럽으로의 진출
　— 마르크스주의자를 포함한 비가톨릭교도에 대한 관심
　— 자본주의에 대한 새로운 관계 정립

　1963년에 나온 요한 23세(재위 1958~1963년)의 회고적인 회칙「지
상의 평화」는 제2차 세계대전 이후 냉전시대에 교회의 입장이 잘 표명
된 것이자, 유사한 주제에 결정적인 영향을 미치는 계기가 되었다. 동
시에 공산주의와의 대화 가능성까지 열어 놓음으로써 거짓된 이데올로
기(공산주의와 마르크스주의)와 정치적 운동(실제적 공산주의 운동)을 구
분하려 한 것으로 보인다.12

　그러므로 두 번에 걸친 세계대전을 통해 교회가 확신하는 것은 정치
공동체 간의 관계들은 정의에 따라 통제되어야 한다는 사실이고, 이념
논쟁에서 분명한 입장을 취해야 한다는 것이다. 정의의 질서는 국가 간
상호 권리들을 인정하고, 각자 주어진 의무들을 완성하는 것을 의미하
는 한편, 권리와 의무들을 거스르는 폭력적 행위들을 피해야 하는 것이
다. 개인의 사적인 관계들이 타자에게 손해를 주면서 특정인을 위해 이
익 창출을 해서는 안 되듯이, 정치 공동체들 간의 관계에 있어서도 다른

11 김시홍, 『이탈리아 사회연구 입문』 (서울: 명지출판사, 1995), 232.
12 김시홍, 같은 책, 232-243 참조.

국가들을 압박하고 억압하면서 자신들을 발전시키는 것은 온당하지 못한 것이다.[13] 아우구스티누스의 말 "정의를 저버리면, 강도의 큰 집단이 되는 것 이외에 어떤 왕국이 될 것인가?"[14]이 큰 울림으로 다가오는 것은 이런 이유 때문일 것이다.

　공의회의 사목헌장은 일찌감치 평화의 본질에 대해 다음과 같이 말한 바 있다.

> 평화는 단순히 전쟁의 부재만이 아니며, 단지 적대 세력의 균형 유지로 전락될 수도 없고, 전제적 지배에서 생겨나는 것도 아니다. 평화는 '정의의 작품'(이사 32,17참조)이다. 인간 사회의 창설자이신 하느님께서 심어 놓으신 질서의 열매, 언제나 더 완전한 정의를 갈망하는 인간들이 행동으로 실천해야 할 사회 질서의 열매가 바로 평화다(「사목헌장」 78항).

　공의회의 이런 시각은 제2차 세계주교대의원회의(이후 '시노드'로 약칭)로 이어져 1971년(9월 30일~11월 6일 개최) '세계정의'라는 주제를 두고 심도 있는 논의를 했다.[15] 그 동안 언급하지 않았던 약소국가는 물론 강대국들 안에서 사회적인 문제로 떠오르고 있는 인간에 대한 소외화(marginalizzazzione) 현상,[16] 침묵의 프롤레타리아(proletariato

---

13 교황 요한 23세, 회칙 「지상의 평화 Pacem in Terris」(1963.4.11.), 91-92항 참조.

14 Agostino di Ippona, *De civitate Dei*, vol. II, Nuova Biblioteca agostiniana, Città Nuova, Roma, 1988; 교황 비오 12세, 성탄 라디오 담화(1939), AAS 32 (1940), 5-13면 참조. 교황 요한 23세, 「지상의 평화」 92항에서 인용.

15 *La Giustizia nel Mondo* in *Enchiridion Vaticanum*, 4. Documenti Ufficiali della Santa Sede (1971-1973) (EDB Bologna, Maggio 1994), 800-819; *L'attuazione della Giustizia*, 820-839; Cf. Gianpaolo Salvini, *Il Sinodo e la Giustizia nel Mondo* (1971. 11. 30.), Febbraio 1972.

silenzioso),[17] 초강대국,[18] 문화적인 측면에서 개성주의의 대두, 경제적인 현실 등에 대해 말하기 시작했다. 각종 이념에서부터 사회 문제들에 속하는 다양한 '소리 없는 불의'들에 대해 논의하기 시작한 것이다. 일각에서는 다소 회의적인 표현이 나오기도 했다. 가령, 당시 독일 쾰른 대교구장이었던 호프너(Joseph Höffner, 1906~1987) 추기경이 "신약성경에서 가장 중요한 모든 단계에서 등장한 정의는 하느님 앞에서 인간의 의로운 삶 혹은 그리스도를 통한 인간의 정당함을 의미한다. 그리고 복음적 해방은 누군가의 노예 상태로부터 벗어나는 것이 아니라 그리스도를 통해 자신의 죄에서 벗어나는 것을 말한다. 민족의 해방과 발전이 그리스도께서 우리에게 주신 구속의 핵심이라고 말할 수 있을지는 의문이다. 예컨대 경제발전이 구속의 핵심으로 보이지는 않지만, 이런 발전으로 인해 신앙에 힘입어 사랑을 실천하고 정의를 실현할 수는 있을 것이다"는 발언이다. 이렇게 구원의 메시지와 사회교리를 구분하려는 시도는 이후에도 지속적으로 나타났다. 그에 대해 "성경에서 말하는 구원은 역사 속 추상적인 구원이 아니라 정의가 포함된 구원이다. 아니 오히려 그 자체가 정의에 관한 일이고, 세상의 압제자들을 향해 정의가 하느님으로부터 온다는 것을 보여주는 것"[19]이라고 했다.

이후 교회는 「지상의 평화」 반포 10주년(1973. 4. 11.)을 계기로 사

---

16 1970년대 초에도 가장 대표적인 사회문제로 보고 있었던 것 같다. Cf. Gianpaolo Salvini, *ibid.*, 88, n. 1.

17 도시화가 집중된 국가에서 크게 늘고 있던 실업자와 은퇴한 노인들을 일컬어 경제 '활용률저하'(sottoutilizzazione) 인구로 분류한 것을 말한다. Cándido Mendes de Almeida, "Lo sviluppo e l'ingiustizia strutturale", in *Documentation Catholique* 21 (gannaio 1971), 1033.

18 미국과 소련의 사례로, 그들의 제국에 속하느냐 속하지 않느냐로 세계를 이분화 하고 있는 상황에 대한 비판이다. 문서에는 시노드가 한창 진행 중인 상황에서 유엔에 가입한 점차 커지고 있는 제3의 힘, 중국에 대해서도 언급하고 있다. Cf. Gianpaolo Salvini, *op. cit.*, 89, n. 3조.

19 Cf. Gianpaolo Salvini, *ibid.*, 92-93.

회의 흐름과 10년 전 요한 23세가 회칙에서 언급한 평화를 실현하는 방식으로 제안되었던 것들에 대한 성찰이 이루어졌다. 일어난 '사건'을 통해 '징표'를 간파함으로써, 스스로에게 다음과 같이 자문해볼 것을 주문했다.[20]

— 「지상의 평화」로 어떤 좋은 결과를 얻었는가?

— 「지상의 평화」를 위해 우리는 무엇을 했는가?

— 오늘날과 같은 새로운 사회 환경에서 평화를 위한 노선과 역할에 어떤 과제가 남았는가?

이 시기에 바오로 6세(재위 1963~1978년)는 회칙 「지상의 평화」를 잘 준수하는 방법으로 '실천'을 강조하며, "참된 평화의 원천은 우리의 마음 안에 있습니다. 그것은 무기를 통한 승리나 정치적인 지배를 통해서 얻어지는 것이 아닙니다. 참 평화는 사랑에 기반 할 때 가능해지는 것입니다"[21]고 역설했다. 결국 두 차례의 세계대전은 교회에 깊은 상처를 남겼고, 그 결과 핵무기의 등장으로 인류의 생존권마저 위협받자 복음 정신에 근거한 세계 평화에 대한 새로운 자각을 하게 했다.

요한 23세의 「지상의 평화」(1963. 4)는 진리와 정의, 사랑과 자유를 토대로 하는 모든 민족들이 평화를 갈망하고 있다는 전제 하에, 그것을 실현하기 위해 인간의 기본권을 바탕으로 보편적 공동선을 실현해 나가야 한다고 강조했다. 그리고 그것을 실천하기 위한 구체적인 기구로

---

20 관련 문서는 다음에서 찾아볼 수 있다. *Enchiridion Vaticanum, 4. Documenti Ufficiali della Santa Sede (1971-1973)* (EDB Bologna, Maggio 1994), "Riflessioni nel X anniversario della *Pacem in terris*", 1512-1595.

21 Paolo VI, 28 gennaio 1973, al momento del "cessate il fuoco" in Vietnam. Cf. *Enchiridion Vaticanum, 4. Documenti Ufficiali della Santa Sede (1971-1973)*, 1593.

후임 교황 바오로 6세는 1967년 1월, 교황청에 '정의평화위원회'(지금
의 '정의평화평의회'[Pontificium Consilium de Iustitia et Pace])22를 신
설하였다. 세계 각지에서 인권과 윤리가 유린당하지 않도록 하는 한편
복음과 사회교리에 따라 전 세계의 정의와 평화를 위한 제반 문제를 연
구, 분석, 심사 하는 것을 주요 임무로 하고 있다.

동시에 매년 1월 1일 천주의 모친 마리아 대축일을 '세계 평화의 날'
로 정해 평화의 이념을 전하고 평화적 해결 및 진정한 세계 평화를 위해
기도하는 날로 선포했다. 2019년까지 총 52년간 '세계 평화의 날' 담화
를 발표한 교황들은 바오로 6세, 요한 바오로 2세, 베네딕토 16세, 프란
치스코다. 교황들은 세계 평화의 날 담화를 통해 평화를 단순히 '전쟁이
나 갈등이 없는 상태'가 아니라 정의, 평등, 화해, 일치, 대화, 연대, 인
권, 자유의 모든 개념을 포괄한 의미로 사용했다. 병들고 가난한 이들
과 약한 이들의 옹호를 통해 지구상에 그리스도의 평화가 뿌리내리는
것을 평화의 본질이라고 일깨워왔다.23

3. 평화의 다른 이름: 인간발전

현대 교회사에 큰 자취를 남겼고, 제2차 바티칸공의회를 통해 교회
에 대변혁을 가져온 요한 23세(1881~1963)는 '시대의 징표 신학'을 근
간으로 기존의 평화론에서 한걸음 더 나가는 횡보를 보였다. 「새로운
사태」 이후 1970년대 초반, 바오로 6세에 이르기까지 인권문제와 관련

---

22 이 기구는 정의평화평의회는 교황 바오로 6세에 의해 1967년 1월 6일 임시기구로 설치
되었다가 1976년 12월 10일 상설 위원회로 전환되었다. 이후 1988년 6월 28일 교황 요한
바오로 2세가 교황청 내부기구를 재편하면서 오늘날과 같은 '평의회'로 개편되었다.
http://overseas.mofa.go.kr/va-ko/brd/m_6960/view.do?
23 리길재, "세계평화의 날 40돌의 의미", 「가톨릭평화신문(CPBC)」(2008.01.01. 951호). htt
p://www.cpbc.co.kr/CMS/newspaper/view_body.php?cid=233737&path=200712.

하여 정의가 우선적으로 대두되었다면, 60년대에 들어오면서부터 '발전'이 새로운 화두로 등장하기 시작한 것이다.

요한 23세는 회칙 「지상의 평화」(1963)를 통해 세계평화·남북문제·노동문제 등 현대 인류사회의 여러 가지 현안들에 '평화'라는 개념을 도입하여 그 해결책을 제시하였다. 평화에 대한 갈망이 공적 무대에서 교회의 독점적이고 추상적인 가치가 아니라 복음에 이미 담긴 내용이라는 점이 재차 강조되었다. "행복하여라, 평화를 위하여 일하는 사람들! 그들은 하느님의 자녀라 불릴 것이다"(마 5:9). 복음의 핵심이자 그리스도 메시지의 중심을 이룬다는 것이다. 평화를 선포하는 것이 분쟁에 기원을 둔 악(惡)을 드러내는 방식이 아니라, 평화가 담고 있는 내용 그 자체에 있다는 것이다.

1960년대 냉전시대에 언급된 전쟁, 분쟁, 대량학살은 빈곤, 기아, 질병 등과 떼려야 뗄 수 없는 문제라며, '인간발전'을 강조하는 한편 그에 근거하여 각종 평화운동을 일으키는 동력이 되었다. 그리고 그 근거를 비오 12세가 이미 선언한 바 있는 '인간발전', 곧 "구원과 정의는 혁명에 의해서 실현되는 것이 아니라, 잘 계획된 발전의 원리에 의해 실현된다"[24]는 데 두었다. 인간은 본래 진리, 정의, 사랑, 자유를 토대로 모든 민족들이 생산 조직, 노동조합, 직업 단체, 안보 체제, 법질서, 정치제도, 문화 시설, 보건, 휴식 및 스포츠 시설, 원자 시대와 우주 정복의 차원에 관한 것에 이르기까지 완성시키고자 하는 욕구를 지니고 있다는 것이다. 여기에는 인간의 품위와 권리와 의무를 토대로 한 공동생활의 질서, 공동선을 향한 인간과 공권력 간의 관계, 정치 공동체들 간의 관계, 세계 공동체를 위한 관계에서 평화를 건설하려는 각종 노력들도 포함된다.

---

24 *AAS* 35(1943), 175. 「지상의 평화」, 162항에서 인용.

실제로 회칙 「지상의 평화」는 1962년 말, 제2차 바티칸공의회가
시작된 지 얼마 안 된 시점에서 세계가 제3차 세계대전을 목전에 둔 것
같은 냉전의 상황에서 그 내용이 완성되었다. 국제정치의 위기는 소련
이 쿠바에 건설한 탄도 미사일(MRBM) 기지 건설이 들통 나는 바람에
미국과 소련의 대립과 긴장이 최고조에 달했다. 당시 미국 대통령 케네
디(John F. Kennedy, 1917~1963)는 소비에트 연방의 쿠바 미사일 기
지 건설을 무력시위라고 주장하며, 미사일 기지의 완공을 강행한다면
이를 선전포고로 받아들일 것이며, 제3차 세계대전도 불사하겠다는 공
식성명을 발표했다. 케네디 대통력의 과격한 발언에 전 세계는 또 다시
세계적인 규모의 전쟁이 일어날지 모른다는 불안감에 떨었고, 학교와
가정에서 대피훈련과 방공호를 파는 작업이 실시되는 등 일촉즉발의
상황까지 가기에 이르렀다.[25] 결국 미국과 소련의 필사적인 외교 노력
에 의해 소련 측의 미사일 기지 건설이 중단되고, 그 대가로 터키에 있
던 미국의 PGM-19 주피터 MRBM 기지를 철수시키기로 하고 사태는
종결되었다.

요한 23세 교황의 평화에 대한 인식은 이런 긴박하고 엄중한 상황
에서 나온 것이라고 할 수 있다. 이것은 "무익한 전략"(inutile strage)이
나 "피의 제재"(sanguinosa sanzione)라는 윤리적인 범주에 따른 것도,
전쟁을 통해 잃은 것과 평화를 통해 얻은 것을 계산하는 외교적 성과에
따른 것도 아니었다. 단지 "시대의 징표"를 읽고 그에 대한 교회의 입장
을 인류를 대변하여 피력했던 것이다. 하느님께 평화를 호소하는 인류
가족의 절규를 들어야 한다고 촉구하며, 소련과 미국까지 인류 공동의
가족으로서 책임과 의무를 호소했다. 요한 23세의 평화에 대한 개념은
이런 현실적인 문제에서 나온 것으로서, 여러 가지 추상적인 사상이나

---

25 https://ko.wikipedia.org/wiki/쿠바 미사일 위기.

이념들 중 하나를 선택할 수 있는 대상이 아니라, 모두가 추구하고 만들어 나가야 하는 인류공영을 위한 유일한 의무라는 것이다. 핵을 보유한 시대에 "정당한 전쟁"이란 존재하지 않으며, 전쟁의 원인과 결과, 정당성과 선전의 명분을 논하던 과거의 이론은 더 이상 존재하지 않기 때문이다.

「지상의 평화」는 소제목에서도 볼 수 있듯이, 진리, 정의, 사랑, 자유를 토대로 한 모든 민족들의 평화에 대해 말하며, 이를 위한 근본 질서로서 인간의 권리와 의무들에 대해 강조하고 있다. 생존과 품위 있는 생활수준에 관한 권리, 윤리적이고 문화적인 가치에 관한 권리, 종교 자유와 신분 선택 및 경제적 문제에 속하는 권리, 집회와 결사의 권리, 이주와 이민, 정치 참여 등의 권리와 상호협조와 책임의 자세, 사회생활의 기초를 이루는 의무 및 각종 윤리 질서에 관한 의무 등이다.[26] 모든 국가는 모든 형태의 인종차별을 제거하고 인간의 존엄성과 평등의 원칙을 지키는 가운데 생존, 발전을 위한 적합한 방법을 모색해야 하는 것이다. 이를 위해 개별 국가들은 진리 안에서 관계를 조정하고 정의에 따라 통제되며, 사랑과 자유를 기반으로 소수 민족의 성장과 생활력을 돕고, 활동적인 연대를 형성할 것을 촉구하고 있다. 인구와 토지와 자본 간의 균형(101~102항), 정치적 망명자(103~108항), 무기와 무장 해제(109~119항), 현대사회의 여러 경향 등 인간과 결부된 모든 형태의 범주에 대해 윤리적이고 도덕적인 가이드라인을 제시하고 있는 것이다.

쿠바에 구축하고 있던 소련의 미사일 기지와 미국의 터키 미사일 기지라는 시대적인 위기 상황에 직면하여 "우리의 정의, 지성, 인간성은 무기 경쟁을 중단하고, 상호간에 동시적으로 이미 존재하는 무기들을 축소하며, 핵무기 개발을 금지하고, 마침내 완전한 무장 해제 상태에서 효과적인 감시 체계를 구축할 것을 촉구한다"[27]고 했다. 동시에

---

26 「지상의 평화」, 11-45항 참조.

"경제와 사회를 파괴시키며, 도덕적 탈선과 혼란을 야기하는 세계 대전의 불행이 인류 가족에 세 번째로 닥치는 것을 결코 허용해서는 안 된다"[28]고 호소했다.

따라서 과거 전쟁의 상황에서 드러난 것처럼, 말살, 빈곤, 질병 등의 극단적인 상황은 전쟁을 명령하는 지도자들이 겪는 것이 아니라, 대부분 힘없는 대중의 몫이라는 것이 '평화'의 범주에서 '인간발전'을 논하는 이유다. 어떤 형태로든 전쟁과 그와 유사한 상황이 야기되어서는 안 되는 이유며, 정치 공동체들의 책임과 윤리적 의식이 무엇보다 중요한 이유인 것이다.

회칙은 또한 경제 개발 단계에 있는 정치 공동체들의 관계에 대해서도 이야기하고 있다.

> 윤리적 원칙에 기초하는 새로운 질서는 다른 국가들의 안전과 자유, 영토의 범위 및 방위 능력에 손실을 주는 행위를 금지한다. 강대국들이 막중한 발전 가능성과 강한 세력을 갖고 있기에 강대국들과 약소국들 사이에 경제적 규약을 만드는 것은 불가피하다. 이는 약소국들은 강대국 사이에서 갈등을 겪으면서 중립을 지키고, 정치적 자유와 공동선을 위하여, 그들의 권리를 수호해야 하기 때문이다. 어떤 국가도 이 권리를 부정할 수 없다. 그 이유는 이것이 자연법 자체의 요청이며 또한 국제법에서도 그러하다. 약소국가들도 그들 자신의 경제적 발전에 대한 권한을 갖고 있다. 이는 약소국가들에게도 물질적 복지, 문화적, 정치적 발전과 함께 모든 인간의 공동선을 합당하게 증진시킬 수 있는 권리

---

27 「지상의 평화」, 112항.

28 이 말은 교황 비오 12세가 한 말을 인용한 것이다. 비오 12세, "성탄 라디오 담화(1941)", *AAS* 34(1942), 17; 베네딕도 15세, "무력 사용 지배자들에게 한 권고(1917.8.1.)", *AAS* 9(1917), 418 참조. 「지상의 평화」, 112항에서 인용.

를 효과적으로 보장해 주어야 한다는 뜻이기도 하다.[29]

이것은 인간발전의 균등함을 의미하는 것이기도 하다. 이후 등장하는 각종 공권력과 인간의 권리들이 이를 뒷받침해준다. 따라서 교회는 윤리적이고 종교적인 질서와 원칙을 보호하기 위해서만 권리와 의무를 갖는 것이 아니라, 구체적인 상황에서 그 원칙들을 적용하기 위해 현세 질서의 영역에서 자기 자녀들을 가르칠 때도 권위 있게 개입해야 한다고 보는 것이다.[30]

동시에 이 세상에서 빛의 섬광이 되고, 사랑으로 불타서 모든 인간의 누룩이 되어야 하는 그리스도인은 특별히 진리, 정의, 사랑, 자유 안에서 개인들 간의 상호관계, 시민과 정치 공동체 간의 관계, 개인·가정·종교단체·국가들 간의 관계, 세계 공동체 간의 관계들에 있어서 하느님께서 설정하신 질서 속에서 참된 평화를 실현해야 할 의무가 있는 사람들이라고 말한다. 그리고 그 출발점을 각 개인과 개인들 간의 상호관계에서부터 시작된다고 가르친다.[31] 성 아우구스티노는 묻는다. "네 마음이 정욕을 극복하기를 원하는가? 높은 곳에 계신 분에게 복종하고, 낮은 곳에 있는 것을 극복해야 한다. 이때 네 안에 참되고, 안전하며, 가장 질서 있는 평화를 소유할 수 있을 것이다. 이런 평화의 질서는 무엇인가? 하느님은 마음의 통치자이며, 마음은 육체의 통치자이다. 아무것도 이보다 더 질서 있는 것은 없다."[32]

그러므로 인류가 염원하는 세상의 평화 건설은 전쟁이 없는 상태만

---

29 비오 12세, "성탄 라디오 담화(1941)", AAS 34(1942), 16-17 참조. 「지상의 평화」 124항에서 인용.

30 「지상의 평화」 160항.

31 「지상의 평화」 163-164항 참조.

32 G. Morin(a cura di), *Sancti Augustini, Sermones post Maurinos reperti...*, in Miscellanea Agostiniana 1 (Roma: Typis polyglottis Vaticanis, 1930), 633. 「지상의 평화」 165항에서 인용.

이 아니라, 정의가 실현되는 현장이고, 모든 인간이 동등하게 발전을 추구하는 환경이 만들어질 때 가능해지는 것이다.

요한 23세 교황은 회칙 「지상의 평화」에 서명한 지 몇 주 지나지 않아 사망하고, 제2차 바티칸공의회를 마무리한 바오로 6세(1897~1978)가 그의 뒤를 이었다. 베트남이 전쟁 중에 있었고, 소련 공산주의의 정치적인 영역이 확대되고 있던 시절이었다. 1965년 아직 공의회도 폐막되지 않은 상황에서 바오로 6세는 UN에 참석하여 연설했다. 그는 이전 교황들의 평화에 관한 호소를 반복하지도, 공의회 문헌 「사목헌장」의 내용을 인용하지도 않았다. 오로지 저 유명한 "더 이상 전쟁은, 결코 전쟁은 있어서는 안 됩니다"(mai più la guerra, mai più la guerra)며 전쟁은 죄의 결과이고, 그래서 인간의 지평에서 전쟁을 배제하기란 불가능하지만 모든 방법을 동원해서 전쟁만은 막아 줄 것을 호소했다. 그리고 1967년 말, 그는 '모든 방법을 동원하여' 미국과 베트남 간의 중재를 시도했다. 이 중재는 전쟁을 해소하거나 적어도 휴전을 할 수도 있었지만, 결국 아무것도 실현되지 않았다. 오히려 가톨릭교회 내부에 중대한 스캔들만 야기하고 말았다. 베트남 폭격에 반대하며 미국을 맹렬히 비난한 볼로냐 대교구의 쟈코모 레르카로(Giacomo Lercaro, 1891~1976) 추기경을 직무에서 배제시킨 것이다. 공식적으로는 건강상 사임한 것으로 알려졌지만, 베트남 전쟁에 대한 다른 시각들, 곧 미국의 압박에 교회가 힘을 쓰지 못했던 것이다. 이 사건은 한동안 교회 안팎에서 교회의 무능함을 드러내는 대표적인 사례로 공격자들의 빌미가 되어 교회를 괴롭혔다. 그것은 교황 요한 바오로 2세(1920~2005)에 이르러 종지부를 찍었다. 요한 바오로 2세의 교황직을 보다 독보적으로, 강하게 만드는 계기가 되었던 것이다.

요한 바오로 2세는 1986년 UN이 정한 '평화의 해'를 시작하며, 동참의 의미로 세계 주요 종교 지도자들을 이탈리아 중부 움브리아 주에 있는 작은 마을 아씨시로 초대하였다. 이런 행보는 매우 예외적인 것이었고 이전에는 한 번도 없었던 것이었다. 말하자면 교황은 20세기 말 세계에서 종교가 균형을 유지할 수 없다는 것을 인식했고, 그런 속에서도 제2차 바티칸공의회를 확대하는 한편 매우 주도적이고, 강력하고, 분명하게 교회의 입장을 드러내 보이고자 했다.[33] 이것은 이슬람 근본주의가 세계를 위협하며 고개를 들던 시기에 종교들이 전쟁의 생산자로 기능할 것인지, 아니면 평화의 생산자로 기능할 것인지를 종교인들 스스로가 자문하고 결정하도록 한 것이다. 모든 종교들을 평화의 길에 참여시킨다는 것은 사실상 커다란 중압감이 아닐 수 없었다. 아울러 그들을 국제정치로부터 한걸음 물러나 보다 객관적으로 사태를 바라보게 함으로써 모든 정치적인 압박으로부터 벗어나게 하기란 쉬운 일이 아니었다. 분쟁지에서 무고하게 피해를 입는 대다수 인류의 편에 서게 하고 싶었던 것이다.

요한 바오로 2세가 미국을 향해 두 번에 걸쳐 강경한 반대 입장을 표명할 수 있었던 것은 이런 행보의 결과에 따른 것이라고 하겠다. 쿠웨이트의 해방을 위해 1990~1991년 이라크 전쟁에서, 2001년 뉴욕의 9.11 사태 이후 미국의 '대 테러와의 전쟁'에서가 그것이다. 어떤 의미에서는 후자의 경우가 더 강력했다. 보복은 또 다른 보복을 야기한다는 구태의연한 명분이 아니라, 제2차 세계대전을 경험한 사람들이 기억하는 것처럼, 전쟁을 선포하는 사람은 전쟁의 목적이 결코 예측한 대로되지 않는다는 것을 깊이 인식한 데 따른 것이었다. 확신했던 것은 전쟁의 결과는 참으로 예측할 수 없다는 것이었다.[34]

그러므로 '인간 발전'(Humanam Progressionem)은 냉전시대, 분

---

33 Gabriele Palasciano, *op. cit.*, 4-5.

34 Cf. Palasciano, *ibid.*, 4.

쟁이 끊이지 않는 지역에서 평화를 의미하는 것이자, 제2차 바티칸공
의회 이후 교회의 존재와 활동이 자본주의로 인한 폐해 속에서 꽃을 피
우는 일이라는 것을 의미한다. 시대의 징표에 귀를 기울이는 것은 복음
에 비추어 사회현상을 바라보고 인간에 대해 더 따뜻한 시선을 가지는
것을 의미한다. 이런 논리는 21세기에 들어와 더욱 다양해진 사회현상
과 거기에서 야기되는 새롭고 많은 문제들에 직면하여 보다 종합적으
로 모색되어 지기 시작했다. 어느 한쪽으로 치우치지 않는 총체적이고
전인격적이며, 교회 용어로 '온전한' 방향에서 모색되어지기 시작한 것
이다. 프란치스코 교황이 2016년에 설립한 '온전한 인간 발전 촉진을
위한 교황청 부서'는 이런 맥락에 이루어진 일이라고 할 수 있다.

    '온전한 인간 발전 촉진을 위한 교황청 부서'는 정의와 평화에 대한
교황청의 관심사를 다룬다고 하겠다. 이민, 궁핍한 이들, 아픈 이들, 배
척된 이들, 사회적으로 차별받는 이들, 무력 분쟁과 자연 재해의 희생
자들, 감옥에 갇힌 이들, 실업자들, 모든 형태의 노예 살이와 고문의 희
생자들에 관한 문제들을 전담하는 것이다.[35]

4. 21세기 평화의 새 이름: 사랑, 그리고 연대

    21세기에 들어와서 인류는 또 다른 상황에 직면하게 되었다. 새천
년기의 초입에서 새로운 전쟁 방식으로 각종 테러를 목격했고,[36] 자유

---

[35] 한국천주교주교회의, 교황 문헌, 프란치스코 교황 성하의 온전한 인간 발전 촉진을 위한
교황청 부서 설립에 관한 자의 교서 「인간 발전」과 '교황청 부서 정관(2016.08.17.).
http://www.cbck.or.kr/
book/book_list5.asp?p_code=k5150&seq=402583&page=1&KPope.

[36] 2001년 9월 11일 미국의 뉴욕과 워싱턴, 2004년 스페인의 마드리드, 2005년 영국의 런던,
인도네시아, 사우디아라비아, 호주, 케냐, 쿠웨이트, 이라크와 아프가니스탄 등에서 테
러 공격으로 수많은 민간인들이 사망하고 부상을 당했다. 학자들은 이것은 단순히 종교
간 투쟁이 아니라고 말한다. 어린이와 여성 등 무고한 민간인들이 희생되고, 이슬람 원

주의와 소비자본주의의 결과로 인해 일그러지는 인간상만큼, 환경문제와 함께 생태계의 교란까지 그야말로 총체적인 난국에 직면하게 된 것이다.

이런 난국이 하루아침에 이루어진 것도 아니다. 요한 바오로 2세의 삶과 사상에서 지속적으로 드러나며 병든 노구를 이끌고 끊임없이 예측하고 경고했던 것이기 때문이다. 카롤 보이티와, 요한 바오로 2세 교황은 냉전시대 공산국가인 폴란드 출신으로 제2차 세계대전과 제2차 바티칸공의회를 동시에 경험했고, 26년 재임 시기 동안 14편의 회칙과 14편의 교황 권고, 38편의 교서를 발표했으며, 잘사는 나라에서 가난한 나라에 이르기까지 129개국을 방문하며 직접 눈으로 확인한 바, 잘사는 나라에서 만연해지고 있는 자본주의의 횡포와 그로 인한 박탈감과 상대적인 가난, 그리고 가난한 나라의 절대빈곤과 환경문제로 인한 생명권까지 위협받는 현실을 목격하였다.[37] 이런 현실은 그의 삶에 비추어 교황직 초기부터 추진한 가난한 교회의 모습, 가난한 그리스도의 모습을 살아야 한다는 것을 갈수록 구체화시키는 계기가 되었고, 가난한 이들의 존엄성을 옹호하는 일이야말로 교회가 해야 할 우선적인 일임을 자각하게 해주었다.[38]

그의 사상에서 드러나는 '가난'은 모든 차원에서의 '결핍 현상'을 포괄한다. 단순히 절대적이고 상대적인 '가난한 사람'이나 글자 그대로의

리주의 테러범의 희생자들 대부분은 이슬람교 국가들의 민간인들이다. 따라서 그리스도교와 유대교 대 이슬람교의 전쟁이 아니라, 평화와 진보를 원하는 문명인들과 죽음과 테러를 서슴지 않는 테러범들의 싸움이라고 할 수 밖에 없다.

37 김혜경, "실천하는 영성가 요한 바오로 2세의 평화의 관점에서 본 가난의 문제", 「인간연구」 제21호 (가톨릭대학교 인간학연구소, 2011/가을), 45 참조.

38 Cf. Giovanni Paolo II, "Ai poveri del distretto di Tondo, Difendere la dignità dei poveri non è un lusso per la Chiesa"(1981년 2월 18일, 필리핀 극빈자 지역 톤도에서 주민들과 빈민들에게 한 연설: "가난한 사람들의 인권을 옹호하는 것이 교회의 사치는 아닙니다"), in *Insegnamenti di Giovanni Paolo II*, IV (Libreria Editrice Vaticana, 1981), 367-373. 김혜경, 앞의 논문, 50에서 인용.

'가난'에만 국한되지 않고, 인권이 유린되고 종교의 자유가 보장받지 못하는 탈인간화(인간화의 결핍 현상)와 종교자유의 결핍 등, 정치, 사회, 문화적인 콘텍스트에서 인간이 공평하게 누리지 못한 데서 오는 모든 부족함과 결핍을 의미한다고 볼 수 있다. 그러므로 가난의 문제는 곧 인간의 문제라고 보았던 것이다.39 따라서 그가 이끄는 교회는 더 이상 부자와 가난한 이들 사이에서, 지주와 날품팔이꾼들 사이에서 중재 역할이나 하고 있는 것이 아니라, 또 사랑을 실천하라고 가르칠 것만이 아니라 실천에 앞장서고, 그러기 위해 교회의 모든 자원들을 '전하는 교회'에서 '사는 교회'로 재배치해야 했다.40 인간을 시장과 기업의 대상물이 아니라, 시장과 기업의 기준이 되도록 하며, 어떠한 이유에서도 인간을 수단으로 삼는 것을 용납하지 않아야 했다. 그의 인간학적 사상을 함축하는 '인간, 교회가 따라 걸어야 하는 길'이라는 정의는 이런 배경에서 나온 것이다.

여기에는 근대주의의 맹점인 인간을 초월론적인 관점에서 보지 않고 범주적 차원에서만 바라보았던 것에 대한 반성도 담겨 있다. 범주적인 차원은 사회의 기틀을 잡아 주는 종교적 전통적 가치나 내용이 없이 오로지 합리성이라는 외적인 잣대에 맞추어 인간을 바라보게 한다. 그러다보니 생산성과 효율성이 사회의 기틀을 잡는 좋은 틀로 등장하게

---

39 김혜경, "실천하는 영성가 요한 바오로 2세의 평화의 관점에서 본 가난의 문제", 45 각주 4.

40 이것은 교황 바오로 6세의 회칙 「현대의 복음선교」, 이후 교회가 지속적으로 추진해 오고 있는 '복음화' 방향과 일치하는 부분이기도 하다. 교회의 '복음화' 노선은 요한 바오로 2세가 1988년 6월 28일에 발표한 교황청 기구 개편을 위한 회칙 「착한 목자」(Pastor Bonus)를 통해 공고하게 자리를 잡았다. 교황청 '포교성'(De Propaganda Fide)을 '인류복음화성'(Congregazione per l'Evangelizzazione dei Popoli)으 로 바꾸고 각 지역교회의 교구에 설치한 '선교국'을 '복음화국'으로 전면 개편함으로써 교회의 선교 방향을 복음화 방향으로 전환한 것이다. 이것은 더 이상 교회가 가르치는 것에만 집착하지 않고 가르침을 실천하는 동시에, 행동하겠다는 의미를 담고 있다. 김혜경, 같은 논문, 50 각주 15.

되고, 그 속에서 인간은 결국 희생양이 되고 만다. 즉, 생산성과 효율성의 이름으로 끝없는 경쟁 체제가 도입되고 이 경쟁으로 말미암아 약자가 대량으로 양산되는 것이다. 그리고 이 끝없는 경쟁 체제 속에서 인간은 지속적인 약자가 되며, 인간의 주체성 확립을 위한 근대주의적 체계는 결국 인간의 파괴로 종결되고 만다.[41] 이에 교황은 세상을 근대주의적 관점에서 특정 인간을 위한 배타적 역사가 이루어지는 공간이 아니라 하느님께서 함께 하시는 구원의 역사의 현장으로 바라보았기 때문에 바티칸 궁전에만 가만히 머물 수가 없었다. 선언보다는 행동으로, 가르침보다는 표양으로 자신이 하느님의 현존을 드러내는 교회의 일차 일꾼이 되고자 했다. 그가 전인격적인 인본주의를 지향한 이유기도 했다.

그는 세상의 변화를 구체적으로 요구하며 제3세계의 가난한 현실을 폭로하는 데 주저하지 않았다. 제3세계의 '비인간적인 참상'과 개발도상 국가들의 '거의 노예적 멍에'와 같은 운명에 대해 "교회의 호소가 항상 모든 이에 의해 받아들여지지 않을지라도, 그 실상을 아주 명확하고 솔직하게 공개"[42]함으로써 국제적인 논의의 대상으로 삼고자 했다. 가난한 이들을 정치적이고 사회적인 논리에만 맡기지 않고, 구체적이고 능동적으로 그들의 현실에 개입하며, 요청이 받아들여질 때까지 목소리를 내겠다고 천명한 것이다. 가난한 이들의 문제를 시급히 해결해야 할 우리 모두의 최우선 과제로 올려놓았다. "가난한 이들에 대한 우선적인 선택"[43]은 이런 맥락에서 나온 것이다. 그가 볼리비아에서 제3세

---

41 김혜경, 같은 논문, 51.

42 요한 바오로 2세, 「백주년 Centesimus Annus」 (한국천주교중앙협의회, 1991: e-book), 61항 참조.

43 1979년 1월, 보이티와는 교황이 되고 가장 먼저 푸에블라의 라틴아메리카 주교회의에 참여하였다. 거기에서 그는 라틴아메리카 교회에서 일어나고 있는 심각한 양극화 현상을 목격하였다. 「푸에블라 문헌」은 강력하고 상징적이며 논쟁적인 이 용어, "가난한 이를 위한 우선적인 선택"(a preferential option for the poor)을 공식적으로 표면에 내세웠다. 교회가 '가난한 이들의 선택'을 우선으로 한다는 원칙은 요한 바오로 2세의 교황직

계의 '비인간적 참상'과 함께 그 원인이 돈과 권력44에 대한 이념적이고 실천적인 우상숭배의 결과라고 지적한 것(1988)45은 커다란 울림이 되었다. 그가 온 인류의 양심에 대고 외친 인간 존엄의 울림은 의식 있는 정치인, 경제인들로 하여금 새로운 비전을 보게 하는 계기가 되었다. 그가 외친 정의로운 경제 구조와 평등 조약은 이후 착한 자본주의와 사회적 기업의 탄생으로 이어졌고, 세계 평화가 단순히 국가 간의 우호, 군비의 감축, 평화교섭 등으로만 이루어지는 것이 아니라 굶주림을 퇴치하는 데서부터 시작된다는 인식을 확산시켰다.46 지구촌의 한쪽에서 굶어 죽어가는 사람이 있고, 가난한 사람의 인권과 노동력이 착취되고 있는 한 지상에서 인간의 품위는 존재하지 않으며, 인류의 평화는 묘연한 문제이기 때문이다. 그럼 점에서 그가 시작한 가난한 사람들을 위한 '그리스도교적인 사회혁명'은 어떠한 이념이나 사상, 혹은 조직이나 체계에 의한 것이 아니라 연대성과 보조성의 원리에 입각하여 공동선을

전체를 관통하는, '인간적 품위를 잃고 사는 사람들을 위한 인본주의'의 정신이자 교회의 변화된 얼굴이기도 했다. Cf. A. Rigobello, "Un primato d'impegno contro la povertà", in *L'uomo misura dello sviluppo, per una lettura della Sollecitudo rei socialis* (AA.VV., Città del Vaticano, 1988), 42; 안드레아스 엥글리슈/손주희 옮김, 『요한 바오로 2세 평전』 (영언문화사, 2005), 268-272 참조. 김혜경, 같은 논문, 58 각주 27에서 인용.

44 요한 바오로 2세에게 있어 "권력은 특권이 아니라 책임이고 봉사며, 모든 사람의 선익을 위해 사용될 때, 가난한 이들과 무방비 상태에 있는 이들의 요구에 부응할 때, 그 권력은 윤리적으로 정당한 것"이다. 노순자, "생명을 평화로 승화시킨 대교황 ─ 요한 바오로 2세의 생애와 사상", 『본질과 현상』 1 (본질과현상사, 2005), 237; 김혜경, 같은 논문, 69에서 인용.

45 Pontificio Consiglio *Cor Unum*, 'Riflessioni Il Problema della fame su 'La fame nel mondo: nuova sfida e nuovi impegni per la chiesa'"('"세계기아: 교회의 새로운 도전과 임무'에 관한 기아문제 성찰", 22 novembre 1988), *Enchiridion Vaticanum XI, 1988-1989* (EDB), 972. 김혜경, 같은 논문, 69에서 인용.

46 요한 바오로 2세가 숨을 거둔 이듬해에 무담보소액대출제도를 마련하여 가난한 사람들의 재활을 도와준 방글라데시의 그래민 은행과 그 총재 유누스 박사가 노벨평화상을 수상한 것은 현대 세계에서 가난이 평화 문제와 얼마나 긴밀한 연관이 있는지를 잘 보여주는 측면이라고 할 수 있다. 김혜경, 같은 논문, 69에서 인용.

지향하는 '인간학적인 혁명'[47]이었던 것이다. 그것이 사회정의와 연대를 통해 그리스도의 사랑을 드러내는 한 방식이었기 때문이다.[48] 그리고 그것은 베네딕토 16세와 프란치스코 교황으로 이어졌다.

베네딕토 16세 교황의 대표적인 사회 회칙 「진리 안의 사랑」은 "날로 더욱 줄기차게 그리고 전폭적으로 진행되고 있는 세계화와 그것이 교회에 던지는 도전"(9항)에 대한 통찰과 그리스도교적 가르침이다. 교회가 자본주의 경제체제의 확산과 문제 상황에서 지속적으로 제시한 것으로서, 인류 공동체는 하느님의 모습을 따라 창조된 인간 본성에 대한 진리와 인간 본성이 고장 나 있다는 사실을 고려하여 현실적인 해결 방안을 찾아야 한다고 촉구했다. 경제의 의미와 목적에 관한 더욱 넓은 깊은 성찰과 현재의 발전 모형에 대한 근원적이고 장기적인 안목의 재검토가 필요하다고 역설했다.[49] 나아가 세계화 시대의 경제는 형제애의 표현으로서 무상성(無償性)의 원칙, 교환정의, 분배정의, 사회정의를 시장 경제에서 실현하도록 노력함으로써 경제의 문명화에 기여해야 한다고 강조했다.[50] 그 외에도 도덕적 차원의 기업경영과 투자, 금융자

---

47 이 말은 제2차 바티칸공의회의 성과를 두고 라너(Karl Rahner)가 했던 말이다. 라너가 말한 '인간학적 혁명'은 그리스도론적인 특성을 토대로 하고 있다는 점에 서 요한 바오로 2세의 인간학과 일치한다. 공의회의 「사목헌장」과 요한 바오로 2세의 「인간의 구원자」에서 공통적인 혁명의 핵심이 '인간'에 있다는 점이 이를 입증한다고 하겠다. Cf. Rosino Gibellini, *La teologia del XX secolo* (Brescia: Queriniana, 1999), 251-253; Cf. Karl Rahner a colloquio con Meinold Krauss, *La fatica di credere* (Edizioni Paoline, 1986), 91-100. 김혜경, 같은 논문, 72에서 인용.

48 그는 "몇 천만, 몇 백만의 사람이 먹을 음식이 없고, 몇 백만의 어린이가 평생 돌이킬 수 없는 영양부족을 겪고 있으며, 그중 몇 천 명은 죽어가고 있습니다. 그런데 제가 어떻게 입을 다물 수가 있습니까? 침묵한 채 무기력하게 머물러 있을 수가 없습니다"고 외쳤다. Giovanni Paolo II, "Il Messaggio per la Quaresima, Non possiamo rimanere inerti davanti al drama della fame"(1985년 2월 20일, 사순절 메시지: 우리는 기아의 상황에 가만히 있을 수가 없습니다), in *Insegnamenti di Giovanni Paolo II*, VIII (1 1985, Libreria Editrice Vaticana 1985), 536.

49 요한 바오로 2세, 2000년 세계 평화의 날 담화, 15항, *AAS* 92(2000), 366참조. 「진리 안의 사랑」 32항에서 인용.

원의 사용에 있어 사회적 책임과 거기에 포함된 방대한 가치들을 인식
해야 한다고 촉구했다. 경제 질서에서 정치권위, 국제원조와 함께 비인
간적인 익명의 힘과 구조의 세계화에 대한 주의도 잊지 않았다.

불평등한 경제구조와 불의한 사회구조, 불안정한 정치구조 속에서
인간에 대한 예의를 요구하기란 불가능한 일이다. 교회는 고도로 성장
한 자본주의 사회에서 '착취와 경제제국주의'로 인해 빈자가 밥을 굶는
것은 누군가의 비리와 탐욕에 그 원인이 있다고 보았다. 지구가 하나의
촌락으로 등장하기 시작한 이래, 인간사회의 불균형은 자본주의의 발
전과 함께 더욱 심화되고, 이에 '지구가족'의 공동 운명에 대해 진지하
게 생각해야 할 상황에 이른 것이다. 난민문제와 테러문제는 이제 특정
국가의 문제가 아니라 국제적인 문제가 되었고, 환경과 생태문제는 범
지구가족의 생명권에 대해 고민해야 할 시점에 이른 것이다. 이것은 '우
리 시대'의 인간발전이란 무엇인가? 인간'만' 발전하면 된다는 말인가?
인간 발전을 위해 지금까지 해 왔던 것처럼 계속해서 다른 피조물들의
희생을 요구할 수 있을 것인가? 언제까지 다른 피조물들의 희생 위에
인간발전이 가능할 수 있을 것인가? 라는 물음을 던지게 한다. 프란치
스코 교황의 사회 회칙 「찬미받으소서」는 이런 물음들에 대한 답을 모
색하는 문헌이라고 할 수 있다.

프란치스코 교황은 새천년기의 평화를 '사랑'으로 제시하며 (지구
라는) '공동의 집'을 돌보는 것에 관해서 첨단의 과학발전 시대에 인간
과 자연 환경을 아우르는 교육과 영성을 통해 '태양 너머'로 시선을 돌
릴 것을 촉구하였다.

프란치스코 교황에 의해 '평화' 개념은 다시 중세 아씨시의 성 프란
치스코의 사상으로 거슬러 올라간다. 아씨시의 성 프란치스코는 가톨

---

50 베네딕토 16세, 「진리 안의 사랑 Caritas in Veritate」(한국천주교주교회의, 2009), 34-38항
　　참조.

릭교회 안팎에서 대표적인 평화주의자로 알려진 인물이다. 십자군 전쟁의 실패로 교회와 세상이 이분화 되고, 개인과 공동체의 신뢰가 위기를 겪고 있던 시기에 복음의 핵심이 '가난'과 '형제애'에 있음을 설파하고, 참된 화해로 평화를 얻을 것을 촉구하였다. 그는 자연보호, 가난한 이들을 위한 정의, 사회적 헌신, 내적 평화가 어떤 불가분의 유대를 맺고 있는지를 잘 보여 주었다.[51] 그의 영성을 대변하는 〈평화의 기도〉[52]는 그리스도교의 평화사상을 잘 담아내고 있는 것으로 평가받고 있다. 성 프란치스코의 평화 사상에는 범 형제애가 내포되어 있다. 그것은 성인이 직접 쓴 것으로 알려진 〈태양의 노래〉[53]에서 쉽게 찾아볼 수 있다.

---

51 프란치스코, 「찬미받으소서 Laudato Si'」(한국천주교주교회의, 2015), 10항.

52 사실 이 기도문은 아씨시의 성 프란치스코가 직접 쓴 것이 아니라, 미국의 한 무명시인이자 프란치스코 수도회의 수사가 쓴 것이다. 그 내용은 아래와 같다.
오 주여! 나를 평화의 도구로 써 주소서/
미움이 있는 곳에 사랑을 / 다툼이 있는 곳에 용서를 / 분열이 있는 곳에 일치를/
의혹이 있는 곳에 믿음을 / 오류가 있는 곳에 진리를 / 절망이 있는 곳에 희망을/
어둠이 있는 곳에 광명을 / 슬픔이 있는 곳에 기쁨을 심게 하소서/
위로받기 보다는 위로하며 / 이해받기 보다는 이해하며/
사랑받기 보다는 사랑하게 하소서/
우리는 줌으로써 받고 / 용서함으로써 용서받으며/
자기를 온전히 줌으로써 영생을 얻기 때문입니다. 아멘! (성 프란치스코)

53 <성 프란치스코의 태양의 노래> 내용은 아래와 같다. 번역은 최민순 신부가 한 것이다.
지극히 높으시고 전능하시고 자비하신 주여!
찬미와 영광과 칭송과 온갖 좋은 것이 당신의 것이옵고,
호올로 당신께만 드려져야 마땅하오니 지존이시여!
사람은 누구도 당신 이름을 부르기조차 부당하여이다.
내 주여! 당신의 모든 피조물 그 중에서도, 언니 햇님에게서 찬미를 받으사이다.
그로 해 낮이 되고 그로써 당신이 우리를 비추시는,
그 아름다운 몸 장엄한 광채에 번쩍거리며, 당신의 보람을 지니나이다. 지존이시여!
누나 달이며 별들의 찬미를 내 주여 받으소서.
빛 맑고 절묘하고 어여쁜 저들을 하늘에 마련하셨음이니이다.
언니 바람과 공기와 구름과 개인 날씨, 그리고 사시사철의 찬미를 내 주여 받으소서.
당신이 만드신 모든 것을 저들로써 기르심이니이다.
쓰임 많고 겸손되고 값지고도 조촐한 누나 물에게서 내 주여 찬미를 받으옵소서.
아리고 재롱되고 힘세고 용감한 언니 불의 찬미함을 내 주여 받으옵소서.

프란치스코 교황이 회칙으로 쓴 제목 '찬미받으소서'는 바로 이 노래의 후렴구를 차용한 것이다. 한 마디로 아씨시의 성 프란치스코와 프란치스코 교황은 여러 면에서 연관되어 있는 것이다. 그와 동일한 이름을 쓴 것은 성인을 대표하는 영성 '가난'을 교회와 함께 실천하겠다는 것이고, 동시에 가난한 형제들을 잊지 않겠다는 의지의 표현으로 읽혀졌다. 교황이 낸 첫 번째 사회회칙「찬미받으소서」역시 피조물을 향한 성인의 범 형제애 정신을 잇겠다는 뜻으로 판단된다.

회칙은 '이 세상의 그 어떤 것도 우리와 무관하지 않다'는 전제 하에 지구 가족 '공동의 집에 무슨 일이 벌어지고 있습니까?'라고 물으며, 각종 환경문제와 그 원인에 대한 불편한 진실들을 파헤친다. 그러면서 피조물을 향한 기쁜 소식을 여러 각도에서 언급하고 있다. 인간이 초래한 생태 위기의 근본적인 원인들의 핵심에 있는 기술발전이 결국 인본주의까지도 위기로 몰고 가고 있음을 상기시킨다. 이제 생태, 환경 문제는 어느 한 방향에서 해결을 모색하는 것이 아니라, 환경, 경제, 사회, 문화에서 통합적으로 추진되어야 하며 공동선을 목적으로 일상생활 깊은 곳에서까지 이루어져야 하는 것으로 보았다. 가난한 이웃을 향한 사랑의 실천이 특정 날짜에만 행하는 것이 아닌 것처럼, 피조물과의 연대 역시 시공을 정해 두고 실천하는 것이 아니라는 말이다. '통합적으로 추

그로써 당신은 밤을 밝혀 주시나이다.
내 주여, 누나요 우리 어미인 땅의 찬미받으소서.
그는 우리를 싣고 다스리며 울긋불긋 꽃들과 풀들과 모든 가지 과일을 낳아 줍니다.
당신 사랑 까닭에 남을 용서해 주며 약함과 괴로움을 견디어내는 그들에게서
내 주여 찬양 받으사이다.
평화로이 참는 자들이 복되오리니 지존이여! 당신께 면류관을 받으리로소이다.
내 주여! 목숨 있는 어느 사람도 벗어나지 못하는 육체의 우리 죽음, 그 누나의 찬미 받으소서. 죽을 죄 짓고 죽는 저들에게 앙화인지고. 복되도다. 당신의 짝없이 거룩한 뜻 좇는 자들이여! 두 번 째 죽음이 저들을 해치지 못하로소이다.
내 주를 기려 높이 찬양하고 그에게 감사드릴지어다.
한껏 겸손을 다하여 그를 섬길지어다.

진'되어야 한다는 의미는 시공까지 포함한 것을 뜻한다. 그런 점에서 회칙은 친절하게도 구체적인 행동양식과 교육, 영성살이까지 제안하고 있는 것이다.

프란치스코 교황에 의하면, 지구 혹은 세상은 끊임없이 인간이 나서서 뭔가 해결해야 할 문제들로 가득 채워진 것이 아니라, 있는 그대로 바라보고 감사하며 감탄과 찬미로 관상해야 하는 기쁜 신비인 것이다.[54] 눈부시게 변모된 피조물들이 자신의 자리를 찾고, 궁극적으로 해방된 가난한 이들이 행복을 느낄 때, 복음이 제시하는 피조물과 형제들에 대한 그리스도인의 사명이 완수된다고 할 수 있는 것이다.

5. 나가는 말

지금까지 살펴본 바, 정의와 인간발전과 사랑(과 연대)는 가톨릭교회의 평화 개념이 그렇게 발전해왔다는 의미가 아니라, 평화의 맥락이 다양한 범주 속에서 매우 탄력적으로 진행되어 왔다는 것을 의미한다. 용어상의 대체 개념도 아닐 뿐더러 평화가 추상적인 이론이 아니라, 복잡하고 다양한 삶의 현장에서 인간성을 구현하고, 종국에는 피조물에 이르기까지 공동선을 목적으로 깊은 사목적 · 실천적 행동지침을 마련해 왔다는 것을 의미한다. "정의 없는 국가는 강도떼와 같다"(아우구스티누스, 『신국론』)는 아우구스티누스의 울림은 "평화는 단순히 전쟁이 없는 게 아니라 정의의 결과"[55]로 완성되어져야 한다는 말이고, 참다운 발전은 인간 삶의 질의 온전한 증진으로 이루어져야 한다는 말이며, 더욱 공평한 연대와 연대의식을 새롭게 하는 도덕적 요구도 사랑과 평화

---

54 「찬미받으소서」 12항 참조.
55 프란치스코 교황, 2014년 8월 14일 공식방한 중 청와대 연설에서.

의 범주에 있다는 말이다.

형제애의 성실한 실천을 통해 평화를 건설하는 것은 '정의'가 줄 수 있는 것보다 훨씬 더 멀리 나아가는 '사랑'의 열매에 이른다는 것이다. 사랑이 정의에 입각하여 완성되어질 때, 평화는 도래한다는 의미기도 하다. 결국 그리스도교의 본질은 '사랑'이고, 그래야 인권, 공동선과 같은 보편적 차원이 포괄되기 때문이다. 참된 사랑은 혼자 독점하는 것이 아니라 더불어 발전을 모색하기 때문이다. 그런 점에서 "그리스도인의 사랑은 고발하고, 제안하며, 문화적 사회적 계획에 투신하도록 이끌고, 또한 긍정적인 활동을 고무함으로써 선의의 모든 사람이 진심으로 나름의 기여를 할 수 있게"[56] 하는 것이다. 왜냐하면 지상의 평화는 이웃에 대한 사랑에서 생겨나며, 하느님 아버지에게서 나오는 그리스도의 평화의 모습이며 결실이기 때문이다.

가톨릭교회는 이런 일련의 내용을 사회교리라는 이름으로 가르치는 한편, 교황청 내부에 관련 전담 기구들을 두고 평화의 본질인 그리스도의 평화가 뿌리내리게 하는 것을 시대적 사명으로 간주해왔다. 교리를 통한 가르침과는 별개로 이런 실행기관을 둠으로써 평화적인 행위라고 믿고 실천하는 일이 때로 정반대의 결과로 이어지는 것을 방지하고, 좋은 결과를 이루도록 하려는 것이다. 이런 조직적이고 체계적인 통솔기구는 인간의 나약함과 한계를 인식한 데 따른 것이다.

그러므로 평화는 교회와 교회 구성원들의 다른 이름이자 세상을 향해 외치는 기쁜 소식이 궁극적으로 도달해야 하는 지점이 되어야 한다. 모든 그리스도인이 필연적으로 따라 걸어가야 하는 길이다. 이는 바오로 사도(5~64 a.c.)가 말한 바, 평화는 예수님을 부르는 또 하나의 이름, "그리스도 우리의 평화!"(엡 2:14 참조)이기 때문이다.

---

56 「간추린 사회 교리」 6항.

참고자료

AAS 9(1917)/ AAS 32/34(1940/42)/ AAS 35(1943)/ AAS 92(2000).

Enchiridion Vaticanum IV-XI. EDB Bologna, 1971-1989.

교황청 정의평화평의회. 『간추린 사회교리』. 한국천주교주교회의, 2004.

베네딕토 16세. 「진리 안의 사랑 Caritas in Veritate」. 한국천주교주교회의, 2009.

비오 11세. 「사십주년 Quadragesimo Anno」. 1931.

요한 23세. 회칙 「지상의 평화 Pacem in Terris」. 1963. 4. 11.

요한 바오로 2세. 「백주년 Centesimus Annus」. e-book, 한국천주교중앙협의회, 1991.

프란치스코 교황. 2014년 8월 14일 공식방한 중 청와대 연설.

_____. 「찬미받으소서 Laudato Si'」. 한국천주교주교회의, 2015).

한국천주교주교회의. "교황 문헌, 프란치스코 교황 성하의 온전한 인간 발전 촉진을 위
한 교황청 부서 설립에 관한 자의 교서 「인간 발전」과 교황청 부서 정관(2016. 08.
17.)" 『제2차 바티칸공의회 문헌』. e-book, 한국천주교중앙협의회.

김시홍. 『이탈리아 사회연구 입문』. 서울: 명지출판사, 1995

김혜경. "세계화 시대의 정의: 공동선." 「신학전망」 제184호 (광주가톨릭대학교 신학연
구소, 2014), 146-182.

_____. "실천하는 영성가 요한 바오로 2세의 평화의 관점에서 본 가난의 문제." 「인간연
구」 제21호 (가톨릭대학교 인간학연구소, 2011/가을), 43-79.

노순자. "생명을 평화로 승화시킨 대교황 — 요한 바오로 2세의 생애와 사상." 「본질과 현
상」 1(본질과현상사, 2005), 221-237.

리길재. "세계평화의 날 40돌의 의미." 「가톨릭평화신문(CPBC)」 951호, 2008. 01. 01.

엥글리슈, 안드레아스/손주희 옮김. 『요한 바오로 2세 평전』. 영언문화사, 2005.

헨드릭스, H./정한교 옮김. 『성서와 사회정의』. 분도출판사, 1984.

Almeida, Cándido Mendes de. "Lo sviluppo e l'ingiustizia strutturale." in *Documentation
Catholique* 21, gennaio 1971.

Augustinus. *De Civitate Dei*, lib. IV, PL 41.

_____. *Sermones post Maurinos reperti*, Miscellanea Agostiniana 1. Roma: Typis poly-
glottis Vaticanis, 1930.

Gibellini, Rosino. *La teologia del XX secolo.* Brescia Queriniana, 1999.

Paolo II, Giovanni. *Insegnamenti di Giovanni Paolo II,* Vol. 1-25(1979-2004). Libreria

Editrice Vaticana.

Paolo VI. "Al momeento del "cessate il fuoco" in Vietnam (28 gennaio 1973)." in *Enchiridion Vaticanum, 4. Documenti Ufficiali della Santa Sede (1971-1973)*.

Rahner, Karl. "Karl Rahner a colloquio con Meinold Krauss." *La fatica di credere*, Edizioni Paoline, 1986.

Rigobello, A. "Un primato d'impegno contro la povertà." in *L'uomo misura dello sviluppo, per una lettura della Sollecitudo rei socialis*, AA.VV., Città del Vaticano, 1988.

Salvini, Gianpaolo. *Il Sinodo e la giustizia nel mondo*(1971.11.30.). Febbraio 1972. http://www.cpbc.co.kr/CMS/newspaper/view_body.php?cid=233737&path=200 712.

Palasciano, Gabriele. *Il pensiero sulla pace nel Cattolicesimo*, Uno sguardo oltre la politica Intervista ad Alberto Melloni. http://www.notedipastoralegiovanile.it/index. php?option=com_content&view=article&id=9818:il-pensiero-sulla-pace-nel-cat tolicesimo&catid= 353&Itemid=1100.

Pope Benedict XV's Peace Proposal, https://wwi.lib.byu.edu/index.php/Pope_Benedict_XV%27s_Peace_Proposal.

Benedict XV and his pursuit of peace, http://www.archivioradiovaticana.va/storico/2014/06/24/benedict_xv_and_ his_pursuit_of_peace/en-1102133.

https://ko.wikipedia.org/w/index.php?title=교황_베네딕토_15세.

https://ko.wikipedia.org/wiki/쿠바 미사일 위기.

http://www.cbck.or.kr/book/book_list5.asp?p_code=k5150&seq=402583&page=1&KPope.

http://overseas.mofa.go.kr/va-ko/brd/m_6960/view.do?

http://www.vatican.va/holy_father/john_paul_ii/index_it.htm.

한국적 다문화주의와 종교평화교육*

손 원 영

(서울기독대학교)

1. 서론

현대사회는 다문화사회라고 해도 과언이 아니다. 각 국가마다 약간 정도의 차이는 있을지언정 대부분의 국가들은 다양한 문화를 배경으로 한 사람들이 이주자로 와서 더불어 살아가는 사회가 되었다. 특히 최근에는 신자유주의에 따른 자유무역의 활성화 영향으로 새로운 일자리를 찾아 국가 간의 이동이 더욱 빈번해지면서 다문화 현상은 전 세계적으로 더욱 확산되고 있다. 이것은 한국도 예외는 아니다. 법무부가 조사 발표한 외국인정책 통계에 따르면, 1998년 30만 명에 불과했던 국내 체류 외국인의 수는 2004년에 75만 명에서 2008년에는 116만 명으로 증가하였다. 그리고 8년 만에 2012년에는 거의 두 배인 145만 명으로 증가하였다. 이것은 국내 체류 외국인이 2012년 주민등록인구통계 기

---

* 이 글은 「기독교교육정보」 제60집 (2019)에 게재되었던 원고를 수정 보완한 것임.

준으로 전체 인구(50,948,272명)의 약 3%에 해당하는 적지 않은 수치이다.[1] 여성가족부가 발표한 통계는 이보다 더욱 늘어서, 2018년 현재 우리나라에 거주하는 이주민은 약 200만 명에 이른다.[2] 그리고 2018년 통계청이 다문화가족지원법에 따라 조사 발표한 '2017년 다문화가정'의 비율은 전체 혼인가구 대비 8.3%를 차지하고 있다. 이것은 전년 대비 0.6% 증가한 것으로서 매년 계속적으로 증가하는 모습을 보여주고 있다.[3] 뿐만 아니라 교육부가 2018년 발표한 이주민의 자녀 역시 매년 증가하여 2017년 현재 122,212명으로서 전체 학생의 2.2%를 차지하고 있다.[4] 이처럼 우리나라에서 다문화 현상은 결코 일시적인 현상이 아니라 결코 피할 수 없는 중요하게 대면해야 할 현실이 된 것이다.

그런데 다문화사회가 진행되면 될수록 직면해야 할 수많은 문제가 있겠지만, 그 중 결코 간과할 수 없는 문제는 '종교'의 문제이다. 왜냐하면 다문화의 문제는 종교적인 문제와 깊이 연관되어 있기 때문이다. 일찍이 틸리히(Paul Tillich)가 "종교는 문화의 실체요 문화는 종교의 형식이다"[5]라고 말했던 것을 굳이 언급하지 않더라도, 모든 문화의 이면에 종교가 뿌리 깊이 자리 잡고 있음을 결코 간과할 수 없다. 예컨대, 이슬람국가가 대부분인 중동이나 동남아시아의 국가에서 한국에 노동자로 혹은 결혼이주민으로 오는 경우, 그들은 거의 예외 없이 그들 자신의 종교인 이슬람문화를 갖고 입국하게 된다. 이런 상황에서 종교의 자유가 보장한 한국 사회가 그들의 종교를 거부할 어떠한 명분도 갖고 있

1 김지윤 · 강충구 · 이의철, "닫힌 대한민국: 한국인의 다문화 인식과 정책", 「이슈브리프」 (아산정책연구원, 2014.2). http://www.asaninst.org/contents/닫힌-대한민국-한국인의-다문화-인식과-정책/ (2019.2.10.검색).

2 여성가족부, 「다문화 가족통계」 (2018).

3 통계청, 「2017년 다문화 인구동태 통계」 (2018. 11. 22. 보도자료).

4 교육부, 「2018년 교육부 교육통계」 (2018).

5 Paul Tillich, *Theology of Culture* (New York: Oxford University Press, 1959), 42.

지 않다. 따라서 다문화교육(multicultural education)은 반드시 '종교
교육'과 더불어 진행되어야 마땅하다. 그렇지 못할 경우, 우리 사회는
종교 간의 갈등과 대립이 불가피하다. 뿐만 아니라 '평화-통일'의 한국
을 내다보는 한반도의 현실에서 다문화교육은 단순히 외국인 이주자만
의 문제가 아니라, 한민족 전체의 정체성 문제와 연결된 중요한 문제이
기도 하다. 왜냐하면 지난 100년 동안 전 세계에 흩어진 문화를 달리하
는 약 800만 명의 '디아스포라 한국인들'(Diaspora-Korean)이 끊임없
이 이동하며 새로운 이주자로 한국에 돌아오는 시대가 되었기 때문이
다. 따라서 본 논문은 이런 관심 하에 '종교대화적 접근'에 근거하여 다
문화 관련 문헌을 비판적으로 검토하는 방식으로 다음과 같은 네 가지
의 주제를 살펴보고자 한다. 첫째, 기독교교육과 관련하여 현재 진행되
는 다문화교육의 현주소는 무엇인가? 둘째, 다문화를 이해하는 다문화
담론의 주요 이론과 쟁점은 무엇인가? 셋째, 한국적 다문화주의는 필
요한가? 넷째, 한국적 다문화교육 모델은 무엇인가?

2. 다문화 종교교육의 현주소

서양은 오래전부터 다문화사회가 정착된 관계로 다양한 분야에서
다문화에 대한 연구가 활발하였다. 특히 서구의 교회와 학계에서는 종
교대화의 측면에서 다문화교육에 대한 연구를 활발히 진행시켜 왔다.[6]

---

6 서구에서 종교대화와 관련하여 다문화교육을 탐색한 주목할 만한 연구들은 다음과 같다.
Norma H. Thompson, ed., *Religious Pluralism and Religious Education* (Birm- ingham,
Ala.: Religious Education Press, 1988); Ovey N. Mohammed, "Multiculturalism and
Religious Education", *Religious Education* 87/1(1992), 62-73; Kate Siejk, "An Aspect of
Multicultural Religious Education: Visioning Our Epistemological Foundations",
Religious Education 88:3 (1993), 434-450; Kathleen T. Talvacchia, "A Theological
Framework for Multicultural Religious Education", *Horizons* 24/2 (1997), 215-229; David
Ng, "Impleted toward multicultural religious education", *Religious Education* 87/2

특히, 이것은 스콧(K. Scott)이 이미 오래전 연구주제에 따라 기독교교
육의 연구유형을 분류한 것에서도 잘 드러난다.7 그에 따르면, 기독교
교육의 연구는 크게 세 가지 유형으로 분류될 수 있다. 첫째는 교회 문
화화 유형(traditionalists)이고, 둘째는 수정주의 유형(revisionists)이
고, 셋째는 재개념주의 유형(reconceptualists)이다. 스코트는 이 세 가
지 유형을 각각 경계 안 모델(inner order model), 대화적 경계모델
(dialectical border model) 그리고 경계 건너기 모델(border crossing
model)이라고도 불렀다. 여기서 세 번째 유형인 '경계 건너기 모델'이
재개념주의 유형으로서 말하자면 '종교 간의 대화 유형'이라고 말할 수
있다. 그런데 스콧은 한국 학계에도 널리 알려진 가브리엘 모란
(Gabriel Moran)이나 마리아 해리스(Maria Harris) 그리고 제임스 파
울러(James Fowler) 등과 같은 학자들을 재개념주의 유형에 분류시키
면서 종교대화적 접근에 따른 연구가 활발히 진행되고 있음을 보여주
었다.

　　하지만 한국교회와 기독교교육학계는 서구와 달리 재개념주의 접
근이나 종교대화적 접근에 의해 연구가 진행되는 것이 상대적으로 매

(1992), 192-202; Dwayne Huebner, "Educational Foundations for Dialogue", *Religious Education* 91/4 (1996), 582-588; Barbara Wilkerson, ed., *Multicultural Religious Education*, 2nd ed. (Religious Education Press, 1997); Robert J. Nash, *Religious Pluralism in the Academy: Opening the Dialogue* (New York: Peter Lang Inc., International Academic Publisher, 2001); Elizabeth Conde-Frazier, S. Steve Kang & Gary A. Parrett, *A Many Colored Kingdom: Multicultural Dynamics for Spiritual Formation* (Grand Rapids: Baker Academic, 2004); Andrew Wright, *Critical Religious Education: Multiculturalism and the Pursuit of Truth* (Wales: University of Wales Press, 2008); Sheryl A Kujawa-Holbrook, *God Beyond Borders: Interreligious Learning Among Faith Communities* (Eugene, OR: Cascade Books, 2014); Fred Dervin & Zehavit Gross, eds., *Intercultural Competence in Education: Alternative Approaches for Different Times* (London: Palgrave Macmillan, 2016) 등 참조.

7 Kieran Scott, "Three Traditions of Religious Education", *Religious Education* 79/ 3 (1984), 323-340.

우 빈약한 것이 사실이다. 이것은 오래전 강희천이 지적한 언급에서도
잘 드러난다. 강희천은 스콧이 분류한 위와 같은 세 가지 범주에 따라
한국 기독교교육학계의 현실을 비판적 성찰하면서 서구와 달리 한국의
기독교교육은 대부분 '전통주의 유형'에 치우쳐있음을 비판하였다. 그
러면서 그는 자신의 연구를 일종의 수정주의적 유형에 위치시키면서,
향후 수정주의 유형과 더불어 재개념주의 유형이 한국 기독교교육학계
에서 더욱 활발히 연구될 필요가 있음을 밝혔다.[8] 하지만 강희천의 주
장에도 불구하고, 그 후 한국 기독교교육의 현실은 여전히 재개념주의
유형의 연구가 부족한 것이 사실이다. 특히 최근 관심을 끌고 있는 종교
대화적 접근 혹은 종교평화적 접근에 따른 연구가 더욱 필요하다.

　사실, 이러한 연구의 한계는 지난 10여 년 동안 한국교회를 포함하
여 사회 전반에서 논의되어온 다문화 담론에 대한 분석에서도 그대로
반영되어 있다. 김태원 그리고 박종대와 박지해의 연구에 의하면, 한국
사회에서 논의되어온 다문화담론은 대체로 다음과 같은 네 가지 주제
들로 이루어졌다. 그것은 ① 이주자의 증가에 따른 사회의 변화, ② 다
문화주의에 대한 이론적 이해 및 다문화이론의 적용에 따른 정치적 제
도적 의미, ③ 이주자의 현실과 성평등 및 여성인권의 문제 그리고 ④
다문화교육의 필요성 및 프로그램의 개발 등이다.[9] 그런데 여기서도 암
시하듯, 다문화 담론에서 '종교'와 관련된 논의는 다른 주제에 비해 상
대적으로 미진하였다. 그리고 논의가 되었다 할지라도 상당 부분 선교
전략의 차원에서 논의되거나, 혹은 종교적인 문제를 비종교적인 문제
로 왜곡 축소시켜 아주 작은 문제로 취급하는 경향을 보여 왔다.[10]

8 강희천, 『기독교교육사상』(서울: 연세대학교출판부, 1991), 23-26.
9 김태원, "한국적 다문화 연구에 대한 새로운 방향모색", 「인문과학연구」 제16호 (대구가
　톨릭대학교, 2011), 57-76; 박종대 & 박지해, "한국다문화정책의 분석과 발전방안 연구",
　「문화정책논총」 제28집 1호 (2014), 35-63.

특히, 오현선은 한국 개신교 다문화교육의 범주를 두 가지로 제시하면서 한국교회의 다문화교육의 현주소를 비판적으로 성찰한 바 있다. 그에 따르면, 한국교회가 실천하는 다문화교육의 유형은 크게 두 가지로 범주화될 수 있다. 첫 번째 범주는 이웃종교와 대화를 추구하는 다문화 교육 유형이다. 이것은 자신의 종교적 정체성을 분명히 한 뒤 종교 간의 다름과 같음을 식별하고, 그것을 통해 종교 간의 대화를 돕는 다문화 교육이다. 반면에 두 번째 범주는 다문화사회에 대한 기독교인의 사회적 역할과 관련한 다문화교육을 의미한다. 이것은 다문화사회에서 기독교인의 사회적 기능을 명료화하고 강화하는 데 초점을 둔 교육이다. 여기서 오현선은 이 두 가지 경우에서 한국교회가 대부분 후자의 입장에서 다문화교육의 연구 및 실천이 진행되어 왔음을 언급하면서, 본인 스스로도 전자의 입장에 대해서는 매우 신중히 접근할 것을 권하였다.[11] 이것은 한국교회 내에서 이루어지는 다문화교육이 종교 간의 대화를 전제로 한 종교평화모델로 접근하기에는 아직 매우 소극적임을 반증하는 것이라고 말할 수 있다.

한편, 이러한 신중론은 일반 교육계에서도 그대로 반영되어 있다. 최근 발표된 정영애와 류영철의 실증적 연구에 의하면, 현재 한국교육계의 다문화교육 수준은 다문화주의자로 알려진 뱅크스(J. A. Banks)가 제안한 4단계 모델의 수준에서 볼 때, 겨우 1~2단계의 낮은 수준에 머물러 있음이 증명되었다.[12] 뱅크스에 따르면, 다문화교육의 수준은

---

10 박종수, "다문화현상에 대한 한국개신교의 인식과 대응", 「한국종교문화」 제14호 (2010), 83-110; 박종수, "종교단체의 다문화교육에 대한 사례연구: 불교, 개신교, 천주교 단체를 중심으로", 「종교연구」 제63집 (2011), 59-80; 성해영, "바람직한 다문화 공동체 형성을 위한 종교의 역할 연구", 문화체육관광부 정책보고서 (2012); 오현선, "다문화사회와 개신교의 기독교교육", 「종교교육학연구」 제36권 (2011) 참조.

11 오현선, "다문화사회와 개신교의 기독교교육", 23.

12 정영애 & 류영철, "다문화 정책학교의 다문화교육 접근법 분석: Banks의 다문화교육 접근법을 중심으로", 「다문화와 평화」 12/3 (성결대학교 다문화평화연구소, 2018), 206-227

크게 네 단계로 구분될 수 있다. 첫째 단계는 '기여적 접근법'(con-
tribution approach)의 수준으로서, 다른 인종과 민족의 옷, 음식, 축
제, 영웅, 공휴일 등의 개별적인 문화적 요소에 초점을 맞추는 단계이
다. 둘째 단계는 '부가적 접근법'(additive approach)의 수준으로서, 기
존 교육과정에 다른 문화의 내용, 개념, 주제, 관점을 더하는 단계이다.
세 번째 단계는 '변혁적 접근법'(transformation approach)의 수준으로
서, 학생들이 다양한 민족과 문화집단의 관점에서 개념, 이슈, 주제를
바라볼 수 있도록 기존 교육과정의 구조와 관점을 바꾸는 단계이다. 마
지막으로 네 번째 단계는 비판적 관점으로서 '사회적 실천 접근법'(so-
cial action approach)의 수준이다. 이것은 소수인종, 민족, 계층, 성과
관련된 사회문제를 바라보고, 문제해결을 위한 결정과 사회적 행동을
하는 단계이다.[13] 그런데 정영애와 류영철의 연구는 한국 다문화교육
의 수준이 대부분 1단계와 2단계 곧 기여적 접근과 부가적 접근에 머물
러 있음을 보여주었다. 물론 그들의 연구를 한국교육계 전체로 일반화
하는 데에는 일반화의 오류를 범할 소지가 없지 않다. 그러나 그럼에도
불구하고 분명한 것은 한국 다문화교육에서 종교대화 및 종교평화적
접근의 노력이 더욱 많이 요청된다는 점이다. 특히 다문화교육이란 모
든 학생들이 성별, 사회계층, 인종적 · 민족적 특징과 관계없이 학교에
서 평등하게 교육을 받고, 그래서 학습자의 행복과 평화를 제고하기 위
한 교육개혁 운동을 의미한다고 할 때, 다문화교육은 평등교육과 사회
정의교육, 그리고 더 나아가 평화교육까지를 포괄하는 차원에서 논의
될 필요가 있다.[14] 따라서 한국교회의 다문화교육은 기여적 접근이나

참조.

13 *Ibid.*, 246-258.

14 J. A. Banks & C. A. Banks, eds., *Multicultural education: Issues and perspectives*
(Hoboken, N.J.: John Wiley & Sons, 2004), 399-420.

부가적적 접근의 차원을 넘어서 보다 적극적인 변혁적 접근과 사회적
실천 접근의 차원 곧 '인권'의 개선 및 '종교평화'의 차원에서 더욱 활발
히 논의되어야 할 것이다.

3. 다문화 담론과 다문화주의의 한계

일반적으로 볼 때, 다문화교육은 문화적 다양성의 존중과 이해를
위한 일련의 교육적 과정을 의미한다. 따라서 다문화교육은 문화적 차
이에서 오는 사회적 차별을 해소하고 궁극적으로 민주주의 가치를 실
현하려는 교육전략이라고 볼 수 있다. 특히 다문화 담론은 인종적 편견
과 차별뿐만 아니라 동일한 인종에서 발생하는 계층, 성별, 심지어 동
성애 등의 광범한 문화적 차이까지를 포괄하고 있다. 사실 이러한 문화
적 차이를 극복하려는 다문화 담론의 노력들은 1970년대 초반 인종적
편견이 강한 호주에서 본격적으로 시작되었다. 그리고 1983년 캐나다
는 세계 최초로 '다문화주의' 이념을 실현하기 위해 구체적인 교육 및
복지정책 등을 발표하였다. 이때부터 '다문화주의'(multiculturalism)
라는 용어는 본격적으로 전 세계에 확산되었다. 여기서 '다문화주의'는
'다문화 담론'과 구분되는 용어로서, 후자는 다문화이론에 대한 전반적
인 논의를 의미한다면, 전자는 그 담론 중 하나로서 모든 문화를 동등하
게 차별 없이 존중하는 해야 한다는 이론을 뜻한다.15

다문화교육 이론에 대한 연구사를 검토할 때, 다문화 담론의 입장
들은 이주민들이 주류문화에 대하여 어떤 태도를 취하는지에 대한 입
장에서 분류되기도 하고, 혹은 주류집단이 이주민에 대한 수용태도에
따라 분류되기도 한다. 먼저 전자의 경우는 베리(J. W. Berry)에 의해서

---

15 S. Castles & M. J. Miller, *The Age of Migration, International Population Movements in the Modern World*, 4th ed. (New York: Guilford Press, 1998) 참조.

분류되어 학계에서 지금까지 많이 활용되고 있다. 즉 그는 문화적응모델로 불리는 이론을 통해 주류문화의 수용과 거부, 그리고 고유문화의 유지와 포기 사이를 서로 연결시켜, 각각 통합모델(integration), 동화모델(assimilation), 분리모델(segregation) 그리고 주변화 모델(marginalization)로 구분하였다.[16] 그리고 후자의 경우는, 즉 주류 집단의 이주민에 대한 수용태도에 따른 분류는 캐슬-밀러(S. Castles, & M. J. Miller)에 의해 세 가지 모델로 제시되었다. 그것은 곧 동화모델, 차별/배제모델 그리고 다문화주의모델이다.[17]

그런데 여기서 베리의 분류와 캐슬-밀러의 분류 중 캐슬-밀러의 모델이 보다 널리 알려진 관계로 그에 따라 다문화 담론을 좀 더 서술하면, 동화모델은 이주민의 문화를 소수로 간주하고 이것을 주류의 문화에 흡수해 동화시키는 것을 주된 목표로 삼는다. 그래서 소수집단이 그들의 민족적 정체성을 포기하고, 주류문화에 합병되는 것이다. 동화주의는 문화적 다양성과 차이를 사회적 갈등의 주원인으로 간주하면서, 특정의 지배문화를 우월성을 지닌 문화로 간주하여 그것에 편입되도록 강조한다. 그 대표적인 사례로는 1960년 미국의 경우 와스프(WASP: 백인, 앵글로색슨, 개신교)의 지배문화를 강조하면서 그것에 동화될 것을 강조한 소위 '용광로모델'(melting pot model)나, 프랑스 초기의 이민 정책이 여기에 해당된다. 둘째는 차별적 포섭/배제모델이다. 이것은 보통 '차별/배제모델'이라고도 불리는데, 소수인종과 그들의 문화를 기존 사회를 위협하는 요인으로 인하여, 경제 분야와 같은 특정한 영역에서만 이주민을 수용하고, 복지, 정치, 종교 등 다른 사회적 영역에서는

---

16 John W. Berry, "Immigration, Acculturation, and Adaptation", *Applied Psychology* 46 (1997), 5-34.

17 Castles & Miller, *The Age of Migration, International Population Movements in the Modern World* 참조.

이주민들의 정착을 원천적으로 차단하는 형태이다. 이 형태는 독일이나 일본, 그리고 한국 등 단일민족 국가 개념을 강조해온 국가들에서 주로 많이 발견된다. 앞의 동화주의와 더불어 이 모델은 다문화사회로 진입하는 초기에 주로 많이 따르는 유형으로 알려져 있다. 셋째는 다문화주의 모델(multiculturalism model)로서, 이것은 이주민들의 고유문화를 인정함으로써 일방적인 동화나 선별적인 배제가 아닌 집단의 공존을 추구하는 모델이다. 이것은 이른바 샐러드 볼 이론(salad bowl theory)이나 인종적 모자이크이론(ethnic mosaic theory), 혹은 무지개연합이론(rainbow coalition theory)과 같은 별칭으로도 불린다. 현재 논의되는 대부분의 다문화담론들은 대체로 '다문화주의 모델'이라고 말할 수 있다.

이상에서 살핀 것처럼 현재 논의되는 다문화 담론은 대체적으로 베리가 분류한 '통합 모델'이나 캐슬-밀러가 분류한 '다문화주의 모델'을 지향한다고 말할 수 있다. 특히 캐슬-밀러가 제시한 '다문화주의 모델'은 학계에서 다문화 담론과 거의 동일시하곤 한다. 그만큼 '다문화주의 모델'은 다문화교육이론에서 큰 중심적 위치를 차지하고 있다고 말할 수 있다. 그런데 문제는 최근 한국 정부의 다문화 정책이나 학계의 다문화 담론에서 '다문화주의 모델'에 대한 비판이 적지 않게 제기되고 있다는 점이다. 즉 다문화주의를 마치 절대적인 선처럼 여기는 것에 문제제기를 하면서, 소위 균형 잡힌 다문화주의 및 새로운 대안의 필요성이 요구되고 있다.[18] 왜냐하면 다문화주의는 다양한 문화 혹은 인종 집단의 '평화적 상호존중'이라는 이상적 가치를 내포하고 있음에도 불구하

---

18 성해영, "바람직한 다문화 공동체 형성을 위한 종교의 역할 연구", 「문화체육관광부 정책보고서」 (2012); 임형백, "선택적 포용과 배제를 통한 한국인의 정체성 형성", 문화콘텐츠기술연구원 다문화콘텐츠연구사업단엮음, 『동서양 역사 속의 다문화적 전개양상』(광명: 도서출판 경진, 2012); 김영명, "한국의 다문화담론에 대한 비판적 고찰", 「한국정치외교사논총」 제35집 1호 (2013), 141-174.

고, 한국적인 현실을 상당 부분 간과하고 있기 때문이다. 말하자면, 한
국의 강력한 단일민족주의 문화와 같은 상황을 도외시한 채 극단적 문
화상대주의 입장에서 다문화 담론을 강요할 경우, 오히려 그것이 사회
통합과 평화에 저해될 수 있다. 따라서 이런 주장은 매우 설득력 있는
주장으로 보인다. 왜냐하면 조현상도 지적하였듯이, 다문화사회란
OECD 기준으로 전체 인구 대비 외국인의 비율이 10% 이상이 되는
경우 주로 다문화사회로 간주되는 것에 비추어볼 때, 한국의 경우는 겨
우 2018년 현재 약 3% 정도로서, 외국의 다문화주의를 일방적으로 한
국 사회에 적용시키기에는 여러 어려움이 있기 때문이다.[19] 그러므로
'다문화주의 이후'(after multiculturalism)의 담론을 비판적으로 탐색
하는 것은 건강한 다문화사회의 정착과 종교평화교육을 위해서도 유의
미한 작업이라고 말할 수 있다.

4. 한국적 다문화주의의 필요성

'다문화주의'에 대한 도전과 비판은 비단 한국에서만의 문제가 아니
라 전 세계적인 논란거리가 되고 있다. 사실 이러한 도전의 배경에는
2017년 트럼프가 미국의 대통령으로 취임하면서 표방하게 된 구호와
크게 무관하지 않다. 주지하듯이, 트럼프는 소위 'America First!'[20]로
불리는 '자국민 우선주의'를 강력하게 외치면서 경제 외교정책뿐만 아
니라 교육 및 문화의 각 정책들을 펼치고 있다. 그래서 미국은 현재 이
주민이나 외국인에 대하여 군사적으로나 정치적으로, 그리고 경제적으

---

19 조현상, "'다문화 담론'의 한계성과 유효성에 관한 고찰: 한국 다문화사회 수렴과정을
   중심으로", 「동서철학연구」 제63집 (2012), 220–221.

20 Danny Toma, *America first: Understanding the Trump doctrine* (Washington, DC:
   Regnery Publishing, 2018) 참조.

로나 심지어 문화적으로 매우 배타적 정책들을 쏟아내고 있다. 물론 트럼프의 자국민 우선주의가 곧바로 다문화주의를 포기한 채 타문화에 배타적인 '반다문화주의'(anti-multiculturalism)로 흐른다거나, 혹은 하나의 문화만을 절대화하려는 '단일문화주의'(mono-culturalism)를 지지하는 것은 아니다. 하지만 그럼에도 불구하고 그의 '자국민 우선주의'는 불가피하게 다문화주의에 대한 큰 도전으로서 작용할 개연성이 매우 높다. 실제로 트럼프 정부의 등장 이후, 미국에서는 그동안 타자로서의 특혜적 지위를 부분적으로나마 보장받던 외국인 이주자들이나 유학생 그리고 외국인노동자들이 서야할 자리를 급속히 빼앗기고 있다. 그리고 그런 과정에서 모든 인종이나 문화를 차별하지 않고 존중할 것을 강조하는 '다문화주의'는 자국민의 이익과 권리만을 절대화하려는 구호 앞에서 더욱 작아지고 있다.

그런데 이 같은 다문화주의의 위기는 엄밀히 말해 미국의 트럼프 행정부가 들어서기 이전부터 유럽과 아시아를 비롯한 전 세계에서 이미 감지되기 시작하였다. 특히 영국은 2016년 소위 '브렉시트'(Brexit)로 불리는 EU 경제공동체로부터의 탈퇴를 국민투표를 통해 승인함으로써 일종의 다문화주의에 대한 수정을 국가적으로 선언한 셈이다. 그리고 중국이나 일본은 오래전부터 다문화주의에 대해 비판적인 입장을 견지해 오고 있다. 이러한 상황에서 우리는 '다문화주의 이후'에 대하여 고민하면서, 다음과 같은 질문을 하게 된다. 즉, 우리는 다문화주의 모델을 다문화교육과 다문화정책 수립에서 계속 우선적으로 지지해야 할 것인가? 아니면 전 세계적인 흐름에 따라 한국적 상황을 고려하여 새롭게 수정해야 할 것인가? 혹 수정한다면, 어떤 방향으로 수정하는 것이 적절할 것인가? 더욱이 다문화교육이 기독교 종교교육의 측면에서 수정된다면 어떻게 고려하는 것이 적절한가?

실제로 '한국적 다문화주의'의 필요성은 이미 2006년 정부의 다문

화정책이 본격적으로 시작될 무렵부터 배태되었다. 당시 교육인적자원
부는 다문화주의를 시대적 요구에 부응하는 교육정책으로 천명하면서
향후 각급 학교에서 단일민족주의를 강조하는 교과서 대신 '다문화를
강조하는 교과서'를 만들겠다고 발표하자, 교육계에 큰 논란이 일어났
던 것이다. 왜냐하면 단군의 홍익인간을 교육이념으로 하여 오랫동안
한민족의 우수성을 강조해온 대한민국 교육이 어느 날 갑자기 다문화
주의 교육으로 인하여 그것이 포기될 수도 있다는 위기의식이 발동된
것이다.21 사실, 이 논란의 배경에는 다음과 같은 질문들이 반영되어
있다. 즉, "다문화주의 교육정책과 홍익인간의 교육이념 사이의 갈등에
서 어느 하나만을 선택하는 것이 옳은 일인가?", "민족주의적 교육은
다문화주의 교육과 반드시 대립되어야만 하는가?", "민족주의의 개념
이 지난 역사를 통해 그 배타성으로 인하여 많은 비판을 받고 있는 것은
사실이지만, 민족주의 그 자체는 결코 부정할 수 없는 현실은 아닌가?
더욱이 배타적 민족주의 이외에 보다 긍정적인 '개방적(열린) 민족주
의'(open nationalism)도 있는데, 다문화주의는 개방적 민족주의와 연
계될 가능성은 없는가?", 더 나아가 "다문화교육이 일종의 새로운 문화
정체성 교육이라고 할 때, 그것은 자연스럽게 '한국적 다문화주의', '한
국형 다문화주의' 혹은 '새로운 민족정체성 교육'으로 발전될 필요성은
없는가?"22 특히 최근 전 세계로 흩어진 다양한 문화를 가진 약 800만
명에 이르는 '디아스포라-한국인'(Diaspora-Korean)이 방문자로 혹

---

21 김희정, "한국의 관주도형 다문화주의", 『한국에서의 다문화주의』 (파주: 한울아카데미,
   2007), 65.
22 Andrew Eungi Kim, "Korean Multiculuralism: The Genealogy of the Concept, Shifting
   Meanings, Issues and Implications", 「아시아연구」 제53권 2호 (2010), 102-202;
   Song-Chong Lee, "Revisioning the Confucian Norms in Korean Church Growth",
   International Journal of Humanities and Social Science 1/13 (2011), 87-103; 김정선,
   "시민권 없는 복지정책으로서 '한국식' 다문화주의에 대한 비판적 고찰", 「경제와 사회」
   제92호 (2011), 205-246.

은 이주자로 빈번히 조국을 찾는 현실에서, 그리고 무엇보다 상호이질
적인 문화를 갖고 있는 남북한이 평화통일을 지향하려는 현 상황에서,
우리는 8천만 한민족 전체를 아우르는 새로운 민족정체성의 교육이 필
요할 때이다. 뿐만 아니라 이러한 한국적 다문화주의의 요구 앞에서 '민
족교회'를 지향하는 한국교회는 다문화 담론에서 그것을 결코 소외시
키지 않고 적절히 응답할 필요가 있다. 왜냐하면 '민족교회'는 민경배가
간파했듯이, 지난 100여 년 동안 한국교회가 고난 가운데 형성해온 소
중한 정체성으로서 결코 그 중요성이 과소평가될 수 없기 때문이다.23

그런데 돌이켜 보면, 한국 다문화 담론은 주로 결혼이민자(다문화가
족)나 외국인노동자를 중심으로 논의되어온 것이 사실이다. 그래서 전
세계에 흩어져있는 약 800만 명에 이르는 '디아스포라 한국인'을 하나
로 묶으려는 노력은 상대적으로 소외되었다. 이미 알려져있듯이, 우리
나라 다문화담론에서 분류되는 국내체류 이주민은 통상 "이주노동자,
결혼이민자(다문화가족), 북한이탈주민, 유학생, 난민" 등으로 나뉜
다.24 어떤 경우는 탈북이주민을 다문화 논의에서 배제시키려는 경우
도 많이 있다. 그러나 연구자는 그것을 포함시켜야 할 뿐만 아니라 한국
의 특수상황, 곧 남북한의 평화와 통일을 준비하는 차원에서 범-한국
인 곧 '디아스포라 한국인'과 북한동포까지 잠재적인 다문화 이주민으
로 간주하여 연구할 필요가 있다고 본다. 따라서 앞으로 좀 더 논의가
요청되는 다문화교육은 평화통일교육의 맥락에서 이루어질 필요가 있
다. 특히 앞에서 언급한 것처럼, 다문화시대에 요구되는 '새로운 한국
인의 정체성형성 교육'이란 측면에서 더더욱 그렇다. 따라서 한국적 다
문화주의는 종교대화를 추구하는 '종교평화모델'과 한국인의 '새로운

---

23 민경배, 『한국민족교회형성사론』 (서울: 연세대학교출판부, 2008) 참조.
24 성해영, "바람직한 다문화 공동체 형성을 위한 종교의 역할 연구", 33.

정체성형성의 교육'을 서로 연결시키는 맥락에서 고려될 필요가 있다.

한편, 한국적 다문화주의는 향후 종교평화의 측면에서 더욱 연구와 실천이 필요하다. 주지하듯이 한국 개신교회는 지난 130여 년 동안 한국 사회에 선교되어 토착화 과정을 거쳐 오면서 서구문화의 대변자로서의 역할에 상당부분 치중해왔다. 그리고 그 과정에서 보수적 교단을 중심으로 진행된 것이기는 하지만, 대부분의 한국 개신교는 문화적 배타주의의 입장에서 서구적 기독교문화를 옹호하고, 반대로 한국의 전통문화는 거부하는 경향을 보였던 것을 부인할 수 없다. 그것은 당연히 기독교와 불교, 기독교와 유교 사이의 갈등을 만들어내었다. 예컨대, 조선말 가톨릭교회의 제사금지에 따른 여러 번의 박해사건, 그리고 같은 맥락에서 이루어진 개신교의 조상(제사)숭배 금지전통, 그리고 최근에까지 심심치 않게 발생하는 기독교인에 의한 훼불사건 등 이웃종교에 대한 폄훼(貶毀)는 기독교 전래 이래 지금까지 끊임없이 이어지고 있는 실정이다. 특히 최근에 있었던 개신교인에 의한 개운사 훼불사건은 여전히 많은 논란을 낳고 있다.[25] 이것은 자연스럽게 기독교의 선교전략에도 반영되어 다문화 현상을 존중하기보다는 오히려 서구형 기독교문화만을 절대화하는 경향으로 이어졌다. 그 결과, 개신교의 보수적 교단들은 다문화 현상을 개신교의 정체성을 훼손하거나 도전하는 것으로 이해하였다. 물론 최근 들어 진보적인 개신교 교단들을 중심으로 보다 전향적인 입장을 보여주고 있지만, 그러나 그 입장은 여전히 맹위를 떨치고 있다.

따라서 한국 개신교회는 캐슬과 밀러(Castles & Miller)의 분류로 볼 때, '다문화주의 모델' 대신에 소위 '동화모델'만을 절대화하고 있음을 보게 된다. 말하자면 한국 개신교회는 다문화 담론에서 다문화 현상

---

25 손원영, "개운사 훼불사건 및 불당회복을 위한 모금운동 일지", 레페스포럼편, 『종교 안에서 종교를 넘어: 불자와 그리스도인의 대화』(서울: 모시는사람들, 2017), 187-208.

을 '종교다원주의'와 단순히 동일시하면서 개신교에 대한 도전으로 인
식하고 있다.[26] 물론 '하나님의 선교'(Missio Dei) 신학을 견지하는 진
보적인 교단에서는 보다 적극적으로 다문화 현상에 대하여 수용적인
태도를 보이고 있지만, 바로 지금이 다문화교육의 방향을 새롭게 잡아
야 하는 시점임을 부인할 수 없다. 그렇다면, 이러한 양극단적인 현실
에서 한국교회의 다문화교육은 어느 방향으로 나가야 할까? 이와 관련
하여 본 논문은 한국적 다문화주의의 맥락에서 '종교평화모델'의 필요
성을 제안하고자 한다. 왜냐하면 한국은 오랜 역사 동안 다양한 종교가
평화롭게 공존한 사회였고, 현재도 헌법적 가치로써 종교의 자유가 보
장된 국가로서, 그 어느 때보다 종교평화의 문제가 중요한 화두로 대두
되고 있기 때문이다.

5. 한국적 다문화주의로서의 종교평화모델: 풍류도모델

한국교회가 추구할 한국적 다문화주의로서 종교평화모델은 '풍류
도모델'이라고 달리 부를 수 있다. 여기서 '풍류도'(風流道)는 한국인의
고유한 영성을 일컫는 말이다. 그런데 풍류도와 다문화주의는 표면적
으로 볼 때 매우 상반되고 모순되는 개념처럼 보인다. 왜냐하면 풍류도
는 단일민족국가인 한국인의 고유한 얼을 지시하는 언어처럼 보이고,
다문화주의는 세계의 모든 다양한 문화를 차별 없이 존중하자는 의미
로 이해될 수 있기 때문이다. 하지만 그 양자 사이에는 매우 긴밀한 유
사성이 자리를 잡고 있다. 왜냐하면 풍류도는 한민족 고유의 영성을 일
컫는 언어이지만, 그 내용은 범인류적이고 보편적인 사랑의 영성을 함
축한 용어이기 때문이다. '풍류신학'을 처음으로 개척한 유동식은 풍류

---

26 박종수, "다문화현상에 대한 한국개신교의 인식과 대응", 88.

도의 의미를 신라시대 최치원이 쓴 화랑 난랑의 비문에서 찾으면서, 삼
국사기에 나오는 풍류도에 대한 언급을 다음과 같이 인용한다.27

> 우리나라에는 깊은 오묘한 도가 있다. 이를 풍류라고 한다(…) 이는
> 실로 삼교를 포함한 것이요, 모든 중생과 접하여서는 그들을 사람답게
> 교화한다(國有玄妙之道 曰風流 設敎之源 備詳仙史 實乃包含三敎
> 接化群生, 三國史記).

위의 인용문에 나타나듯이, 풍류도는 우리나라의 고유한 민족적 영
성이다. 신라의 진흥왕이 예로부터 있었던 영성을 '풍월도'라고 불렀고,
또 그것은 화랑제도와 교육을 통해 승화되었는데, 후에 최치원은 그것
을 일컬어 '풍류도'라고 부른 것이다. 그것은 실로 유교, 불교, 도교 등
삼교의 종지를 다 포함한 것이며, 모든 사람들에게 접해서는 그들을 교
화하여 사람다운 사람이 되게 하는 한국인의 얼이다.28 여기서 유동식
은 풍류신학적 입장에서 풍류도를 예수 그리스도의 십자가 사건과 연
관하여 해석하면서, 풍류를 한국인의 미의식으로, 포함삼교는 유교와
불교 그리고 도교를 모두 포함할 수 있는 종교적 심성으로, 그리고 접화
군생은 한국인의 인본적 가치관으로 이해하였다. 따라서 풍류도는 결
코 한국인의 배타적인 민족주의를 말하는 것이 아니라, 오히려 열린 민
족주의로서 세계의 모든 종교와 철학을 포함하여 온 인류를 사랑할 수
있는 한국인의 심오한 얼을 의미한다. 이런 점에서 본 논문은 풍류도를
한국적 다문화주의인 종교평화모델로서 제시하고자 한다.

그렇다면, 다문화교육을 위한 종교평화모델로서 풍류도는 어떻게

---

27 유동식, 『풍류도와 예술신학』 (서울: 한들출판사, 2006), 21.
28 *Ibid.*

새롭게 정의될 수 있을까? 그것은 평화신학의 맥락에서 '평화의 세상에
서 하늘잔치와 예술의 어울림'으로 새롭게 정의될 수 있다. 이것은 다음
과 같은 세 가지의 의미를 함축한 것으로 다시 설명될 수 있다. 첫째,
풍류도는 종교신학적 측면에서 '포함삼교적 하느님 신앙'을 기반으로
한 이웃종교와의 대화로 이해된다. 여기서 포함삼교(包含三教)란 신라
시대의 유력한 종교였던 유교와 불교와 도교의 종지(宗旨)를 포함한 것
이지만, 이제는 단순히 그 세 종교만을 의미하는 것이 아니다. 그것은
기독교를 포함하여 세계 인류의 보편적인 종교들의 종지를 모두 포함
하는 것을 의미한다. 그리고 '하느님 신앙'이란 풍류도의 본질 그 자체
로써 초월적인 하느님과의 인격적인 만남과 교제 그리고 그를 모심을
의미한다. 따라서 '포함삼교적 하느님 신앙'으로서의 풍류도는 세계의
보편적인 종교들의 종지를 존중하면서 하느님과의 인격적인 만남과 친
교를 추구하는 것을 핵심적 과제로 삼는다. 이러한 포함삼교적 하느님
사상은 종교평화를 통해 세계평화를 가능케 하는 신학적 토대가 될 수
있다. 이런 점에서 한스 퀑(Hans Küng)이 "종교 간의 대화 없이 종교
간의 평화가 있을 수 없으며, 종교 간의 평화 없이 세계 평화 또한 있을
수 없다"[29]고 주장하였던 글로벌 윤리의 선언은 포함삼교적 풍류도를
잘 표현한 말로 이해될 수 있다.

둘째, 풍류도는 민중-해방신학적 측면에서 접화군생의 축제적 삶
을 통한 '하늘 잔치성'의 의미로 이해된다. 여기서 하늘 잔치성이란 '접
화군생'(接化群生)의 자리이타(自利利他)적 삶을 통해 평화의 나라인
천국의 축제적 즐거움이 향유되는 것을 뜻한다. 그래서 이것은 단군신
화의 궁극적 이상인 '홍익인간'(弘益人間)이 구체적으로 향유되는 현실
을 의미한다. 특히 하늘 잔치성이란 말에서 '하늘'(天)이란 천국을 의미

---

29 Hans Küng, *Global Responsibility in Search of a New World Ethic* (New York: Crossroad, 1991), xv.

하는 것으로서, 내세적 의미를 뜻하는 것이 아니라 예수 그리스도의 하느님 나라 운동에서 강조되듯이 바로 지금 여기에서 하느님의 뜻이 온전히 실현된 평화의 나라의 현실을 뜻한다. 그런데 천국의 잔치상에서는 누구 하나 소외되지 않고 모두가 다 한 형제자매로 참여하며 어울려야 한다. 왜냐하면 천국의 잔치상 앞에서는 모두가 평등하기 때문이다. 따라서 혹 가난이나 사회적 편견 등의 다양한 이유로 잔치상에서 소외되거나 배제된 자가 있다면, "가난한 자의 우선적 선택"(preferential option for the poor)이란 해방의 원리에 따라 그들을 우선적으로 배려하여 잔치의 일원이 되게 해야 한다.[30] 이런 점에서 연구자는 유동식이 접화군생을 "널리 사람을 이롭게 하는 윤리적 영성"이라는 맥락에서 풍류도인의 사회적 삶을 설명하였던 것을 해방신학적으로 재해석한 바 있다. 즉 그것은 해방신학의 '프락시스'(praxis)의 관점에 근거하여 접화군생이란 소외되고 배제된 자들의 해방과 자유를 통해 단군의 '홍인인간'의 실현이라고 주장한 바 있다.[31] 그러므로 약자에 대한 우선적 선택과 배려를 통한 하늘 잔치성으로서의 풍류도의 구현은 궁극적으로 유무상자(有無相資)의 평화공동체를 추구하는 것이라고 말할 수 있다.

셋째, 풍류도는 예술신학적 측면에서 '어울림의 예술성'을 포함한다. 한민족은 단군 이후 고대 삼한의 제천행사에서 삼일주야로 음식가무(飮食歌舞)하는 전통을 갖고 있었다. 여기서 제천행사란 '천'(天) 곧 '하느님'께 예배드리는 행위로서 하늘잔치의 의미와 다름 아니다. 그런데 그 제천행사는 늘 음식가무의 예술적 특성을 내포하고 있었다. 이것은 한민족이 얼마나 하느님 신앙과 예술성이 절묘하게 결합되어 있는

---

30 James B. Nickoloff, *Gustavo Gutierrez: Essential Writings* (New York: Orbis, 1996), chap. 2.

31 유동식, 『종교와 예술의 뒤안길에서』(서울: 한들출판사, 2002), 119; 손원영, "풍류도의 영성과 기독교교육의 새 방향", 『문화와 신학: 유동식의 풍류신학』, vol. 1 (2007), 197-198.

지 잘 드러내 준다. 따라서 예술성으로서의 풍류도는 신은경이 밝혔듯
이 한국과 중국 그리고 일본을 중심으로 한 동아시아에서 공통적으로
강조되는 미적 이념이지만,[32] 그것은 결코 동아시아에 한정되지 않고,
그 범위를 뛰어넘어 세계인들에게 보편적인 공감을 불러일으킬 수 있
는 미적 의식이라고 말할 수 있다. 말하자면 풍류도는 온 세계시민과
더불어 미학적 아름다움을 함께 향유할 수 있는 예술신학적 어울림이
될 수 있다.

결국 다문화교육을 위한 풍류도모델은 한국적 다문화주의를 지향
하는 종교평화모델이자, 평화신학적 모델이라고 말할 수 있다. 동시에
그것은 종교신학과 해방신학 그리고 예술신학의 종지를 묘합시킨 모델
로써, 21세기 한국적 다문화주의를 담아낼 수 있는 그릇이라고 말할 수
있다. 이런 점에서 풍류도모델의 구체적인 전개를 위해서는 종교신학
과 해방신학 그리고 예술신학을 포함한 풍류-평화신학적 논의와 더불
어, '평화인문학'[33]의 차원에서 계속적인 탐구가 요망된다.

6. 결론

일반적으로 한 국가가 다문화국가로 분류되기 위해서는 외국인이
전체 인구의 약 10% 정도는 되어야 한다고 한다. 그런 점에서 보면 한
국 사회는 엄밀한 의미에서 아직 다문화사회가 아니라 '다문화의식'을
지향하는 단일민족국가라고 보는 것이 타당하다. 그리고 국적취득 관
련 이민법이 혁명적으로 수정되지 않는 한 한국 사회는 외국 이주민들
이 아무리 많이 거주한다고 하더라도 미국과 같은 다문화국가는 결코

---

32 신은경, 『풍류: 동아시아 미학의 근원』(서울: 보고사, 1999), 제2장 참조.
33 평화인문학에 대한 보다 구체적인 아이디어에 대해서는 이찬수, 『평화와 평화들: 평화
　　다원주의와 평화인문학』(서울: 모시는사람들, 2016), 제II부 참조.

될 수가 없을 것이다. 뿐만 아니라 미국의 일방적인 자국민 우선주의 정책이 전 세계를 휩쓸고 있는 현 상황에서, 다문화정책이나 다문화교육이 곧바로 다문화주의로 이어지는 일도 쉽지 않다. 게다가 우리나라는 지난 100여 년 동안 일본의 식민지와 남북의 분단을 겪으면서 일반 외국인 이주자들보다 훨씬 더 많은 약 800만 명의 '디아스포라-한국다문화인'을 만들어냈다. 따라서 이들이 모두 서로 더불어 어울려 평화롭게 살 수 있도록 다문화교육의 차원을 더욱 심화시킬 필요가 있다. 이런 점에서 본 논문은 한국의 다문화교육이 풍류도를 중심으로 한 종교평화모델로서 그 현장성(context)을 확보하며 한국적 다문화주의의 한 형태로 새롭게 개선되어 나가기를 기대한다. 이를 위해 향후 풍류도모델에 근거한 한국 다문화교육은 종교평화 의식의 함양을 위해서 뿐만 아니라 디아스포라-한국인의 '다문화적 자아정체성'의 형성을 위해 보다 구체적인 교육과정 개발이 요망된다.

참고문헌

강희천.『기독교교육사상』. 서울: 연세대학교출판부, 1991.

김영명. "한국의 다문화담론에 대한 비판적 고찰."「한국정치외교사논총」. 제35집 1호 (2013), 141-174.

김정선. "시민권 없는 복지정책으로서 '한국식' 다문화주의에 대한 비판적 고찰."「경제 와 사회」제92호(2011), 205-246.

김태원. "한국적 다문화 연구에 대한 새로운 방향모색."「인문과학연구」제16호(대구가 톨릭대학교, 2011), 57-76.

민경배.『한국민족교회형성사론』. 서울: 연세대학교출판부, 2008.

박종대 & 박지해. "한국다문화정책의 분석과 발전방안 연구."「문화정책논총」제28집 1호 (2014), 35-63.

박종수. "종교단체의 다문화교육에 대한 사례연구: 불교, 개신교, 천주교 단체를 중심으 로."「종교연구」제63집 (2011), 59-80.

성해영. "바람직한 다문화 공동체 형성을 위한 종교의 역할 연구."「문화체육관광부 정 책보고서」(2012).

손원영. "풍류도의 영성과 기독교교육의 새 방향."『문화와 신학: 유동식의 풍류신학』. vol.1 (한국문화신학회, 2007), 187-226.

_____. "개운사 훼불사건 및 불당회복을 위한 모금운동 일지." 레페스포럼편.『종교 안 에서 종교를 넘어: 불자와 그리스도인의 대화』. 서울: 모시는사람들, 2017.

신은경.『풍류: 동아시아 미학의 근원』. 서울:보고사, 1999.

오현선. "다문화사회와 개신교의 기독교교육."「종교교육학연구」제36권(2011), 21-38.

유동식.『풍류도와 예술신학』. 서울: 한들출판사, 2006.

이찬수.『평화와 평화들: 평화다원주의와 평화인문학』. 서울: 모시는사람들, 2016.

정영애 & 류영철. "다문화 정책학교의 다문화교육 접근법 분석: Banks의 다문화교육 접 근법을 중심으로."「다문화와 평화」12권 3호(성결대학교 다문화평화연구소, 2018), 206-227.

조현상. "'다문화 담론'의 한계성과 유효성에 관한 고찰: 한국 다문화사회 수렴과정을 중 심으로."「동서철학연구」제63집(2012), 219-245.

Banks, J. A. & C. A. Banks. eds. *Multicultural Education: Issues and Perspectives.* Hoboken, N. J.: John Wiley & Sons, 2004.

Castles, S. & J. M. Miller. *The Age of Migration, International Population Movements in the Modern World*. 4th ed. New York: Guilford Press, 1998.

Conde-Frazier, E., S. S. Kang & G. A. Parrett. *A Many Colored Kingdom: Multicultural Dynamics for Spiritual Formation*. Grand Rapids: Baker Academic, 2004.

Dervin, F. & Z. Gross. eds. *Intercultural Competence in Education: Alternative Approaches for Different Times*. London: Palgrave Macmillan, 2016.

Huebner, D. "Educational Foundations for Dialogue." *Religious Education*. 91/4 (1996), 582-588.

Kim, A. E. "Korean Multiculuralism: The Genealogy of the Concept, Shifting Meanings, Issues and Implications." 「아시아연구」. 제53권 2호 (2010), 102-202.

Kujawa-Holbrook, S. A. *God Beyond Borders: Interreligious Learning Among Faith Communities*. Eugene, OR: Cascade Books, 2014.

Küng, H. *Global Responsibility in Search of a New World Ethic*. New York: Crossroad, 1991.

Mohammed, O. N. "Multiculturalism and Religious Education." *Religious Education*. 87/1 (1992), 62-73.

Nash, R. J. *Religious Pluralism in the Academy: Opening the Dialogue*. New York: Peter Lang Inc., International Academic Publisher, 2001.

Nickoloff, J. B. *Gustavo Gutierrez: Essential Writings*. New York: Orbis, 1996.

Scott, K. "Three traditions of religious education." *Religious Education*. 79/3 (1984), 323-340.

Thompson, N. H. ed. *Religious Pluralism and Religious Education*. Birmingham, Ala.: Religious Education Press, 1988.

Tillich, P. *Theology of Culture*. New York: Oxford University Press, 1959.

Toma, D. *America First: Understanding the Trump Doctrine*. Washington, DC: Regnery Publishing, 2018.

Wilkerson, B. ed. *Multicultural Religious Education*. 2nd ed. Religious Education Press, 1997.

Wright, A. *Critical Religious Education: Multiculturalism and the Pursuit of Truth*. Wales: University of Wales Press, 2008.

로마 콘스탄티누스 황제 전·후 시대에 기독교의 유대교 박해*
─ 평화로 가기 위한 또 하나의 걸림돌

김은규

(성공회대학교)

1. 서론

종교간 대화의 걸림돌은 각 경전 속에 표현된 적대적인 표현들이 정경으로 고정되고, 그 인식이 1~2천 년이 지나도 바뀌지 않는다는 것이다. 기독교, 유대교, 이슬람은 현재까지도 갈등과 폭력과 전쟁이 계속되고 있다. 로즈마리 류터(R. Reuther)는 "초기 기독교의 반유대주의 신학의 맹아가 중세 유럽, 근세, 현대 독일 나치의 육백만 유대인 학살까지 지속되었다"[1]고 주장했다.

* 이 논문은 2014년도 한국연구재단의 인문저술지원 과제인 '로마제국과 기독교 권력' (2014S1A6A4026328)을 수행한 과제로, 「신학사상」 제184호 (2019년 4월호)에 게재한 것을 한국문화신학회 『평화의 신학』에 기고하는 논문임을 밝힌다.
1 Rosemary R. Ruether, *Faith and Fratricide: The Theological Roots of Anti-Semitism* (New

이 연구는 로마제국 하에서 유대인이 받은 종교적 차별과 저항운동, 초기 기독교와 유대교 간 갈등, 기원후 313년 콘스탄티누스 황제(Con-stantinus Emperor)가 기독교를 승인한 후, 교회권력을 가진 기독교가 유대교를 차별하고 박해하는 6세기경까지 반유대주의(anti-Judaism) 정책들, 초기 교부들의 반유대주의 신학사상들을 유대교적 관점에서 연구하는 것이다.

대부분 초기 기독교 역사 연구는 기독교가 받은 박해와 순교를 주로 다루며, 콘스탄티누스 황제가 기독교로 개종하고 합법화한 것을 승리로 전한다.[2] 교부들의 신학도 정통과 이단의 교리적 논쟁들에 초점을 맞추고 있다. 그러나 이 시기 기독교 역사와 신학 연구에서 놓쳐왔던 주제들 중에 하나는 '기독교의 유대교 박해'이다. 교부들은 로마로부터 박해받던 시기에도, 그리고 합법화된 후에는 황제 권력을 등에 업고, 막강해진 교회권력으로 더욱 심하게 유대교와 유대인을 전방위적으로 차별하고 박해하는 반유대교적 신학과 정책을 펼쳤다. 교부들과 초대 기독교인들은 유대인과 유대교가 예수를 메시야로 인정하지 않았고, 예수와 제자들에게 적대적이었고, 예수를 죽였다는 입장을 충분히 이해한다. 그러나 권력을 가진 콘스탄티누스 이후 기독교는 예수의 용서와 화해와 평화로 나가지 않고, 반유대주의를 크게 확장시켜나갔다.

York: Seabury Press, 1974). 이 책은 신약성경 안에 반유대주의 표현들과 사상 그리고 기독교 신학의 오랜 전통 안에 반유대주의가 깊게 자리 잡고 있음을 밝히고 있다. 김기련, "히틀러의 유대인 정책과 고백교회의 투쟁", 「신학사상」 제169집 (2015), 144-174.

2 Paul Stephenson, *Constantine: Roman Emperor, Christian Victor* (New York: The Overlook Press, 2009); J. W. E. Holt, *The Conversion of Constantine* (Rinehart and Winston, 1971); Andrew Alfoeldi, *The Conversion of Constantine and Pagan Rome* (Oxford: Oxford Univ. Press, 1969); 조인형, "콘스탄티누스 大帝의 基督教로의 改宗背景", 「서양고대사연구」 제4호 (1996년), 149-190.

2. 로마제국의 유대인 반감의 기원과 탄압

구약시대부터 유대인들은 제사장 중심으로 안식일, 율법, 할례, 제사, 축제절기 등에 엄격했기에 타협하지 않았다.[3] 로마제국은 지중해권으로 세력을 확장하면서 사회 내부와 정치적 통합 그리고 군사적 경제적 안정을 위하여 종교에 대해 보편적이고 관용정책을 펼쳐 모든 종교를 인정하여 종교적 반발들을 없애는 정책을 펼쳤다.

기원전 4세기경 페르시아 제국 시기부터 유대인들의 고립적이고 배타적인 종교행위 때문에 반유대주의가 시작했다.[4] 그 후 로마제국은 보편적인 다종교 정책을 펼치면서 황제숭배를 강요하자, 유대인들은 유일신 사상과 우상숭배를 거부하는 태도로 로마당국과 충돌하지 않을 수 없었다. 기원전 166년 유대 제사장 지도자인 마카비는 예루살렘과 주변지역을 중심으로 혁명을 일으켜 하스몬(Hasmonian) 왕조를 만들어 유대민족의 독립을 이루려했으나,[5] 실패 후 끔찍한 대살육을 겪었다.[6] 그후 유대 백성들은 로마제국과 타협하여 황제에게 세금을 냈고, 팔레스틴과 이집트, 시리아 등 디아스포라 지역에서 종교적 자유를 얻었다.[7]

---

3 김은규,『구약속의 종교권력』(서울: 동연, 2013). 구약 왕정시대 내내 왕권력 측근에 사독 제사장들이 정치 사회 경제 종교권력을 갖고 지배했다. 국가가 멸망한 이후 유대인들은 종교공동체로 남아 유일신과 율법, 절기, 회당 등을 제국들의 종교들로부터 지켜내고자 분투하였다.

4 Lee Martin McDonald, "Anti-Judaism in the Early Church Fathers", in Craig A. Evans & Donald A. Hagner, eds., *Anti-Semitism and Early Christianity* (Minneapolis: Fortress Press, 1993), 224.

5 샤에 코헨/ 황승일 역,『고대 유대교 역사』(서울: 은성, 1994), 39; Martin Goodman, "Jews and Judaism in the Second Temple Period", 36-52. in *Jewish Studies* (Oxford: Oxford Univ., Press, 2002), 37.

6 Martin Goodman, "Jews and Judaism in the Second Temple Period", 38.

7 Leonard Victor Rutgers, "Roman Policy towards the Jews: Expulsion from the City of

그러나 다시 로마 당국이 유대인을 억압했고, 기원후 66년 유대 민족주의자들인 열혈당(Zealots)을 중심으로 제사장, 부유한 사람들, 사회주의적 유토피아를 꿈꾸는 혁명가도 참여하여,[8] 헤롯의 별장이 있는 마사다로 가서 3년간 저항하다 로마군대에 의해 종식되었다.[9] 마사다 저항은 유대교의 제도적 근거를 파멸시켰다.[10] 기독교는 탄생한 지 얼마 되지 않았고 마사다 저항에 참여하지 않았다. 오히려 기독교인은 마사다 패전과 70년 예루살렘 성전이 무너지는 것을 보고, 하나님이 유대인을 거부하는 것이 타당하다며, 처음부터 반유대주의 의식을 보였다.[11]

이집트의 알렉산드리아에도 많은 유대인들이 정착하여 공동체를 만들었다.[12] 하지만 이곳에서도 반유대주의 정서가 확산되자, 기원후 38년의 저항, 115-117년 반란을 일으켜 유대 국가를 만들려는 시도가 있었으나, 모두 심각한 패배를 겪고 큰 희생을 치렀다.[13]

로마 당국은 마사다 진압 후 유대인에 대한 사회적 억압과 경제적 약탈을 계속했다. 유대인들은 로마인들을 멸망시키고 성전을 재건하여 종말을 고하게 할 메시야를 바르 코흐바(Bar Kochba)로 보았고, 132년 전쟁에 적극 동참했다.[14] 3년간 저항을 했지만 로마제국은 소요를

Rome during the First Century C. E", *JSTOR* 13/1 (1994), 56-74, 57.

8 Dan Cohn-Sherbok, *The Jewish Heritage* (Basil: Blackwell, 1988), 55

9 샤에 코헨/ 황승일 역, 『고대 유대교 역사』, 40, 50.

10 Leonard Victor Rutgers, "Roman Policy", 68; Dan Cohn-Sherbok, *The Jewish Heritage*, 57.

11 Judith Lieu, "History and Theology in Christian Views of Judaism", in Judith Lieu, John North and Tessa Rajak, *The Jews Among Pagans and Christians* (London: Routledge, 1992), 79-96. 83; 염창선, "초기 기독교와 로마제국의 정치적 갈등과 대응", 「서양고전학연구」 제51호 (2013), 107-144. 123.

12 천사무엘, "알렉산드리아 공동체 형성과 박해의 역사", 「신학사상」 제88호 (1988), 147-169.

13 *Ibid.*

무참히 짓밟았고 제압하면서 수많은 유대인들을 학살했고, 노예와 포로로 잡아갔다. 그 후 로마 당국은 유화정책을 폈고, 유대인들도 로마당국과 타협하고 수용했다.[15] 유대인들은 로마의 헬레니즘화 정책에따라 다종교, 다문화 정책에서 어려움들을 겪으면서도, 유일신 종교를지켜냈다.[16]

250여 년 동안 유대인의 민족 독립과 종교 자유를 위한 저항은 강력한 로마제국의 폭압으로 실패로 끝났고 수십만이 희생되었다. 그러나 기독교인들은 전쟁에 참여하지 않고 전쟁의 실패들과 예루살렘 파괴를 보며 하나님이 유대인을 거부한 것이 타당했다는 반유대적 감정에 확신을 갖게 했다.[17] 당시 기독교 작가인 헤게십푸스(Hegesippus, 110-180)는 "반란의 패배가 유대인이 예수의 형제인 야고보(James)를 죽여서 심판받은 것"[18]이라고 왜곡했다. 터툴리아누스(Tertullianus, 150-225)도 "유대인들이 예수를 믿지 않았기 때문에 계속해서 방랑하고, 땅과 태양으로부터 추방되었다"[19]고 한다. 오리게네스(Origenes, 185-254)도 "유대 민족이 타도되고, 반대로 하나님의 축복이 유대인으로부터 기독교인에게로 옮겨왔다"[20]고 했다. 유세비우스(Eusebius, 260-340)는 "유대인들이 예수를 반대한 죄의 결과로 예루살렘을 잃은것이 하나님의 심판이라고 했고, 그로인해 유대인들이 흩어지게 되고, 끊이지 않는 고통을 당할 것"[21]이라고 했다. 이렇듯 초기 기독교 역사

---

14 샤에 코헨/ 황승일 역, 『고대 유대교 역사』, 44.

15 Dan Cohn-Sherbok, *The Jewish Heritage*, 57.

16 샤에 코헨/황승일 역, 『고대 유대교 역사』, 63.

17 Judith Lieu, "History and Theology", 83.

18 Eusebius, *Church History*, II, 23, 18. Judith Lieu, "History and Theology", 83에서 재인용.

19 Tertullian, *Apology*, 21, 5; Tertullian, *Against the Jews*, 13.

20 *Against Celsus*, II, 8; IV, 22.

21 Eusebius, *Demonstration of the Gospel*, I, 1, 6.

가들은 유대인들은 민족의 독립과 자주성, 종교자유를 위한 로마제국
과 전쟁과 저항을 왜곡시켰다.

그러나 민중 유대인들이 저항한 결과, 로마제국은 유대교를 인정했
고,[22] 다신교를 거부하고 결과적으로 제국의 종교를 부정함에도 불구
하고 예외적으로 허락했다.[23] 기독교는 유대인들이 민족과 독립을 위
해 로마제국과 투쟁이 비록 실패했지만, 유화정책으로 확보한 우산 아
래에서 빠르게 확산할 수 있었다. 이렇게 민중 유대인이 로마제국에 세
차례 저항으로 무수한 희생을 당했지만, 유대인들도 종교적 자유와 사
회적 특권을 확보했다. 기원전 1세기~기원후 1세기는 그리스-로마세
계에서 유대교가 가장 활발한 종교 운동을 펼칠 수 있었다. 유대인들은
지중해 전역에 회당을 세울 수 있었고, 병역면제, 세금 감면 등의 특혜
를 받았다. 이것은 대중들이 유대인들에게 적대감을 갖게 했다.[24] 유대
인들은 그들의 이상한 종교의식, 할례, 안식일 규정, 안식일 준수 등의
이유로 사회에서 더 격리되었고, 비난받았다.[25] 로마인들이 반유대 감
정으로 사회적으로 더 격리시켜 갔다. 이것은 로마인의 사회적 반유대
감정과 기독교의 반유대 감정이 결합하는 중요한 요인이 되었다. 로마
제국에서 유대인들에 대한 반정서는 상식이 되었다.[26] 기원후 1, 2세기

22 W. H. C. Frend, *The Rise of Christianity* (Philadelphia: Fortress, 1984), 42.

23 염창선, "초기 기독교와 로마제국의 정치적 갈등과 대응", 134. 예루살렘 성전에서 희생
   제물을 드릴 때 그리고 회당 예배에서 제국의 안녕을 위하여 기도한다는 조건이 붙어
   있었다.

24 W. Klassen, "Anti-Judaism in Early Christianity: The State of the Question", in P.
   Richardson and D. Granskou, eds., *Anti-Judaism in Early Chtirtianity*, vol. 1 (New
   York: Wilfrid Laurier Univ. Press, 1986), 11-12; Lee Martin McDonald, "Anti-Judaism in
   the Early Church Fathers", in Evans Craig A. & Donald A. Hagner, eds., *Anti-Semitism
   and Early Christianity* (Minneapolis: Frotress Press, 1993), 220; Bernard Lazare,
   Anti-Semitism: Its History and Causes (London: Briton's Publishing Co., 1967), 9-12.

25 Tacitus, *Hist.* 5:1-13. 할례를 악령, 또는 혐오스러운 것으로 여겼다. Lee Martin
   McDonald, "Anti-Judaism in the Early Church Fathers", 220에서 재인용.

부터 유대인과 기독교인이 서로 대립적인 관계인 것도 이 같은 사회적 정서와도 무관하지 않다.[27]

3. 콘스탄티누스 황제의 기독교 수용과 기독교 권력의 반유 대주의

기원후 64년에 시작된 네로(Nero, 37-68) 황제의 기독교 박해로부 터 313년 밀라노 협약에 이르기까지 대략 250년 동안 기독교인은 많은 박해자를 양산했다.[28] 유스토 곤잘레스(Justo L. Gonzalez)는 이 시기 "황제들은 백성들이 자신들을 숭배하도록 했고, 기독교인들에게는 배 교를 강요하기 위하여 박해를 심하게 했다"[29]고 평가한다.

기독교는 외부로부터는 로마 당국의 박해를 받고,[30] 내부에서는 유 대교와 갈등을 겪었다. 그러나 유대인들의 반로마 전쟁에는 참여하지

26 Robert Wilde, *Treatment of the Jews in the Greek Christian writers of the first three centuries* (Washington, D.C.: Catholic University of America Press, 1949), 32-37. 유대인 에 대한 배타성이 되었다. Lee Martin McDonald, "Anti-Judaism in the Early Church Fathers", 221.

27 T. Callan, *Forgetting the Root: The Emergence of Christianity from Judaism* (New York: Paulist, 1986).

28 폴 존슨/김주한 역, 『기독교의 역사』 (서울: 포이에마, 2013), 142-43; 이쾌재, "로마제국 기독교박해의 제요인", 「사총」 제26호 (1982), 57-127; 염창선, "초기 기독교와 로마제국 의 정치적 갈등과 대응", 107-144. 염창선은 "도시, 정부소유지, 읍면 소재지, 금전 거래 소, 왕궁, 원로원, 광장 등 어느 곳이든 기독교인이 있었다. 로마인의 기독교인에 대한 시기와 편견이 심해졌다. 기독교인은 무지하고, 무법자, 비밀집단, 성찬 관습을 식인종 등으로 매도하면서, 기독교에 적대적이었던 황제들은 정책적 실패나 국가 재난의 책임 을 기독교인에게 전가하면서 희생양으로 삼았다" 고 말한다. Cook, J. G., *Roman Attitudes Toward the Christians* (Tübingen, 2010) 참조.

29 Justo L. Gonzalez, *The Early Church to the Dawn of the Reformation* (San Francisco: Harper & Row, 1984), 86-87.

30 Bruce L. Shelly, *Church History in Plain Language* (Nashville: Thomas Nelson, 2013), 42.

않았다.31 오히려 기독교인들은 유대교도들을 피하여 로마제국의 비호
아래 들어가는 것을 꺼리지 않았다. 기독교가 범죄자 집단이 아니라,
도덕적 우수성과 참된 가르침을 실천하는 자들이라고 역설하며 유대교
와 구분지었다.32 하지만 로마당국은 기독교도 다른 종교들에게 있는
보편적인 특징들(타종교 포용, 다신교, 우상숭배 및 향불 등)이 결여되어
있었기 때문에 거부하고 박해했다.

　콘스탄티누스(Constantinus, 306-37) 황제가 등극했고, 312년 기
독교로 개종 후,33 선왕의 기독교 적대 정책을 뒤집고,34 기독교를 합법
화(religio licita)35시켰다. 이렇게 하여 기독교는 오랜 박해의 음지에
서 양지로 나왔고, 기독교는 상당한 지지를 받으면서 성공했다. 콘스탄
티누스 황제는 국가의 정책에 기독교를 많이 개입시킴으로써, 국가의
본질을 전환시키는 중요한 계기를 만들었다.36 시버는 "콘스탄티누스

---

31 박찬웅, "헬레니즘 시대의 유대교와 원시 기독교: 연속성과 불연속성에 관한 논의",「신
　약논단」제15호 (2008), 861-894.

32 염창선, "초기 기독교와 로마제국의 정치적 갈등과 대응", 120.

33 정기환, "콘스탄티누스의 종교정책(II)",「종교와 문화」제5호 (1999), 99-117; 조인형,
　"콘스탄티누스 大帝의 基督敎로의 改宗背景",「서양고대사연구」제4호 (1996. 11),
　149-190.

34 김차규, "콘스탄티누스의 종교정책(312~324): 종교통합정책",「인문과학연구논총」제20
　호 (1999), 141-153; 염창선, "4세기 교회와 국가의 '교회정치적 (kirchenpolitisch)' 차원",
　「한국교회사」제18호 (2006), 97-118.

35 "합법적 종교"(religio licita)라는 용어는 311년 갈레리우스 칙령에도, 313년 밀라노 협정
　문에도, 어디에서도 공식적으로 사용된 적이 없고, 오직 Tertullianus Apologeticum
　XXI, 1에서 로마제국의 법률적 지배하에 있던 유대교에 대한 곳에서 처음 등장한다. 이
　것과 관련해서는 Solomon Grayzel, "The Jews and Roman Law", Jewish Quarterly
　Review 59 (1968) 93-117.

36 Fergus Miller, "The Jews of the Graeco-Roman Diaspora Between Paganism and
　Christianity, AD 312-438", in Judith Lieu, John North and Tessa Rajak, The Jews Among
　Pagans and Christians (London: Routledge, 1992), 97-123, 특히 102-103. 콘스탄티누스
　는 교회와 성직자 집을 지어주고, 국가 행정의 자리에도 기독교인을 배치하는 데 도움
　을 주었다. 종교적 신념이 국가의 구조를 바꾸는 것은 이례적이다.

황제가 기독교를 로마제국의 종교로 승인하자, 직전 황제까지도 박해받던 기독교는 공식적으로 인정받고 로마제국에 버금가는 권력을 갖기 시작했다"[37]고 그 권력의 규모를 말한다. 337년 콘스탄티누스 황제가 죽자 그의 아들 콘스탄티누스 2세(Constantinus II, 337-361 재임)는 반유대 법을 제정하여 유대인이 노예를 소유한 이후 할례를 했다면 국고로 환수할 수 있게 규제했다.[38] 마침내 테오도시우스(Theodosius, 379-395) 황제가 기독교를 제국종교(sacrum imperium romanum)로 공포했다.[39] 기독교는 콘스탄티누스 황제 이후 세속권력을 갖고 완전히 전세가 뒤바뀌었다. 4~6세기의 약 이백여 년 간 황제의 비호 하에 기독교는 제국의 국가종교로 굳건한 토대를 다졌다.

제국의 기독교는 유대교를 몰아내고 예루살렘의 주인으로 확실하게 대체했다. 이로써 기독교는 박해받던 종교에서 다른 종교들을 박해하는 종교로 변질됐다. 유세비우스는 "기독교 권력은 이교 신전들을 파괴했고, 그들의 희생제사, 주술을 금지시켰고, 보화 장신구 등을 약탈했다"[40]고 기술한다. 기독교는 메시야 예수를 박해하고 죽인 직접 당사자로 주목한 유대인과 유대교에 대해서 박해의 우선 대상자이었다. 로마 제국과 기독교의 융합은 반유대 적대감에 상승기류를 탔다. 기독교는 로마의 상류층으로 퍼져나갔고, 유대인을 억압했던 반유대 그룹들이 교회로 들어와, 유대인을 증오와 사기꾼과 심지어 괴물로 보는 대상으로 여겼다.[41] 단 콘-쉐르복(Dan Cohn-Sherbok)은 "콘스탄티누스

---

37 James Everett Seaver, *The Persecution of the Jews*, 19.

38 *Ibid.*, 32.

39 염창선, "초기 기독교와 로마제국의 정치적 갈등과 대응", 110; N. Q. King, *The Emperor Theodosius and the Establishment of Christianity* (Philadelphia: The Westminster Press, 1960).

40 Eusebius, *Life of Constantine*, IV, 55-6. Fergus Miller, "The Jews of the Graeco-Roman Diaspora," 103 재인용.

황제도 유대교를 법적으로 열등한 지위로 격하시켰다"[42]고 말한다. 시
버에 의하면 "로마제국이 기독교를 합법화한 이후 반유대 법은 유대교
회당을 황폐화시켰다. 반유대 감정은 심해졌고, 회당 이름도 지역 공회
(conciliabula)로 바뀌어 불렀고, 기독교인의 유대교 개종을 금지시켰
다"[43]고 하여 박해가 제도화되어 갔음을 볼 수 있다. 유대인들로서는
기독교가 합법화되면서 반유대적 법적 장애물들에 직면했다. 율리아누
스(Julianus, 361-363) 황제 통치 시기에 기독교인들이 유대인들을 불
태워 죽였고, 이는 디아스포라 전역에서 일어났다.[44] 380년대에 기독
교 교회들은 군대를 동원하여 이교도뿐만 아니라 유대인도 공격하고
파괴했다. 528년 유스티니아누스 황제(Justinianus, 재임 525-564)도
유대교 회당 짓는 것을 금지시켰고, 성경을 히브리어로 읽는 것, 공적
으로 회당에 모이는 것, 부활절 이전에 유월절 축제를 하는 것 등을 금
지시키는 유스틴 법전을 통과시키기도 했다.[45] 이렇게 로마제국의 주인
이 된 기독교는 황제와 행정력을 앞세워 무소불휘의 권력으로 유대교
와 민중 유대인을 탄압하는 데 앞장섰다.

4. 콘스탄티누스 황제 이후 국가와 공의회에서 반유대주의 정책

300년 스페인의 엘비라 공의회의 16개 조항[46]은 313년 니케아 회

---

41 James Everett Seaver, *The Persecution of the Jews*, 19.

42 Dan Cohn-Sherbok, *The Jewish Heritage*, 60.

43 *Ibid.*

44 *Ibid.*

45 *Ibid.*

46 *Council of Elvira*, Canon XLIX. James Everett Seaver, *The Persecution of the Jews in the Roman Empire (300-428)* (Lawrence, Kansas: University of Kansas Publications, 1952), 25에서 재인용. 제임스 시버(James E. Seaver)는 "콘스탄티누스 황제가 등극하기 직전 인 300년 스페인에서 엘비라 공의회는 유대인에게 기독교 여성을 시집 보내지 말며, 유

의와 테오도시아누스 법전(Theodosianus Codex)[47]의 반유대주의 영
향을 주었다. 콘스탄티누스 황제 때인 325년 니케아에서 열린 공의회[48]
는 니케아 법령을 선포했고 준수해야 했다. 그 내용 중에는 유대인과
식사금지, 결혼금지, 성직자가 유대인과 돈거래 금지, 유대인 주인이 기
독교인 노예에게 할례 금지, 유대인들의 유월절을 기독교의 부활절로
대치시켰다.[49] 337년 콘스탄티누스 황제는 유대인 남자가 기독교인과
결혼하면 죽음으로 심판하겠다는 법까지 제정했고, 유대교로 개종하는
것은 범죄가 되는 등 기본적으로 유대인을 멸시하는 하는 법이었다.[50]
341년 안디옥(Antioch) 공의회는 니케아 공의회에서 통과한 반유대주
의적 율법을 강화시켰다. 360년 라오디케아(Laodicaea) 공의회는 기
독교인은 유대인과 상호교류하지 말라는 선포를 했다. 29조에서 유대
교의 안식일과 기독교의 주님의 날을 구분하였다.[51] 기독교인들이 유

_____

대인과 기독교인들 간에 성관계도 금지했다. 기독교인이 유대인과 식사하면 영성체를
금지시켰고, 유대인들이 행하는 축복은 결실이 없거나 약하다. 만약 이들을 어겼으면,
공동체에서 추방한다는 법령을 만들었다"고 한다. 이것은 콘스탄티누스 이전에 이미
유럽에 반유대주의가 확산했음을 보여주는 단서가 된다.

47 남성현, "테오도시우스 칙법전 16권 1장 보편 신앙에 관한 칙법", 「서양고대사연구」 제
23호 (2008), 273-323.

48 김차규, "콘스탄티누스의 니케아 공의회 개최의미", 「대구사학」 제70호 (2003), 157-194;
Council of Antioch, Canon I: Mansi, II, 1336. 재인용 James Everett Seaver, *The
Persecution of the Jews*, 33. 니케아 공의회에는 318명 주교들이 참석했으나, 유대인은
없었다. 니케아 신경은 특별히 부활절이 유대인들과 함께 축하하고 잔치 벌리지 않도록
하기 위함이다.

49 James Everett Seaver, *The Persecution of the Jews*, 33. 이것은 부활절이 유월절을 지키는
유대인들과 같은 날을 사용할 뿐만 아니라, 기독교인들이 고대 유대축제에 참여할 가능
성이 있기 때문이었다.

50 *Ibid.*, 47. Codex Theolodosius, 3, 7, 2 또는 9,7,5. 테오도시 법전은 기원후 312년 이후
기독교 황제들이 로마제국의 법들을 합친 것으로, 테오도시우스 황제 때인 438년 출판
되었다. 종교적 목적이라면 유대교 회당을 파괴해도 된다고까지 했고, 기독교 여성이
유대인과 결혼시키지 못하게 했다. 만약 그렇게 하는 것은 성범죄를 짓는 것으로 간주
했다.

51 *Ibid.*, 34. 재인용 Laodicaea Council, Canon XXXVII. 라오디케아 공의회의 29조는 안식

대화하지 못하도록 한 조치이었다.[52] 발렌티니아누스안(Vanlentin-
ianus, 재임 364-375) 황제는 유대인에게 본격적인 억압과 폭력을 가했
고, 여기에 주교들이 앞장섰다.[53]

이렇듯 기독교 황제들은 유대인에 대해 법을 통해 합법적으로 제재
를 가했기에,[54] 유대인들은 자기들의 종교와 법보다도 로마법(기독교
법)에 따라 크게 제약을 받으며 살아가야 했다.[55] 5세기 초 유대인들은
공식적으로 정부 조직의 직업을 갖을 수 없게되었다.[56] 4세기 기독교
가 제국의 종교가 된 이후 민중 유대인의 권리는 갈수록 제약받다가 5
세기에는 없어졌다.[57] 이 모든 것은 기독교가 유대교를 조직적으로 박
해한 결과이었다,

일과 주의 날을 구분하고 있다. 이 법은 기독교인들이 "유다화"되지 않도록 명령하는 것
으로, 안식일(토요일)에 일하고 주일에 쉬라는 것이다. 37조 38조는 힐러리의 조치를 연
상시키고 있고, 초기 공의회들의 신조들인데, 기독교인들과 유대인들 사이에 가까워지
는 것을 금지하는 시도이다. 37조는 기독교인들이 유대 축제와 이교도로부터 선물을 받
지 말라는 것이며, 그래서 축제에 참여하지 말라는 의도이다. 38조는 기독교인들이 유
대인이 만든 누룩 없는 빵을 받지 말고, 축제에도 참여하지 말라는 내용이다.

52 *Ibid.*

53 하인츠벨렌, "로마황제이념의 기독교화에 관하여: 콘스탄티누스(Constantinus) 황제에
   서 테오도시우스(Theodosius) 황제까지", 「서양고대사연구」 제2호 (1994), 129-152;
   James Everett Seaver, *The Persecution of the Jews*, 35,

54 Amnon Linder, *The Jews in Roman Imperial Legislation* (Detroit: Wayne State University
   Press), 1987. 이 시기 기독교 황제들의 반유대주의 법령을 다루고 있다.

55 James Everett Seaver, *The Persecution of the Jews*, 66, 76. 유대인들은 기독교 휴일을 준
   수해야 한다: "매주 첫날인 주의 날, 크리스마스, 1월 6일, 부활절, 성령강림절 등은 영광
   스러운 날이며 이때는 거룩한 세례를 줄 수 있는 날이다. 하지만 너희가 유대교적 마귀
   에 미쳤거나 우둔한 이방종교에 현혹되어 눈이 멀게 된다면, 너희는 기도의 시간을 가
   져라. 이들에게 반드시 공식적인 의무로 강요해서 우리(기독교)의 은총을 알게 하라."

56 *Ibid.*, 57.

57 *Ibid.*, 31.

5. 초대 교부들의 반유대주의 신학과 박해

초대 기독교의 교부들은 주교이자 신학자, 역사가로 신학과 교리를 만들어 냈고, 후대에 성인으로 등극한 인물들이 많다.[58] 그러나 교부들의 사상 속에는 유대인과 유대교에 대한 편견와 차별, 비하와 적개심이 상당했다.[59] 황제의 비호 하에 있는 교부들의 반유대주의가 국가 행정과 법률, 조직을 통해 유대인 박해의 직접적인 가해를 했다.

예수와 바울이 유대 그룹들과 갈등을 빚었고, 유대인들은 메시야인 예수를 알아보지 못하고, 로마에 팔아넘겨 죽게 했다는 것이 기독교인들이 반유대적 감정을 갖는 핵심이다.[60] 류터는 "유대인들이 예수를 십자가 처형에 일조했다는 점이 기독교의 반유대주의의 핵심"[61]이라고 말한다. 클라센은 "초대 교부들이 신약성서의 반유대주의적 전통을 이어받아 유대인을 거부하는 것이 하나님의 궁극적인 것"[62]이라고 했다. 코헨은 "교부들이 유대인들은 구원을 못 받는다면서 거부했다"[63]고 말한다. 초대 교부들은 유대인들 전체를 반대하고 비난하는 많은 글들을 쏟아냈고, 유대교의 계율들을 따르는 사람을 반대했다.[64] 당시 교부들

---

58 Henry,Bettenson, *The Early Christian Fathers:A Selection from the Writings of the Fathers from St. Clement of Rome to St. Athanasius* (Oxford: Oxford University Press, 1969); Cyril Richardson, *Early Christian Fathers* (New York: A Touchstone, 1996); 정용석, "'그리스도를 본받음'에 관한 초대교부들의 가르침", 「신학사상」 제96집 (1997), 144-174.

59 Jeremy F. Worthen, *The Internal Foe: Judaism and Anti-Judaism in the Shaping of Christian Theology* (Cambridge: Cambridge Scholars Publisng, 2009).

60 신약에 반유대주의에 대한 많은 증거들이 있다: 요한복음에는 예수를 반대하는 "유대인"(요 5:10-18; 6:41-59; 7:1, 10-13; 8:48-59), 바울서신에서 유대인의 율법, 제사 등에 반유대주의적 언급들, 유대인 개종에 관심을 갖고 있다(롬 11:17-30; 갈 3-4; 데전 2:14-16).

61 Ruether, *Faith and Fratricide*, 116.

62 W. Klassen, "Anti-Judaism in Early Christianity", 11-12.

63 샤에 코헨/황승일 역, 『고대 유대교 역사』, 46.

의 반유대주의 표현들은 유대인에게 적대감과 위험스럽게 하는 것을 정당화시켰다.[65] 마르셀 시몬(M. Simon)은 "기독교의 궁극적인 목적은 이스라엘(유대인)의 개종이었다"[66]고 말한다. 이렇게 대다수 교부들은 유대인에 대하여 철저한 거부 입장을 취했고, 기독교인에게는 적대감을 부추겼다.

기독교 역사가들과 교부들은 초기 기독교의 핵심 사상과 교리를 만들어낸 주요 인물들이었지만, 설교, 강론, 성경, 주석 등을 통해 유대교를 반대하는 논리들을 적극적으로 만들어냈고, 황제들을 동원하여 법과 행정 정책으로 밀어붙였다.[67]

안디옥의 이그나티우스(Ignatius, 35-108)는 예수의 제자들과 바울 사도가 활동했던 시기의 교부로서, 초기 기독교 신학을 세웠다. 하지만 그는 유대교의 종교적 실천, 경전 등에서 대립각을 세웠고, 하나님의 백성으로 유대교적 유산을 갖는 것에 대해 의문을 가졌다.[68] 유스티니아누스(Justinianus, 100-165)는 "기독교인은 진정한 영적인 사람이며, 유대인은 하나님의 율법, 하나님의 계약을 무시하고, 그리스도가 오신 것을 인식하지 못했고, 예수를 십자가형에 처하는데 기여했다"[69]고 했다. 오리게네스(Origenes, 184-253)는 유대인이 자기들의 율법에 따라 유대교 법정에 세워 예수를 죽인 눈먼 장님이었다고 주장했다.[70] 그는 유대인들은 죄를 지었기 때문에 하나님의 심판을 받아야하

---

64 Lee Martin McDonald, "Anti-Judaism in the Early Church Fathers", 215.

65 Ruether, *Faith and Fratricide*, 22-31.

66 M. Simon, *Verus Israel: A Study of the Relations between Christians and Jews in the Roman Empire (135-425)* (New York: Oxford Univ. Press, 1986), 398.

67 James Everett Seaver, *The Persecution of the Jews*, 19-20.

68 Ignatius, *Phid.*, 5. 2. Lee Martin McDonald, "Anti-Judaism in the Early Church Fathers", 223 재인용.

69 *Ibid.* Justine, *Dial.*, 11, 12. 재인용.

70 Judith Lieu, "History and Theology", 80.

고, 그것은 기독교로 개종 없이는 처벌받아 마땅하다고 했다.[71] 오리게
네스는 유대교 법정에 세워 예수를 죽인 눈먼 장님이었다고 주장했
다.[72]

키프리아누스(Cyprianus, 200-258)은 유대인이 눈이 멀고 마음이
완고하고, 질투심이 강하여 죄를 지었기에 위험하며, 하나님의 의지를
거절했고, 결국 그리스도를 죽인 자로 보았다.[73] 그는 "고대 유대인들
이 처음부터 기독교인이었기 때문에 모세도 유대교 율법을 갖은 기독
교인이었다"[74]고 하여, 납득하기 어려운 주장을 펼쳤다. 유세비우스
(Eusebius, 260-340)는 이방 종교들에 대한 기독교의 우월성과 그리스
도의 유일함을 선전하며,[75] 유대인들과 율법을 무시했다. 시리아 교회
의 아프라핫트(Aphrahat, 280-338)는 주교이자 역사가이었지만, *The
homilies*(강론)에서 유대인의 회복(구원)에 대한 희망은 잘못된 것이
며,[76] 유대교 대축제는 예루살렘에서만 드리고, 다른 디아스포라에서
는 금지시켰다.[77] 이것을 보면 기독교가 탄생하기 시작한 1세기 중엽
부터 역사가들과 교부들은 반유대주의를 주장했음을 본다.

---

71 Origen, *In Jerem. Hom.*, 5. Lee Martin McDonald, "Anti-Judaism in the Early Church
   Fathers", 236에서 재인용.

72 Judith Lieu, "History and Theology", 80.

73 Cyprian, "Jealousy and Envy", Treaties 5. Lee Martin McDonald, "Anti-Judaism in the
   Early Church Fathers", 235에서 재인용.

74 *Ibid.*, 22.

75 James Everett Seaver, *The Persecution of the Jews*, 22. 유세비우스는 311년 *the
   Praeparatio Evangelica, the Demonstratio Evangelica* 두 권을 썼다. 조인형, "니케아종
   교회의에 관한 역사적 고찰 – 콘스탄티누스 대제와 유세비우스의 역할에 대한 비판을
   중심으로,"「강원사학」제3호 (1986), 125-296.

76 Aphrahat, *Homilies* 12.7; 17.1; 21.1-7. Lee Martin McDonald, "Anti-Judaism in the Early
   Church Fathers", 228에서 재인용.

77 J. Neusner, *Jesus and Christians: The Myth of a Common Tradition* (Philadelphia: Trinity
   Press, 1991), 71에서 재인용. Lee Martin McDonald, "Anti-Judaism in the Early Church
   Fathers", 228.

313년 콘스탄티누스 황제가 기독교를 공인한 이후에는 교부들의
반유대적 사상이 더욱 노골화되었다.[78] 알렉산드리아의 아타나시우스
(Athanasius, 296-373) 주교는 삼위일체의 정통교리를 만든 대표적인
신학자이다. 하지만 그도 유대인이 진정한 성육신의 예언자인 예수를
비웃었다고 주장했다.[79] 에프라엠(Ephraem Syrus, 306-373)은 유대
인을 할례 받은 부랑자라고 불렀고, 유대교는 열매를 못 맺는 무가치한
포도나무라고 비난했다.[80] 그는 유대인의 비참한 상황들이 하느님이
심판했기 때문이고, 그들이 메시야를 죽였다고 비난했다.[81] 바실
(Basil, 330-379)도 그의 *Homily* XXI에서 "유대인들이 마치 앗시리아
제국이 고대 이스라엘을 적으로 보고 전쟁하듯이 기독교를 대하고 있
다. 그래서 우리 기독교인들은 하나님의 아들을 죽인 유대인이 가하는
공격을 피해야만 한다"[82]고 말한다. 이는 기독교 권력이 유대인에 대한
혐오를 조장하기 위해 반대로 유대인이 기독교를 공격하고 있다는 거
짓을 말하고 있다.

성서를 라틴어로 번역한 신학자요 역사가인 제롬(Jerome, 347-
420)은 기독교인이 유대인을 괴롭히는 것을 정당화했다. 주딧 리우
(Judith Lieu)는 "제롬이 구약의 스바냐서 1장 15절 이하가 유대인에
대한 하나님의 저주를 예언한 것이며, 교회에서 성취되고 있다"[83]며,
반유대적인 극단적인 자의적 해석을 하고 있다. 제롬은 할례하는 유대

78 Harold Drake, *Constantine and the Bishops: The Politics of Intolerance* (Baltimore: Johns Hopkins University Press, 2000).
79 R. Ruether, *Faith and Fratricide*, 112.
80 James Everett Seaver, *The Persecution of the Jews*, 36.
81 R. Ruether, *Faith and Fratricide*, 148.
82 *Ibid.*, 113.
83 Jerome의 *Commentary on Zephaniah*, I, 15-16. Judith Lieu, "History and Theology in Christian Views of Judaism", 80에서 재인용.

인을 싫어했고, 유대인 회당은 악마의 피난처이자 요새이며, 영혼을 빼앗고, 재난이 생기는 곳이며, 예수 그리스도를 박해하는 곳이라고 폄하했다.[84]

4세기 가장 영향력 있는 정치인이자 밀라노의 대주교로서 가장 뛰어난 인물인 암브로시우스(Ambrosius, 340-397)[85]는 380년 기독교인이 유대교 회당을 파괴하고 방화한 사건이 있었는데, 그가 테오도시우스(Theodosius) 황제를 개입시켜 오히려 유대인이 돈을 물고 회당을 다시 짓도록 했다.[86] 그는 불 지른 기독교인을 보호해주었고, 이것이 하느님을 기쁘게 하는 일이었다고 한다.[87] 콘스탄티노플의 대주교인 크리소스톰(Chrysostom, 349-437)은 387년에 8편의 설교를 하면서 유대인은 예수를 죽였고, 기독교를 거부했기 때문에, 기독교로 개종할 희망도 없고, 따라서 구원의 희망도 없다고 하여, 유대인을 비참하게 표현했다.[88] 알렉산드리아의 키릴로스(Cyrilos, 376-444)은 415년 이집트 도시에서 유대인들을 추방하려 했다. 그는 기독교인들이 유대인들을 살해하고 증거를 없애는 공모를 했다. 키릴은 유대인이 모든 인간들 중에 가장 미쳤고, 장님이고, 상식이 없고, 광분하여 분별력이 없다고 극단적인 표현을 했다.[89]

---

84 James Everett Seaver, *The Persecution of the Jews*, 51.

85 이은혜, "암브로시우스는 콘스탄티누스주의적 감독(Constantinian Bishop)인가?: 대립과 결탁: 감독 암브로시우스와 3명의 황제들", 「장신논단」 (2013), 117-140.

86 James Everett Seaver, *The Persecution of the Jews*, Part IV.

87 James William Parkes, *The Conflict of the Church of the Church and the Synagogue* (Cleveland: World, 1961, 2008), 166-68. Lee Martin McDonald, "Anti-Judaism in the Early Church Fathers", 218에서 재인용.

88 James Everett Seaver, *The Persecution of the Jews*, 38; J. Neusner, *Jesus and Christians: The Myth of a Common Tradition* (Philadelphia: Trinity Press, 1991), 77; Lee Martin McDonald, "Anti-Judaism in the Early Church Fathers", 228.

89 Cyril, *In Lucam. Homily*, 101. Wilkin, *Judaism*, 61. 그는 여기서 키릴이 유대인을 향한 적대적 언어를 더 많이 찾아냈다. Lee Martin McDonald, "Anti-Judaism in the Early

　　초기 기독교 신학을 만들고 중세 신학의 토대를 세우는 데 중심인물인 히포(Hippo)의 아우구스티누스(Augustinus, 354-430)는 415년 『신의 도성 *City of God*』에서 "유대인의 진짜 모습은 예수를 은 한 닢에 팔아넘긴 유다 이스카리옷이다. 유대인들은 신약을 결코 이해할 수 없으며, 그리스도를 죽인 죄를 영원히 낳을 것이다"90, "유대인들은 하나님과 우리의 주님을 십자가에 달리게 했기 때문에 부랑자가 되었고 영원히 죄를 지었다"91며 심한 반유대주의 사상을 펼쳤다.

　　힐라리우스(Hilarius, 310-367)92 주교는 유대인들과 식사도 나누지 말며, 거리에서 인사를 하더라도 받지 말라고 했다.93 유대인들은 기독교를 거부했기에 부정한 악마를 가졌다고 했다.94 그는 유대인이 율법이나 안식일을 지키는 것을 중단시켰고, 그로 인해 유대인은 비통한 감정과 차별과 박해를 겪어야만 했다. 스페인의 이시도르(Isidore, 530-636)는 유대인들의 개종을 인정하려는 노력은 하겠지만 그들의 죄의 본질은 결코 변하지 않을 것이라고까지 말한다.95

　　이처럼 교부들의 반유대적 신학사상은 1세기부터 확산되었고, 4세기경에는 이미 상식적인 것이 되었다.96 4~6세기 교부들은 황제들의 권력을 등에 업고, 반유대주의를 법과 행정력으로 제도화시키며 차별과 폭력으로 박해했다. 교부들은 기독교인들에게 하나님도 유대인을

Church Fathers", 217에서 재인용.

90 Augustine of Hippo, *The City of God*, Book XVIII, Chap. 46. James Everett Seaver, *The Persecution of the Jews,* 51에서 재인용.

91 *Ibid.* 재인용.

92 Eric Wickman, "Shaping Church-State Relations After Constantine: The Political Theology of Hilary of Poitiers", *Church History* 86:2 (2017), 287-310.

93 Lee Martin McDonald, "Anti-Judaism in the Early Church Fathers", 217.

94 *Ibid.*

95 *Ibid.*

96 *Ibid.*, 229.

거절했기에 기독교로 개종도 불가능했고, 유대인의 종교적 행위들을 거부했다고 선전했다. 초기 기독교 신학[97]이 활발하게 만들어지던 시기에 반유대주의 사상이 그 바탕에 있었음을 보았다.

6. 기독교의 반유대주의 극복을 위한 평화신학의 대안 모색

이 연구를 통해서 기독교 신학이 반유대주의가 뿌리 깊게 박혀 있음을 보면서, 그 해결과 대안을 모색해본다.

첫째, 신약성서에는 유대인이 예수를 메시야로 알아보지 못했고, 그를 관헌들에게 넘겼고, 죽음에 이르게 했고, 제자들과 사도들이 받은 박해의 내용들이 정경(canon)으로 되어 2천 년이 지난 오늘날까지도 강한 파급력을 보이고 있다. 21세기의 종교 간 대화의 시대에 유대교의 대표적인 지혜사상인 미쉬나(Mishna), 탈무드(Talmude)는 기독교로부터 받은 박해를 견디며 이룬 민중 문헌들이라는 점 그리고 민중으로 생존해온 유대인들이 받은 박해의 역사를 교회사와 함께 같은 수레바퀴로 연구해야 할 것이다. 더 나아가 불교, 유교, 동학사상 등과 경전 간 해석(inter-scriptural hermeneutics)으로 활발한 대화를 하며 지혜사상의 폭을 넓혀야 할 것이다.[98]

둘째, 콘스탄티누스 황제 이후 국가와 교회(종교)가 융복합되어 거대 권력을 누리던 시대에 교부들의 교리와 신학들(죄론, 삼위일체론, 교회론 등)의 정치적, 사회적, 종교적 지배 이데올로기를 찾아내야 할 것이다. 곧 교부들 간의 권력투쟁에서 승리한 자의 이론이 정통이 되었고

---

97 정기환, "초대 기독교 기독론 형성사 - 교부들의 공헌을 중심으로", 「종교학연구」 제9호 (1990), 123-155.
98 김은규, 『하느님 새로보기』(서울: 동연, 2009). 제1부 5장 "종교들 안에서 종교의 해석", 7장 "지구적 제국의 상황에서 성서해석" 그리고 제3부 1장 "그리스도교의 정경선언은 약이었는가, 독이었는가?-지배적 그리스도교와 민중 유대교의 비교" 참고.

이후 막대한 권력을 행사했기 때문이다.

셋째, 신약 이전시기부터 유대인들이 종교의 자유와 민족독립을 위해 제국과 저항한 것은 민중운동으로 보아야 한다. 콘스탄티누스 이후 기독교가 제국의 권력으로 유대교를 탄압하고 박해를 시작으로 현대 홀로코스트 대학살까지 유대인은 오랜 세계사 속에서 기독교 권력의 박해에 힘겹게 견디며 민중으로 생존해 온 것에 대한 민중신학적 조망이 필요하다.

넷째, 오늘날 한국에서 교단주의 권력과 신학의 지배이념, 대형화된 교회권력과 문자적 해석, 박해받던 만중 유대인이 거꾸로 가해자가 되어 팔레스타인에 가하는 폭력과 전쟁 등에 대한 문제들도 팔레스타인 시각으로 보며 극복해야 할 과제이다.

7. 결론

이 연구를 통해 유대인과 유대교는 민족독립과 유일신 종교의 자유를 위해 로마 제국과 국지적이지만 전쟁을 불사하며 저항하며 박해와 대학살을 겪었지만, 기독교는 저항들에 참여하지 않고, 유대인들이 큰 희생을 치루고 확보해 놓은 종교의 자유를 기반으로 선교를 확장했음을 보았다. 오히려 기독교는 유대인이 그리스도의 진리를 거부했기 때문에 받는 박해로 당연시했다. 기독교는 1세기 중엽부터 내부적으로는 반유대주의가 형성되었고, 외부적으로는 로마 당국으로부터 받은 박해기를 견디어 내야 했다. 콘스탄티누스 황제 이후 기독교는 세속권력을 가졌고, 4~6세기 일부이지만 주요 교부들은 황제와 국가의 법과 행정력을 동원하여 전방위적으로 반유대주의적인 차별과 박해를 가했던 내용을 다루었다.

이것은 중세신학의 토대가 되었다. 중세에도 기독교는 유럽 각지의 디아스포라 민중 유대인들을 차별하고 박해와 추방을 했다. 그 정점은 현대사에서 독일 나치스가 6백만 유대인 학살하는 데 기독교의 반유대적 부정적 사상이 기여했다. 비록 신약성경에 유대인이 예수를 메시야로 알아보지 못했고, 예수를 로마의 관헌들에게 팔아넘기는 일을 했어도, 그것이 그 당시 개인의 일로 끝나지 않고, 유대인, 유대교라는 대표성으로 고착되어 기독교 2천 년의 역사만큼 두 개의 축이 되어 차별을 받았다. 이렇듯 기독교와 유대교간의 만남은 시작 단추부터 잘못 끼워졌음을 보면서, 초기 기독교사와 교부들의 신학을 유대교적 관점에서 재조명할 필요가 있겠다. 신약에서 예수가 민중들 속에서 보여준 사랑정의 평화의 십자가와, 콘스탄티누스 황제의 칼에 새겨진 십자가가 이후 1,600여 년간 세계사에서 항상 유럽제국의 편에 서서 기독교가 끼친 해악들을 보면서, 과연 같은 십자가이고 같은 기독교인지? 오늘날 미국의 세계패권 정책을 정당화하고, 한국에서 대형화하고 거대한 자본과 권력을 누리는 콘스탄티누스 기독교가 계속되고 있지 않은지? 민중신학은 70, 80년대 한국 상황에만 갇혀있지 말고, 교회사 세계사 유대교 이슬람을 포함하는 지평을 확장할 필요가 있지 않을까?

참고문헌

1. 국내 자료

김기련. "히틀러의 유대인 정책과 고백교회의 투쟁." 「신학사상」 제169집 (2015), 144-174.

김은규. 『구약속의 종교권력』. 서울: 동연, 2013.

_____. 『하느님 새로보기』. 서울: 동연, 2009.

김차규. "콘스탄티누스의 니케아 공의회 개최의미." 「대구사학」 제70호 (2003), 157-194.

_____. "콘스탄티누스의 종교정책(312-324): 종교통합정책." 「인문과학연구논총」 제20호 (1999), 141-153.

깁본, 에드워드/황건 옮김. 『로마제국 쇠망사』. 서울: 까치, 1997.

남성현. "테오도시우스 칙법전 16권 1장 보편 신앙에 관한 칙법." 「서양고대사연구」 제23호 (2008), 273-323.

맥킴, 도날드 K./장종현 옮김. 『9가지 신학 논쟁』. 서울: 기독교연합신문사, 2005.

박찬웅. "헬레니즘 시대의 유대교와 원시 기독교: 연속성과 불연속성에 관한 논의." 「신약논단」 제15호(2008), 861-894.

염창선. "초기 기독교와 로마제국의 정치적 갈등과 대응". 「서양고전학연구」 제51호 (2013), 107-144.

_____. "4세기 교회와 국가의 '교회정치적'(kirchenpolitisch) 차원." 「한국교회사」 제18호 (2006), 97-118.

이은혜. "암브로시우스는 콘스탄티누스주의적 감독(Constantinian Bishop)인가?: 대립과 결탁: 감독 암브로시우스와 3명의 황제들." 「장신논단」 제45호 (2013), 117-140.

이쾌재. "로마제국 기독교박해의 제요인." 「사총」 제26호 (1982), 57-127.

정기환. "콘스탄티누스의 종교정책(II)." 「종교와 문화」 제5호 (1999), 99-117.

_____. "콘스탄티누스의 종교정책(Ⅰ)." 「종교와 문화」 제4호 (1998), 179-195.

_____. "초대 기독교 기독론 형성사 - 교부들의 공헌을 중심으로." 「종교학연구」 제9호 (1990), 123-155.

정용석. "그리스도를 본받음에 관한 초대교부들의 가르침." 「신학사상」 제96집 (1997), 144-174.

조인형. "콘스탄티누스대제의 기독교로의 개종배경."「서양고대사연구」제4호 (1996), 149-190.

_____. "유세비우스와 콘스탄티누스 대제에 관한 연구 - Vita Constantini 를 중심으로."「강원사학」제5호 (1989), 119-205.

_____. "니케아종교회의에 관한 역사적 고찰 – 콘스탄티누스 대제와 유세비우스의 역할에 대한 비판을 중심으로."「강원사학」제3호 (1986), 125-296.

존슨, 폴/김주한 옮김.『기독교의 역사』. 서울: 포이에마, 2013.

천사무엘. "알렉산드리아 공동체 형성과 박해의 역사."「신학사상」제88호 (1988), 147-169.

최혜영. "로마 황제 숭배와 유대-크리스트교와의 갈등."「서양고대사연구」제25호 (2009), 251-282.

하인츠벨렌. "로마황제이념의 기독교화에 관하여: 콘스탄티누스(Constantinus)황제에서 테오도시우스(Theodosius)황제까지."「서양고대사연구」 제2호 (1994), 129-152.

2. 해외 자료

Andrew, Alfoeldi. *The Conversion of Constantine and Pagan Rome*. Oxford: Oxford Univ. Press, 1969.

Bettenson, Henry. T*he Early Christian Fathers:A Selection from the Writings of the Fathers from St. Clement of Rome to St. Athanasius*. Oxford: Oxford University Press, 1969.

Callan, T. *Forgetting the Root: The Emergence of Christianity from Judaism*. New York: Paulist, 1986.

Cohen, Shaye J. D. *From the Maccabees to the Mishnah*. Philadelphia: The Westminster Press, 1989. 황승일 옮김.『고대 유대교 역사』. 서울: 은성, 1994.

Cohn-Sherbok, Dan. *The Jewish Heritage*. Basil: Blackwell, 1988.

Cook, J. G. *Roman Attitudes Toward the Christians*. Tuebingen, 2010.

Cyril, Richardson. *Early Christian Fathers*. New York: A Touchstone, 1996.

Drake, Harold. Constantine and the Bishops: *The Politics of Intolerance*. Baltimore: Johns Hopkins University Press, 2000.

Frend, W. H. C. *The Rise of Christianity*. Philadelphia: Fortress, 1984.

Gibbon, Edward. *The History of the Decline and Fall of the Roman Empire*. New York:

AMS Press, 1974.

Gonzalez, Justo L. *The Early Church to the Dawn of the Reformation*. San Francisco: Harper & Row, 1984.

Goodman, Martin. "Jews and Judaism in the Second Temple Period." in *Jewish Studies*, Oxford: Oxford Univ., Press, 2002, 36-52.

Grayzel, Solomon. "The Jews and Roman Law." *Jewish Quarterly Review* 59 (1968), 93-117.

Holt, J. W. E. *The Conversion of Constantine*. New York: Rinehart and Winston, 1971.

Klassen, W. "Anti-Judaism in Early Christianity: The State of the Question." in P. Richardson and D. Granskou. eds. *Anti-Judaism in Early Chtirtianity*, vol. 1. New York: Wilfrid Laurier Universtiy, Press, 1986, 5-12.

King, N. Q. *The Emperor Theodosius and the Establishment of Christianity*. Philadelphia: The Westminster Press, 1960.

Lake, K. *Apostolic Fathers*. LCL.; Cambridge, Mass.: Harvard University, Press, 1912.

Lazare, Bernard. *Anti-Semitism: Its History and Causes*. London: Briton's Publishing Co., 1967.

Lieu, Judith. "History and Theology in Christian Views of Judaism." in Judith Lieu, John North and Tessa Rajak, *The Jews Among Pagans and Christians*. London: Routledge, 1992, 79-96.

Linder, Amnon. T*he Jews in Roman Imperial Legislation*. Detroit: Wayne State University Press, 1987.

McDonald Lee Martin. "Anti-Judaism in the Early Church Fathers." in Evans Craig A. & Donald A. Hagner. eds. *Anti-Semitism and Early Christianity*. Minneapolis: Frotress Press, 1993.

Miller Fergus. "The Jews of the Graeco-Roman Diaspora Between Paganism and Christianity, AD 312-438." in Judith Lieu, John North and Tessa Rajak. *The Jews Among Pagans and Christian*. London: Routledge, 1992, 97-123.

Neusner, J. *Jesus and Christians: The Myth of a Common Tradition*. Philadelphia: Trinity Press, 1991.

Paget James Carleton. "Anti-Judaism and Early Christian Identity." *Zeitschrift für Antikes Christentum* 1 (1997), 191-223.

Parkes, James W. *The Conflict of the Church and the Synagogue*. Cleveland: World, 1961, 2008.

Richardson, Cyril. *Early Christian Fathers*. New York: A Touchstone, 199.

Ruether, Rosemary R. *Faith and Fratricide: The Theological Roots of Anti-Semitism*. New York: Seabury Press, 1974.

Rutgers, Leonard Victor. "Roman Policy towards the Jews: Expulsion from the City of Rome during the First Century C. E." *JSTOR* 13/1 (1994), 56-74.

Seaver, James Everett. *The Persecution of the Jews in the Roman Empire (300-428)*. Lawrence, Kansas: University of Kansas Publications, 1952.

Shelly, Bruce L. *Church History in Plain Language*. Nashville, NT: Thomas Nelson, 2013.

Simon, M. *Verus Israel: A Study of the Relations between Christians and Jews in the Roman Empire (135-425)*, trans. by H. McKeating. Oxford: Oxford University Press, 1986.

Stephenson, Paul. *Constantine: Roman Emperor, Christian Victor*. New York: The Overlook Press, 2009.

Voll, Fritz B. "A Short Review of a Troubled History." *Studies in Church History* 21 (1984), 1-27.

Wickman, Eric, "Shaping Church-State Relations After Constantine: The Political Theology of Hilary of Poitiers." *Church History* 86/2 (2017), 287-310.

Wilde, Robert. *Treatment of the Jews in the Greek Christian writers of the first three centuries*. Washington, D. C.: Catholic University of America Press, 1949.

Wilken, Robert L. "The Jews and Christian Apologetics After Theodosius Cunctos Populos." *Harvard Theological Review* 73 (1980), 451-71.

Worthen, Jeremy F. *The Internal Foe: Judaism and Anti-Judaism in the Shaping of Christian Theology*. Cambridge: Cambridge Scholars Publishing, 2009.

3부

대중문화와 평화

평화운동의 재현
: 영화 〈1987〉의 기독교 이미지

이 민 형

(성결대학교)

1. 들어가며

영화는 동시대를 살아가는 사람들의 보편적인 사회 문화적 이해를 반영한다. 동시에 영화는 관객들에게 의도적으로 편집된 정치적, 사회적, 문화적 메시지를 전달한다. 영화는 현실을 이해할 수 있는 좋은 매체이지만, 동시에 감독이나 작가의 단편적인 현실 해석을 표현하는 매체이기도 하다.[1] 따라서, 영화가 묘사하는 현실은 우리가 느끼고 경험하는 현실이기도 하고, 일부의 사람들의 눈에 비친 현실이기도 하다. 여기서 현실이라는 영역의 범위를 기독교 혹은 교회로 축소하면 다음과 같은 이해가 가능하다. 영화는 동시대의 사람들이 가지고 있는 기독

---

[1] Robert Johnston, *Reel Spirituality: Theology and Film in Dialogue* (Grand Rapids, MI: Baker Academic, 2006), 33-34.

교와 교회에 대한 보편적인 이해를 반영하기도 하고, 기독교 신앙의 가치와 규범에 대한 (감독이나 작가의) 주관적인 해석을 표현하기도 한다.

지금까지 제작된 수많은 한국 영화 속에서 기독교는 다양한 모습으로 재현되었다. 한국 영화가 묘사해온 교회와 기독교인들은 때로는 새로운 문명으로, 전통적인 가치에 대한 도전으로, 억압된 사회에서의 해방으로 비춰졌다. 또한, 부패한 교회와 모순적인 기독교인들의 모습을 통해 현대 기독교를 풍자하기도 하고, 참된 기독교에 대한 질문을 던지기도 하였다. 위에서 언급한 대로 한국 영화 속의 기독교는 사람들이 가지고 있는 한국 기독교에 대한 보편적인 이해의 반영이자 동시에 감독이나 작가의 비평적인 메시지였다.

이러한 영화사적 맥락 속에서 2017년 12월 27일, 장준환 감독이 연출한 영화 〈1987〉이 개봉됐다. 이 영화는 1987년 1월에 일어난 박종철 열사 고문치사사건부터 6월 민주항쟁이 일어나기까지의 상황을 담고 있다. 특히나, 카메라는 다양한 인물들의 의지적인 행동이 어떻게 한국 사회를 변화시켰는가를 중심적으로 보여준다. 그 중에는 왜곡된 기독교 신앙을 가진 개인도 있고, 정의와 평화라는 기독교적 가치를 대표하는 교회도 있다. 비록 기독교 영화를 표방한 작품은 아니지만, 영화는 기독교인과 교회의 움직임을 묘사하며, 대한민국의 민주화 과정에서 이들이 어떠한 역할을 하였는지를 보여준다.

기존의 한국 영화들이 개인의 신앙생활이나 기독교의 사회적 의미에 초점을 맞추어 기독교의 영화적 이미지를 재현하였다면, 영화 〈1987〉은 역사적 사실에 근거하여 1980년대 민주화 운동의 양 측에 선 기독교를 묘사한다. 장준환 감독은 실제로 일어난 사건에 극적인 연출을 더해 폭력을 더하는 기독교와 폭력을 감하려는 기독교의 이미지를 선보인다. 1980년대 한국 사회에서 일어난 민주화 운동이 시민들의 자유와 권리를 폭력적으로 위협하는 군부 권위체제에 저항했던 평화운동의 일환이었다는 전제 하에, 영화 〈1987〉은 그것을 영화적 이미지로 재현해낸 일종의 평화문화화 작업이었다고 해석할 수 있다. [2]특히나, 평화를 위협하는 조직과 평화를 열망하는 조직 모두에 기독교의 이미지를 배치함으로 평화의 실현에 있어 양가의 힘을 발휘할 수 있는 기독교를 묘사했으며, 이를 통해 현대 사회에서 기독교의 방향에 대한 경각심을 불러일으켰다는 점에서 이 영화는 기독교적 평화문화의 제시와도 밀접한 관련이 있다.

따라서 본고는 영화 〈1987〉 속에 등장한 한국 기독교의 이미지가 평화운동의 평화문화화 과정의 예가 될 수 있다고 여기고 이에 대해 논의하려 한다. 이를 위해 그동안 한국 영화에 묘사된 기독교와 교회의 이미지에 대해 간략하게 알아보고, 영화 〈1987〉에 등장하는 기독교의 이미지들이 어떠한 특이점을 가지고 있는지 살펴볼 것이다. 또한, 영화 속 기독교 이미지의 배경이 된 1980년대 한국 기독교의 움직임을 근거로 영화적 이미지의 재현이 평화문화와 어떠한 연관이 있는지를 논의할 것이다. 이는 영화라는 매체를 통해 재현된 기독교의 역사적 사실이 현대 사회의 평화 실현에 어떠한 역할을 할 수 있을 지에 대해 생각해 보는 좋은 기회가 될 것이다.

2. 한국 영화 속의 기독교 이미지

1) 1960년대 한국 영화 속의 기독교와 교회

한국 영화의 태동기는 1920년대였지만, 본격적으로 한국 영화가

---

2 서보혁 · 정주진, 『평화운동: 이론 · 역사 · 영역』 (과천: 진인진), 2018.

제작된 시기는 일제강점기와 한국전쟁 이후의 사회복구가 어느 정도 이루어진 1960년대였다.3 1960년대의 한국 사회는 박정희의 군사독재 정권으로 인해 사회문화적 검열이 강화된 시기였고, 국가 주도 하의 근대화 이데올로기가 다양한 문화매체에 영향을 미치던 시기였다.4 하지만 정치, 사회적으로 혼란스러운 상황 속에서도 한국 영화들은 한국 사회의 다양한 면모를 담아내는 문화 매체로서의 역할을 감당하였다. 특히나 이 시기에 제작된 한국 영화 속의 기독교는 일제강점기와 한국전쟁을 경험한 한국인들에게 희망을 주고, 전통적인 한국 사회의 가치관을 넘어서는 개화와 계몽의 가치를 담고 있는 종교로 묘사되었다.5

심훈의 소설 「상록수」를 스크린으로 옮긴 신상옥 감독의 영화 〈상록수〉(1961)와 주요섭의 동명 소설을 원작으로 제작한 영화 〈사랑방 손님과 어머니〉(1961)는 근대 한국 사회 속에서 사회 계몽과 새로운 가치관 확립에 앞장선 기독교의 모습을 묘사한 대표적인 작품들이다.6 1930년대 한국의 농촌을 배경으로 하고 있는 영화 〈상록수〉는 마을의

---

3 한국 예술 역사상 영화의 형태를 갖춘 최초의 작품은 1919년 제작된 김도산 감독의 <의리적 구토>이다. 하지만, <의리적 구토>를 한국 최초의 영화로 볼 것인가에 대한 논의는 지금까지도 이어지고 있다. 이 영화가 연쇄극 - 연극을 기본 틀로 하되, 무대에서 연출하기 힘든 장면이나 배경 등을 미리 촬영하여 영사한 후, 무대극을 이어가는 형식 - 의 형식을 띠고 있기 때문에 온전한 영화로 보기 힘들다는 견해와 촬영기 필름으로 제작된 최초의 산물이라는 점에서 한국 영화의 시초로 봐야 한다는 의견이 대립을 이루고 있다. 함충범, "'초창기 한국영화 연구'에 관한 재고찰: 한국영화에 관한 다양한 견해의 해석을 중심으로", 「시네마」 1 (2005), 164-165.

4 염찬희, "1960년대 한국 영화와 '근대적 국민' 형성 과정: 발전과 반공 논리의 접합 양상", 「영화연구」 33 (2007), 15-16.

5 신동주, "CBS 다큐멘터리: 한국 대중영화 속의 기독교" (CBS TV, 2006).

6 1960년대 한국 영화의 시나리오는 대부분 기존의 문학작품을 원작으로 각색되어 제작이 되었다. 소위 "문예영화"라고 불리우는 이러한 영화들은 줄거리의 실패 확률이 적다는 실용적인 이유와 박정희 정권의 검열 정책에서 특혜를 받을 수 있다는 정치, 사회적 이유로 인해 이 시기 한국 영화의 주요 장르가 되었다. 김남석, 『한국 영화의 미학과 경계』 (서울: 집문당, 2009), 294.

한 교회를 중심으로 활동하는 주인공 최용신의 모습을 통해 농촌계몽
운동과 교육활동에 힘쓰는 기독교의 이미지를 재현한다.7 반면에 영화
〈사랑방 손님과 어머니〉는 1920년대 한국 사회를 배경으로 "여성",
"어머니", "며느리"라는 존재에 대한 한국 사회의 전통적인 가치관과
"신여성"으로 대표되던 근대 사회의 가치관의 충돌 사이에 선 한 여성
에게 기독교가 제시하는 삶의 방향을 서술한다. 일찍 남편을 잃고 시어
머니와 어린 딸과 살아가는 옥희 어머니에게 교회는 과부라는 전통적
인 삶의 범위에서 벗어난 새로운 삶에 대한 희망을 제시하는 공간으로
묘사된다.8

　　한편, 기독교는 전통적인 한국 사회에 가치관의 대립을 일으키는
요소로 묘사되기도 한다. 1963년 제작된 유현목 감독의 〈김약국의 딸
들〉이나 1972년 제작된 최하원 감독의 〈무녀도〉는 근대화 된 한국 사
회에 만연했던 한국의 전통 종교와 기독교의 대립을 묘사한다. 〈김약
국의 딸들〉에는 고등교육을 받은 후, 기독교적 신념을 바탕으로 가정
내의 갈등을 해결하는 둘째 딸 용빈과 전통적인 무속 신앙을 바탕으로
당산나무에 기도만 올리는 어머니의 모습이 대조적으로 등장한다.9
〈무녀도〉 속의 종교 간의 갈등은 조금 더 비극적인 결말을 맞이하는데,
신딸 낭이에게 내림굿을 하여 무속신앙을 지키려는 무녀 모화와 낭이
에게 기독교적 가치를 가르치려는 모화의 아들 욱이의 갈등이 주된 줄

---

7 김성희, "한국 개신교 영화의 흐름 및 특징 연구: 연대기적 고찰(1948년~2012년)", (이화
　여자대학교 신학대학원: 석사논문, 2012), 30.
8 영화에 묘사된 기독교를 통해 전해진 새로운 문물과 가치관이 옥희 어머니에게 미친 긍
　정적인 영향에 대한 평가와는 별개로 <사랑방 손님과 어머니>의 감독 신상옥은 영화의
　제작의도를 유교적인 가치의 미덕을 그리기 위함이었다고 밝힌다. 그는 여성의 인내와
　절제를 강조했던 동양의 가치관을 영화 전반을 통해 표현하려했다고 하여, 영화 속 옥희
　어머니의 삶도 인내와 절제에 초점이 맞추어져 있었음을 드러낸다. 신동주, "한국 대중
　영화 속의 기독교."
9 *Ibid.*

거리이다. 영화는 욱이와 낭이가 모화를 떠난 후, 물 속에 몸을 던지는 모화의 모습으로 끝맺음을 한다.[10] 이처럼 한국 영화 속에 등장하는 무속 신앙과 기독교의 갈등은 급격하게 변화하던 당시의 시대상을 묘사함과 동시에 새로운 문물과 기회를 제공하는 기독교에 대한 대중들의 긍정적인 반응을 반영한 것이라 볼 수 있다.

2) 1970~1980년대 한국 영화 속의 기독교와 교회

한국 영화에 반영된 기독교에 대한 한국 사회의 긍정적인 시각은 1970년대 말부터 급격한 변화를 맞게 된다. 사실 이 시기는 한국 교회의 지속적인 양적 성장에 힘입어 기독교의 사회 영향력이 계속해서 증가하던 시기였다.[11] 하지만 1970년대 이후 산업화, 도시화를 통해 급격하게 변화된 한국 사회 속에서 사회적 소외감과 경제적 차별을 느꼈던 많은 사람들에게 성장가도를 달리는 사회적 괴리감을 형성했다. 개인의 구원과 위로에만 초점이 맞춰진 기독교는 종교적 모순과 부조리

---

10 최화원 감독은 영화의 결말부에 점차 신통력을 잃어버리다 결국 물속으로 빨려 들어가는 모화의 이미지는 기독교와의 경쟁에서 패배한 무속 신앙을 나타내기보다는 모화가 무녀의 삶에서 보통 인간의 삶으로 회귀하였음을 보여주는 것이라 설명했다. 이러한 감독의 의도를 존중하는 의미에서 <무녀도>는 종교 간의 갈등보다는 종교 간의 만남과 변화에 초점을 맞춘 영화로 이해하는 것이 바람직하다는 의견이 제시되기도 했다. 신광철, "한국 종교영화 작가론: 최화원 감독의 영화세계와 그의 기독교 영화", 「한국종교사연구」 11(2003), 60-61.

11 1980년대에는 지금까지 제작된 한국 기독교 영화의 1/3 (13편)이 제작되었다. 대부분의 영화는 한국 기독교 역사 속의 인물들을 다루는 전기영화였는데, 그 중 대표적인 작품으로는 주기철 목사의 생애를 다룬 임원식 감독의 <저 높은 곳을 향하여> (1977), 손양원 목사의 일대기를 담은 강대진 감독의 <사랑의 원자탄> (1977), 시각장애인 안요한 목사의 삶과 목회를 기록한 이장호 감독의 <낮은 데로 임하소서> (1981), 최초의 한국인 목사인 이기풍 목사를 추모하는 임원식 감독의 <순교보> (1986), 두레공동체를 설립한 김진홍 목사의 삶을 그린 이기원 감독의 <새벽을 깨우리로다> (1989) 등이 있다. 신광철, "한국 개신교 영화의 회고와 전망", 「종교학연구」 19 (2000), 91.

함으로 다가왔다. 더불어 1970년대 말부터 발전한 민중신학은 당시의
사람들이 겪고 있던 사회적 상황에서의 기독교적 구원과 해방에 대한
관심을 고조시켰다.[12] 이러한 사회적 관점은 당시에 제작된 영화 속에
그려진 기독교의 이미지에도 고스란히 반영되었는데, 배창호 감독의
〈꼬방동네 사람들〉(1982)이 대표적이다. 이 영화는 가난한 사람들과
함께하는 기독교의 이미지를 공병두 목사라는 인물로 재현한다. 빈민
촌에서 소외당한 사람들과 함께 살아가는 공병두는 사랑과 헌신으로
빈민 목회에 힘쓰는 인물로 묘사된다. 최근에 별세한 허병섭 목사를 모
델로 하고 있는 공병두라는 인물은 당시의 사회적 현실에 긍정적인 역
할을 했던 기독교를 전하는 보기 드문 영화적 이미지였다.

　기실 이 시기에 제작된 대부분의 영화는 사회적 차별에 아파하는
사람들을 방관하는 한국 기독교의 모습을 그리고 있다. 이장호 감독은
이러한 한국 사회의 시선을 영화화한 대표적인 감독이다. 〈어둠의 자
식들〉(1981)은 성매매 여성들을 마치 불결한 이들인 양 매정하게 배척
하는 목회자의 모습을 그리며, 불행한 이들을 외면했던 당시의 기독교
를 비판했다. 영화는 성매매 여성인 영애가 자신과 같은 처지에 있는
여성들을 돌보는 모습을 거룩한 분위기로 연출하여 결국 고통받는 이
들을 돌보는 것은 같은 고통을 느끼던 사람이었다는 메시지를 전한다.
그 외에도 〈바보선언〉(1983), 〈과부춤〉(1983) 등에는 상류층의 풍요
로움과 맥을 같이하는 기독교의 이미지들이 등장한다. 이 영화들에서
교회는 사회특권층이 선택할 수 있는 풍요로움의 상징이자 동시에 열
광적이고 비정상적인 신앙을 가진 이들의 모임으로 묘사된다.[13] 이장

12 김성희, "한국 개신교 영화의 흐름 및 특징 연구: 연대기적 고찰 (1948년~2012년)", 한국
　기독교사연구회, 『한국 기독교의 역사 III』 (서울: 기독교문사, 1989-2009), 205-208에서
　재인용.
13 신동주, "한국 대중영화 속의 기독교."

호 감독은 〈과부춤〉의 제작의도를 밝히는 인터뷰에서 갈수록 거대해
지는 교회와 물질중심적으로 변하는 기독교 신앙에 대한 비판을 담으
려 했다고 이야기한 바 있다.14 이처럼 위의 영화들에 묘사된 기독교의
이미지들은 이기적인 부와 안락함을 누리는 개인들, 돈과 권력에 중독
된 사이비 목회자들, 그리고 사회에서 고립된 광신적인 집단으로서의
모습을 부각시킨다. 이는 감독의 기독교에 대한 해석이기도 했지만, 당
시의 교회에 대한 사회적 인식을 반영한 것이기도 했다.

3) 1990년대~현재까지의 한국 영화 속 기독교와 교회

1990년대 이후 한국 영화 산업은 비약적으로 발전한다. 이에 발맞
추어 대중영화 속에 등장하는 기독교의 이미지는 상업적인 기획을 바
탕으로 만들어진다.15 이러한 기획은 한국 사회 내에서의 기독교의 모
습을 풍자조로 묘사함으로 관객들의 반응을 극대화시키는 것에 초점이
맞춰졌다. 강우석 감독의 〈투캅스〉(1993)나 신승수 감독의 〈할렐루
야〉(1997)가 묘사하는 교회와 기독교 신앙은 대표적인 풍자적 이미지
라 볼 수 있다.16 〈투캅스〉에 등장하는 경찰은 온갖 부정을 일삼는 부패
한 경찰이지만 동시에 교회 집사임을 강조하는 이중적인 인물로 등장
한다. 특히나 그가 교회에 앉아 과장되게 기도에 반응하는 모습은 관객
들에게 웃음을 선사함과 동시에 당대의 사회에 비친 기독교인들의 모
순적인 모습을 유추할 수 있는 장면이었다. 또한 사기극을 벌이기 위해
교회에 들어가 목사 행세를 하는 전과자의 모습을 그린 〈할렐루야〉는

---

14 신광철, "이장호 감독의 영화 <과부춤>: 기독교는 이 시대의 희망일 수 있는가?", 「한국
　기독교역사연구소소식」 50 (2001), 21.
15 신동주, "한국 대중영화 속의 기독교."
16 최은, "한국 영화에 나타난 기독교 이미지史를 보다", 「목회와 신학」 1월호 (2008), 72.

영화 전체를 통해 당시 한국 교회의 모습을 희화화했다.

희화화된 이미지를 통해 영화 속에서 간접적으로 표현되었던 기독교에 대한 곱지 않은 시선은 2000년대를 기점으로 반기독교적인 뉘앙스가 가득한 장면들을 통해 영화 전면에 드러난다. 2000년에 개봉한 이창동 감독의 영화 〈오아시스〉 속에 등장하는 사회성이 결여된 기독교인에 대한 묘사를 필두로 하여 한국 (대중) 영화 속의 기독교 묘사는 점차로 구체적인 비판의 시선을 드리운다. 특히나 왜곡된 신앙을 토대로 상식 밖의 행동을 하는 기독교인들이나 부패한 권력을 누리거나 범죄에 가담하고도 기독교 신앙인임을 강조하는 인물들, 개인의 고통스러운 경험에 힘이 되지 않는 기독교에 회의를 느끼고 신앙을 저버린 인물들의 이미지들은 2000년대 이후 한국 영화 속 기독교의 대표적인 이미지들이다.

예를 들어 이창동 감독의 〈밀양〉(2007)에 등장하는 살인범은 자신을 찾아온 피해자의 가족에게 하나님의 은혜로 용서를 받았다는 이야기를 한다. 정작 용서를 빌어야 할 이들의 심정은 아랑곳하지 않은 채, 중생의 삶을 고백하는 파렴치한 인물은 기독교에서 쉽게 이야기하는 용서와 구원에 대한 한국 사회의 의혹과 거부감을 대변한다. 한편, 2018년 개봉한 이해영 감독의 영화 〈독전〉에는 신학을 전공한 이가 범죄조직의 수뇌부로 등장하기도 한다. 그는 비록 목회자는 아니지만, 끊임없이 "구원", "믿음"과 같은 전형적인 기독교 어휘들을 사용하면서 자신의 범죄행위와 폭력을 정당화한다. 그 외에도 영화 〈미쓰백〉(2018)이나 〈빵반〉(2019)에 등장하는 기독교의 이미지는 악인들의 이중성을 극대화하기 위해 사용되었다. 이 영화들에 나오는 악역들은 이기적인 욕망에 사로잡힌 이들이지만 동시에 교회에서는 신실한 신앙인이자 중직을 맡고 있는 것으로 그려진다. 가식적인 기독교 신앙이 극악한 인물들의 상징적인 이미지로 비춰지는 것은 감독의 재현이기도 하지만, 현대인들이 기독교를 바라보는 시각을 반영하고 있다고도 할 수 있다.

3. 영화 <1987>에 나타나는 기독교의 이미지

1) 영화 〈1987〉에 나타나는 기독교 이미지의 특징

한국 영화 속의 기독교는 시대적 상황에 따라, 감독의 해석에 따라, 그리고 대중의 인식에 따라 다양한 이미지로 표현되었다. 근대화가 시작되던 시기의 기독교는 전통적인 한국 사회의 가치관에 비해 새로운 삶의 방식이자 희망으로 이미지화 되었다. 하지만, 1970-80년대에 들어 영화 속 기독교의 이미지는 점차 부정적으로 바뀌게 된다. 급격한 사회 변화로 인해 파생된 수많은 소외계층을 외면하고, 개인의 번영을 강조하며, 기득권의 손을 들어주는 영화 속 기독교의 이미지는 당시 사람들의 눈에 비친 한국 교회와 기독교인들이 어떤 모습이었는지를 유추할 수 있게 한다.

영화 속에 등장하는 기독교의 부정적인 이미지는 21세기에 이르러 영화적 재현의 전형이 되었다. 기독교는 부정과 부패의 온상이고, 몰상식하고 광적인 종교이며, 정치, 경제, 사회적 문제들에 관심이 없는 괴리된 세상이다. 이러한 기독교의 이미지가 몇 작품의 영화에서만 등장하는 것이 아니라, 대중 예술의 전반에서 나타난다는 것은 이에 공감하는 대중들이 많다는 의미이다.[17] 동시에 그들이 갖고 있는 기독교에 대한 부정적인 인식이 직접적으로 영화 및 대중 예술 작품에 반영이 되었다는 뜻이기도 하다.

이러한 영화사적 흐름 속에서 등장한 영화 〈1987〉은 특이하게도

---

17 최은, "2000년대 영화, 드라마 속 기독교 묘사를 모아봤다", 73-74 참조.

기존의 한국 영화들이 기독교를 이미지화하던 방식과는 조금 다른 방향을 추구한다. 대부분의 한국 영화가 기독교의 이미지를 평면적으로, 즉 긍정적이거나 부정적인 이미지 중 하나에만 집중하여 재현한 것에 반해, 영화 〈1987〉은 기독교의 양가적인 이미지를 모두 담고 있다. 이 영화는 1980년대 한국 사회에서 폭력적으로 인권을 유린하는 권력에 동조하던 기독교의 이미지와 시민들의 자유와 정의로운 세상을 위해 폭력에 저항하는 기독교의 이미지를 모두 재현한다. 물론, 실제로 일어났던 역사적 사실에 근거한 작품이기에 영화 〈1987〉에 드러난 기독교의 이미지가 감독의 주관적인 서술에 의해 한쪽으로 편향되지 않을 수 있었음은 부정할 수 없는 사실이다.

폭력을 조장하는 기독교의 이미지로 그려진 대공분실의 형사 조 반장은 군사독재시절 고문기술자로 민중을 억압하는 삶을 살다 후에 목회활동을 하기도 했던 공안형사 이근안을 각색한 인물이다. 영화 속에서 조 반장은 치안본부 5차장 박처원의 명령을 "받들며" 온갖 폭력을 행사하는 인물이지만 동시에 고문수사 중에도 기독교 서적을 읽을 만큼 신앙심이 있는 인물로 그려진다. 명령이 떨어지면 잔혹한 폭력도 불사하는 조 반장의 맹목적인 충성은 권력에의 복종을 종교적 가치로 여겼던 그 시대 기독교의 일면을 보여주는 것이다. 한편, 영화 〈1987〉의 후반부에는 박종철 열사의 죽음에 대한 진실을 알리는 것에 결정적인 역할을 하는 기독교의 모습이 등장한다. "향린교회"와 "명동성당"을 중심으로 등장하는 기독교의 이미지는 억압하는 권력에 저항하는 민중의 한 부분으로 묘사된다. 종교적 가치를 실현하기 위해 위험을 무릅쓰고 권력에 저항하며 진실을 밝혀내려 한 기독교의 이미지는 조 반장의 이미지와는 대조적으로 한국의 근현대사에서 긍정적인 역할을 했던 기독교의 또 다른 면모를 이미지화 한 것이다.[18]

이처럼 영화 〈1987〉은 영화적 배경이 된 시대적 상황 속에서의 기독교를 반영했다는 점에서는 기존의 한국 영화들과 맥을 같이 하지만, 동시에 기독교가 한국 사회에서 차지하고 있었던 비중을 다각도로 조명했다는 점에서 다른 영화들과는 다른 의미를 갖는다. 무엇보다도 이 영화 속의 기독교 이미지를 두드러지게 만드는 것은 영화의 후반부에 기독교의 긍정적인 이미지와 부정적인 이미지들이 교차 편집되면서 대조적으로 등장하는 장면이다. 이 장면은 영화적 상상력과 연출력이 합쳐진 역사적 사건의 영화적 재현이라는 점에서도 가치가 있지만, 동시에 폭력의 주체와 폭력에 저항하는 주체로서의 기독교가 교차적으로 화면에 등장하며 두 가지 모습의 기독교가 긴장상태에 놓이는 독특한 기독교 이미지를 만들어 냈다는 점에서도 주목할 만하다.

2) 영화 〈1987〉에 등장하는 기독교 이미지 분석

영화 〈1987〉은 박종철 열사의 고문치사사건을 은폐하려는 남영동 치안본부 대공분실에 대항해 진실을 밝히려는 수많은 사람들의 노력이 '6월 민주항쟁'의 기폭제가 되는 과정을 그린다. 한 사람의 영웅적 행동이 아니라 억울한 죽음에 개입한 권력에 저항하는 여러 명의 사람들이 결국 대한민국의 역사를 바꾸었다는 것이 이 영화의 중요한 메시지이다.[19] 위에서 언급한 대로 영화 속의 기독교 이미지는 1980년대 한국 사회에 만연했던 기독교인들과 교회의 모습을 모티브로 만들어졌다. 물론, 수많은 기독교인들의 삶과 교회의 움직임을 모두 다 담지는 않았지만, 실제로 존재했던 인물과 일어났던 사건을 중심으로 영화는 대조

---

18 영화 후반부에 김정남이 숨어들어간 것으로 묘사된 "향린교회"는 그 시절 민주화운동에 적극 동참했던 "향린교회"를 모티브로 한다. 하지만, 실제 김정남이 공안형사들의 추적을 피했던 곳은 교회가 아니라 지인의 집이었던 것으로 밝혀졌다.

19 이태훈, "현대 상업영화의 예술성 분석 연구: 영화 <1987> (2017)을 중심으로", 「디지털 융복합연구」 제16권 제 5호 (2018), 428.

적인 기독교의 이미지─ 충성의 근거가 되는 신앙과 정의와 평화를 추구
하는 교회 ─를 보여준다. 이러한 두 가지 이미지는 박종철 열사의 죽음
의 진실이 밝혀지는 장면에서 교차편집되어 등장함으로 극적인 대비를
이룬다.

영화의 후반부에서 재야의 민주운동가 김정남은 대공분실의 형사
들의 추적을 피해 한 교회에 숨어든다. 대공형사들은 그가 박종철 열사
의 죽음의 진실에 대한 기록을 가지고 있다고 생각하고 그를 체포하려
하지만 이미 그는 그 기록을 천주교정의구현사제단에 전달한 상태이
다. 하지만 이 사실을 알지 못하는 대공수사처 박처원 차장과 그의 수하
들은 김정남을 잡기 위해 그가 피신해 있던 교회로 들이닥친다. "하나
님의 성전입니다"라고 말하며 형사들을 저지하려는 목사를 무력으로
제압하고 추적을 계속하는 공안형사들을 피해 김정남은 교회의 지붕으
로 올라간다.

한편, 그 시간 5.18 제7주년 기념미사가 열린 명동성당에서 정의구
현사제단은 김정남이 전달한 기록을 증거 삼아 박종철 열사의 죽음에
대한 진실을 발표한다. 김승훈 신부의 발표가 목소리로 이어지는 동시
에 화면은 박종철 열사의 고문 장면을 비춘다. 잔혹한 고문수사과정을
보여주는 이 장면에서 수사를 책임지던 조 반장의 모습이 등장하는데,
그는 직접 고문을 하고 있던 형사들 뒤에서 "사랑의 하나님"이라는 제
목의 책을 읽고 있다.[20] 모진 고문에도 원하는 답을 하지 않는 박종철
열사의 태도를 참다못한 조 반장은 읽던 책을 던지듯 놓고, 고문의 강도
를 높일 것을 명령한다. 결국, 그의 지시로 인해 박종철 열사는 목숨을

---

20 조 반장이 기독교 신앙을 가진 사람이라는 사실을 유추할 수 있는 장면은 영화 중반부에
   도 등장한다. 박종철 열사의 사건이 세간에 알려지게 된 것에 대한 책임을 지고 수감된
   조 반장은 감옥 안에서 "이 눈에 아무 증거 아니뵈어도"라는 제목의 찬송가를 부른다.
   악에 받친 모습으로 찬송가를 그의 모습은 극단적으로 왜곡된 신앙인의 모습으로도, 자
   신을 내친 정부에 대한 분노로도 보여진다.

잃고, 물고문을 버티던 그의 얼굴은 명동성당에 걸린 영정사진으로 오버랩된다.

정의구현사제단의 발표 이후 특보를 전하기 위해 공중전화 박스로 뛰어나온 기자들 뒤로 십자가 탑이 보이고 그 옆으로 비둘기들이 날아간다. 날아가는 비둘기들의 그림자와 날개짓 소리는 장면이 바뀌어 김정남이 숨어있는 교회를 비추는 카메라에 이어서 등장한다. 지붕 위로 올라간 김정남이 미끄러지면서 간신히 지붕 끝에 매달려 있는 순간, 교회 안에 있던 박차장의 눈에는 예수의 십자고상이 그려진 스테인드글라스로 장식된 유리창 너머로 움직이는 형체가 보인다. 하지만, 스테인드글라스에 가려 버둥거리는 김정남의 다리를 알아채지 못하는 박 차장은 곧 정의구현사제단에 의해 박종철 열사의 고문치사사건이 전 세계에 알려졌음을 보고 받고 수하들과 함께 교회를 떠난다.

비록 영화 〈1987〉이 1987년 대한민국에서 실제로 일어났던 사건을 다루었다고 해도, 영화적 장르가 다큐멘터리가 아니기 때문에 영화 속에 등장하는 모든 장면이 실제의 재현은 아니다. 예를 들어, 1987년에 일어난 사건을 30년이 지난 후에 지켜보는 관객들의 시선을 대표하는 인물—사건에 공감은 하지만, 상황에 대한 이해가 부족하기에 정의로운 분노와 권력에 대한 두려움을 동시에 가지고 있는—인 '연희'는 감독이 만들어낸 가상의 인물이다. 하지만, 그녀의 대사와 움직임은 그 시대를 살았던 '누구'와 견주어도 이질감이 없을 정도로 공감대를 이끌어낼 수 있는 인물이며, 동시에 현대를 살아가는 관객들의 '눈'을 대신하는 역할을 감당한다.[21] 이처럼 영화 〈1987〉은 사실의 재현과 영화적 각색이 이질감 없이 어우러져 있는데, 위에서 언급한 박종철 열사 고문치사사건의 진실이 밝혀지는 부분은 영화적 연출이 가장 극적으로 드

러나는 장면이라 할 수 있다.

한 매체와의 인터뷰에서 장준환 감독이 밝혔듯 이 장면은 감독의
설정과 해석이 가미된 영화적 장치라 볼 수 있다. 그는 김정남을 쫓아
교회 안까지 들어와 심지어 버둥거리는 형체를 보고도 그를 체포하는
데에 실패하는 박 차장의 모습을 통해 역사적 사건에 절묘하게 녹아든
"신적인 개입"을 표현했다.22 비록 실제로 김정남은 교회에 숨어들지도
않았고, 기자들이 앞 다투어 기사를 전달할 때, 명동성당 위로 비둘기
가 날아오르지도 않았지만, 이러한 영화적 장치는 폭력에 저항하고, 평
화를 회복하기 위해 투쟁하는 사람들을 "보우하는" 신적인 움직임을 묘
사하기에 충분했다.23 특히나 박 차장의 얼굴에 드리운 빛이나 스테인
드글라스에 그려진 예수의 십자가상, 그리고 성당과 교회 위로 날아오
르는 비둘기들의 이미지는 기독교 신앙의 "삼위일체 하나님"을 떠올리
게 한다.

이러한 영화적 연출은 미장센(스크린 속에 만들어진 세계)에 있어 가
장 중요한 요소이다. 이는 사실과 허구의 구분을 허물어 영화의 궁극적
인 목적의 달성 즉, 관객들에게서 정서적 공감을 이끌어내는 역할을 하
기 때문이다. 이러한 의미에서 영화 〈1987〉 속의 기독교 이미지는 서

---

22 장준환 감독은 한국 영화계의 대표적인 작가주의 감독이다. 그의 전작인 〈지구를 지켜
라〉(2003), 〈화이: 괴물을 삼킨 아이〉(2013) 등은 그의 창의적인 해석과 연출이 돋보인
작품이었다. 이처럼 개성이 강한 작품의 연출을 맡아온 그가 실제로 일어났던 일을 재
현하는 영화를 제작했다는 사실은 기존의 그의 행보와는 다른 면모를 보인다. 인터뷰에
서도 밝힌 바 있듯이, 영화 〈1987〉에는 그의 이전 작품에서처럼 독특한 연출이 돋보이
는 장면을 찾기는 쉽지 않다. 하지만, 박종철 열사의 죽음의 진실이 밝혀지는 지점에서
부터 박처원 차장이 김정남의 추격을 포기하고 돌아가기까지의 과정을 보여주는 장면
들에서는 그의 작가주의적 연출이 돋보였으며, 역사적 사건과 아우러져 설득력을 더하
기도 했다. 정봉석, "현실과 환상을 가로지르는 오브제의 작용: 〈지구를 지켜라〉(장준
환 각본 · 감독, 2003)", 「드라마연구」 31 (2009), 281.

23 "〈1987〉 장준환 감독 인터뷰", 〈익스트림무비〉 2017년 12월 30일 작성, 2018년 8월 24일
접속, http://extmovie.maxmovie.com/xe/movietalk/28271787.

습없이 폭력을 행사하는 기독교 신앙과 폭력에 저항하며 평화를 추구
하는 기독교의 대결이 극에 달했을 때 일어나는 사건의 가치는 이성을
통한 이해를 초월한 것이라는 감독의 세계관을 전달한다. 동시에 "하늘
도 도울 만큼 (정의와 평화를 향한) 간절한 마음"에 응답하는 기독교
신앙의 하나님을 이미지화함으로 영화를 보는 관객들의 공감을 끌어냈
다는 점에서 영화적 재현 이상의 메시지를 전달했다고 평가할 수 있
다.24

4. 1987년의 평화운동과 2017년의 평화문화

1) 1980년대 기독교와 평화운동

그렇다면, 영화 〈1987〉이 궁극적으로 재현하고자 했던 1980년대
한국 기독교의 움직임은 무엇이었을까? 1970년대 유신체제 하에서 한
국 사회의 민주화에 앞장섰던 한국 교회는 1980년대에 들어서면서 다
양한 민주 인사 및 단체들과의 연대활동을 통해 반독재, 민주화 운동에
참여하였다. 광주민주화운동 이후 제5공화국 정부는 각계 민주인사들
을 포함해 자유와 해방을 위해 투쟁하던 노동자들과 학생들에 대한 구
속과 고문을 강화하였다. 이에 한국기독교교회협의회(NCCK)의 인권
위원회를 중심으로 많은 기독교 단체들이 한국 사회의 인권을 위한 운
동을 전개해나갔다.25 그들은 제5공화국 독재 정부에 고문, 용공조작,
강제징집 등의 잔혹한 인권유린행위를 중지할 것을 요구하며, 정부의

---

24 데이비드 브라운, "필름, 영화, 의미", 클라이브 마쉬, 가이 오르티즈 편/김도훈 옮김,
『영화관에서 만나는 기독교 영성: 영화와 신학의 진지한 대화를 향하여』 (서울: 살림,
2007), 38-41.
25 전명수, "1980년대 한국 개신교 민주화운동의 특성과 한계: 6월 항쟁에서의 교회 공론장
을 중심으로", 「담론201」 14권 3호 (2011), 121-122.

폭력에 희생당한 이들을 위한 인권수호운동을 펼쳤다.

제5공화국의 공포정치에 대항하기 위한 당시 기독교의 움직임은 1985년 2월 12일 총선을 전·후로 반독재, 민주화 운동으로 발전한다. 역사신학자 김명배는 당시 기독교의 민주화 운동을 다음과 같이 기술한다.

> 1985년 2월 12일 실시된 총선에서 야당인 신민당이 승리하였고, 이때에 한국기독교교회협의회는 공명선거운동을 활발히 전개하여 야당의 승리에 기여하였다. 1985년 2.12 총선에서 승리한 재야와 야당 세력은 '군부통치 종식'과 '대통령 직선제'를 내세워 국민의 민주화 열기를 전국적으로 확산시켜 나갔다. 이때 재야 민주화운동의 총 집결체인 '민주통일민중운동연합'(민통련)은 문익환 목사가 의장으로 있으면서 1980년대 중반 개헌정국에서의 한국 민주화운동의 구심체 역할을 하였다.[26]

이를 기점으로 한국 기독교는 민주화 운동에 적극 가담하게 된다. 이후 대통령 직선제를 주장하던 시민들의 목소리가 1987년 1월 박종철 열사의 고문치사사건을 계기로 더욱 거세지자 5공화국 정부는 이를 제지하기 위해 1987년 4월 13일 호헌조치를 선언한다.

한국 사회의 민주화를 향한 의지를 묵살한 정부의 조치에 분개한 시민들의 의지를 확인한 통일민주당과 민주통일민중운동연합은 같은 해 5월 27일 '민주헌법쟁취 국민운동본부'를 설립하고, 향린교회에서 발기인대회를 연다. 민주정의당 4차 전당대회가 열리던 1987년 6월

---

26 김명배, "한국 사회와 기독교 (7): 해방 후 한국 기독교의 민주화와 인권운동", 「본질과 현상」 겨울 42 (2015), 54.

10일, 대한성공회 서울주교좌대성당에서는 '민주헌법쟁취 국민운동본부'의 주최로 반정부 민주화 운동인 "박종철 고문살인 은폐조작 규탄 및 호헌철폐 범국민대회"가 열린다.[27] 6월 민주화항쟁의 서막을 여는 데에 주축이 된 한국 기독교는 이후 국가를 위한 기도회를 열거나 시국성명을 발표하는 등 민주화 운동에 적극적으로 참여한다. 이후 6월 29일 당시 민정당 대표였던 노태우가 대통령 직선제 개헌을 수용하는 수습방안을 발표하고, 같은 해 10월 대통령 직선제 개헌이 이루어질 때까지, 기독교인들과 목회자들은 민주화를 외치는 여러 집회에 참석하였고, 성당과 교회는 각종 투쟁을 위한 장소로 제공되었다.[28]

2) 평화운동의 평화문화화

서보혁과 정주진은 『평화운동: 이론 · 역사 · 영역』에서 평화운동의 조건으로 다음과 같은 기준을 제시한다. 평화운동은 "다양한 개인과 집단의 평화적 관계를 저해하는 사회적 폭력을 규명하고, 이를 비폭력적 방식으로 감소시키거나 제거하여 평화적 해결을 목표"로 해야 한다.[29] 이러한 조건에 비추어봤을 때, 1987년 민주화 운동 전 · 후로 일어났던 한국 기독교의 움직임은 위에서 살펴본 대로 시민들의 자유와 인권을 침해하던 권위주의적 폭력에 기독교 정신으로 대항하여 사회적 평화를 도모했던 평화운동의 하나로 볼 수 있다. 이런 면에서 볼 때, 영화 〈1987〉은 한국 사회의 민주화를 위해 움직였던 많은 사람들 속에 한국 기독교를 포함시켰고, 그들의 평화운동을 기념하는 작품이었다. 하지

---

27 전명수, "1980년대 한국 개신교 민주화운동의 특성과 한계: 6월 항쟁에서의 교회 공론장을 중심으로", 126.

28 김명배, "한국 사회와 기독교 (7): 해방 후 한국 기독교의 민주화와 인권운동", 57.

29 서보혁 · 정주진, 『평화운동: 이론 · 역사 · 영역』, 30-32.

만, 이 영화 속의 기독교 이미지는 단순히 역사적 평화운동을 기념하는
데에서 그치지 않는다. 조반장의 이미지를 통해 그 시절 국가적인 폭력
에 동조했던 – 그래서 많은 영화 속에서 부정적으로 재현되었던 – 한국
기독교에 대한 의문을 제시하고 동시에 억압받던 민중의 편에 섰던 교
회를 도우시는 하나님의 이미지를 통해 앞으로 기독교가 한국 사회에
서 나아가야 할 길에 대한 요구를 표현한다.

이는 역사적 사건에 대한 문화적(영화적) 해석이자 서사라고 할 수
있다. 조금 더 구체적으로 이야기하자면 1987년에 일어났던 평화운동
을 2017년에 평화문화로 재현한 것이다. 평화문화란 "사회에 존재하는
다양한 형태의 폭력을 제거하고 다양한 배경과 생각을 가진 개인과 집
단이 기본적 권리를 누리며 공존할 수 있게 만드는 문화"이다.[30] 따라
서 평화문화화란 이러한 문화를 형성하고 정착시키는 과정이며, 이 과
정에서 발생할 수 있는 또 다른 형태의 폭력을 거부하는 움직임이다.
이러한 점에서 볼 때, 영화 〈1987〉은 결국 이 사회에서 평화를 향한
교회의 움직임을 종용하는 평화문화의 장을 열었다. 물론, 이 영화가
표면적으로는 기독교 영화가 아니기 때문에 이 영화에 등장하는 기독
교 이미지들이 기독교적 평화운동의 기독교적 평화문화화를 목표로 하
였다고 단정 지을 수는 없다. 하지만, 한국 사회의 민주화 현장에 참여
했던 많은 인물들과 단체들 중 기독교적 이미지들이 영화 속 사건의 긴
장과 해소를 담고 있는 장면들에 주로 등장했다는 것은 주목할 만하다.
즉 이러한 이미지의 의도적인 편집은 위에서 언급한 대로 그 당시 평화
운동에 동참한 기독교의 움직임에 강조점을 둔 것이자 동시에 오늘날
의 기독교와 평화에 대한 사회적 관심을 반영하는 것이라 할 수 있다.[31]

---

30 서보혁·정주진, 『평화운동: 이론·역사·영역』, 63-64.
31 이러한 영화적 분석은 Bryan Stone의 신학과 영화 간 소통에 대한 견해를 참고한 것이다.
   Stone에 따르면, 우리는 영화에 묘사된 기독교의 이미지—혹은 기독교와 연관이 있는

이러한 평화문화의 수단으로서의 영화적 이미지는 1980년대 한국
기독교의 평화적 사회참여를 가능하게 한 신학적 교회 이해를 재고하
게 한다. 이는 평화운동에 참여했던 한국 기독교의 원동력을 알아보는
것이자 동시에 현대의 한국 사회에서 한국 기독교가 추구해야 할 교회
의 모습을 상상하게 하는 기독교적 평화문화의 근거이기 때문이다. 그
시기에 한국 기독교의 평화운동에 가장 큰 영향을 준 것은 민중신학적
교회 이해이다. 초창기 민중신학이 가지고 있었던 교회에 대한 이해는
"종말론적 신앙을 가진 공동체"이자 "고통 받는 민중들의 현장에 공존
하는 공동체"였다. 1세대 민중신학자 안병무에 의하면 교회의 본질은
이 땅에서 완성될 하나님의 나라를 기대하며 지금 이루어지고 있는 하
나님의 나라에 참여하는 것이다.[32] 이러한 종말론적 신앙을 고백하는
교회는 제도화를 거부한다. 인간이 만들어낸 체제가 하나님의 나라라
는 현실의 역동성을 제약하기 때문이다. 따라서 민중신학의 교회론은
세속화되고 제도화된 당대의 교회를 비판하면서, 초대교회의 모습을
회복할 것을 요구하였다.[33]

또한 교회는 폭력적인 계급적 차별을 거부해야 한다. 직분에 근거
한 수직적 구조는 교회 내에서까지 구조에 의한 억압과 차별을 야기시
킬 수 있다. 따라서 교회는 평등 공동체여야 한다는 것이 민중신학의

주제—를 통해 기독교 신앙의 현대적 의미를 새롭게 생각할 수 있다. 이는 소위 "기독교
(적) 영화"라는 매체에 반영된 이미지뿐 아니라 모든 장르의 영화에 드러나는 기독교와
교회의 이미지가 현대 사회에서의 기독교의 의미와 역할을 이해하는 데에 도움을 줄 수
있다는 것을 의미한다. 또한, 우리는 영화에 묘사된 윤리적, 종교적 메시지들을 검토하
고, 그에 대한 신학적 해석을 제시할 수 있다. 이러한 접근은 단순히 영화의 종교성에
대한 비판이라기보다는 그 저변에 자리 잡고 있는 윤리적, 종교적 가정에 대한 신학적
비평이나 기독교적인 대안을 제시하는 방편이라 볼 수 있다. Bryan Stone, *Faith and
Film: Theological Themes at the Cinema* (St. Louis, MO: Chalice Press, 2000), 7-8.

32 안병무, 『민중신학 이야기』 (서울: 한국신학연구소, 1987), 160.

33 이상성, "민중의 해방운동으로서의 한국 교회: 민중신학의 교회론 정립을 위하여", 「민중과
신학」 2 (2000), 59.

교회론이다.34 이러한 교회가 가능한 이유는 예수가 민중과 구별된 영웅이 아닌 민중으로 이 땅에 내려와 하나님의 나라를 시작했기 때문이다. 낮은 곳에서 소외된 이들과 함께한 예수의 사역은 민중이 중심이라는 중요한 메시지를 전한다. 따라서 교회 역시 "민중을 위한 교회가 아닌 민중의 교회"로 존재해야 한다.35 민중이 주인인 교회에서 민중은 더 이상 목회의 대상이 아니라 교회를 이끌어나가는 주체가 된다. 이렇게 민중의 주인의식을 회복시키는 교회야말로 하나님 나라의 희망을 실천하는 교회라는 것이 민중 신학의 궁극적인 교회론이다.

하나님의 나라 신앙을 고수하는 종말론적 공동체이자 정치, 경제적 계급의 철폐를 통해 하나님의 나라에 참여하는 **공동체로서의 교회**를 주장하는 민중신학의 교회론은 영화 〈1987〉 속의 기독교 이미지를 만들어낸 종교적 정서이자 동시에 실제로 1980년대 민주화 운동에 앞장섰던 기독교인들의 사상적 배경이었다. 비록 감독이 의도한 바는 아니었겠지만, 영화는 위에서 살펴본 교회의 민중신학적 이해를 바탕으로 전개된 기독교적 평화운동에 적극 동참한 평화적 공동체로서의 교회를 기독교 이미지를 통해 전달하였다. 이는 더 이상 폭력의 역사에 교회가 동조해서는 안 된다는 메시지를 전하는 동시에 폭력의 역사가 반복되었을 경우 교회가 어찌해야 하는 가를 단적으로 보여주는 평화문화적 담론을 형성한 것이다. 따라서 영화 〈1987〉을 통해 만들어진 평화문화는 영화를 관람하는 21세기의 한국인들이 한국 기독교의 미래가 평화라는 가치에 대해 어떠한 실천적 면모를 갖출 것인지에 대해 함께 고민하도록 만든다.

이는 단순히 감독이나 사람들의 인식을 반영한 것이 아니라 이에서

34 안병무, 『민중신학 이야기』, 184-185.
35 서남동, "민중의 신학", 「기독교사상」 203 (1975), 85-86.

한 단계 더 나아가 적극적인 행동을 요구하는 것이다. 이것이 지금까지 제작된 한국 영화 속 기독교 이미지와 구분되는 영화 〈1987〉이 제시한 기독교 이미지의 특별한 힘이다. 이처럼 특별한 평화의 문화를 인지한 이들은 앞으로 한국 기독교가 나아갈 길을 찾아 나갈 것이다. 그 방법이 민중신학적 교회론의 적용일지, 새로운 교회론의 정립일지는 알 수는 없다. 하지만, 분명한 역사적 사실을 기억하고, 그 가치를 이어갈 수 있는 교회에 대해 연구하고, 실천을 통해 평화를 추구해 나가는 기독교의 모습을 보이는 것이야 말로, 영화 〈1987〉이 만들어낸 평화문화에 동참하는 길이다. 영화가 제시한 평화를 향한 기독교의 모습이 그저 과거의 회상이 될지, 미래에 대한 청사진이 될지는 결국 이 땅의 한국 기독교에 달렸다.

5. 나가며

지금까지 영화 〈1987〉이 기독교 이미지를 통해 만들어낸 평화문화에 대해 살펴보았다. 이러한 과정이 가능했던 것은 그동안 한국 영화사 속에 등장한 다양한 기독교 이미지를 통해 소통하는 방법이 적립되었기 때문이다. 영화는 기독교에 대한 사람들의 인식과 의문을 반영해 왔고 동시에 기독교에 대한 기대를 표현해 왔다. 이러한 영화사적 맥락 속에 제작된 영화 〈1987〉은 "수많은 사람이 사회적 평화를 염원했던 1980년대 교회는 어디에 있는가?"라는 질문에 대답을 제시했다. 동시에 "오늘날의 한국 교회는 어디에 설 것인가?"라는 질문을 던진다. 이는 역사적 평화운동을 기념하는 매체로서의 영화 속 이미지들이 새로운 평화문화를 조성하는 것이라 평할 수 있다. 영화는 앞으로의 한국 기독교가 이러한 평화문화에 동참할지를 묻고 있다.

물론, 1980년대와는 정치, 사회적 상황이 확연히 달라진 오늘날,

영화 속의 기독교를 현실에서 재현하는 것만으로는 상황에 맞는 평화문화를 조성할 수 없다. 다시 말해서, 독재타도나 계급투쟁을 외치는 이들이 사라진 오늘날의 대한민국에서 민중신학의 교회론만이 기독교적 평화문화의 해답일 수 없다는 것이다. 변화된 사회에서는 새로운 교회론이 제시되어야 한다. 영화 〈1987〉은 이에 대해 진지하게 고민할 것을 요구한다. 무엇보다도 시대정신을 이어받아 정의와 평화를 위해 움직이는 기독교는 오늘날 어떠한 모습으로 존재할지를 묻는다. 21세기 대한민국에서 평화라는 가치를 추구하는 공동체로서의 교회와 기독교 신학이 제대로 정립되고 실천될 수 있기를 바라며, 이 글이 그 시작에 조금이나마 도움이 되었으면 하는 염원을 담아본다.

참고문헌

김남석. 『한국 영화의 미학과 경계』. 서울: 집문당, 2009.

김명배. "한국 사회와 기독교 (7): 해방 후 한국 기독교의 민주화와 인권운동." 「본질과 현상」 겨울 42 (2015), 35-62.

김성희. "한국 개신교 영화의 흐름 및 특징 연구: 연대기적 고찰 (1948년 – 2012년)." 이화여자대학교 신학대학원: 석사논문, 2012.

브라운, 데이비드. "필름, 영화, 의미들." 클라이브 마쉬 · 가이 오르티즈 편/김도훈 옮김. 『영화관에서 만나는 기독교 영성: 영화와 신학의 진지한 대화를 향하여』. 서울: 살림, 2007.

서남동. "민중의 신학." 「기독교사상」 203 (1975), 52-66.

서보혁 · 정주진. 『평화운동: 이론 · 역사 · 영역』. 과천: 진인진, 2018.

신광철. "이장호 감독의 영화 <과부춤>: 기독교는 이 시대의 희망일 수 있는가?" 「한국기독교역사연구소소식」 50 (2001), 19-22.

_____. "한국 개신교 영화의 회고와 전망." 「종교학연구」 19 (2000), 83-96.

_____. "한국 종교영화 작가론: 최화원 감독의 영화세계와 그의 기독교 영화." 「한국종교사연구」 11 (2003), 45-65.

안병무. 『민중신학 이야기』. 서울: 한국신학연구소, 1987.

염찬희. "1960년대 한국 영화와 '근대적 국민' 형성 과정: 발전과 반공 논리의 접합 양상." 「영화연구」 33 (2007), 11-42.

이상성. "민중의 해방운동으로서의 한국 교회: 민중신학의 교회론 정립을 위하여." 「민중과 신학」 2 (2000), 52-66.

이태훈. "현대 상업영화의 예술성 분석 연구: 영화 <1987> (2017)을 중심으로." 「디지털융복합연구」 제16권 제 5호 (2018), 425-433.

전명수. "1980년대 한국 개신교 민주화운동의 특성과 한계: 6월 항쟁에서의 교회 공론장을 중심으로." 「담론201」 14권 3호 (2011), 117-142.

정봉석. "현실과 환상을 가로지르는 오브제의 작용: <지구를 지켜라> (장준환 각본·감독, 2003)." 「드라마연구」 31 (2009), 279-303.

최은. "한국 영화에 나타난 기독교 이미지史를 보다." 「목회와 신학」 1월호(2008), 71-77.

함충범. "'초창기 한국영화 연구'에 관한 재고찰: 한국영화에 관한 다양한 견해의 해석을 중심으로." 「시네마」 1 (2005), 153-183.

Johnston, Robert. *Reel Spirituality: Theology and Film in Dialogue.* Grand Rapids, MI: Baker Academic, 2006.

Stone, Bryan. *Faith and Film: Theological Themes at the Cinema.* St. Louis, MO: Chalice Press, 2000.

[미디어 자료]

신동주. "CBS 다큐멘터리: 한국 대중영화 속의 기독교" (CBS TV, 2006).

"<1987> 장준환 감독 인터뷰." <익스트림무비> 2017년 12월 30일 작성, 2018년 8월 24일 접속, http://extmovie.maxmovie.com/xe/movietalk/28271787.

"Love and Peace or Else"
: 록밴드 U2의 음악과 활동 속의 평화 이야기

윤 영 훈

(성결대학교)

1. 서론: 위대한 여정의 시작

록밴드 U2는 유럽의 변방 아일랜드의 언더그라운드 밴드로 출발해 세계 정상의 밴드가 되었다. 그들의 '성공'은 단지 당대 문화 트랜드를 적극 수용하거나 상업적 기획과 홍보로 이루어진 것이 아니다. U2는 오히려 당대의 흐름을 역행하며 록큰롤이 잃어버린 원초적 정신을 재발견하며 새로운 스타일로 음악적 '대안'(alternative)을 제시하였다. 14장의 정규앨범을 통해 2억 장 이상의 앨범 판매를 기록하였고, 22개의 그래미(Grammy)상을 수상하였는데, 이는 밴드로선 역대 최다 수상 기록이다.

하지만 U2가 보다 높은 평가를 받게 된 이유는 그들의 음악과 활동

가운데 현실 비판과 폭넓은 사회활동에 있다. 이로 인해 그룹의 리더 보노(Bono)는 세 차례나 노벨평화상 후보에 올랐다. 이들의 음악 철학의 뿌리에는 진지한 종교적 사유가 있다. U2의 멤버들은 데뷔 당시 더블린의 복음주의적 신앙 공동체인 '샬롬'(Shalom)에서 깊은 영적 체험을 경험하였다. 보노는 이때의 종교체험을 자신의 아버지에게 쓴 편지에서 다음과 같이 고백하였다.

> 우리는 매일 기도하고 성경을 읽었습니다. 모든 것이 우리에게 큰 힘과 기쁨을 주었습니다. 이것은 술과 약물에 의존하는 것과는 전혀 다른 것이었어요. 우리는 상실과 슬픔에 빠진 사람들이 주변에 있음에도 "우리는 내 삶을 맘껏 즐기기 원해"라고 말하는 음악 산업계의 위선적 모습을 보았습니다. 여기에서 우리는 단지 좋은 음악을 만드는 것 이상의 염원을 품게 되었습니다.[1]

U2의 계속적 종교적 신념과 활동의 뿌리는 바로 이 시절의 체험에서 비롯되었다. 그러나 U2의 멤버들은 샬롬이 체계를 갖추고 그가 불편하게 여겼던 제도권 종교를 닮아가는 것에 실망하였고, 록밴드 활동을 불순하게 바라보는 리더들과의 갈등 가운데 이 공동체와 결별하였다. 하지만 이 공동체에서 경험한 영적 체험과 성경공부 그리고 공동체적 나눔의 가치는 그 이후에도 계속 U2를 이끌었다.

U2가 발표한 대부분의 노래에는 깊은 기독교적 가치와 성경구절이 직접적으로 또는 비유적으로 반영되어 있다.[2] U2는 본격적인 음악활

---

1 Steve Stockman, *Walk On: The Spiritual Journey of U2* (Lake Mary, FL: Relevant Books, 2001), vii.

2 U2의 종교적 회심과정과 그 성격에 대해서 다음 논문을 참조하시오. 윤영훈, "영혼의 순례기: 록밴드 U2의 음악과 삶, 그리고 믿음, 1980-1989", 「한국기독교신학논총」 96

동에 전념하며 자신들의 신앙과 세상에 대한 긴장을 유지하였고, 영적
인 가치와 정치적인 메시지를 함께 아우르는 노래들을 발표하였다. 그
들은 신앙인의 삶과 록밴드로서의 성공은 결코 대립된 가치가 아님을
발견하였고, 오히려 록음악을 통해 세상과 신의 나라를 연결하는 가교
가 될 것을 다짐하였다. 그들에게 영적인 신념은 반드시 현실적이며 정
치적인 행동으로 이어져야 함을 깨달았던 것이다.

이상과 현실 사이의 영적 순례와 평화의 메시지는 U2의 지난 40년
이상의 모든 음악 작업과 활동을 설명하는 최선의 단어이며 하나의 거
대한 콘셉트이다. U2는 10년을 주기로 음악적으로나 활동에 획기적인
변화를 시도해왔지만, 그 중심에는 늘 이상향(신의 나라)을 찾아 현실적
광야를 순례하는 성경적 메타포가 일관되게 흐르고 있다. 본 글에서는
U2의 음악과 활동 여정을 따라가며 4곡을 중심으로 그 가사와 매체 기
사와 문헌들을 분석하면서 그들의 기독교 평화윤리 사상을 해석하고
그 실천적 발자취를 고찰하고자 한다.

2. "Sunday Bloody Sunday"(1983): 폭력 없는 세상은 어디에?

U2가 본격적으로 사회 문제에 관심을 쏟은 것은 그들의 세 번째 앨
범 〈War〉부터이다. 가장 먼저 그들의 눈에 보인 것은 자신들의 조국
아일랜드의 갈등과 분열이었다. 그 전환점은 1982년 10월 북아일랜드
의 항구도시 벨파스트에서 가진 공연이었다. 이 공연에서 U2는 신곡
'Sunday, Bloody Sunday'를 선보여 주목을 받았다.

이 노래는 1972년 1월 30일 일요일 오전, 북아일랜드에서 평화 시
위를 하던 아일랜드인들이 영국 진압군에 의해 수십 명의 시민들이 희

(2015), 243-269.

생된 사건을 다루고 있다. 그날 영국 공수부대는 비무장 시위대를 향해 발포하였다. 달아나던 시민들 중 일부는 등에 총을 맞고 쓰러졌고, 몇몇 민권운동가들은 조준사격을 당한 듯 총탄세례를 받고 숨졌다. 총 27명의 사상자가 발생한 이 사건을 북아일랜드인들은 '피의 일요일' (Bloody Sunday)이라고 부른다. 이 사건으로 인해 이후 북아일랜드 공화군(IRA)의 무장 투쟁도 더욱 과격화된 계기가 되었다.

> 아이들 발아래 깨진 병들, 막다른 골목길에 널린 시체들,
>
> 전쟁이 시작됐어. 많은 사람이 죽었지만 정작 승자는 누구인가.
>
> 어머니와 아이들, 형제와 누이들이 쓰러지고 말았어.
>
> 일요일, 피에 젖은 일요일. 일요일, 피에 젖은 일요일
>
> 이제 진짜 전쟁이 시작됐어.
>
> 예수께서 이루신 승리를 성취하는 거야. 3

U2의 취지는 단순히 영국군의 잔혹성을 폭로하는 것이 아니라 진정한 평화를 노래했다. 그날 TV를 통해 한 가톨릭 주교가 흰 손수건을 흔들면서 부상자들을 향해 허리를 굽히고 뛰어가는 장면이 방송되었다. 보노는 이 사건에서 발포 중단을 요청하며 하얀 손수건을 휘두른 그 사제에게 큰 영감을 받았다. 그의 눈에 그 손수건은 마치 백기를 의미하는 것 같았다. 하지만 그것은 굴욕적 항복이 아니라 폭력 중단을 요청하는 용기 있는 저항을 의미한다.

U2는 당시 무대에서 이 노래를 부르며 백기를 휘날리는 퍼포먼스와 함께 평화의 메시지를 선포했다. 더 나아가 그는 공연 중 IRA의 과격한 폭력 투쟁에도 반대를 표명하였다. 그는 어느 한 편을 드는 것이 아

---

3 U2, "Sunday Bloody Sunday", from <War> (1983).

니라 이 사건을 바라보는 아일랜드 젊은이들의 마음을 표현하고자 하였다. 그 깃발은 삼색의 아일랜드 깃발도 아니고 유니온 잭도 아니다. 흰 깃발은 항복이 아닌 백지 상태 즉 가치 판단의 중단과 평화의 상징인 셈이다. 어떤 이념도 생명의 소중함을 대신할 수 없다고 여겼기 때문이다.

앨범 제목은 '전쟁'이지만 그 의미는 폭력적 '전쟁에 대항한 투쟁' (War against wars)을 반영한 반전사상을 역설적으로 표현한 것이다. 가사의 표현처럼 U2의 사회운동은 그리스도의 본을 따르는 신앙관에 기초한다. 보노는 예수에 대한 자신의 신앙을 다음과 같이 말했다. "많은 이들에게 예수 그리스도의 이미지는 단순한 종교적 상징이 되어 가는 것 같습니다. 예수님은 우리에게 꽃이 아니라 검을 주러 오셨습니다. 기독교 음악은 왜 그리스도의 은총을 감상적으로만 표현해야 합니까? 하지만 그분은 응보(karma)가 아닌 은혜(grace)의 투쟁을 하셨습니다."[4] U2는 예수의 저항의 본질은 비폭력에 있음을 분명히 하며 그 상징물로 사용한 이미지가 바로 백기였던 것이다.

U2의 리더 보노는 아일랜드에서 종교적 갈등이 만들어내는 문제점들에 대해 깊이 우려해왔다. 그래서 그는 스스로 가톨릭교와 개신교 어느 한 편에 서는 것을 거부한다. 그는 조국의 정치적 평화뿐 아니라 종교적 평화에도 많은 활동을 지속했으며, 1998년 자신의 콘서트에 북아일랜드의 사회민주노동당의 가톨릭 지도자 존 흄(John Hume)과 얼스터연합당의 프로테스탄트 지도자 데이비드 트림블(David Trimble)을 초청해 무대 위에서 손을 잡게 하는 퍼포먼스를 연출했다. 그해 그 두 사람은 30년간의 갈등을 넘어 북아일랜드에서 평화 협상을 엮어낸 공로로 노벨평화상을 수상했다. 보노는 다음과 같이 말한다. "우리는 종교적 차이가 나라를 분열시키는 현실을 보며 자랐습니다. 사람들은 종교

---

4 Steve Turner, *Hunger for Heaven* (London: Virgin Books, 1988), 169.

의 규정과 전통에 집착하지만 신께서는 그런 것들이 아니라 사람들의
마음에 관심을 가지고 계십니다."[5]

당시 20대 초반이었던 U2의 멤버들의 눈에 비친 세상은 전쟁과 분
열로 인한 갈등 상황이 도처에 산재하고 있었다. 앨범의 제목이 시사해
주듯 세계적 현실은 여러 가지 레벨의 전쟁 상황이나 다름없었다. U2
는 이 앨범과 이후의 많은 노래들 가운데 세계 곳곳의 정치 분쟁, 핵
확산, 민권 침해, 생명 경시, 기근과 질병, 환경파괴 등의 문제들을 담아
냈다. 그 한 예로 "Seconds"란 노래에서 U2는 핵무기의 비인격적 파
괴성과 국가 이기주의에 의한 핵 확산에 대한 엄중한 경고를 담고 있다.

> 야밤의 도둑처럼 촛불로 세상을 보고 있는 거야.
>
> 매일 매일이 혁명이지.
>
> 소비에트, 동독, 런던, 뉴욕, 북경!
>
> (전쟁의) 배후를 조종하는 앞잡이들이 있어.
>
> '안녕' 하고 작별하는 데 몇 초면 되지.
>
> 버튼을 누르고 플러그를 당겨. 그렇게 굿바이.[6]

이 시기 U2는 앨범마다 다양한 정치적 의미 담긴 노래들을 발표하
였다.[7] U2는 현대사회의 병폐를 특유의 날카로운 시선과 비유로 비판

---

5 Bono, *On the Move: A Speech* (Nashville: W Publishing House, 2006), 50.

6 U2, "Seconds", from the album <War> (1982).

7 간략하게 열거하자면, "New Year's Day"는 폴란드 자유노조 대표 바웬사의 투옥에 반대
하며 그를 지지하며 헌정한 곡이며, "Refugee"는 정치적 이유로 인한 난민의 문제를 다룬
다. "Bad"에서는 마약 중독에 시달리는 사람들의 정신적 불안을 표현하며 마약 거래의
어두운 모습들을 비판하였다. "Red Hill Mining Town"은 광산 노동자들의 고단한 삶과 애
환을 노래했고, "Mother of Disappeared"는 아르헨티나 정치 시위에서 연행되었다가 실
종된 학생들의 사건을, 그리고 "Silver and Gold"는 아프리카의 인종차별을 비판한다.

하며 고발하였다. U2는 어느 정치 체제나 경제 이데올로기의 입장에
서지 않는다. 다만 현실정치에서 발생하는 폭력과 인권 문제에 예민하
게 반응한다. 또한 1980년대 중반부터 U2는 대규모 자선 공연을 주도
하고 참여하면서 "록의 양심의 대변자"로 불리게 되었다. 봅 겔도프
(Bob Geldorf)가 주도한 에티오피아 기아 난민 구호 프로젝트인
'Band Aid'와 'Live Aid' 캠페인은 그 시작이었고, 아일랜드 실업자들
을 위한 자선 공연 'Self Aid' 남아공 양심수 석방을 촉구하는 'Sun City'
공연, 성차별주의를 반대하는 'Rock against Sexism' 공연 등이 그 대
표적 사례이다.

특히 U2는 세계 도처에 행해지는 인권 침해 현실을 문책하는 '국제
사면위원회'에 지속적으로 깊이 관여하면서 이를 위한 활동과 여러 공
연에 참여하고 있다. 또한 U2는 1981년부터 팬들과 함께 *Propaganda*[8]
라는 잡지를 발행하여 사람들에게 인권을 탄압하는 각국 정부와 국제
기구에 편지를 띄우도록 독려하고 있다. 일개 록밴드의 팬클럽 회지가
영향력 있는 사회운동 매거진으로 확대된 것은 대중음악사에 매우 특
별한 사례이다. 그 때부터 U2의 팬들은 단순히 그들의 음악 뿐 아니라
그들의 사회활동이 가장 든든한 지원군이 된 셈이다.

3. "In God's Country"(1987): 신의 나라는 어디에?

[U2에게] 미국은 단순히 국가가 아니라 일종의 철학과 같은 것이었
다.[9] _ 킴 와쉬번(Kim Washburn)

---

8 U2 and Paul McGuiness, *U2: The Best of Propaganda* (New York: Thunder's Mouth Press,
  2003).
9 킴 와쉬번, 『U2 보노 스토리』 (서울: IVP, 2010), 63.

　　1984년부터 U2는 소위 "아메리카 3부작"이라 불리는 세 앨범을 연속해서 발표했다. U2의 눈에 비친 미국은 록큰롤의 고향이며 넓은 대지와 발전된 문명을 이룬 곳이지만 물질숭배와 패권의식으로 구원의 힘을 잃어버린 모순의 땅이었다. 미국에 대한 희망과 절망의 이중적 이미지는 미국의 록큰롤 음악의 태동기부터 많은 아티스트들을 통해 다양한 모습으로 표현되어 왔다.[10] U2는 이 시기 발표한 세 앨범 〈Un-forgettable fire〉(1984), 〈Joshua's Tree〉(1987), 〈Rattle and Hum〉(1988)에 수록된 여러 곡에서 자신이 존경한 미국의 인물들과 대중음악 전통에 대한 경의를 표현하였다.

　　한 사람이 사랑의 이름으로 왔다네…
　　4월 4일 이른 아침 멤피스의 하늘에 총성이 울렸지.
　　마침내 자유다!
　　그들은 당신의 목숨은 앗아갔지.
　　그러나 당신의 자부심은 빼앗지 못했어.
　　사랑이라는 이름의 자부심.
　　사랑, 그 이름 위에 그 무엇이 있으랴.[11]

　　〈Unforgettable Fire〉의 타이틀 곡, "Pride"의 가사이다. 여기에 등장하는 '한 사람'은 마르틴 루터 킹(Martin-Luther King Jr.) 목사이다. U2는 킹 목사에 대한 깊은 존경심을 가졌고, 이 노래와 또 다른 곡 "MLK"를 그의 영전에 바쳤다. 2006년 오바마(Obama)가 흑인으로 미

---

10 Greil Marcus, *Mystery Train: Images of America in Rock'n' Roll* (New York: Plume Books, 1997), xi.

11 U2, "Pride-In the name of Love", from <Unforgettable Fire> (1984).

국의 대통령이 된 역사적 날에 U2는 백악관에 초대되었다. 그들이 부른 노래는 다름 아닌 "Pride"였다. "Pride"가 마틴 루터 킹 목사의 죽음에 대한 울분과 추모의 감정을 드러내고 있다면, 또 다른 수록곡 "MLK"는 킹 목사의 유명한 연설 "I have a Dream"에서 그의 평생 품었던 간절한 평화와 자유의 '꿈'이 이루어지기를 기원하는 마음을 담고 있다.

1987년 발표된 앨범, 〈The Joshua Tree〉는 예술적으로나 상업적으로 U2의 최고의 작품으로 평가된다. 이 앨범의 또 다른 타이틀은 "The Two Americas"였다. 이 앨범에서 U2는 미국을 '사막'(desert)으로 비유하며 성서의 메타포를 이용해 내면화하고 있다. U2에게 미국은 "공간이며 동시에 철학이다." '사막'은 이 앨범을 관통하는 중심 이미지이다. 죠슈아 트리는 황량한 캘리포니아 사막에서 자라는 선인장의 일종으로 희망과 생명 그리고 종교적 구원을 상징한다. 이 앨범에 묘사된 미국은 더 이상 젖과 꿀이 흐르는 약속의 땅이 아니라 "먼지 구름과 산성비로 가득한 황폐해져버린"12 사막이다. U2는 이 앨범 수록곡들을 통해 '공간'과 그 안의 인간의 삶의 관계성을 풍성한 영감으로 펼쳐 놓았다. "In God's Country"에서 U2는 '신의 나라'를 꿈꾸던 미국의 이중성을 고발하며 다음과 같이 노래한다.

사막의 하늘, 그 사막 하늘 밑의 꿈.
강은 흐르지만 곧 말라버릴 거야.
우리는 이제 새로운 꿈이 필요해
그녀는 자유, 그녀가 곧 나를 구원하러 올 거야
희망, 믿음, 그리고 그녀의 허영. 가장 귀한 선물은 금이겠지.
신의 나라에서, 무지의 잠은 마역처럼 찾아오지.

---

12 이 앨범의 타이틀 곡, "Where the Street has no name"의 한 구절이다.

신의 나라에서, 슬픔은 십자가를 짓밟고 있지.13

　이 노래는 기회의 땅 미국의 상징적 슬로건인 '아메리칸 드림'은 이미 그 가치를 상실하였고 황량해진 사막에서 새로운 꿈이 필요함을 강조한다. 미국은 자유를 외치며 세계를 돕는다고 나서지만 허울 좋은 희망과 믿음, 자유는 단지 미국의 허영일 뿐이며, 그들이 가장 중요하게 여기는 것은 돈이다. 이 앨범에 수록된 또 다른 곡, "Bullet the Blue Sky"에서 U2는 1980년대 북중미 국가에 행사된 미국의 강압적 개입에 분노를 터뜨리며 강하게 비판하였다.

　악마의 씨를 뿌리고 화염을 일으킨다.

　십자가를 불태우는 것을 보라. 솟구치는 불꽃을…

　가시덤불의 장미처럼, 로열 플래시의 모든 색깔처럼

　그는 달러 지폐를 낙하시키고 있다…

　벽을 통해 우린 이 도시의 신음소리를 듣는다.

　미국이 밖에 있다. 미국이 밖에 있다.14

　프랑스의 포스트모던 사상가 장 보드리야르(Jean Baudrillard)는 미국 전역을 여행하며 기록한 저서 『아메리카 *America*』(1986)에서 미국이란 장소 안의 허상과 그 문화 자체를 '사막'에 비유하였다. 그는 뉴욕은 초현실주의적 텍스트와 이미지를 '수직적으로' 구현한 허상이라면, 캘리포니아는 일종의 자기증식 과정 속에 '수평적으로' 확장된 '사막'으로 그 안의 거주자들을 "외국인과 좀비와 관광객"으로 만들어버린다고

---

13 U2, "In God's Country", from <Joshua Tree> (1987).

14 U2, "Bullet the Blue Sky", from <Joshua Tree> (1987).

비판하였다.15 이는 같은 프랑스인으로서 1831년 미국을 여행하며 정
교분리에 기초한 민주주의에 큰 감동을 받아 미국을 새로운 희망의 땅
으로 묘사한 알렉시스 토그빌(Alexis de Tocqueville)의 보고와는 전혀
다른 그림이다.

장 보드리야르가 미국을 현실과 의미가 사라지고 죽은 이미지만 남
은 '사막'으로 간주하며 사유를 멈추었다면, U2는 그 사막의 절망으로
부터 새로운 사유를 시작한다. 즉 사막은 현실의 모순과 절망에서 신을
의지하고 구원의 희망을 꿈꾸는 장소인 셈이다.16 그것이 바로 성서가
보여주는 사막(광야)의 이미지이다. 보노는 이 사막 이미지에 대해 다
음과 같이 말했다. "많은 사람들이 사막을 그저 황량한 곳이라고만 생
각하죠. 하지만 다른 각도에서 보면 사막은 아주 긍정적인 이미지입니
다. 사막은 어떤 일이든지 시작할 수 있는 아주 깨끗한 캔버스 같은 것
이기도 하니까요."17 이처럼 사막은 양면성을 지니고 있으며, U2가 바
라본 미국 역시 그런 이중적 애정과 분노 그리고 절망과 희망의 공존
가운데 그들의 음악 속에 표현되어 있다.

보노는 1987년 「LA 타임즈」와의 인터뷰에서 이 부분에 대한 입장
을 분명하게 개진한 바 있다. "미국이 특히 중미지역에서 자행한 일들
은 악몽임에 틀림없습니다. 미국은 농부와 민중의 황폐화를 자행하고
있습니다. 그러나 난 미국 시민에 대한 증오에서가 아니라 진정한 애정
에서 이렇게 말하는 것입니다. 난 미국이 '악몽(nightmare)'이면서 꿈
(dream)'이라고 생각합니다."18 일부는 이러한 U2의 "현실 지적, 체제
인정"의 노선, 즉 혁명을 통한 체제 변화가 아닌 가치 변화를 통한 체제

---

15 장 보드리야르, 『아메리카』 (서울: 산책자, 2009), 224-225.

16 Mark Wrathall, *U2 and Philosophy* (Chicago: Open Court, 2006), 44-45.

17 Bono and Assayas Michk, *Bono* (New York and London: Penguine Books, 2006), 269.

18 임진모, "U2", http://www.izm.co.kr/artistRead.asp?artistidx=1600 (1993/04).

수정을 모색하는 방식에 대한 한계성을 비판하기도 한다. 하지만 미국인들은 이런 현실적인 비판과 온건한 방법론을 환영했다. 바로 이 점이 보수적인 그래미상이나 미국의 주류 언론이 지속적으로 U2에게 절대적인 지지와 호의를 보여준 이유일 것이다. 결국 U2의 노래의 주제는 "(기독교적) 사랑을 통한 화합"으로 귀결된다.

신의 나라는 어디에 있을까? U2는 이상적 희망과 현실적 절망, 믿음과 회의의 이중적 가치를 노래하며 오늘날까지 자신들의 음악여정을 지속해 가고 있다. 이런 성격이 가장 잘 드러나는 노래가 "I still haven't found what I'm looking for"이다. 이 노래는 빌보드 차트 1위에 올랐고, 가사와 음악 모두에서 가스펠송을 표방한 곡이다. 하지만 이 노래는 상투적인 종교적 확신과 신앙고백과는 거리가 있다. 오히려 제목이 말해주듯 그들은 "갈구하는 것을 아직 찾지 못했다"고 노래하며 부정적인 회의를 나타내고 있다. 하지만 이 노래의 진정한 의미는 매일의 삶 가운데 끝없이 신의 존재와 자신의 정체성에 대한 의문과 함께 고뇌하는 나약한 인간의 믿음을 말하고 있는 것이다.

나는 장차 임할 왕국을 믿습니다.
그 때 모든 인종들이 하나가 될 것입니다.
그래요, 나는 여전히 달려갑니다.
당신은 모든 속박을 풀어 주셨습니다.
그리고 십자가를 지셨죠. 내 부끄러움의 십자가를.
당신은 나의 이 믿음을 아시지요.
그러나 나는 내가 구하는 것들을 아직 찾지 못했습니다.[19]

19 "I still haven't found what I'm looking for", from the album <Joshua Tree> (1987).

이 노래에서 화자는 자신의 의문과 방황 속에서도 결코 의심할 수 없는 중요한 확신의 근거를 말한다. 그것은 그리스도의 십자가, 역사 속에 성육한 하나님 사건이다. 그것은 수치와 고통을 짊어진 그리스도의 사랑이며, 동시에 장차 임할 신의 나라의 도래에 대한 희망이다. 이 노래에서 가장 중요한 메시지는 "나는 계속 달려갑니다"(I'm still run-ning)라는 가사에 있다. 실상 "나는 아직 찾지 못했다"(I still haven't found)는 부정적 고백은 그래서 난 포기하고 말았다는 허무와 좌절이 아니라, 나는 포기하지 않고 진리를 향한 여정을 계속 달려가겠다는 의지의 다른 표현인 것이다. "모든 인종이 하나가 되는" 사랑과 평화의 종말론적 비전은 세상의 '마지막'에 대한 것이 아니라 신이 이 땅에 이룰 '시작'에 관한 것이다[20]. U2의 이러한 이상과 현실, 이미(already)와 아직(not yet)의 긴장과 조화가 U2가 노래한 사회적 메시지의 가장 중요한 내용이며 성격이다.

4. "One"(1991): 함께 공존하는 세상은 어디에?

〈The Joshua Tree〉 앨범의 대성공 이후 밴드는 매우 심각한 균열과 전환의 기로에 서게 된다. 멤버 간의 음악적 방향에 대한 의견 충돌과 모든 것을 이룬 뒤의 목표 상실은 이전 슈퍼 밴드들의 몰락의 전철을 밟을 수 있다는 위기감마저 감돌았다. 그런 가운데 베를린 장벽이 무너지고, 이전의 암울한 이념적 대립의 해빙 무드는 이들이 다시 한 번 서로 간의 존중과 대화 속에 함께 하는 계기가 되었다. 1991년 발표된 앨범 〈Achtung Baby〉는 화해의 상징이 된 도시 베를린에서 작업하며 그들에게 새로운 돌파구와 변화의 시발점이 된 명반이다.

---

20 윤영훈, "영혼의 순례기: 록밴드 U2의 음악과 삶, 그리고 믿음", 261-262.

앨범이 발표되자마자 모든 팬들과 평론가들은 그들의 예상치 못한 과감한 변화에 경악했다. 스트레이트한 창법이 돋보였던 보노의 보컬은 감정 없이 낮고 건조하게 그리고 때론 뒤틀리고 찌그러진 읊조림을 반복했고, 과도한 이펙트를 통한 변화무쌍한 사운드와 펑키한 그루브를 주도하는 에지의 기타는 분명 전작의 심플한 매력과는 달랐다. 그들의 음악은 당시 급부상한 테크노 유로댄스 리듬과 인더스트리얼 음악 트랜드를 수용한 전혀 다른 밴드로 돌아왔던 것이다. 가사 역시 암울하고 냉소적인 어법으로 그들의 경건한(?) 팬들을 당황하게 했다. 이제 U2는 이전의 진지한 양심을 뒤로한 채 화려한 슈퍼 엔터테이너의 길을 걸어가는 것인가?

하지만 첫 인상의 충격을 가라앉히고 찬찬히 다시 이 앨범을 돌아본다면 우리는 이내 이전부터 일관된 U2의 진정성이 이 파격적 앨범에도 그대로 녹아있음을 발견하게 될 것이다. 포스트모던 삼부작으로 불리기도 하는 U2의 1990년대 세 앨범 〈Actung Baby〉(1991), 〈Zooropa〉(1992), 〈Pop〉(1997)은 분명 이전과는 다른 파격성을 보여주었다. 하지만 이 앨범들에도 여전히 풍부한 기독교적 수사가 시종일관 넘쳐난다. 이 세 앨범에서 U2는 당대 급부상한 포스트모더니즘 문화의 현란한 이미지와 '소비사회'의 정신적 방황을 시대적 트렌드를 통해 풍자하고 비판한 것이다.

1980년대 U2가 광야를 순례하는 구도자의 모습을 비유적으로 담아냈다면, 1990년대 노래들은 포스트모던 소비사회 안에서 길을 잃은 현대인의 '방황'(wondering)을 표현하였다. 여기에는 연속성과 불연속성이 존재한다. 이전의 순례에는 사막에 자라나는 '조슈아 트리'의 생명력이 상징하듯 갈등과 욕망으로 황폐해진 사회에서도 희망의 메시지를 강조했다면, 포스트모던 삼부작에서는 묵시적 과잉실재의 디스토피아 속에 길을 잃은 불안을 보다 염세적으로 표현해 냈다. 하지만 U2는 지도를 잃고 방황할지라도 진정한 삶의 가치와 신의 나라를 향한 지속적인 여정의 길은 계속되고 있음을 강조한다. 〈Zooropa〉 앨범의 마지막 곡 "The Wonderer"는 그 절망과 희망의 양면성을 잘 보여주고 있다.

> 나는 밖에 나가 걸었다.
>
> 금으로 포장된 거리에서 영혼 없는 도시의 뼈와 살을 보았지.
>
> 나는 어느 교회 앞에서 멈췄다.
>
> 사람들은 신의 나라를 원한다지만 신은 원치 않는다…
>
> 나는 한 명의 선인을 찾아 다녔다.
>
> 그의 아버지의 오른편에 앉을 한 영혼을
>
> 나는 성경 한 권과 총 한 자루를 들고 있다.
>
> 신의 말씀이 내 마음에 무겁게 내려앉았다.
>
> 하지만 예수여, 기다리지 말고 주무세요.
>
> 예수여, 저 곧 집으로 돌아가겠습니다.
>
> 그래요, 나는 여전히 당신을 찾아 계속 떠돌아다닙니다.[21]

무엇보다 U2가 묘사한 현대사회의 가장 심각한 문제는 바로 공동체의 해체와 개인주의로 인한 인간 소외였다. "One"은 1990년대 U2의 가장 큰 히트곡이며 가사의 문학적 미학이 돋보이는 명곡이다. 이 노래는 영국의 음악 채널 〈VH1〉이 기획한 "100 가장 위대한 노랫말"[22] 설문조사와 음악 잡지 〈Q〉가 선정한 "1001 역사상 가장 위대한 노래" 차트에서 1위에 올랐다.[23] 어떤 점이 이 노래가 이토록 평단과 팬들의

---

21 U2, "The Wonderer", from the album <Zooropa> (1993).

22 http://rateyourmusic.com/list/Iai/the_nations_100_favourite_lyrics__vh1_uk__easter_2006_/ (2006).

23 "1001 Greatest Songs of All-time", http://www.rocklistmusic.co.uk/q1001_songs.htm (2014/

찬사를 이끌어냈는가? 그것은 바로 이 노래가 다양성과 공존의 가치를 대변하는 현 시대 '다원주의' 담론의 고민과 방향을 선명하게 제안하고 있기 때문일 것이다.

9.11 사태가 일어난 후 세계적인 뮤지션들이 참여한 추모 공연에서 U2는 이 노래를 불렀다. 이후에도 갈등과 반목의 정세 속에 U2는 이 노래를 통해 사람들의 마음에 진정한 평화와 하나됨의 가치를 일깨워 주었고, "One"은 "시대의 노래"가 되었다. 2002년 보노는 한국 취재 기자와의 인터뷰에서 오랜 분단의 아픔을 겪은 아일랜드인으로서 자신은 한국의 분단 상황을 잘 이해하고 있다고 말하며, U2의 한국 공연이 성사된다면 가장 부르고 싶은 노래가 바로 "One"이라고 말하기도 하였다.[24] 이 노래는 다음과 같이 질문하며 시작된다.

모든 것이 잘 되어 가고 있는 걸까요?
당신도 그렇게 생각합니까?
그렇게 생각하는 것이 쉬운 일이겠죠.
당신은 비난할 누군가를 찾았으니까요.
당신은 말합니다. 한 사랑, 한 생명.
오늘밤 우리게 필요한 것이 바로 하나라고
한 사랑. 우린 함께 나누게 되었다 합니다.
하지만 소중히 여기지 않으면 곧 사라집니다.[25]

12/08).

24 박은석, "U2 인터뷰", http://cafe388.daum.net/_c21_/bbs_read?grpid=aYsc&fldid=Dc4M&contentval= 0000Tzz&nenc=&fenc=&q=&nil_profile=cafetop&nil_menu=sch_updw (2002/08/16). 2019년 마침내 U2의 내한 공연이 확정되며 이 노래가 한반도 평화를 위한 중요한 자극이 되길 기대한다.

25 U2, "One", from the album <Achtung Baby> (1992).

물질적 풍요와 개인주의적 이기심에 물들어있는 시대 조류 속에 다수에 속한 사람들은 "하나 됨"의 가치가 비현실적인 구호로 현실을 왜곡하고 있다는 사실을 인지하지 못하며 살아가고 있다. 이제 "우리는 하나다"라는 구호는 결국 누군가를 비난하고 소외시킨 결과물일 수 있다는 솔직하고 차가운 현실을 숨기고 있다는 반문이다. U2는 바로 이 점을 비판한다. 우리가 일반적으로 긍정적으로 수용하는 '공동체'란 개념에는 사실 큰 위험이 도사리고 있다. 역사상 강한 공동체주의를 표방하는 집단은 그 외부의 이질적 요소들에 대해 배타적으로 적대적인 모습을 보여 왔기 때문이다. 또한 공동체 내부의 이질적 요소들은 늘 추방과 처단의 대상으로 희생시키며 동질성을 유지해 온 것도 사실이다.

프랑스의 사회인류학자, 르네 지라르(René Girard)는 그의 저서 『폭력과 성스러움』에서 다음과 같이 말한다. "비폭력을 위한 최선의 방법은 화해의 희생양을 하나 뺀 모든 사람의 일치다."[26] 역사 가운데 평화와 질서를 수립하기 위한 일종의 문명사적 방법론이 바로 개인에게 가하는 공동체의 집단적 따돌림이었음을 지적한 것이다. 즉 타자 또는 소수자라는 이름의 약자들을 희생양으로 삼아 공격할 때 다수자들의 화해와 평화를 인위적으로 만들어 오지 않았던가? 솔직하게 한국 사회에서도 이런 폭력적 제의의 사례는 얼마든지 나열할 수 있을 것이다. U2가 노래한 대로 만일 그 희생자가 사라진다면 어떻게 될까? 이 공동체는 하나 됨을 위해 또 다른 모난 사람들, "비난할 누군가"를 찾아 공격할 것이다.

U2는 공동체가 "한 사랑, 한 생명"을 외친다면 그것은 단지 구호가 아니라 이런 현실적 인식과 반성이 있어야 함을 지적한다. 그리고 그 하나 됨을 위한 방법을 후렴구는 이렇게 노래한다. "우리는 하나지만

---

26 르네 지라르, 『폭력과 성스러움』(서울: 민음사, 1993), 17.

똑같은 것은 아니죠. 단지 함께 가는 겁니다." 하나 됨이란 모두가 똑같아지는 획일성이 아니라 함께 공존하는 삶의 방식이다. 이 노래의 계속된 가사에서 화자는 주류 집단의 위선적인 포용과 다원주의 담론에 대해 철저히 조롱하며 비판한다.

> 당신은 누군가를 용서하러 오셨나요?
> 아니면 죽은 자를 살려내려고 하십니까?
> 당신은 예수 흉내를 내고 싶은 건가요?
> 마치 나를 당신 앞에 문둥이로 보면서…
> 당신은 내게 들러오라 하지만,
> 나를 기어서 가게 했습니다.
> 나는 당신에게 받아들여 질 수 없었습니다.
> 당신이 남긴 것은 결국 상처입니다.[27]

언론과 공식적 발언에서는 성적, 인종적, 신체적, 문화적 소수자들을 포용한다는 선전을 늘어놓지만 정작 두터운 편견으로 그들을 진정한 이웃으로 여기지 않는 이중성이 바로 그것이다. 그리고 그 포용이라는 것이 기껏해야 "값싼 동정심" 아니었던가? 그리고 그들에게 이 공동체에 머물러도 좋지만 대신 너희의 모난 행동들은 자제하고 주류인들의 언행을 따라 튀지 말고 살라고 강요한다. 더 나아가 주류인들의 거주지가 아닌 그들만의 집단지 안에 게토화시켜버린다. 이것이 우리가 지금까지 보여준 사랑과 포용의 실재이다. 이러한 사례는 시공을 넘어 얼마든지 발견되는 그림이다. 이 노래는 성경의 에베소서 4장의 구절들을 인용하며 기독교적 사랑의 진정성을 호소한다.

---

27 U2, "One", from the album <Achtung Baby> (1992).

당신은 말합니다. 사랑이 성전이며 최고 율법이라고.

한 사랑, 한 피, 한 생명,

당신이 말한 대로 당신은 행해야 합니다.

자매와 형제들이여

우리 모두 (그리스도의) 한 생명을 나누었습니다.

우리는 하나입니다. 그러나 똑같은 것은 아니죠.

단지 서로와 함께 가는 겁니다. 그것이 하나됨이죠.

그리스도는 보편적 사랑과 화해를 위해 배타적 폭력의 희생 제물이 되었다. 이 하나 됨의 원리는 교회가 예전에서 떡과 포도주를 나누며 그리스도의 몸과 피를 나눈 형제이며 한 몸임을 선포하는 것을 통해 분명하고 강력하게 드러난다. 이후 이 노래는 U2의 콘서트에서 늘 클라이맥스를 장식하며, 보노는 청중들에게 당대의 중요한 세계 문제 해결을 위해 "함께 동참"(carry each other)할 것을 종용하며 이 노래의 메시지를 전했다.[28]

U2의 노래에서 신과 사랑은 일종의 동의어로 사용한다. 더 정확히 '사랑'은 기독교의 신을 지칭하는 대명사로 반복해서 쓰이고 있다. 보노는 한 인터뷰에서 다음과 같이 말했다. "내가 이해하는 성경은 그리스도께서 하나님은 사랑이심을 가르쳐준 것입니다. 그리스도의 삶을 공부하면 할수록 그 분의 삶은 사랑 그 자체였습니다. 하나님은 사랑입니다. 그리고 그 의미는 내 자신이 그 사랑으로 변화되고, 그 사랑 안에 행동하도록 한다는 것입니다. 삶이 복잡하고 힘들어질 때마다 나는 그 사랑의 삶을 살려고 노력합니다."[29]

---

28 Greg Garrett, *We Get to Carry Each Other: The Gospel according to U2* (Louisville: WJK Press, 2009), 104.

U2는 현대사회가 공동체를 상실하고 분쟁과 갈등이 심화된 시대 상황을 자조적으로 비판하였다. 그런 가운데 그들이 호소한 것은 하나 됨의 가치이다. 하지만 이는 결코 일치와 동화를 의미하는 것이 아니라, 서로에 대한 존중과 배려 가운데 공존하는 삶, 더 나아가 같은 공동의 목표를 위해 협업하는 '함께'의 삶이다. 기독교적 가치관 속에 U2는 늘 사랑을 노래한다. 그 사랑은 사람들의 감상적이고 순간적인 '버블껌' 사 랑도 아니고, '조건 없이'(unconditional) '이타적인'(unselfish) 등의 관 념적 수사로 숭배되는 실체없는 사랑도 아니다. U2에게 신의 사랑은 "The First Time"의 노랫말처럼 때론 연인처럼, 때론 친구처럼 일상에 성육한 구체적 행동으로 나타난다.

5. "Love and Peace or else"(2004): 평화의 길은 어디에?

1990년대 포스트모던 3부작의 실험적 모험을 마치고, 2000년대 발표한 U2의 앨범들은 이전의 록큰롤 사운드로 회귀하였다. 하지만 이 시기 중년기에 접어든 밴드는 이전보다 힘의 완급조절을 통해 서정적 인 멜로디를 강화하는 원숙미를 보여준다. 가사도 직접적인 사회비판 적 메시지보다는 솔직한 자기성찰을 강조하면서 도덕적 행동의 실제적 방법들을 제안한다. 음악평론가 캐리 소포(Kerry Soper)는 U2의 새 행 보에 대해 다음과 같이 평했다. "보노는 그의 다양한 페르소나를 벗어 버리고 이제 거울 앞에서 자신을 돌아보며 평화의 가교 역할을 하고자 한다."30

새천년을 맞이하며 보노는 아주 중요한 운동을 주도하였다. "희년

---

29 Christian Scharen, *One Step Closer: Why U2 Matters to Those Seeking God* (Grand Rapids: Brazos Press, 2006), 143.

30 Hank Bordowitz, *U2 Reader*, 228-229.

(Jubilee) 2000"으로 명명된 이 캠페인에서 보노는 선진국들이 최빈국들의 부채를 탕감해줌으로써 그들이 국민들의 기근과 보건을 위한 재정을 확보할 수 있도록 해야 한다고 역설하며, 각국 정상들과 거물급 인사들을 만나 정치 로비스트로서 활동하며 언론의 주목을 이끌어냈다. 2005년 그는 G8 정상회담에 참석해 서방 선진국들이 아프리카에 빌려준 40억 달러의 차관을 면제해주고 그 돈을 건강과 교육 기반시설 확충에 사용하도록 설득해냈다. 그는 자신의 유명세를 선한 목적을 위해 적극 활용하며 다음과 같이 말한다. "저는 유명세라는 것은 어리석지만 분명히 힘도 가지고 있다고 생각합니다. 우리는 우리가 가진 명성을 좋은 목적을 위해 지혜롭게 사용하려고 노력합니다."[31]

보노는 지속적으로 세계의 지도자들과 정치인들을 만나 다양한 문제들을 위한 협력을 호소하였다. 그는 정치인들과의 만남에 대해 다음과 같이 말했다. "함께 노력하면 문이 열립니다. 나보다 큰 권위를 가진 사람들을 만나는 것은 더 큰 힘이 있겠죠. 나는 그들을 두려워하지 않습니다. 신은 바로 가난한 사람들 가운데에 계십니다. 그러니 정치인들이 그들을 두려워해야 합니다."[32] 그는 2008년엔 미국 전역의 교회들을 순회하며 AIDS 퇴치를 위해 교회의 참여를 호소하는 특별한 캠페인을 펼쳤다. '미국의 마음'(Heart of America)이라 명명된 이 캠페인에서 '설교단에 선 록스타'는 다음과 같이 호소하였다.

기독교인들은 (에이즈 환자들은) 심은 대로 거둔 응보를 받은 것으로 생각하는 것 같은데 그렇다면 우리는 신약 성경 전체를, 새로운 약속을, 은혜의 개념을 모두 놓치는 셈입니다. 성적 부도덕이 서구사회 물

---

31 Kim Washburn, 『U2 보노 스토리』, 109.

32 *Ibid.*, 121.

질적 탐욕보다 더 무거운 죄입니까? 예수님은 한센병자들과 함께 하셨는데 우리는 에이즈 환자들을 외면합니다. 기독교 정체성과 문화가 위기에 빠졌습니다. 이 위기에서 나오지 못하면 교회는 유대인들이 수용소로 가는 기차에 오르는 모습을 구경만 했던 오류를 반복하는 것입니다. 저는 은혜를 다시 생각하자고 교회에 간청합니다. 실수한 사람들에게 돌이 아닌 약을 던지는 것이 어떻겠습니까?[33]

이처럼 그는 세계 각지에서 벌어지고 있는 여러 현안에 대해 양심의 목소리를 부르짖으며 전 세계 지도자를 만나고 다양한 장소에서 연사로 활동하였다. 그는 아프리카의 빈곤 문제와 에이즈 퇴치, 제 3세계 국가들의 부채 탕감을 위한 캠페인을 주도하며 활동하는 아주 특별한 음악인이다. 이로 인해 2005년 시사주간지 「타임 Time」은 보노를 음악인으로는 최초로 '올해의 인물'로 선정하였고, 지금까지 세 차례 노벨 평화상 후보에 올랐다. 부채 탕감을 위한 주빌리 2000 캠페인이나 에이즈 구호운동 모두에서 U2는 공통된 기독교 가치를 강조하였다. U2가 바라본 본향은 바로 정의를 넘어선 은혜의 땅이다.

2004년 U2는 새 앨범을 발표했다. 이 앨범이 발표된 시점은 9.11 테러 이후 거대한 상심과 갈등 그리고 미국의 아프가니스탄과 이라크를 침공한 전쟁이 진행되고 있던 때였다. 9.11 사태 이후 U2는 다양한 장소와 상황 속에 희생자를 추모하고 평화를 기원하는 공연을 지속했다. 발표 전부터 미리 알려진 앨범의 제목은 "어떻게 원자폭탄을 제거할 수 있을까?"(How to dismantle an atomic bomb?)이다. 먼저 공개된 앨범 타이틀로 인해 사람들은 U2가 이전과 같이 정치적인 비판의

33 Falsani, "Bono's American Prayer", *Christianity Today*(2003/03). http://www.christianitytoday.com/ct/2003/marchweb-only/2.38.html.

날을 세워 반전과 평화를 노래할 것이라고 예상했다. 하지만 이 앨범에서 그런 날카로운 표현이나 반전·반핵에 대한 직접적 메시지도 나타나지 않는다. 대부분의 곡은 인생의 성숙과 사랑을 위한 종교적 수사로 가득한 경건한 메시지와 기도문으로 이루어져 있다. 도대체 어떻게 원자폭탄을 제거할 수 있단 말인가?

이에 대한 U2의 제안은 기독교적 사랑을 통한 화해와 "무릎 꿇음"에 있음을 말하고 있다. 그것은 테러에 대항해 계속된 전쟁을 자행하는 미국의 행보에 대한 분명한 비판을 담고 있기도 하다. U2는 폭력은 지속적 폭력의 원인임을 주장하며 어느 한 편이 그 폭력과 보복의 반복적 사슬을 끊는 것이 평화의 길임을 지적하고 있다. 그것은 결코 쉬운 일이 아니다. 따라서 여기엔 무릎 꿇은 법을 배우는 영적인 수련이 필요함을 강조한다. 이 앨범의 타이틀곡, "Vertigo"에서 U2는 다음과 같이 노래한다.

> 헬로, 헬로, 우리는 '현기증'이라 불리는 곳에 있어요
> 나는 당신이 나에게 아주 특별한 것을 주실 것을 믿어요.
> 당신의 사랑이 가르쳐 주고 있어요.
> 그것은 바로 무릎을 꿇는 법이죠.[34]

또한 "Love and Peace, or Else"에서는 종교 간의 갈등과 충돌 가운데 '공존'(Coexist)과 평화를 강조하는 메시지를 노래한다. 2005년 콘서트 투어에서 보노는 이 노래를 부르며 유대의 별, 기독교 십자가,

---

34 U2, "Vertigo", from the album <How to dismantle an atomic bomb> (2004). 평화를 이루는 무릎 꿇음의 가치는 U2의 다음 앨범인 <No Line on Horizon> (2009)의 수록곡 "Moment of Surrender"의 가사에도 잘 나타나 있다. "오 하나님, 나를 받아주세요. 내가 사랑을 믿는 것이 아니에요, 사랑이 늘 나를 믿어주죠. 오 하나님 이제 저를 믿어주세요. 항복의 순간! 나는 내 무릎을 감싸 안았지."

이슬람교의 초승달 문양이 함께 그려진 머리띠를 두르고 "우리는 모두 아브라함의 자손"이라고 외치는 퍼포먼스를 연출했다. U2의 이 퍼포먼스는 종교 뿐 아니라 사회적 이견으로 인한 갈등과 분쟁의 종식과 평화를 촉구하기 위한 예술적 표현이다.

> 내려놓아요. 당신의 총을 내려놓아요.
> 우리는 모두 시온의 딸이며, 아브라함의 자손들이죠.
> 난 장담하긴 어려워요. 무릎을 꿇는 것은 쉽지 않죠.
> 여기 내 마음이 있어요. 당신이 깰 수 있도록 내어 놓겠어요.
> 나를 풀어주세요. 풀어주세요.
> 우리는 단지 사랑과 평화가 필요해요.[35]

U2의 기독교 신앙에 있어 신은 정의를 위해 불의를 심판하는 것이 아니라, 낮은 곳으로 내려와 십자가를 지는 사랑과 은혜를 통해 구원을 이루는 존재이다. 보노는 다음과 같이 말한다. "예수는 나의 죄를 지고 십자가에 올랐습니다. 나는 '속죄의 어린양'(Sacrificial Lamb) 사상을 사랑합니다. 그리스도가 죽으신 그 자리가 바로 세상의 죄를 짊어진 자리입니다. 지난 수천 년간 세상에 찾아온 최고의 사상은 '은혜'(grace)입니다. 이것이 내가 기독교인이 된 이유입니다. '응보'(karma)가 최종적 판단의 근거라면 저에겐 희망이 없습니다. 기독교 복음은 응보(karma)가 아니라 은혜(grace)입니다."[36]

어떻게 원자폭탄을 제거하고 평화를 이룰 수 있을까? U2가 발견한

---

35 U2, "Love and Peace or else", from the album <How to dismantle an atomic bomb> (2004).

36 Bono and Assayas Michk, *Bono*, 204.

평화의 길이 이기심과 탐욕으로 가득한 인간 사회에서 가능한 일일까? 앨범의 마지막 곡 "Yaweh"의 가사는 성프란시스코의 "평화를 위한 기도"를 연상시키는 아름다운 기도문이다.

> 나의 손을 취하셔서, 어떻게 사용해야 하는지 가르쳐주세요.
>
> 나의 손을 취하셔서, 주먹을 쥐지 않게 하소서
>
> 나의 입을 취하소서. 너무 쉽게 남을 비판해 왔어요.
>
> 나의 입을 취하소서. 그리고 내게 키스해주세요.
>
> 이 도시를 취하셔서, '언덕위의 도시'가 되게 하소서
>
> 이 도시를 취하셔서, 당신의 나라가 되게 하소서.
>
> 어떤 사람도 이 땅에서 그 소유를 주장하지 않게 하소서.
>
> 내 마음을 취하소서. 내 마음을 취하셔서, 부서지게 하소서. 37

6. 결론: 계속된 U2의 평화 순례

> 이상은 하늘을 향하고, 두 발은 이 땅위에.38

　2000년 발표한 U2의 "Kite"란 곡에서 U2는 하늘로 연을 날리는 비유를 통해 우리의 이상은 하늘을 향해, 그리고 우리의 삶은 현실의 땅에 서야 함을 멋진 수사로 표현하였다. 바로 이 수사가 U2의 전 여정 속의 음악 속에 깃든 기독교 사회윤리 사상을 압축하는 표현일 것이다. 지난 30년간 그들은 밴드로서의 공연과 새로운 창작을 지속했다. 과거의 명

---

37 U2, "Yaweh", from the album <How to dismantle an atomic bomb> (2004). 이 노래의 제목이 "God"이 아닌 "Yaweh"인 것은 U2가 공존의 가치를 표방하면서도 자신의 개별적 신앙을 드러내는 표현이다.

38 U2, "Kite", from the album <All that you can't leave behind> (2000).

성을 재활용하는 것이 아니라 늘 새로운 음악적 실험을 시도하였다. 이런 변화 속에도 U2의 메시지는 여전히 신앙과 세상을 향한 고민의 흔적이 역력하다.

1960년대 록큰롤과 포크로 대변되는 청년 하위문화(subculture)는 반전운동이나 민권운동과 결합해 실질적 성과를 거둘 수 있었다. 특히 당대의 반문화(Counterculture) 청년운동은 "현실 투쟁과 직접 결합된 명확한 정치적 공동체에 기반한 것이다. 하지만 1980년대 이후 대중음악의 사회적 활동은 추상적인 휴머니즘에 입각한 자선 운동에 머물렀다. 즉 록큰롤이 보여준 "전통적인 저항(protest)과 거부(boycott)의 문화 이데올로기는 사회적 책임과 박애주의적 관심과 결합시키는 담론 정도로 변형된 것이다. 그런 의미에서 여러 평론가들은 보다 적극적 저항을 통한 체제 변화 방식이 아니라 가치 전환을 통한 체제 수정을 모색하는 U2의 사회의식과 방식에 대한 한계를 지적하기도 하였다.

하지만 순수한 열정과 종교적 소신을 가졌던 U2는 분노와 함께 늘 낙관적 희망을 표명하였다. 그들의 노래는 단순한 휴머니즘의 기치를 넘어 분노와 공감을 자극하며 행동을 촉구하였고(1980년대), 낯선 이미지와 테크놀로지를 통해 스스로를 조롱함으로써 소박한 휴머니즘을 회복하려고 하였다(1990년대). 더 나아가 U2는 자기 성찰과 종교적 사랑을 강조하면서 과격한 구호를 넘어 구체적인 문제 해결책을 제시하고자 노력하였다(2000년대). 무엇보다 자신의 명성을 활용해 U2의 리더 보노는 광범위한 정치·사회적 로비스트로서의 행보를 통해 일반 록 스타의 한계와 범위를 뛰어넘는 엄청난 성과를 보여주었다.

이제 U2는 그들이 비판하고 거부했던 주류의 한 복판에 있다. 음악 평론가 소승근의 평가는 U2의 다음 발걸음을 위한 매우 중요한 질문을 제공한다. "50대에 접어든 멤버들의 관록과 포용력 그리고 흉내 낼 수 없는 고고한 분위기가 그들의 음악에서 뿜어져 나지만 얼핏 타인들에게 훈계하는 것처럼 느껴질 수 있는 위험한 계몽성도 있다.… 보노의 정치적 활동 때문인지 어느새 U2의 음악도 그들이 의도했던 의도하지 않았던 '권력'이 되었다."[39] U2 역시 이제 이러한 자신들의 위치를 부정하거나 거부하지 않는다. 하지만 그들은 여전히 "주류를 비판하는 주류" 밴드이며,[40] 자기의 유명세와 힘을 소외된 자들과 공존하는 평화를 위해 사용하는 법을 터득해갔다. 오늘날 U2의 음악은 이전만큼 인기를 얻지는 못하지만 사랑의 가치와 이상향을 향한 적인 순례는 여전히 지속되고 있다. 2019년 U2의 순회집회는 마침내 한국 땅에서 실현되었다. 이 공연을 통해 격동의 한반도 평화의 여정에 큰 기폭제가 되길 소망한다.

39 소승근, "리뷰: U2의 앨범 *No Line On The Horizon*", http://www.izm.co.kr/contentRead.asp?idx=20076&bigcateidx=1&subcateidx=2&view_tp=1 (2009/03).

40 신현준, 『얼트 문화와 록음악』, 159.

참고문헌

신현준. 『얼트 문화와 록음악』. 서울: 한나래, 1996.

윤영훈. "영혼의 순례기: 록밴드 U2의 음악과 삶, 그리고 믿음, 1980-1989." 「한국기독교 신학논총」 96 (2015), 243-269.

Baudrillard, Jean. 『아메리카』. 서울: 웅진 씽크빅, 2009.

_____. 『시뮬라시옹: 포스트모던 사회문화론』. 서울: 민음사, 1992.

Bono. *On the Move: A Speech*. Nashville: W Publishing House, 2006.

_____ and Assayas Michka. *Bono*. New York and London: Penguine Books, 2006.

Bordowitz, Hank. *The U2 Reader*. Milwaukee: Hal Leonard Corp., 2003.

Falsani, Cathleen. "Bono's American Prayer." *Christianity Today* (2003/03).
    http://www.christianitytoday.com/ct/2003/marchweb-only/2.38.html.

Flanagan, Bill. ed. *U2 the Complete Songs*. London: Wise Publications, 1999.

Garrett, Greg. *We Get to Carry Each Other: Gospel According to U2*. Louisville: WJK Press, 2009.

Girad, Rene. 『폭력과 성스러움』. 서울: 민음사, 1993.

Graham Bill. *U2, the Complete Guide to Their Music*. London: Omnibus Press, 2004.

Jackson, Laura. *Bono: his Life, Music, and Passions*. New York: Kensington Publishing Corp., 2001.

Scharen, Christian. *One Step Closer: Why U2 Matters to Those Seeking God*. Grand Rapids: Brazos Press, 2006.

Stockman, Steve. *Walk On: The Spiritual Journey of U2*. Lake Mary, FL: Relevant Books, 2001.

Stokes, Niall. *The Stories Behind Every U2 Song*. New York: Carlton Books, 2009.

Turner, Steve. *Hunger for Heaven: Rock and Roll and the Search for Redemption*. London: Virgin Books, 1988.

Vagacs, Robert. *Religious Nuts Political Fanatics: U2 in Theological Perspective*. Eugine, OR, 2005.

U2 and Neil McCormick. *U2 by U2*. New York: Harper Entertainment, 2006.

_____ and Paul McGuininess. *U2: The Best of Propaganda*. New York: Thunder's Mouth Press, 2003.

Washburn, Kim/강명식 옮김. 『U2 보노 스토리』. 서울: IVP, 2010.

Wrathall, Mark A. ed. *U2 and Philosophy*. Chicago: Open Court, 2006.

[U2 Discography]

Boy (1980).

October (1981).

War (1983).

Unforgettable fire (1985).

Joshua Tree (1987).

Rattle and Hum (1988).

Achtung Baby (1991).

Zooropa (1992).

Pop (1997).

All that you can't leave behind (2000).

How to dismantle an atomic bomb (2004).

No line on horizon (2009).

Songs of Innocence (2014).

Songs of Experience (2018).

예수의 광야 생활과 피조물의 평화
― 알레산드로 본비치노의 마가복음서 해석과 관련하여

이 상 목

(평택대학교)

1. 들어가는 말

평화는 기독교 성서의 중요한 사상적 전통을 형성하였다. 구약의 샬롬은 온전함과 풍성함을 뜻하는 용어로서, 하나님과 인간 사이 그리고 인간 상호간의 평화로운 관계를 의미하였다. 이러한 사상적 전통은 신약성서로 이어진다. 초기 교회는 예수 그리스도를 통한 죄 사함이 하나님과 인간의 화해와 관계 회복을 가능하게 한다고 이해하였다. 가령, 바울은 하나님께서 "그리스도로 말미암아 우리를 자기와 화목[또는 화해]하게 하"셨다고 진술하고 이러한 신학적 이해 위에 크리스천의 직분을 '화목/화해하게 하는 것'이라 설파하였다(고후 5:18). 바울에 따르면, 크리스천들은 하나님과의 화해를 경험하고 나아가 인간을 하나님과 화해하도록 하는 직분을 수행하도록 부름 받았다. 이러한 직분은 기독교 복음을 전파하는 것으로 이해되었다. "화해의 말씀"(고후 5:19)은 그리스도를 통한 화목을 선포하는 말씀을 뜻하는 것으로 볼 수 있고, 바울이 말하는 '우리의 직분'(고후 5:18)은 복음을 전파하는 역할을 의미하기 때문이다. 하지만, 고린도후서 5장의 '화해'를 좁은 의미에서의 기독교 선교 또는 기독교 신앙 전파의 측면으로만 본다면, 그것은 화해에 관한 제한적인 이해에 그칠 것이다. 바울은 그리스도를 통한 우주적인 화해를 확신한다. 그리스도의 영(또는 하나님의 영)을 받은 자들은 "하나님의 아들들"이 되고, "피조물"은 하나님의 아들들이 나타나기를 고대한다 (롬 8:9-22 참고). 크리스천들에게 주어진 '화목/화해의 직분'은 하나님과의 수직적인 관계뿐만 아니라 사람들 사이 그리고 사람과 타 피조물과의 수평적 관계 회복을 위한 것이다. 다시 말해, 바울이 설파하는 화해는 창조의 본뜻이 회복되는 우주적인 사건이다.

바울이 말한 화해 신학의 근거는 예수 그리스도의 지상 활동에서 발견된다. 예수가 선포한 하나님 나라는 하나님과 인간의 화해를 전제로 한다. 화해 없는 하나님의 통치는 징계와 심판에 머문다. 예수는 자신의 피 흘림을 통해 하나님과 인간의 화목을 위한 새 언약을 세운다. 그는 공적 활동(또는 공생애)을 시작하면서 하나님 나라가 가까이 왔음을 선포한다(막 1:15). 문자적으로 하나님 나라는 '하나님의 왕국'이다. 하나님이 왕으로서 다스리는 곳, 하나님의 통치가 실현되는 곳이다. 하지만, 하나님 나라는 아직 도래하지 않았다. 예수는 그것이 '가까이 왔다'고 선포할 뿐이다. 하나님 나라는 사람들이 경험할 수 있을 만큼 근접하였지만 아직 완전히 실현되지 않았다. 크리스천들은 지금도 하나님 나라의 완전한 도래를 기다린다. 그렇다면, 예수가 말한 하나님의 나라는 어떠한 모습인가? 하나님의 통치가 완전히 실현된 시대의 모습은 어떠한가? 신약 복음서들은 이러한 질문에 무엇이라 답하는가? 복음서의 예수는 악한 영을 축출하고 병든 자를 고치며 기적을 행하고 하나님의 말씀을 가르친다. 하지만, 그는 하나님 나라가 어떠한 모습인지를 구체적으로 설명하지 않는다. 적어도, 복음서들이 기억하는 예수의 가르침은 그러하다. 우리는 하나님의 나라를 어떻게 이해할 수 있을까?

마가복음서는 예수가 선포한 하나님 나라의 단초를 보여준다. 예수는 세례 요한에게 세례 받기 전 40일 동안 광야에서 머무른다. 마태, 마가, 누가의 세 복음서들은 예수의 광야 생활 40일을 비슷하면서도 상이하게 기록한다. 특히, 마태와 누가의 기록은 매우 유사한 반면, 마가의 기록은 이들 두 복음서와는 여러 면에서 다르다. 16세기 이탈리아 화가 알레산드로 본비치노(Alessandro Bonvicino, c. 1498~1554)는 마가가 전하는 예수의 광야 생활을 풍부한 상상력으로 해석하였다. 본 연구는 본비치노의 작품을 통해 마가복음서의 예수가 선포한 하나님 나라의 모습을 구명하고 그것이 지닌 함의를 평화와 관련하여 고찰한다. 이를 위해, 먼저 공관복음서들(마태, 마가, 누가)의 기록을 비교 분석하고 예수의 광야 40일에 관한 여러 회화 작품을 본비치노의 그림과 비교하여 살펴볼 것이다.

2. 마태복음서와 누가복음서가 전하는 예수의 광야 생활

예수의 공적 활동은 세례 요한으로부터 세례 받고 광야에서 40일 간 지내는 것으로 시작된다. 예수는 세례 현장에서 두 가지 신적인 계시를 체험한다. 우선, 세례 받고 물 위로 올라오는 예수 위로 성령이 비둘기와 같이 내려온다(막 1:10-11; 마 3:16; 눅 3:22). 둘째, 성령이 임한 후 하늘로부터 소리가 나서 예수에게 "너는 내 사랑하는 아들이라 내가 너를 기뻐하노라"고 말한다(막 1:11; 마 3:17; 눅 3:22). 마태복음서의 표현은 다른 두 복음서와는 다소 다르지만, 그 차이는 크지 않다. 예수는 세례 후 성령을 받고 하나님의 아들임을 인정받는다. 성령의 임재와 하늘의 음성은 예수뿐만 아니라 그의 주변에 있던 사람들을 위한 계시였다. 복음서 저자들은 예수에게 일어난 두 이적을 통해서 자신의 독자들에게 예수의 메시아 신분을 확증하려 하였다. 각 복음서의 본문은 이러한 신학적 관심을 반영한다.

예수는 세례와 광야 생활을 마친 후 자신의 메시지를 대중에서 선포한다. 마가와 마태의 복음서는 그 내용이 대동소이한 반면, 누가의 보도는 많은 차이점을 보인다. 우선, 마가복음서의 예수는 갈릴리에서 하나님의 복음을 전파하여 "하나님의 나라가 가까이 왔으니 회개하고 복음을 믿으라"고 선포한다(1:14-15). 마태의 기록은 마가의 보도와 유사하다. 마태복음서에서 예수는 갈릴리 지역 가버나움에서 "회개하라 천국이 가까이 왔느니라"고 선포한다(4:17). 마태의 "천국"은 마가의 "하나님의 나라"와 동일한 의미를 지닌다. 양자 모두 하나님의 통치가 실현되는 곳을 뜻한다. 다음으로, 누가복음서의 예수는 하나님 나라의 접근을 선포하지 않는다. 그는 나사렛의 회당에서 이사야서의 예언을 읽고 그것이 지금 실현되었다고 회당 안의 사람들에게 선언한다. 예수가 낭독한 이사야 본문은 하나님이 보낸 메시아의 활동을 예언한 부분이다. 이사야의 예언을 통해 예수는 자신이 은혜의 해를 전파하기 위해 하나님이 보낸 자라고 공개적으로 선언한다. 마가와 마태는 임박한 하나님 나라를 예수의 첫 선포로 기록하는 반면, 누가는 메시아 신분과 그 역할이 예수의 첫 메시지였다고 전한다.

공관복음서들이 전하는 예수의 첫 일성은 각 복음서의 예수 이해를 담은 중요한 기록이다. 세 복음서들은 예수의 첫 선포를 서로 다른 문맥에 배치한다. 즉, 마가와 마태 그리고 누가는 예수의 광야 장면을 그의 첫 메시지 단락 직전에 배치한다. 이러한 구성은 예수의 메시지에 대한 각 복음서 저자들의 이해를 반영한다. 광야 생활 단락을 배경으로 예수의 첫 선포를 이해한다면, 각 복음서 본문이 지닌 의미를 새롭게 포착할 수 있다. 본 논문은 연구의 목적 상 마가와 마태의 본문에 논의를 집중한다. 누가의 기록은 그 내용 면에서 마태의 본문과 크게 다르지 않다. 누가의 본문은 마가복음서 기록의 독특함을 드러내기 위해 제한적으로 살펴볼 것이다.

1) 마태와 누가의 기록

마태복음서는 예수의 광야 생활에 관한 대중적 이해에 가장 큰 영향을 미쳤다. 마태는 예수의 40일 광야 생활 중에 있었던 사건을 마귀의 시험을 중심으로 상세히 기록한다(마 4:1-11). 그는 광야 장면을 시작하면서 예수가 광야에 간 경위와 목적을 밝힌다. 예수는 성령에 이끌려서 광야로 갔고, 그것은 마귀에게서 시험을 받기 위한 것이었다. 성령이 임하고 하늘의 목소리를 통해 하나님의 아들임을 인정받은 예수는 이제 그의 메시아 신분과 자격을 입증하는 단계로 접어들었다. 예수는 광야에 들어가 40일간 금식한다. 예수가 부분적으로 음식을 섭취하였는지 아니면 음식 섭취를 완전히 중단하였는지는 알 수 없다. 다만, 40일간 생존하기 위해 최소한 물을 마셨을 것이라 짐작할 수 있다. 이러한 극도의 절제로 인해 예수는 굶주리게 되었다. 마귀는 바로 이때 예수에게 접근하여 그를 세 번 유혹한다. 첫 시험에서 마귀는 굶주린 예수에게 돌들을 떡덩이로 만들어 하나님의 아들임을 입증하라고 요구한다. 예수는 사람이 떡으로만 살지 않고 하나님의 말씀으로 산다고 대답한다. 둘째 시험에서 마귀는 예수를 성전 꼭대기에 세운 후 다음과 같이 말한다. '만약 네가 하나님의 아들이라면 하나님 천사들을 시켜 너를 보호할 것이니 성전 꼭대기에서 뛰어내려 네가 하나님의 아들임을 보여라.' 예수는 하나님을 시험하지 말라고 답변한다. 마지막으로, 시험하는 자는 예수를 높은 산으로 데리고 가서 천하의 모든 영광을 보여주고 자기에게 절하면 그 모든 것을 주겠다고 유혹한다. 예수는 사탄에게 물러가라고 명령하면서 하나님에게만 경배해야 한다고 말한다. 예수의 답변 후, 마귀는 떠나고 천사들이 나아와서 예수를 수종한다.

누가복음서는 마태의 보도와 크게 다르지 않은 예수의 광야 장면을 기록한다(눅 4:1-13). 예수는 성령에 이끌려 광야에서 지내며 40일 동안 금식한 후 주린 상태에서 마귀에게 세 가지 시험을 받는다. 다만, 시험의 순서가 마태의 기록과는 다르다. 첫 시험은 돌들을 떡으로 만들라는 것으로서 마태의 기록과 같지만, 나머지 두 시험은 마태의 본문과 내용은 같고 순서는 다르다. 이 세 시험들에 대한 예수의 답변은 마태의 기록과 매우 유사하다. 단지, 첫 시험에 대한 대답에서 하나님의 입으로부터 나오는 말씀으로 살 것이라는 내용이 빠지고, 마태복음서에도 기록된, '사람이 떡으로만 살 것이 아니라'는 답변만이 기록될 뿐이다. 마태의 본문과 비교하면, 누가의 보도는 한 가지 흥미로운 차이점을 보인다. 누가는 마귀가 모든 시험을 마친 후에 "[예수를] 얼마 동안 떠나니라"고 적는다. 반면, 마태는 '마귀가 예수를 떠나고 천사들이 예수를 수종하였다'고 기록한다. 개역개정 성경의 "얼마 동안"은 헬라어 표현 "적절한 때까지"를 의역한 것으로 보인다. 누가에 따르면, 마귀가 떠난 것은 정해진 기간에 한정된 것이고 적당한 때가 오면 다시 예수에게 와서 자신의 계략을 실행할 것이다.

마태와 누가가 전하는 예수의 광야 생활은 마귀의 세 가지 시험과 예수의 성공적인 대응에 관심을 집중한다. 마귀는 반복하여 "네가 하나님의 아들이거든"이라 말하며 예수를 유혹한다. 예수가 진정한 하나님의 아들이라면 기적을 베풀어 그것을 입증하라고 부추긴다. 이러한 점을 주목하면, 시험 단락의 수사적 목적은 하나님 아들이라는 예수의 특별한 신분을 증명하는 것이라 이해할 수 있다. 단, 그 입증 방법은 마귀의 말과 같이 이적을 일으키는 것이 아니라 그의 유혹을 따르지 않는 것이었다. 마태와 누가는 예수가 성공적으로 시험을 통과하였고 자신이 하나님의 아들임 보여주었다고 기록한다.

2) 모자이크 '그리스도의 유혹들'

예수의 광야 생활에 대한 마태의 기록이 전하는 신학적 메시지는 아래의 모자이크 작품에서 확장되어 해석된다. [그림 1]은 '그리스도의 유혹들'(The Temptations of Christ)이라 불리는 작품으로 마태의 기록을 바탕으로 예수의 시험 장면을 묘사한다. 이 작품은 베니스의 성마르코 바실리카에 남아 있는 12세기 유물이다. '그리스도의 유혹들'은 마태의 기록에 관한 작가의 해석을 담는데, 마태의 본문이 말하지 않는 내용을 작가의 해석학적 상상력으로 채워 넣는다. 이 모자이크 작품은 예수의 세 시험을 한 면에 연속하여 묘사한다. 관람하는 사람은 예수의 시험 장면들을 한 눈에 보고 이해할 수 있다. 예수의 승리에 초점을 맞춘 '그리스도의 유혹들'은 마태의 신학적 관심을 반영한다. 우선, 예수

[그림 1] 그리스도의 유혹들(작자 미상, 12세기 모자이크, 성 마르코 바실리카, 베니스)

의 피부는 밝은 색인데 반해, 사탄은 어두운 색으로 표현되어 명암의
대조를 통한 선악의 대립을 강조한다. 이러한 색조의 효과는 천사와 사
탄의 관계에도 적용된다. 천사는 예수와 같은 색조의 피부색을 가진다.

둘째, 사탄은 천사와 같이 날개를 지닌 존재로 묘사된다. 이는 사탄
이 본래 천사였으나 타락하였다는 구약성서 전통을 반영한다(사 14:12
참고). 천사는 셋인데, 이는 마태의 본문에서는 발견되지 않는 내용이
다. 아마도, 세 가지 시험을 통해 사탄이 세 번 등장하는 것에 맞추어
세 천사들을 그려 넣었을 것이다. 천사들의 머리 주변에는 후광이 비친
다. 이는 거룩함을 나타내는 회화적 장치이다. 반면, 사탄의 머리에는
후광이 아닌 관(冠)이 씌워져 있다. 그 관은 매우 작은데, 사탄의 작은
신체와 연관된 크기이다. 사탄의 관은 그가 지닌 능력이나 권세를 뜻한
다. 사탄은 예수를 시험할 수 있을 정도의 능력을 지녔으며, 자신을 따
르는 자들을 지배할 수 있는 권세를 가졌다.

셋째, 예수와 사탄의 신체 차이는 매우 큰 것으로 표현된다. 이것은
복음서 본문에는 없는 내용을 신학적인 해석을 통해 보충하여 그려낸
것이다. 첫 시험 장면에서 사탄의 신장은 앉아 있는 예수의 허리 정도에
미친다. 연이은 두 장면에선, 사탄의 키가 서 있는 예수의 대퇴부 높이
정도이다. 신장 이외에 전체적인 체격을 비교하면, 사탄은 예수보다 매
우 왜소하게 묘사된다. 예수는 시험을 받고 있지만 우월한 높이에서 사
탄을 내려다본다. 반면, 사탄은 예수를 올려다보며 그를 유혹하려 노력
한다. 이러한 시선의 높이 차이는 예수에 대한 사탄의 시험이 애당초
성공할 수 없음을 나타낸다. '우러러 봄'이 지닌 의미론적 범위는 단순
한 높낮이의 차이를 넘어 지위와 신분의 차이를 포함한다. 사탄은 예수
를 우러러 볼 수밖에 없는 존재이다.

넷째, 작품 속 등장인물들의 복색은 마태복음서 기록에 대한 작가
의 신학적 이해를 담는다. 등장인물들은 모두 토가(toga)와 같은 겉옷

을 입었다. 토가는 한 쪽 어깨에 걸쳐 몸을 둘러 감싸는 옷이다. 그것은 로마의 복식이며 모든 남성 시민들이 착용하였던 옷차림이다. 등장인물들의 옷은 12세기 작품이 이해한 1세기 초의 문화상을 보여준다. 예수와 천사는 겉옷 외에도 그 안에 원피스 드레스를 입었다. 그것은 튜닉(tunic)이라 불리는데, 토가 안에 입던 옷이다. 원래 튜닉에는 소매가 없었으나 시간이 지나면서 소매를 달아 입는 것으로 변형되었다. 위의 모자이크 작품은 후대의 복식이 반영된 그림을 보여준다. 예수 및 천사들과는 달리, 사탄은 튜닉을 입지 않았다. 토가가 한 쪽 어깨에만 걸치는 옷이기 때문에 다른 쪽 어깨와 팔은 토가 밖으로 나온다. 예수와 천사는 튜닉을 입었기에 토가가 가리지 않는 부분의 어깨와 팔이 노출되지 않는다. 사탄은 튜닉이 없어 한 쪽 어깨와 팔이 노출된다. 예수와 천사들의 토가와 튜닉은 발목 정도까지 내려오는 반면, 사탄의 토가는 무릎 정도로 짧고 오른 쪽 다리는 대퇴부까지 노출된다. 또한, 예수와 천사들은 샌들을 신고 있는 데 반해, 사탄은 맨발이다. 이러한 차림새의 차이는 양자의 신분 차이를 시각화 한다. 예수와 천사의 고귀함은 사탄의 천함과 대조된다. 물론 예수와 천사들도 그 차이가 있다. 가령, 예수의 후광과 천사의 후광은 다르게 표현되어 양자의 격차를 나타낸다.

마지막으로, 세 시험들이 끝난 다음의 장면은 예수를 쳐다보며 손을 내밀고 있는 천사와 바닥에 쓰러져 있는 사탄을 묘사한다. 천사는 승리한 예수를 수종하는 반면, 사탄은 겉옷이 벗겨진 채 알몸으로 바닥에 쓰러져 있다. 사탄의 머리에 있던 관도 벗겨져 쓰러진 사탄 옆에 뒹군다. 사탄은 예수를 유혹하여 시험에 빠뜨리려 했지만 실패하였고 오히려 자신이 가지고 있던 작은 권세마저 빼앗기고 벌거벗겨져 수치를 당한다.

마태가 그리는 예수의 광야 생활은 대결과 승리의 장이다. 이러한 점에서 누가의 기록도 마태와 동일한 신학적 관심을 표현한다. 마태와 누가의 보도를 따르면, 40일 동안 금식하여 약해진 예수는 인간의 가장 기본적인 욕구와 욕망을 자극하는 마귀의 시험에 맞서 그것을 이긴다. 예수와 마귀가 주고받은 대화는 하나님에 대한 예수의 신실함을 보여 준다. 마귀는 반복하여 "네가 하나님의 아들이거든"이라 말하여 예수를 유혹한다. 예수가 진정한 하나님의 아들이라면 기적을 베풀어 그것을 입증하라고 부추긴다. 이러한 점을 주목하면, 시험 단락의 수사적 목적 은 하나님 아들이라는 예수의 특별한 신분을 증명하는 것이라 이해할 수 있다. 마태와 누가는 예수가 성공적으로 시험을 통과하였고 자신이 하나님의 아들임 보여주었다. 예수는 시험을 통과하여 하나님의 아들 로서 자신이 지닌 그리스도의 자격을 입증한다. 광야 장면은 예수를 중 심으로 움직인다. 모든 초점은 예수에게 주어지고, 마귀와 천사는 예수 를 드러내기 위한 조연에 머무른다. 예수의 공적 활동은 그러한 광야 생활 후에 본격적으로 시작된다.

3) 마가복음서가 전하는 광야의 예수

예수의 광야 생활에 관한 마가복음서의 기록은 앞서 살펴본 두 복음 서의 보도와 매우 다르다. 우선, 동일한 점을 먼저 살펴보면, 마가의 예 수도 마태와 누가의 경우와 같이 성령에 이끌리어 광야로 들어간다. 물 론, 복음서들 사이에 세부적인 표현이 다르고 그에 따라 상이한 본문 해석이 가능하지만, 본 논문은 연구 목적에 따라 보다 전체적인 그림에 집중한다. 성령에 이끌려 광야로 간 예수는 사십 일 동안 그곳에 머문 다. 40일이란 기간은 마태와 누가의 본문에서도 동일하다. 마가의 예수 도 사탄의 시험을 겪었고 천사들의 수종을 받았다. 다음으로, 차이점을 살펴보면, 광야의 예수에 대한 마가의 기록은 매우 간결하다. 마태가 11절 그리고 누가가 13절에 걸쳐 예수의 광야 생활을 기록하는 반면,

마가의 기록은 단 두 절(1:12-13)에 그친다. 그중 12절은 성령이 예수를 광야로 내몰았다고만 기록한다. 40일 광야 생활을 본격적으로 묘사하는 것은 13절 한 절에 그친다. 이러한 보도의 간결성은 본문 해석을 어렵게 만들 수 있다. 주어지는 정보가 매우 제한적이라 해석의 근거를 확보하기 어렵기 때문이다. 하지만, 간결한 보도는 오히려 해석학적 상상력이 발휘될 수 있는 공간을 제공하기도 한다. 마가의 본문이 그러한 경우인데, 마가가 전하는 예수의 광야 생활은 간결한 반면, 여러 신학적 해석을 가능하게 하는 풍부한 상상의 토양을 제공한다. 예수가 선포한 하나님 나라는 그의 광야 40일을 기록한 마가의 본문에서 그 단초가 발견된다. 적은 양의 문자 정보와 더불어 해석자의 상상력을 더해 예수가 전한 "하나님 나라"를 이해할 수 있다.

마가의 본문은 간결하지만, 그것이 전하는 정보는 매우 흥미롭다. 마가가 전하는 내용은 다음과 같다. 첫째, 마가의 예수는 광야에서 금식하지 않았다. 마가복음서는 예수의 금식을 언급하지 않는다. 물론, 마가는 예수가 음식물을 섭취했다고 보도하지도 않는다. 대부분의 성서 독자들은 예수의 광야 생활을 예수의 금식 기간으로 이해한다. 예수의 금식에 대한 마가의 침묵을 예수의 금식을 전제하는 것으로 보는 해석은 타당하지 않다. 그것은 마가의 기록을 마태와 누가의 본문에 비추어 해석하는 것이기 때문이다. 마가의 본문을 이해하기 위해서는 먼저 마가의 보도를 면밀히 살펴야 한다. 마가는 기원후 70년 어간에 작성되었고, 마태와 누가는 90년대에 기록되었을 것으로 추정된다. 대다수의 신약 학자들은 이러한 연대 추정에 동의하거나 크게 벗어나지 않는 시대를 복음서 작성 시기로 상정한다. 그렇다면, 마가복음서가 마태와 누가의 복음서보다 먼저 기록된 것이다. 이러한 시간 순서는 마태와 누가의 정보를 가지고 마가복음서 본문의 여백을 채우는 것이 타당하지 않음을 보여준다.

둘째, 마가는 예수가 받은 시험의 내용을 밝히지 않는다. 그 시험이 세 가지였는지도 분병하지 않다. 마가는 단순히 "[예수가] 사탄에게 시험을 받으시며"라고 기록한다. 마가복음서가 예수가 겪은 시험의 내용에 관해 함구하는 것은 마가가 예수의 금식에 대해 침묵하는 것과 관련된다. 예수가 금식하지 않았다면, 그는 굶주리지 않았고 빵 등의 원초적 욕구를 자극하는 시험에서, 마태와 누가복음서의 예수와는 다르게, 보다 유리한 위치에 있었다고 볼 수 있다. 혹자는 예수의 시험에 관한 정보는 1세기 교회에 널리 알려졌으며 마가는 그러한 이유로 예수의 광야 생활을 매우 간략하게 보도한다고 주장할 수 있다. 또한, 마태와 누가의 본문에 비추어 마가의 기록을 이해하는 것이 타당할 뿐만 아니라 필요하다고 말할 수 있다. 하지만, 그러한 추정은 근거가 빈약하다. 애초에 마가가 마태와 누가와 같은 정보를 가지고 있었는지는 불분명하다. 더욱이, 설령 마가가 그러한 정보를 가지고 있었더라고 그것을 사용하지 않은 것은 마가의 관심이 마태나 마가와는 전혀 다른 곳에 있음을 반증한다. 마가의 본문은 마가 자신의 신학적 관심을 반영하며, 그것은 마가의 간결한 표현 속에 녹아 있다.

셋째, 마가의 예수는 광야에서 들짐승들과 함께 있다. 들짐승은 마태와 누가의 기록에서는 등장하지 않는다. 들짐승의 등장에 관해 여러 학자들의 논란이 있었고 그것은 지금도 이어진다. 어떤 학자들은 들짐승이 예수가 직면한 광야의 위험을 상징한다고 주장한다. 성령에 의해 광야로 내 몰린 예수는 그곳에서 여러 위험에 직면하는데 특히 광야의 짐승들은 예수의 안전을 위협할 수 있는 존재라고 설명한다. 이것은 구약성서에서 들짐승들이 위협적인 존재로 등장한다는 점을 주목한 해석이다. 하지만, 마가의 들짐승들을 위협적인 존재로 볼 근거는 마가의 본문 안에서 발견되지 않는다. 마가는 "[예수가] 들짐승들과 함께 계시니 천사들이 수종들더라"고 쓴다. 다시 말해, 마가는 들짐승들과 천사들이 동시에 예수와 함께 있었던 것으로 기록한다. 그렇다면, 들짐승들이 천사와는 대조적으로 예수를 위협했다고 볼 근거는 찾을 수 없다. 예수는 자신을 수종하는 천사들 그리고 들짐승들과 함께 있었으며, 들짐승들은 예수를 위협하는 존재가 아니었다.

넷째, 마태와 누가는 광야의 장면을 일련의 시간 순서대로 기록한다. 곧, 예수는 광야로 가서 세 가지 시험을 이긴다. 마태복음서에는 시험 후에 예수를 수종하는 천사들이 등장한다. 누가는 시험 후 사탄이 한시적으로 예수를 떠났다고 기록한다. 하지만, 마가는 시험과 들짐승 그리고 천사의 등장을 시간 순서에 따른 사건으로 기록하지 않는다. 마가는 미완료라는 헬라어 동사 시제를 사용하는데, 간략히 설명하면, 미완료는 과거에 계속되는 행동을 나타낸다. 마가의 표현을 주목하면, 예수는 40일 동안 광야에 있으면서 사탄의 시험을 받고 있었고 동물들과 함께 하고 있었으며 천사들은 그를 수종하고 있었다. 이것은 시간 순서를 염두에 두지 않은 표현이라 볼 수 있다. 마가는 광야 공간을 평면적으로 표현한 것으로 보인다. 곧, 그는 시간 순서에 따른 사건의 진행에 관심을 두기보다 예수의 광야 생활 속에 있었던 일들과 그것의 의미를 평면적로 묘사한 것으로 보인다.

마가는, 마태와 누가와 같이, 예수를 중심으로 광야 장면을 보도한다. 하지만, 그 표현의 방법이나 집중의 정도는 마가의 기록에서 현저하게 약화된다. 마가의 본문에는 예수와 사탄의 대화, 곧 시험의 과정과 내용이 생략된다. 더욱이, 마가는 예수가 시험을 이겼다고 명시하지 않는다. 예수의 승리는 이미 전제된 것처럼 보인다. 이러한 점들은 시험의 극적인 과정이나 시험을 이긴 예수의 능력, 메시아 자격 등에 청자/독자의 주의가 과도하게 집중하는 것을 막는 역할을 한다. 마가의 보도는 예수와 사탄의 대결 및 예수의 승리를 전하는 것을 목적으로 하지 않았다.

여러 주석가들은 마가가 전하는 예수의 광야 경험을 창세기 에덴 모티프와 연관시켜 설명한다.[1] 그들은 마가의 광야 장면을 예수와 동물들의 평화로운 동거를 나타내는 것으로 이해한다. 나아가 마가의 예수는 광야 생활을 통해 에덴의 평화를 회복하는 것으로 해석한다. 이러한 본문 이해는 예레미아스가 주창한 이래 아직까지 여러 학자들의 지지를 받는다. 물론, 이러한 해석에 대해 많은 연구자들이 비판과 반론을 제기하였다. 그들은 마가복음서 속 예수의 광야 생활을 평화적인 장면으로 이해하는 것이 타당하지 않다고 주장한다. 가령, 마가의 본문에 등장하는 들짐승은 여러 유대 문헌에서 위협을 상징하며, 예수가 머문 광야도 시험의 장소로서 위험의 장소라 설명한다.[2] 하지만, 이러한 해석은 '들짐승'이 모든 문헌에서 한 가지 의미만을 지니는 것으로 보는 오류에 빠진다. 예를 들면, 아담의 타락 전 들짐승은 하나님의 창조 질서 속에 있었다. 다만, 뱀이 들짐승 중 간교하였고 시험하는 자로 등장한다. 따라서 예수가 광야에서 에덴의 평화를 회복하였다면, 광야의 들짐승들을 위협의 상징으로 볼 필요가 없다. 또한, 창세기뿐만 아니라 그에 영향을 받은 유대교 문헌(가령, *Adam and Eve*)을 주목한다면, 마가가 기록한 예수의 광야 장면을 에덴 모티프로 읽는 것은 설득력 있는 해석 방법이라 할 수 있다.

3. 알레산드로 본비치노의 '광야의 그리스도'

마가의 보도가 지닌 예수의 광야 생활에 관한 새로운 이해의 가능성은 이미 수세기 전에 예술의 형태로 구체화되었다. 마가의 간결한 기록

---

1 가령, Joel Marcus, *Mark 1-8: a new translation with introduction and commentary* (New York: Doubleday, 2000).

2 Adela Yarbro Collins, *Mark* (Hermeneia; Minneapolis: Fortress, 2007), 151-153.

은 예술적 영감을 불러일으켜 미술 작품을 통해 이미 그 모습을 드러냈었다. 16세기 초(ca. 1515~1520)의 작품인 '광야의 그리스도'(Christ in the Wilderness)는 마가의 광야 장면에 대한 창조적인 해석을 보여준다. 이 작품은 이태리 화가 알레산드로 본비치노(Alessandro Bonvicino, c. 1498~1554)가 그린 회화이다. 작가는 브레시아의 모레토(Moretto da Brescia)로도 많이 알려졌는데, 그 뜻은 '브레시아의 무어인'이다. 이는 작가의 인종적 정체성 그리고 지리적 활동 영역을 알려준다. 그는 무어인으로서 브레시아를 중심으로 활동하였다.

본비치노의 작품 '광야의 그리스도'는 마태와 누가의 본문을 중심으로 예수의 광야 생활을 표현한 미술 작품들과는 전혀 다른 모습의 광야 장면을 보여준다. 앞서 살펴보았던 모자이크 작품 '그리스도의 유혹들'은 예수가 겪은 시험들과 승리를 한 화면에 묘사한다. 이와는 달리, 예수의 시험 과정과 그 내용을 생략하고 예수의 승리에 집중한 작품을 보자. [그림 2]는 안 슈베르츠(Jan Swerts)의 '사탄을 내쫓는 그리스도'(Christ drives away Satan)이다. 이 그림은 19세기 작품으로 안트워프(Antwerp)의 성 조지 성당 내부의 벽화이다.

슈베르츠의 작품은 예수가 광야에서 사탄의 시험을 이긴 후 사탄을 내어 쫓는 장면을 묘사하였다. 사탄은 예수의 권위에 눌려 놀람과 두려움 가득한 얼굴로 밀려난다. 그의 손에 들린 규(珪)와 관은 사탄의 권세를 나타내지만 그것은 이미 예수 앞에서 무력하게 되었다. 화면 좌측의 세 천사들은 승리한 예수를 수종한다기보다 그에게 경배하는 모습이다. 예수의 얼굴은 단호한 표정이다. 그는 붉은 천으로 전신을 감쌌다. 붉은 색은 예수의 특별한 지위와 권세를 나타낸다. 벼랑 끝에 내몰린 사탄은 이제 종말을 맞을 것이다. 슈베르츠의 그림은 예수의 메시아 지위와 능력에 집중하는 마태와 누가의 기록을 시각화한다.

슈베르츠의 작품과는 달리, 본비치노의 그림은 마가복음서의 독특

[그림 2] 안 슈베르츠, 사탄을 내쫓는 그리스도, 19세기, 성 조지 성당, 안트워프

한 광야 장면을 신학화하여 묘사한다. [그림 3]은 본비치노의 '광야의
그리스도'이다. 이 작품은 광야의 분위기를 대결과 승리가 아닌 여유와
평화로움으로 묘사한다. 첫째, '광야의 그리스도'는 사탄의 존재나 그의
시험을 보여주지 않는다. 화면 왼쪽 상단에 있는 두 얼굴은 복원과정에
서 엑스레이 촬영으로 밝혀낸 모습이다. 이 두 얼굴은 그 형태가 명확하
지 않고 몸의 모습도 잘 보이지 않는다. 좌상단의 두 얼굴 중 아래에
있는 얼굴 옆으로 날개와 같은 것이 보인다. 날개는 천사와 사탄 모두에
게서 발견된다. 이를 고려하면, 좌편의 두 얼굴은 사탄의 것으로 해석
할 가능성도 있다. 물론, 이러한 해석에 반론을 제기할 수 있다. 혹자는
한 장면에서 사탄이 복수의 인물로 표현되는 것은 어색하다고 지적할
수 있다. 또한, 좌편의 얼굴들은 우편 천사들의 얼굴과 유사한 형태를
띤다고 말할 수 있다. 둥근 얼굴과 코 그리고 작은 입고 동그란 눈 등을
주목하면, 좌편의 얼굴들도 천사들이라고 주장할 수도 있다. 하지만,
좌편의 두 얼굴을 사탄과 그의 하수인인 타락한 천사라고 본다면, 그것
들이 악을 상징한다고 볼 수 있다. 이러한 해석과 관련하여, 좌편 얼굴

들의 방향도 중요하다. 우편 천사들 중 하나는 하늘을 올려다보며 손을
모으고 있고, 다른 한 천사는 예수를 바라보며 그를 향해 몸을 기울인
채로 손을 모이고 있다. 반면, 좌측의 얼굴들은 예수 또는 하늘과 반대
방향으로 얼굴을 향하고 있다. 위 얼굴의 시선은 아래를 향하고 있고,
다른 얼굴은 위를 향하지만 여전히 예수의 방향과는 다르다. 이러한 점
을 주목하면, 좌편 두 얼굴들은 우편의 천사들과는 다른 존재로 볼 수
있다. 그렇다면, 좌편의 두 인물들은 광야의 시험을 암시하기 위해 작
가가 배치한 것일 수 있다. 하지만, 시험에 관한 암시가 있더라도 그것
은 매우 제한적이다. 작품의 전체적인 분위기는 여전히 평안과 여유로
움이다.

　둘째, 본비치노의 작품 속 예수는 금식하지 않는다. 예수의 얼굴이
나 분위기는 오랜 기간 금식하고 굶주린 모습이 아니다. 그의 얼굴은
여유롭게 한 곳을 응시한다. 예수의 손과 발의 위치는 그가 편안하게
앉아 있음을 보여준다. 또한, 그림 중앙에 있는 나무들은 예수가 금식

[그림 3] 알레산드로 본비치노, 광야의 그리스도 (약 1515~1520)

하지 않았음을 암시하는 작가의 장치이다. 그 나무들은 너도밤나무로
서 신적인 의미를 담았다. 너도밤나무는 고대 로마문화에서 주피터에
게 드려진 신성한 식물이었으며, 기독교 시대에는 그리스도를 상징하
기도 하였다. 너도밤나무의 헬라어 이름은 '먹다'를 뜻하는 헬라어 동사
에서 파생되었다. 그것은 너도밤나무의 열매가 고행자들의 양식이 되
었기 때문이다. 본비치노의 그림 속 너도밤나무는 예수가 광야에서 고
행하였음을 암시한다.3 하지만, 그 고행은 '금식'이 아니었다. 너도밤나
무는 예수가 광야 40일 동안 의지했던 양식 공급원이었다. 광야에서 풍
족한 섭생은 불가능했지만, 마가의 예수는 마태와 누가의 경우와는 달
리 금식하지 않았고 따라서 굶주리지 않았을 것이다. 본비치노는 마가
복음서 본문에서 금식이 가져다주는 가혹한 인내나 처절한 고독과 같
은 분위기를 읽어내지 않았다. 작가의 눈에 그러한 분위기는 타당한 본
문 이해가 아니었을 것이다.

이반 크람스코이(Ivan Kramskoi)의 1872년 작품 '광야의 그리스
도'(Christ in the desert, 그림 4)는 광야의 예수에 관해 본비치노의 작
품과는 매우 다른 이해를 보여준다. 이 두 작품들을 비교하면, 마가복
음서가 담은 예수의 광야 생활이 지닌 이미지를 잘 포착할 수 있다. 크
람스코이의 그림은 광야에서 금식하며 고독하게 앉아 있는 그리스도를
표현한다. 그의 얼굴은 광대뼈가 드러날 정도로 메말랐고 두 손과 발은
뼈마디가 드러날 정도로 야위었다. 두 눈은 깊게 패였고 처절한 고독과
깊은 상념을 보여준다. 그리스도 주변은 흙 한 줌 없는 곳으로 온통 돌
들뿐이다. 언제라도 돌먼지가 날릴 것 같은 황량한 풍경이다.

---

3 너도밤나무에 관해서는 다음을 참고하였다. Jennifer Meagher, "Botanical Imagery in
European Painting" (In *Heilbrunn Timeline of Art History*. New York: The Metropolitan
Museum of Art, 2000–), http://www.metmuseum.org/toah/hd/bota/hd_bota.htm (August
2007). 2019년 3월 4일 접속.

[그림 4] 이반 크람스코이, 광야의 그리스도, 1872

　본비치노의 작품 [그림 3]은 크람스코이의 그림과 달리 다양한 동물들의 공존을 보여준다. 그 동물들은 땅에 사는 짐승들과 하늘을 나는 새들이다. 작가는 그림 속 동물들이 실제로 유대 지역에 서식하는 동물인가에는 관심을 기울이지 않는다. 그는 상상의 나래를 펴 다양한 새들과 들짐승들이 예수 주변에 함께 어울려 있는 것에 관심을 집중한다. 작품에서 예수는 화면의 중심을 차지하지 않는다. 약간 오른쪽으로 치우친 위치에 앉아 동물들이나 그 너머의 장면을 응시하는 듯하다. 예수를 수종하는 천사도 화면의 상단부에 등장한다. 예수의 발아래 등장하는 뱀과 그 오른편의 사자는 이사야의 비전(사 11:6-9 참고)을 반영한다. 이사야는 사자와 어린양 그리고 뱀과 어린 아이들이 함께 공존하는 세계를 예언하였다(사 11:7, 8). 그 세계는 상함과 해함이 없는 세상이다. 그것은 생명의 희생을 통해서 유지되는 자연 질서가 질적으로 변하는 때이다. 그림의 중앙은 여러 들짐승들의 평화로운 공존을 드러낸다. 동물들은 예수를 향해 경배한다. 땅의 짐승들은 앞다리를 굽히거나 땅에 배를 대고 엎드려 예수에게 경배한다. 새들도 예수를 향해 고개를 숙인다. 본비치노가 그리는 광야는 하나님의 아들이라는 예수의 신분이 드러나는 동시에 평화와 공존이 실현되는 곳이다. 그것은 이사야와 같은 고대의 예언자들이 보았던 미래의 실현이다. 본비치노는 마가 본문의 독특함을 시각화하여 평화와 공존의 신학을 드러낸다. 작가는 마가복음서 본문의 여백을 신학적 그리고 예술적 상상력으로 채웠다.

4. 나가는 말

마가복음서의 예수는 '하나님 나라가 가까이 왔다'고 외친다. 예수는 자신의 공생애를 시작하면서 임박한 하나님 나라를 선포한다. 하나님의 통치가 이루어지는 그 나라는 예수의 공생애와 함께 가깝게 다가왔다. 마가는 예수가 선포한 하나님 나라의 모습을 이해할 수 있는 단초를 예수의 광야 장면에서 제공한다. 예수의 광야 40일에 관한 마가의 본문은 마태와 누가의 기록에 비해 매우 간결하다. 마가는 예수의 하나님 나라가 어떠한 모습인지 알 수 있는 내용들을 그 간결한 구절에 집어넣는다. 그는, 마태와 누가와는 달리, 들짐승들과 천사들이 예수 주변에서 평화롭게 공존하는 화해의 모습을 행간에 그린다. 독자들의 상상력은 마가의 여백을 통해 그리스도의 평화를 본다. 알레산드로 본비치노의 '광야의 그리스도'는 마가의 본문을 통해 평화와 공존을 드러내는 해석을 시각화하였다. 본비치노는 구약의 예언자 전통 속에서 마가의 본문을 해석하였다. 그의 상상력은 예언자가 꿈꾼 하나님의 때를 예수의 광야 생활로 실현시켰다. 복음서 저자 마가의 관심은 임박한 하나님 나라에 관한 예수의 선포였다. 마가는 광야의 예수를 시험을 이기고 사탄을 물리치는 자로 묘사하는 데 관심을 기울이지 않는다. 사탄에 대한 예수의 승리는 이미 전제되어 있다. 마가는 예수의 광야 장면을 통해 예수가 선포할 하나님 나라의 모습을 드러낸다. 피조물들은 예수 그리스도 옆에서 평화로운 공존을 경험한다. 그리스도를 통한 용서와 화해는 서로 용납하기를 권하는 기독교의 윤리가 된다. 자신의 목숨을 버려 화해를 이룬 그리스도의 윤리는 기독교가 평화와 공존의 종교가 되도록 촉구한다.

참고문헌

Collins, Adela Yarbro. *Mark*. Hermeneia; Minneapolis: Fortress, 2007.

Marcus, Joel. *Mark 1-8: a new translation with introduction and commentary*. New York: Doubleday, 2000.

Meagher, Jennifer. "Botanical Imagery in European Painting." In *Heilbrunn Timeline of Art History*. New York: The Metropolitan Museum of Art, 2000. Http://www.metnuseum.org/toah/hd/bota/hd_bota.htm (August 2007). 2019년 3월 4일 접속.

사진, 비폭력 그리고 시민저항

김 상 덕

(한국기독교사회문제연구원)

1. 사진 읽기: 그는 왜 거리 위로 뛰어나왔나?

한 젊은 남성이 거리로 뛰어나온다. 남성은 웃옷을 벗은 채, 두 팔을 하늘로 벌리면서 앞을 향해 달린다. 그의 표정은 더욱 극적이다. 마치 하늘을 향해 소리를 치는 것 같은 모습에 일종의 숭고미(崇高美)마저 감돈다. 뭔가 간절함이 느껴져서 일까. 이 사진을 보며 한참을 생각하게 된다. 이 남성은 왜 상의를 벗은 채 거리로 뛰어나온 것일까? 그는 무슨 말을 하고 싶었던 것일까? 상의를 탈의한 채 두 팔을 벌리며 뛰어가는 남성의 역동적인 모습과 그 남성을 지켜보는 사람들의 모습이 대조를 이룬다. 카메라의 시선과 사진 속 사람들의 시선은 모두 이 남성에게 향하고 있다. 자연스레 관객도 이 남성으로 향하게 된다. 흑백 처리된 이미지는 당시 삼엄한 분위기를 효과적으로 재현하고 있다.

남성의 뒤편으로 보이는 대형 태극기는 사진 속 순간을 더욱 드라마틱하게 만든다. 태극기는 조화와 평화, 순결을 추구하는 민족정신을 상

[사진 1] 아! 나의 조국 (고명진, 1987. 6. 26)

징하며 그 기원은 일제강점기로 거슬러 올라간다. 일제치하에 태극기를 흔드는 것은 자주독립과 반제국주의 평화를 위한 용기 있는 행위였다. 한국인 관객이라면 이 사진 속 거대한 태극기를 들고 서 있는 두 사람과 그 앞을 달리는 맨몸의 남성의 모습에서 여러 감정들을 느낄 것이다. 이런 이유 때문일까. 이 사진을 촬영한 고명진은 이 사진의 제목을 "아! 나의 조국"으로 정하였다. 사진작가는 이 순간을 통해 조국을 떠올리며 관객의 동참을 호소하고 있는 듯하다.

당시 무슨 일이 일어나고 있었을까? 사진을 자세히 보면 몇 가지 단서들을 얻을 수 있다. 먼저, 대형 태극기를 들고 있는 두 남성이 고글과 마스크를 쓰고 있음을 발견하게 된다. 사진 윗편, 먼 배경이 되는 무리의 사람들도 마스크를 착용하고 있거나 손으로 입을 가리는 것을 볼 수 있다. 사진 속 사람들이 차량이 다녀야 할 도로 위에 나와 있는 점과, 도로 위에 뿌려진 하얀 분말가루 자국 등이 긴박했던 당시의 상황을 보여준다. 사진은 1987년 6월 26일, 부산 문현로타리에서 촬영되었다. 서울에서 시작된 반독재 민주평화운동의 불길이 전국적으로 퍼져 나갔으며, 그 일환으로 부산에서는 6.26 평화대행진 집회가 열리고 있었다.

2. 6월 항쟁 그리고 비폭력저항

1987년 6월 항쟁은 광주항쟁의 정신을 계승하고 시민이 주체가 된 한국 민주주의 운동의 중요한 역사이며, 6월 항쟁을 계기로 오랜 군사정권(1961~1987)의 막을 내리게 했다는 점에서 그 의의가 있다. 비록 시위와 집회 도중 일부 물리적 갈등이 있었지만, 일반적으로 6월 항쟁은 평화적이고 민주적인 시민운동이었다.[1] 본 연구에서는 6월 항쟁을 시민저항운동의 한 예로 이해하고 그 가운데 비폭력저항의 의미와 효과를 살펴보고자 한다. 이를 위하여, 고명진의 사진을 중심으로 비폭력저항 이미지의 상징적 역할을 살펴본 후 평화를 위한 종교와 사진의 가능성에 대해 생각해보고자 한다.

6.10 영수회담이 결렬되자 민주헌법쟁취 국민운동본부는 그 동안 두 차례나 연기하였던 '민주헌법쟁취를 위한 국민평화대행진'을 6월 26일에 전국 6개 도시에서 동시다발적으로 가질 것을 발표했다. 국민운동본부는 호헌철폐, 구속자석방, 집회 및 시위와 언론자유보장, 최루탄 사용중지 등 네 가지의 집회 목적을 밝혔다. 이 네 가지 요구사항은 헌법이 보장하는 기본권도 무시한 채 독재와 탄압을 이어가던 전두환 정권의 단면을 보여주는 것이기도 하다. 주최 측은 80년 광주항쟁을 또렷이 기억하고 있었으며 그 당시의 트라우마로부터 아직 자유롭지 못했다. 제2의 광주의 재앙이 반복되지 않아야 한다는 의견이 지배적이었다. 6.26 성명서에는 당시 이와 같은 분위기를 부분적으로 보여주고 있다.

평화행진이야말로 민주제도가 당연히 보장하는 국민의사의 표현방법이며, 우리가 간절한 모든 호소와 요청이 전적으로 짓밟힌 이 시점에서

---

1 민주화운동기념사업회 한국민주주의연구소 엮음, 『한국민주주의운동사 3』(돌베개, 2010); 정해구 외, 『6월항쟁과 한국의 민주주의』(민주화운동기념사업회, 2004) 참조.

분명히 또 평화적으로 국민의 뜻을 밝힐 수 있는 유일의 길이다. […]
우리는 현 정권이 국민평화대행진을 구실로 비상사태를 발동, 제2의
광주사태를 유발시킬 경우 엄청난 국민적 저항에 부딪히리란 사실을
경고하며, 나아가 국민운동본부에 참가하고 있는 각계각층이 주체적
으로 국민불복종운동을 전개해 나갈 것을 엄숙히 선언하는 바이다.[2]

예를 들어 6.26 국민평화대행진을 주최단체국민운동본부 주최단
체 중 하나였던 민주당은 신문을 통해서 비폭력 집회의 결의를 공표하
기도 했다.[3] 국민운동본부는 전국의 6개 도시에서 같은 시간에 동시다
발적으로 평화적 집회를 기획했다. 오후 6시가 되면, 독재타도와 민주
주의를 추구하는 뜻으로 차 경적을 울리기로 했고 버스와 택시들도 동
참했다. 일터에 있던 넥타이 부대들도 동참의 뜻으로 두루마리 휴지를
창밖으로 던지며 시위에 뜻을 더했다. 6.26 평화대행진은 한국 민주주
의운동 역사 속에서 비폭력 시위를 강조하며 다양한 시도를 접목한 시
민저항의 한 예로 볼 수 있는 중요한 사례이다.

3. 비폭력 전통과 시민저항 이론의 등장

비폭력저항은 평화를 실현하는 중요한 (혹은 유일한) 방법 중 하나
이다. 평화학자 요한 갈퉁(Johan Galtung)은 그의 저서 『평화적 수단
에 의한 평화』에서 평화를 실천하는 비폭력적 방법론의 중요성을 강조
하고 있다. 즉, 평화의 목적만큼이나 방법도 평화로워야 한다는 것이
다.[4] 평화주 관한 논의는 전통적으로 종교적이고 규범적 틀 안에서

2 「6.26 국민평화대행진 성명서」(6.10항쟁 공식홈페이지, http://www.610.or.kr/board/dat
  a/view/100).
3 "비폭력 결의", 「경향신문」(1987. 6. 26). 동아일보에도 비슷한 기사가 실렸다.

이루어져 왔다. 그 결과, 평화주의의 개념과 주장은 옳지만 이상적이
며, 현실적이거나 효과적이지도 않다는 비판을 받기도 한다.[5] 20세기
들어 "비폭력" 그리고 "시민저항"에 관한 사회과학적 연구가 활발하게
이뤄지고 있는데 이는 정치 참여 방법론으로서 비폭력저항의 이론적
틀과 전략적 적용방안들을 다루고 있다.

　　최근 비폭력저항운동에 대한 논의는 종교적 규범적 틀을 벗어나 실
천 중심의 방향으로 변화하고 있다.[6] 이른바 비폭력저항운동의 가치를
현실 정치사회의 참여방법으로 이해하고 적용하려는 취지에서 비롯되
었다. 이 논의는 이른바 "시민저항"(civil resistance)이라는 개념으로
사용되고 있으며, 비폭력운동의 규범적 가치보다 방법론으로서의 잠재
력(심지어 효율성이란 표현도 사용)에 대한 사회과학적 접근을 시도하고
있다.[7] 옥스퍼드에서 정치학과 국제정치학을 가르치는 애덤 로버츠
(Adam Roberts)는 시민저항운동에 대해 다음과 같이 정의한다.

　　시민저항운동(civil resistance)은 비폭력적 방법을 사용하는 일종의
　　정치적 행동이다. 유사한 표현으로는 "비폭력행동", "비폭력저항" 그리
　　고 "피플파워" 등이 있다. 이는 특정 권력과 강제력, 정책 혹은 정권에
　　대항하는 지속적이고 광범위하게 퍼진 일련의 활동들을 포함한다 —이

---

4 요한 갈퉁/강종일 옮김, 『평화적 수단에 의한 평화』 (들녘, 2000).

5 Dustin E. Howes, "Failure of Nonviolence and the Successes of Nonviolence", *Perspectives on Politics,* 11, no. 2 (2013).

6 Adam Roberts and Timothy Garton Ash, *Civil Resistance and Power Politics: The Experience of Non-Violent Action from Gandhi to the Present* (Oxford; New York: Oxford University Press, 2009).

7 Erica Chenoweth and Maria J. Stephan, "Why Civil Resistance Works: The Strategic Logic of Nonviolent Conflict", *International Security* 33, no. 1 (2008); Roberts and Ash, *ibid.*; Kurt Schock, "The Practice and Study of Civil Resistance", *Journal of Peace Research* 50, no. 3 (2013).

런 이유로 명사 "저항"(resistance)을 사용한다. 같은 맥락에서 형용
사 "시민의"(civil)는 시민 혹은 시민사회를 가리키며 이미 널리 공유
되는 개념으로서의 "시민적"이 곧 이 운동의 목표임을 내포한다. 또한,
시민저항운동은 비군사적 혹은 비폭력적 성격을 나타낸다.8

시민저항은 정치적 행위의 한 형태이며 시민이 정치에 참여하고 소
통할 수 있는 효과적인 방법은 비폭력적인 방식일 때임을 주장한다. 이
는 정부나 정적(政敵)이 무력을 사용하는 경우에라도 "지속적으로 비
폭력적 방법"을 고수하는 시민행동을 말한다.9 여기서 비폭력적 행동
이란 "상대를 해하지 않으면서 제도화된 정치참여 방식(투표, 로비, 투
서, 구두 요구 등)이 아닌 창의적 행동"으로서의 정치참여 행위를 가리킨
다.10
시민저항 이론은 크게 두 가지로 분류될 수 있다. 하나는 이론적 접
근으로서 시민저항운동에 이론적 근거인 비폭력저항에 관한 개념과 역
사적 논의들을 살핀다. 다른 하나는 전략적 접근으로 시민저항의 효과
성과 실천방안 등을 연구한다.

1) 이론적 접근

먼저, 이론적 접근은 비폭력 전통에 대한 역사적 연구가 주를 이룬
다. 평화와 비폭력에 대한 가르침은 다수의 종교 전통에서는 발견되는
공통된 현상이다. 기독교의 경우, 퀘이커와 재세례파 등과 같은 평화교

---

8 Roberts and Ash, *ibid.*, 2.

9 Schock, *op. cit.*, 277.

10 Bob Irwin and Gordon Faison, "Why Nonviolence? Introduction to Nonviolence Theory
   and Strategy" (New Society Publishers, 1984), 2.

회 전통에서는 비폭력 및 반전운동을 자신들의 핵심 가치와 실천으로
여겼다.11 정치 영역에선, 헨리 쏘로우의 "시민불복종"(civil dis-
obedience) 사상과 톨스토이의 "비폭력 저항"(nonviolent resistance)
에 관한 글들이 소개되어 왔다.

　비폭력 시민저항의 가장 대표적인 인물은 마하트마 간디와 마틴 루
터 킹일 것이다. 간디의 신념과 비폭력적 생애는 시민저항의 이론적 틀
을 제공하고 있다.12 간디가 남아프리카(1906~1914)와 인도(1919~
1948)에서 보여준 비폭력저항의 삶은 비폭력의 상징으로 자리잡아 수
많은 활동가들에게 영향을 주었다. 간디의 생애가 비폭력저항의 이론
적 틀을 제공했다면, 마틴 루터 킹의 등장은 시민저항을 정치적 대중운
동으로 확장시키는 역할을 했다. 특별히 20세기 중반부터 대규모의 반
전시위운동과 독재정권과의 비폭력 투쟁의 사례들이 늘어났다.13 베트
남전쟁 반대시위를 시작으로 세계 각국에서 시민저항운동이 일어났다.

---

11 Walter Wink, *Jesus and Nonviolence: A Third Way* (Minneapolis, MN: Fortress,
　2003). 존 하워드 요더는 이 논의에서 제외할 수 없는 대표적인 학자이다. 그는 미국 재
　세례파 학자로서 역사적 평화교회 전통의 비폭력저항과 실천에 관한 많은 연구를 수행
　했다. 그러나 최근 그의 여성편력적 개인사가 드러나면서 메노나이트 공동체 내부는 물
　론 학계에서는 그의 학문적 업적을 어떻게 평가할 것인지에 대한 비판이 일어나고 있다.

12 Joan V. Bondurant, *Conquest of Violence: The Gandhian Philosophy of Conflict*,
　New rev. ed., Princeton Paperbacks (Princeton, NJ: Princeton University Press, 1988);
　Louis Fishcher, *The Life of Mahatma Gandhi*, Collector's ed. (Norwalk, CT: Easton
　Press, 1989); Raghavan Narasimhan Iyer, *The Moral and Political Thought of
　Mahatma Gandhi* (New Delhi; New York: Oxford University Press, 2000); Joseph
　Lelyveld, *Great Soul: Mahatma Gandhi and His Struggle with India* (New York:
　Alfred A. Knopf, 2011); Dennis Dalton, *Mahatma Gandhi: Nonviolent Power in
　Action* (New York: Columbia University Press, 2012).

13 Schock, *op. cit.*, 278-279. 대규모 비폭력 시민저항운동은 20세기 중반 이후부터 두드러진
　현상이다. 베트남전쟁 반대시위를 시작으로 세계 각국에서 시민저항운동이 일어났다.
　예를 들어, 필리핀 (1986), 칠레 (1988), 폴란드 (1989), 동독 (1989), 체코 (1989), 남아프리
　카(1994), 세르비아 (2000), 그리고 튀니지와 이집트 (2011)에서도 이런 현상은 나타난다.
　6월항쟁 또한 비슷한 시기에 발생한 것은 간디와 마틴 루터 킹의 비폭력 사상의 영향으로
　보는 것이 합리적인 해석이다.

예를 들어, 필리핀(1986), 칠레(1988), 폴란드(1989), 동독(1989), 체코(1989), 남아프리카(1994), 세르비아(2000), 그리고 튀니지와 이집트(2011)에서도 이런 현상은 나타난다. 한국의 6월 항쟁 또한 비슷한 시기에 발생한 것은 간디와 마틴 루터 킹의 비폭력 사상의 영향으로 보는 것이 합리적인 해석이다.

2) 폭력과 비폭력 중 무엇이 더 효과적인가

시민저항 이론의 등장과 함께 지속적으로 묻게 되는 질문이 있는데, 사회갈등의 변화를 위한 가장 효과적인 방법론은 무엇인가에 관한 것이다. 쉽게 말해, 정의와 평화를 위한 폭력적 방법을 사용하는 것이 옳은가에 대한 논의이다. 이는 세부적으로 더 큰 정의를 위해 폭력적 방법론도 감수해야 한다는 입장과 어떤 경우에도 폭력적 방법은 사용해서는 안 된다는 입장이다. 예를 들어, 말콤 엑스와 마틴 루터 킹 2세 간의 입장 차이나 간디와 파농 간의 논의 등에서 볼 수 있다. 일부 극단적 사례이긴 하지만, 전략적인 차원에서만 봤을 때 테러는 영역 다툼을 위한 가장 효과적인 방법으로 이해/주장하는 학자들도 존재한다.[14]

정치적 목적을 획득하는 과정에서 폭력적 방법을 사용하는 것이 정당한가를 묻는 것은 한국적 맥락에서도 중요한 화두를 던진다. 과거 일본 제국주의와 맞서 무력저항 및 독립운동을 했던 역사는 어떻게 이해해야 할까? 1980년 광주에서 발생한 군부의 대량 학살에 맞서 싸웠던 광주시민군 모집과 갈등은 어떻게 이해해야 할까? 군부 독재로부터 이어져 온 공권력의 남용, 무력진압에 맞서 싸운 시위대와 신체적 다툼은 어떻게 이해해야 할까? 무자비한 불의 앞에서 외치는 비폭력과 평화의

---

14 Chenoweth and Stephan, "Why Civil Resistance Works", 10.

구호는 무력하고 무책임한 것은 아닌가?

이찬수는 현실정치 속에서 "완전한 비폭력성"(complete non-violence)은 존재하지 않으며, 다만 폭력의 사용을 최소한으로 줄이는 과정으로서의 "감폭력"을 주장한다.15 그는 비폭력 대신 "감폭력" 혹은 "작은 폭력"의 개념을 사용하여 한국 갈등의 역사 속에서 비폭력저항과 무력저항 사이의 간극을 메우고자 한다. 그의 주장은 비폭력만이 평화를 위한 유일한 길이라는 자칫 협소한 논의와 실천의 영역을 확장시키고 다양한 배경의 집단—평화는 종교의 전유물이 아니다—들이 각 평화에 대한 이해가 다름에도 불구하고 함께 평화를 만들어 갈 넓은 길을 제공하고 있다.

"비폭력"이란 용어는 20세기 들어서 사용되기 시작하였는데, 그 이전에는 주로 "평화주의"(pacifism)가 주로 사용되었다.16 19세기까지 평화주의(pacifism)와 비폭력(nonviolence)의 개념을 구분하는 것은 의미가 없었으나, 20세기 이후 "비폭력" 개념은 종교에서 분리되어 정치적 행위의 수단을 의미하는 특정한 개념과 실천이 되었다. 최근에는 평화주의와 비폭력을 구분하여 사용하는 경향을 보인다. 예를 들어, 더스틴 호위스(Dustin E. Howes)는 평화주의와 비폭력을 구분하여 상이한 평가를 내리고 있다.17 "평화주의"는 이데올로기적 개념으로 전쟁과 폭력에 대한 완전한 거부를 뜻하는데 이는 근대의 시민사회에서 환영받지 못하는 반면, "비폭력"은 정치적 참여방법으로 국한하여 사용되고 폭력적 행위보다 더 넓은 지지를 받고 있다고 주장한다.18

이런 관점에서 보면, 이찬수의 "감폭력"은 "비폭력"과 같은 맥락에

---

15 이 책 제1부에 수록된 이찬수의 글 "감폭력(減暴力)의 정치와 평화의 신학"을 참조.
16 Irwin and Faison, *op. cit.*, 3.
17 Howes, *op. cit.*
18 Howes, *op. cit.*, 427-446.

있음을 알게 된다. 그가 구분하는 '완전한 비폭력성'이란 앞서 말한 이데올로기로서의 '평화주의'를 지칭하는 반면, 현실적 실천방안으로서 제시하는 '감폭력'은 정치적 선택으로서의 '비폭력'에 해당한다.

3) 전략적 도구로서 시민저항운동

시민저항운동의 전략적 접근 중 두 번째 분야는 비폭력적 방법론이 실제적이고 효과적임을 증명하는 데 있다. 에리카 체노웨스와 마리아 스테판은 그들의 책 *Why Civil Resistance Works: The Strategic Logic of Nonviolent Conflict*(2011)에서 1900-2006년 동안 전 세계 323건의 정치적 갈등의 사례를 분석하여 다음과 같은 결론에 이른다. 즉 시민저항운동의 비폭력적 방식이 폭력적 시위방식보다 더 효과적이라는 것이다. 이 연구는 기존 비폭력저항운동은 이론적으로는 옳지만 현실적이지 않다는 인식에 정면으로 도전할 뿐 아니라, 더 큰 정의를 위해 작은 폭력은 감수해야 한다는 폭력 사용의 근거를 반박하고 있다는 데 그 의의가 있다.

체노웨스와 스테판은 비폭력저항이 더 효과적인 원인을 세 가지 개념으로 설명하는데, ① 동원능력(mobilization), ② 탄력성(resilience), 그리고 ③ 지렛대 효과(leverage)가 그것이다.[19] 먼저, 정치적 행위에는 대중의 참여가 필요한데 폭력적인 방식의 집회 및 시위보다 비폭력적 방식에 더 많은 사람들이 마음을 열기 때문이다. 시민저항의 성공은 소규모에서 시작하더라도 일정 기간을 거치면서 어떤 계기로 대중의 관심과 참여를 얻게 되느냐에 달려있으며 시위의 규모가 커지면서 점차 "민중의 힘"(people power)을 발휘하게 된다.[20] 둘째, 탄력성은

---

19 Erich Chenoweth and Maria Stephan, *Why Civil Resistance Works: The Strategic Logic of Nonviolent Conflict* (New York: Columbia University Press, 2011).

시위와 운동이 정적에 의해 반대에 부딪히거나 위기에 맞닥뜨릴 때가 생기곤 하는데, 이 때 비폭력적 시위방식이 폭력적 집회보다 내부적으로 더 큰 결속력을 보이며 지속적인 시위로 이어진다는 것이다. 이는 내부적 위기에 대한 정당성 여부의 문제와 연결되는데 비폭력적 정체성은 이를 더 견고히 하도록 작용한다. 마지막으로, 지렛대효과란 평화적 시위를 정부(혹은 반대그룹)가 무력으로 억압하려고 할 때 다수의 국민들은 그에 대한 반작용으로 비폭력적 시위그룹에 더 큰 관심과 정당성을 주게 된다는 것이다. 이를 가리켜, "부메랑 효과"(backfire)라고도 하는데 이는 다수의 사례에서 시민저항의 성공여부를 결정하는 현상으로 발견된다.[21] 이런 흐름은 2000~2006년 사이에 특히 두드러졌다. 예를 들어, 세르비아, 마다가스카르, 조지아, 우크라이나, 레바논, 네팔 등이 그 예이다.[22] 한국의 경우, 2016~2017년 촛불혁명은 비폭력 시민저항운동의 가장 좋은 사례로 남을 것이다.[23]

4) 시민저항운동의 의미

시민저항운동의 성공사례들이 시사하는 바는 평화로운 사회를 구축하기 위한 방법 또한 평화로운 것이어야 한다는 주장이 현대 사회 속에서 대중적으로 받아들여지고 있음을 가리키는 지표라는 점이다. 필자는 과거 비폭력·평화주의가 이상적이나 비현실적이라는 일련의 집합

---

20 *Ibid.* see Chapter 2(31-61).

21 Schock, *op. cit.*, 283.

22 Chenoweth and Stephan, "Why Civil Resistance Works", 7-8.

23 예를 들어, 워싱턴포스트는 박근혜 대통령의 탄핵과 문재인 대통령의 당선까지의 촛불혁명의 의의를 두고 "민중의 힘이 여전히 살아있다"는 것을 보여준 사례라고 평했다. Ishaan Tharoor, "South Korea just showed the world how to do democracy", *The Washington Post* (May 10, 2017).

적 판단이 이미 과거의 시대 상황이라는 한계에서 이뤄진 것이라고 생각한다.[24] 현실 정치 속에서, 특히 무력통치나 구조적 폭력에 저항하기 위해서는 때로 폭력을 사용해야 할 필요가 있다고 믿었고, 폭력을 사용하는 것이 더 효과적일 것이라는 믿었던 것은 이제 과거의 것이 되었다. 적어도 21세기 이후의 시민저항운동의 성공사례들은 과거의 믿음과는 달리 비폭력저항이 오히려 더 효과적음을 보여주며 우리에게 평화를 위한 새로운 상상력을 도전하고 있다.

아마도 이러한 변화에는 세계 정치구조와 사회문화구조의 변화, 그리고 시민의식의 발전에 따른 총체적인 변화가 있었기에 가능했을 것이다. 적극적 평화를 구축해 나가기 위한 많은 평화의 몸짓들, 구조적이고 사회문화적인 변화들이 있었기에 가능했다고 본다. 예를 들어, 헌법이 명시한 기본적 인권들, 집회 및 시위의 자유, 그리고 언론 및 의사표현의 자유가 (여전히 부족하지만) 보장되고 있기에 가능해진 변화들이라고 판단된다. 여러 상황의 변화 중에서 필자의 관심은 바로 언론과 미디어의 발전에 있다. 특별히, 오늘 날은 대중매체와 소셜미디어의 발전으로 시민저항운동의 비폭력저항의 가치가 쉽고 빠르게 공유될 수 있게 되었다. 특히 사진이나 이미지는 이러한 비폭력저항의 원리를 상징적으로 전달하는 힘을 가진다.

이와 함께 살펴봐야 할 것은 시민저항 이론의 초점은 비폭력 혹은 평화주의의 당위성에 있지 않다는 것이다. 대신, 시민이 어떻게 정치적 의사를 표현할 수 있는지, (폭력적, 비폭력적 방법 중) 어떤 방식의 정치

---

24 예를 들어, 1967년 12월 15일에 있었던 한 패널 토론에서 노암 촘스키는 베트남 반전운동과 비폭력주의가 지나치게 이상적인 것이 아니냐는 질문에 톨스토이의 글을 인용하며 낙관론을 가져야 함을 호소한바 있다. 이는 당시 분위기에서 비폭력·평화주의가 현실적이지 않다는 다수의 의견에 암묵적 동의를 하는 것으로도 볼 수 있는 예이다. 참고. Noam Chomsky, "The Legitimacy of Violence as a Political Act?" (December 15, 1967), https://chomsky.info/19671215/(Accessed June 15, 2016).

행동, 시위 및 집회에 적극적으로 참여하게 되는가를 묻는다. 이는 시
민운동과 대중과의 소통 방식에 관한 연구인 셈이다. 즉, 대중은 폭력
과 비폭력 방식 중 어느 것을 더 선호하는가를 묻는 것이고 비폭력적
방식을 선호하는 이유는 무엇인가를 묻는 것이라고 하겠다. 필자는 시
민운동의 성공사례들이 변화된 정치생태 속에서 나타나는 대중들의 비
폭력저항에 대한 긍정적 수용도를 나타내는 것으로 판단하고 있다. 다
시 말해, 다수의 일반적인 시민들이 비폭력적 방식으로 선호하며 그것
이 더 옳은 일이라는 도덕적 가치판단을 가지고 있음을 보여주는 것이
다. 좀 더 확대해서 표현한다면, 인간은 폭력보다 평화를 추구하며, 가
능한 비폭력적 방법을 선호하고, 불의 혹은 억압과 저항하는 누군가가
비폭력적인 방식으로 저항할 때 더 큰 공감과 지지를 보인다는 사실이
다. 우리가 고명진의 "아! 나의 조국"에 가지는 감동은 이런 맥락으로
이해될 수 있다.

4. 사진은 어떻게 민주주의의 상징이 되었나

1) 실리지 못한 사진

고명진의 "아! 나의 조국"은 촬영 직후에는 불행히도 신문에 실리지
못했다. 편집부에선 이 사진이 너무 '자극적'이라는 이유였다.[25] 그 말
은 곧 이 사진이 가진 영향력이 상당히 클 것을 알았다는 것으로도 해석
될 수 있다. 이 사진은 12년 지나 다시 세상의 관심을 얻게 되었는데
AP통신이 선정한 20세기 위대한 100사진 중 하나로 이 사진을 선정했
기 때문이었다. 이 사진은 한국 민주화운동의 역사적 순간을 재현하는

---

25 이정환, "[인터뷰] 고명진, 뉴시스 사진미디어부장, 아, 나의 조국이여", 「오마이뉴스」
   2007년 5월 31일.

대표적인 이미지로서 현재까지도 널리 사용되고 있다. 특별히, 이 사진은 한국 민주주의의 역사적 순간의 재현이자 비폭력저항의 정신을 가장 함축적으로 담고 있다고 생각한다. 이 사진이 당시에는 신문에 게재되지 못하였음에도 불구하고 현재까지 자주 통용되고 민주주의를 상징하는 대표적 이미지로 인식되는 이유는 무엇일까? 필자는 이 사진이 내포하는 비폭력저항의 메시지가 관객의 이해와 잘 맞아 떨어지기 때문이라고 본다.

2) 용기와 희생정신

필자의 관심은 사진 속 인물이 보여준 비폭력저항의 모습이 가진 상징적 역할에 있다. 비폭력적 저항이 실제로 더 큰 효과를 이룰 수 있던 이유는 불의에 굴복하지 않는 "용기"(저항), 폭력적 응보가 아닌 비폭력적 대응으로 인한 "희생"의 모범이 있었기에 가능했음을 주목하는 것이다. 글 서두에 살펴본 사진 속 남성으로 돌아가 보자. 당시 부산에서는 고 박종철 열사의 추모행렬이 열리고 있었다. 시민들은 꽃다운 나이의 청년의 목숨을 앗아간 군부독재에 반대하고 민주화를 외치기 위해 거리로 모였다. 경찰의 폭력진압이 시작되었다. 최루탄을 쏘기 시작했다. 당시 시위에 참가한 사람들은 최루탄에 대한 아픈 기억을 가지고 있었을 것이다. 6월 9일, 당시 연세대학교 학생 이한열은 경찰이 쏜 최루탄에 맞아 중태에 빠졌기 때문이다. (이 사건을 계기로 6월 항쟁은 전국적으로 퍼져가게 했다.) 그 순간, 경찰의 진압과 최루탄의 공포를 뚫고 한 남성이 거리로 뛰쳐나왔다. 그는 자신의 상의를 벗어 던지고 경찰을 향해 "최루탄 쏘지마"라고 외쳤다.[26] 그는 박종철과 이한열을 죽음으로

---

26 「미디어오늘」 1999년 10월 7일.

몰고간 최루탄과 군부권력에 말 그대로 온몸으로 맞선 것이다. 그가 보여준 고귀한 행동, 용기와 희생이 바로 비폭력저항의 본질적 힘이라고 생각한다.

3) 왜 이한열이 아니라 그 남성인가

마지막으로 생각해볼 것은 6월 항쟁의 여러 사진들 가운데 왜 이 사진인가 하는 질문이다. 예를 들어, 6월 항쟁에서 가장 기억에 남는 사진 중 하나는 단연 고 이한열 열사의 사진이다. 로이터통신 사진기자였던 정태원이 촬영한 이 사진은 6월항쟁을 전국적으로 확산시키는 기폭제 역할을 하였다. 한 매체와의 인터뷰에서 정태원은 당시를 회상했다.

> (박)종철이도 두드려 맞고 고문 받아 죽었는데 그 때는 사진이 없었잖아. 한열이 죽음은 사진이 있었기 때문에 사람들한테 전달되고 영향을 준 거야. 도화선이 된 거지. 나는 외신 기자여서 가까이서 찍을 수 있었을 뿐이야.[27]

그의 사진이 없었다면 6월 항쟁의 모습은 어떻게 달라졌을까? 사진은 시민저항운동에서 중요한 역할을 한다. 사진의 상징은 집단 내에서 공동의 기억으로 공유되고 집단 정체성을 강화해준다. 이런 점에서, 고 이한열 열사가 최루탄을 맞고 쓰러진 사진은 당시 전두환 정권의 폭력적 진압과 불의함을 드러낸다. 그것은 민주화를 외치는 대학생 운동가에게는 가혹한 죽음이었다. 이 사진은 군부독재와 맞서 맨몸으로 저항

---

27 「연합뉴스」, "[오늘의 이한열을 사는 사람 3] '역사 바꾼 그 사진' 정태원 씨", 2017년 6월 7일.

할 수밖에 없었던 엄혹한 당시 상황과 그와 비슷하게 폭력에 의해 희생 당한 피해자들을 대표하고 있다. 엄밀히 말하면, 이 사진은 당시 군부 독재의 폭력성과 그로 인한 피해자를 재현하는 것이지 비폭력저항을 상징하는 것은 아니다. 또한 이 사진 속 이한열의 이미지는 폭력의 피해 자로 재현되고 있다는 한계를 가진다. 그는 군부독재에 힘없이 당한 피 해자가 아니라 자신의 생각을 표현하고 저항했던 능동적 대학생 운동 가였다. 따라서 이 사진은 그를 기억하는 유일한 사진이 되어서는 안되 고 그의 평범했던 모습과 민주화를 위해 노력해온 그의 짧지만 가치 있 던 삶으로 함께 기억되어야 한다.

비폭력 혹은 평화주의에 관한 편견 중 하나는 불의하고 폭력적인 억압에도 아무 것도 하지 않는 수동적 태도이다. 비폭력을 무저항으로 오해하거나 그 결과 힘없이 당하는 폭력의 피해자로 떠올리기 쉽다. 하 지만, 비폭력은 수동적이지도 힘없는 피해자도 아니다. 오히려, 폭력에 맞서 저항하는 용기와 폭력을 사용하지 않음으로 발생하는 희생까지도 감수하겠다는 적극적인 의사표현이다. 그 근원에는 폭력으로 폭력의 사슬을 끊어낼 수 없다는 신념과 내 이웃을 사랑하는 마음이 자리한다. 고명진의 사진 속 이 남성은 폭력에 적극적으로 저항하며 자신의 동료 를 대신해 경찰을 향해 최루탄을 쏘지 말 것을 온 몸으로 말하고 있다. 따라서 이 사진을 보는 관객의 반응은 사진 속 청년이 보여주는 용기와 희생, 사랑에 근거한 비폭력적 저항의 메시지를 느끼게 되는 것이다.

필자는 앞서 이 사진이 시사하는 바를 가리켜 한국의 대중이 사진 속 청년이 몸으로 보여주고 있는 비폭력저항의 뜻과 행동을 함께하는 도덕적 공감대가 이뤄진 것이라고 말한 바 있다. 이 사진이 대한민국 민주주의를 상징하고 20세기를 대표하는 역사적 사진으로 지금까지 회자되는 이유는 비단 이 사진 속 한 개인의 보여준 희생적인 모습 때문 만이 아니라 우리 사회가 그만큼 정의와 평화를 위한 비폭력저항의 가치를 높이 평가하고 있기 때문이라고 생각한다. 한국 사회 속 정의로운 평화를 위한 열망은 지난 수십 년의 역사를 통해 체험되고 학습되어 왔으며 그 체험의 결과가 바로 지난 촛불혁명인 것이다. 한국 시민사회는 그렇게 비폭력적 수단의 중요성을 몸소 체험해왔고 세계 유례없는 비폭력 시민저항운동의 모범적 사례를 만들어냈다. "평화적 수단에 의한 평화"가 구호가 아닌 현실정치 속에서 실현된 것이다. 이는 향후 한반도평화를 구축해 가는 지난한 과정 가운데 커다란 자양분이 될 것이다.

5. 종교의 역할은 사진과 같다

기독교에서 비폭력의 가르침은 예수의 핵심 정치사상으로 여겨져 왔다.[28] 고명진의 사진을 본 기독교인들이라면 무엇을 떠올리게 될까? 필자는 웃통을 벗고 시민들을 대신해 거리로 뛰어나온 이 남성의 모습을 보며 맨몸으로 십자가에 달리신 예수의 모습을 떠올려 본다. 예수의 십자가는 구원의 수단으로서 정당화된 폭력의 "희생양"(scapegoat)의 가리키는 것이 아니라 폭력의 사슬을 끊기 위한 비폭력저항을 상징한다.[29] 그것은 적극적이고 대안적인 방식으로서 현대 사회에서도 적용될 수 있는 가치를 지니며 교회가 따라야 할 모범이다.

---

28 John Howard Yoder, *The Politics of Jesus* (Grand Rapids, MI: Eerdmans, 1972); Barbe Dominique, *A Theology of Conflict and Other Writings on Nonviolence* (Maryknoll, NY: Orbis Books, 1989); Walter Wink, *The Powers That Be: Theology for a New Millennium* (New York, NY: Doubleday, 1998); _____, *Jesus and Nonviolence: A Third Way* (Minneapolis, MN: Fortress, 2003); Stanley Hauerwas, *Performing the Faith: Bonhoeffer and the Practice of Nonviolence* (Grand Rapids, MI: Brazos Press, 2004); John Howard Yoder et al., *The War of the Lamb: The Ethics of Nonviolence and Peacemaking* (Grand Rapids, MI: Brazos Press, 2009).
29 르네 지라르/김진석 옮김, 『희생양』(서울: 민음사, 2007); 미로슬라브 볼프/박세혁 옮김, 『배제와 포용』(서울: IVP, 2012) 참조.

그러므로 종교(교회)의 역할은 사진과 같다. 교회가 예수님과 같이, 그리고 사진 속 웃통을 벗은 남성과 같이 이 사회에 먼저 용기와 자기희생적 모범을 보인다면 불의와 폭력에 함께 맞설 더 많은 대중을 얻게 될 것이다. 맥루한이 '매체가 곧 메시지'라고 한 것처럼, 종교지도자들의 공적 영역에서의 비폭력적 삶은 그 자체로 평화의 메시지이다. 석가모니가 그랬고, 예수가 그랬고, 무함마드가 그랬다. 그들의 가르침과 삶이 일치하기에 많은 사람들이 그들을 따랐다. 하지만 오늘 날 종교의 모습은 어떠한가?

일차적으로는 종교가 신념과 실천을 일치하는 것이 중요하겠지만, 동시에, 미디어에 나타난 종교의 이미지 혹은 종교를 재현하는 미디어의 아비투스(habitus)를 살펴 볼 필요도 있겠다. 미디어 속 종교의 비폭력저항의 이미지가 갖는 긍정적 역할에 대해 진지하게 논의할 필요성이 있다. 이 글에서는 다루지 않았지만, 비록 특정 종교에 소속하거나 종교적 실천을 하지 않더라도 정의와 평화를 실천하는 종교지도자들에 대한 긍정적 평가와 지지를 보이는 현상을 쉽게 볼 수 있다. 간디와 마틴 루터 킹 외에도, 최근 티벳의 평화적 독립을 외치는 달라이 라마는 영미권 중심으로 세계적인 지지를 얻고 있다. 비슷한 예로, 로마 카톨릭의 프란시스코 교종의 행보도 높은 관심과 지지를 받고 있다. 이런 현상은 미디어라는 공공의 영역에서 더 두드러지게 나타나는 현상이라고 하겠다. 자신의 종교적 정체성을 넘어, 평화의 아이콘이 된 종교지도자들과 그들을 지지하는 그룹의 형성 과정을 살펴보는 것은 향후 유의미한 연구주제가 될 것이다.

6. 맺음말

복잡한 현실 정치의 영역에서 목적을 달성하기 위해 폭력적 방식도 필요하다는 주장이 여전히 존재한다. 그러나 비폭력 시민저항운동의 사례들은 비폭력적 방식이 더 효과적일 수 있음을 보여준다. 안보와 이데올로기를 앞세워 폭력적 방법도 불사하려는 일부 극우집단의 구호나 시위 방식은 종교적으로도 옳지 않고 그 효과도 없다. 그런 방식의 사회운동은 더 이상 폭넓은 대중의 지지를 받기 힘들다. 탄력적이거나 지속력 또한 없다. 반면, 6월 항쟁과 촛불혁명의 사례는 한국 사회가 얼마나 평화를 열망하는지를 보여주는 사례이다. 시민들은 정의와 평화를 위하여 비폭력/감폭력적 방식에 동의하고 참여했다.

　나는 이러한 비폭력 시민저항운동의 성공사례들로부터 일종의 보편적 정서를 읽고자 한다. 그것은 인간은 근본적으로 평화를 추구한다는 것이다. 그것은 고명진의 〈아! 나의 조국〉이 당시에는 신문에 실리지 못했지만 결국에는 한국민주주의운동을 대표하는 이미지 중 하나가 된 흐름과도 유사하다. 한국 사회는 일제와 군부독재라는 잔혹한 폭력에 저항했다. 희생했고 맞서 싸웠다. 이 저항의 역사는 결코 잊어서는 안 되는 고귀한 유산과도 같다. 이 짧은 글은 한국 민주화 역사 속 저항의 가치를 무시하거나 폄하하려는 것이 결코 아니다. 한 걸음 더 내딛자는 것이다. 6월 항쟁과 촛불혁명은 폭력적 저항방식이 가진 한계를 경험한 시민사회가 비폭력/감폭력적 방식을 통해 정치적 목적을 달성한 값진 경험이다. 이점은 한국 평화운동에 큰 힘으로 작용할 것이다. 남북관계와 한반도평화의 문제는 이보다 훨씬 더 복잡하지만, 그 원리는 동일하게 적용될 수 있다. 우리는 가능한 덜 폭력적인 방법을 선택함으로 폭력을 줄이고 더 큰 평화를 기대할 수 있다. 평화를 세워가기 위한 '도덕적 상상력'이 필요한 때이다.

　종교의 역할이 여기에 있다. 폭력적 갈등의 이면에는 두려움이 존재한다. 예수는 로마 군사에게 잡혀가기 전날 제자들에게 다음과 같이 당부한다.

내가 이것을 너희에게 말한 것은, 너희가 내 안에서 평화를 얻게 하려는 것이다. 너희는 세상에서 환난을 당할 것이다. 그러나 용기를 내어라. 내가 세상을 이겼다(요 16:33, 새번역).

예수와 세상과의 싸움(갈등)에서 예수가 추구한 것은 '평화'이며 그것을 이루고자 한 방법은 '십자가' 곧 비폭력적 저항이었다. 십자가의 길은 고통과 약함, 패배의 길처럼 보일 수 있다. 그러나 예수는 제자들에게 말한다. '용기를 내어라. 내가 이미 세상을 이겼다'고 말이다. 그것은 사랑이 두려움을 이기고 평화가 폭력보다 강하기 때문이다(요일 4:18). 기독교가 사회 갈등의 문제 속에서 공헌할 평화의 신학이란 무엇일까? 그것은 이미 승리하신 평화의 왕 예수 그리스도를 믿음으로 폭력 대신 평화를 선택하는 것이다. 평화는 길고 강하다. 이것이 한국교회의 외침이고 몸짓이길 기대해본다.

참고문헌

갈퉁 요한/강종일 옮김.『평화적 수단에 의한 평화』. 들녘, 2000.

「경향신문」. "비폭력 결의." 1987년 6월 26일.

「미디어오늘」. 1999년 10월 7일.

민주화운동기념사업회 한국민주주의연구소 엮음.『한국민주주의운동사 3』. 돌베개, 2010.

「연합뉴스」. "[오늘의 이한열을 사는 사람3] '역사 바꾼 그 사진' 정태원 씨." 2017년 6월 7일.

이정환. "[인터뷰] 고명진, 뉴시스 사진미디어부장, 아, 나의 조국이여."「오마이뉴스」 2007년 5월 31일.

정해구 외.『6월항쟁과 한국의 민주주의』. 민주화운동기념사업회, 2004.

"6.26 민평화대행진 성명서." 6.10항쟁 홈페이지, http://www.610.or.kr/board/data/view/ 100.

Bode, Robert A. "Gandhi's Theory of Nonviolent Communication." *Gandhi Marg* 16, no. 1 (1994).

Bondurant, Joan V. *Conquest of Violence: The Gandhian Philosophy of Conflict*, New rev. ed., Princeton Paperbacks. Princeton, NJ: Princeton University Press, 1988.

Chenoweth, Erica and Maria J. Stephan "Why Civil Resistance Works: The Strategic Logic of Nonviolent Conflict." *International Security* 33, no. 1 (2008).

_____. *Why Civil Resistance Works: The Strategic Logic of Nonviolent Conflict.* New York: Columbia University Press, 2011.

Chomsky, Noam. "The Legitimacy of Violence as a Political Act?" (December 15, 1967). https://chomsky.info/19671215/ (Accessed June 15, 2016).

Dalton, Dennis. *Mahatma Gandhi: Nonviolent Power in Action.* New York: Columbia University Press, 2012.

Dominique, Barbe. *A Theology of Conflict and Other Writings on Nonviolence.* Maryknoll, NY: Orbis Books, 1989.

Fishcher, Louis. T*he Life of Mahatma Gandhi*, Collector's ed. Norwalk, CT: Easton Press, 1989.

Gandhi and Dalton, Dennis. *Mahatma Gandhi: Selected Political Writings.*

Indianapolis, IN: Hackett Pub. Co., 1996.

Hauerwas, Stanley. *Performing the Faith: Bonhoeffer and the Practice of Nonviolence.* Grand Rapids, MI: Brazos Press, 2004.

Howes, Dustin E. "Failure of Nonviolence and the Successes of Nonviolence." *Perspectives on Politics,* 11, no. 2, (2013).

Irwin, Bob and Gordon Faison. "Why Nonviolence? Introduction to Nonviolence Theory and Strategy." New Society Publishers, 1984.

Iyer, Raghavan Narasimhan. *The Moral and Political Thought of Mahatma Gandhi.* New Delhi; New York: Oxford University Press, 2000.

Lelyveld, Joseph. *Great Soul: Mahatma Gandhi and His Struggle with India.* New York: Alfred A. Knopf, 2011.

Roberts, Adam and Timothy G. Ash. *Civil Resistance and Power Politics: The Experience of Non-Violent Action from Gandhi to the Present.* Oxford; New York: Oxford University Press, 2009.

Schock, Kurt. "The Practice and Study of Civil Resistance." *Journal of Peace Research* 50 no. 3 (2013).

Tharoor, Ishaan. "South Korea just showed the world how to do democracy." *The Washington Post,* May 10, 2017.

Volf, Miroslav. *Embrace and Exclusion: A Theological Exploration of Identity, Otherness, and Reconciliation.* Nashville, TN: Abingdon Press, 1996.

Wink, Walter. *The Powers That Be: Theology for a New Millennium.* New York: Doubleday, 1998.

_____. *Jesus and Nonviolence: A Third Way.* Minneapolis, MN: Fortress, 2003.

Yoder, John Howard. *The Politics of Jesus.* Grand Rapids, MI: Eerdmans, 1972.

_____ et al. *The War of the Lamb: The Ethics of Nonviolence and Peacemaking.* Grand Rapids, MI: Brazos Press, 2009.

4부

시민운동과 평화

마틴 루터 킹 사상에 나타난 정의와 평화의 관계 | 이병성

세월호 안전담론 투쟁과 주체의 평화를 향한 연대 욕망 | 고성휘

함석헌의 평화론과 촛불혁명 | 전철후

마틴 루터 킹 사상에 나타난
정의와 평화의 관계

이 병 성

(감리교신학대학교)

1. 들어가는 말

20세기 후반 이후 비폭력 저항 운동은 독재나 부패한 권력을 무너 뜨리고, 사회적 억압구조를 해체하고, 정의와 인권을 회복하는 등 전 세계적으로 사회정치적 변화를 이끌어내는데 아주 중요한 역할을 하였 다. 남아프리카공화국의 반아파르트헤이트운동, 달라이 라마가 이끈 티베트 독립운동, 미국에서의 월스트리트 점령운동, 필리핀 민주화운 동, 폴란드의 자유노조운동, 체코슬로바키아의 벨벳혁명 그리고 우리 나라의 촛불혁명 등이 그 예가 될 수 있다.[1] 마틴 루터 킹(Martin Luther King Jr.) 목사(1929~1968)와 미국 흑인 민권 운동은 이러한 비폭력 저

---

[1] Richard Deats, "Active Nonviolence Across the World", *Fellowship* Vol. 75, Iss. 1-6 (Winter 2009), 20-29.

항 운동이 세계적인 현상이 되도록 하는 데 큰 기여를 하였다.

킹 목사는 영국 식민지하에 있던 인도의 독립을 쟁취하기 위하여 비폭력 투쟁을 이끈 간디의 운동과 사상에 깊은 영향을 받았다.[2] 그가 이끈 흑인 민권 운동은 자유와 평등을 헌법적 가치로 받아들이는 미국 사회 안에서 흑인이 비인간적이고 부당하게 대우받는 불의한 사회구조에 맞서 싸운 정의를 위한 저항이었다. 그러나 동시에 민권 운동은 평화를 이루어내는 투쟁이었다. 그 민권운동의 핵심적 방법론인 비폭력 저항은 평화와 깊은 관련성을 가지고 있다.

킹 목사에 대한 연구는 대부분 정의라는 관점에서 이루어졌다.[3] 하지만 이 논문에서는 그가 평화와 정의의 관계를 어떻게 이해하였는지에 대하여 분석을 집중하도록 하겠다. 킹이 주도한 민권운동에서 비폭력 저항 정신은 평화와 정의를 연결해 주는 핵심적인 고리이다. 그러므로 이 연구는 비폭력 저항 철학이 어떻게 킹의 정의관과 평화관과 각각 관계되는지를 분석하겠고, 그 이후에 그의 정의에 대한 이해가 그의 평화관으로 어떻게 연결 되었는지를 검토하겠다. 이 논의를 통하여 전후 미국의 역사 속에서 평화와 정의라는 개념이 어떻게 논의되어 왔는지도 살펴보게 되고, 평화와 정의 사이에 상존하는 여러 긴장감을 논의하게 될 것이다. 이러한 논의를 통하여 평화와 정의에 대한 여러 가지 경쟁하거나 충돌하는 견해를 논의하며, 평화와 정의의 관계에 대한 다양한 함의를 검토한다.

---

2 간디의 비폭력운동에 대하여 다음 책을 참고하라. M. K. Gandhi, *Non-violent Resistance* (New York: Schocken, 1961).

3 예를 들어 다음의 문헌들은 정의를 중심으로 킹 목사의 사상을 논의하였다. Nathan W. Schlueter, *One Dream Or Two?: Justice in America and in the Thought of Martin Luther King Jr.* (Lexington Books, 2002); Martha Watson, "The Issue Is Justice: Martin Luther King Jr.'s Response to the Birmingham Clergy", *Rhetoric & Public Affairs* 7/1 (2004), 1-22.

2. 정의 대 평화

정의와 평화 모두 이 땅에 사는 모든 이들에게 소중한 가치이고, 현대 민주주의에서 중요한 정치적 목표이다. 이 두 가치는 서로 깊게 연결되어 있으면서, 그것들 사이에 충돌하는 경우가 많이 있다. 정의를 세우려는 노력이 결국 평화를 깨뜨리게 되는 경우가 적지 않고, 평화를 강조하다가 정의가 훼손되는 경우도 상당하다. 정의를 강조하게 되면, 마지막 수단이든 아니든 분쟁의 해결방법으로서 무력이나 폭력, 강제력에 의존하는 경우를 많이 보게 된다. 분쟁이 있는 지역에서 오늘날 정의에 대한 이미지는 저울을 들고 서있는 모습이라기보다는 칼을 들고 서 있는 전사의 이미지이다.[4] 특히 서로 문화가 다르고 종교가 다른 국제적 분쟁에서 정의를 강조하게 되면, 그 분쟁을 해결하는데 어려움이 더욱 가중된다.[5] 간단히 말해서, 정의에 대한 강조는 호전성과 분쟁으로 이어지고, 결국 평화를 해치게 된다. 반면에, 평화를 정의보다 앞세우다 보면, 불의한 일에 정당성을 부여하는 평화가 이루어지는 경우가 많다. 현실에서의 평화는 누군가에게 불의하고 부당하게 보이곤 한다.

정의와 평화가 이렇게 서로 간에 깊은 긴장감을 가지고 있는 이유는 무엇인가. 서로 조화를 이루기 힘들고 자주 충돌하고 갈등하는 이유는 무엇인가. 근본적인 이유 중 하나는 정의와 평화라는 각각의 개념이 명확히 정의되지 않기 때문이다. 무엇이 정의를 구성하는지, 무엇이 평화를 의미하는지에 대한 개념 규정이 복잡하다. 정의는 크게 분배정의와 형벌적 정의로 나눌 수 있다. 분배정의 하나만 보더라도 다양한 견해가

---

4 Stanley Hoffmann, "Peace and justice: A prologue", in Pierre Allan and Alexis Keller, *What Is a Just Peace?* (New York: Oxford University Press, 2006), 13.

5 Adam Roberts, "Just Peace: A Cause Worth Fighting For?", in Allan and Keller, *What Is a Just Peace*, 58-9.

존재한다. 예를 들어 마이클 샌델(Michael Sandel)은 그의 책『정의란 무엇인가』에서 정의론을 논의할 때, 분배적 정의에 초점을 두면서, 여섯 가지 정의론을 설명하고 있다: 공리주의, 자유지상주의, 칸트, 롤스, 아리스토텔레스 그리고 공동체주의적 접근6은 물론 이외에도 정의를 설명하는 방식에는 수많은 이론이 제시될 수 있다. 예를 들어, 페미니스트의 정의론이 있고, 포스토모던 정의론이 있고, 마르크스주의 정의론이 있다. 이뿐 아니라 평화에 대한 개념도 고정되어 있지 않다. 이것은 다양한 의미와 차원을 가지고 있다. 평화라는 개념 자체가 복잡하고 다양해 때로는 서로 상충하는 개념으로 정의되어 왔다. 린다 그로프(Linda Groff)는 평화의 일곱 가지 개념을 소개한다7: 전쟁이 없는 상태, 국제 관계에서 힘의 균형인 상태, 구조적 폭력이 없는 상태, 페미니스트 평화, 문화권간의 평화, 환경주의적 입장이 강조된 가이아의 평화, 내면/외면이 결합된 평화. 이처럼 평화의 개념들이 갖고 있는 다양성 때문에, 사람들이 말하는 평화가 어떤 평화인가에 대한 논쟁이 끊이지 않는다.

또 다른 이유는 정의와 평화는 서로의 개념으로 환원될 수 없는 고유한 차원을 가지고 있다는 점이다. 그 고유한 영역 때문에 각 개념은

---

6 마이클 샌델/김명철 옮김, 『정의란 무엇인가』 (서울: 와이즈베리, 2014).

7 Linda Groff, "Seven concepts in the evolution of peace thinking", *Peacebuilding: Newsletter of the Peace Education Commission of the International Peace Research Association* 3/1 (2001), 11-15. 다음의 자료도 평화 개념의 다양성을 이해하는 데 도움이 된다. Linda Groff, "A holistic, evolving view of peace, with implications for development", *Journal of Globalization for the Common Good* (2007), 1-26; Nigel Young, "Concepts of peace: From 1913 to the present", *Ethics & International Affairs* 27/2 (2013), 157-173; David Cortright, *Peace: A History of Movements and Ideas* (Cambridge: Cambridge University Press, 2008); David Barash, *Approaches to Peace* (Oxford: Oxford University Press, 2000); Joseph J. Fahey and Richard Armstrong, eds., *A Peace Reader: Essential Readings on War, Justice, Nonviolence and World Order* (New York: Paulis Press, 1992).

상대 개념을 자신의 개념 안에 완전히 포섭할 수 없다. 더욱이 정의와 평화라는 개념은 아주 포괄적 개념이다. 포괄적 개념이면서 자신의 고유 영역을 가진 이 개념들의 성격 때문에 서로를 완전히 조화시키는 것은 거의 불가능하다. 종말론적이고 초월적이고 이상적인 차원에서 정의와 평화는 완전히 일치하여 하나가 될 수 있겠지만, 복잡한 이해관계가 얽혀 있는 이 세상 속에서 평화와 정의는 서로 완전히 수렴하기 어렵고, 합치되기 어렵다.

그럼에도 불구하고 정의와 평화를 연결하려는 노력은 여러 가지 방식으로 제기되어 왔다. 정의와 평화를 연결하는 접근에는 크게 두 가지가 있다. 첫째는 평화를 중심으로 해서 정의를 연결하는 입장이고, 두 번째는 정의를 중심으로 해서 평화를 연결하는 입장이다. 평화를 중심으로 정의와 연결하는 입장에서는 평화가 보다 긴급한 과제이다. 바로 지금 이 자리에 평화를 이루기 위해서 전력을 다하지만, 정의라는 가치를 놓쳐서는 안 된다고 보는 입장이다. "정의로운 평화"(Just Peace)라는 개념은 이러한 관점을 잘 요약해준다. 이 복합 개념은 신학적 입장[8]과 세속적 입장[9]에서 각각 논의되고 있다. 이 두 입장 모두 기본적으로 평화를 중심으로 해서 정의를 보고 있다. "정의로운 평화"라는 개념 자체가 평화에 대한 두 가지 서구의 전통, 즉 정당한 전쟁론과 평화주의 담론 모두를 뛰어 넘어서려는 목적을 가지고 새롭게 제기된 개념이기 때문이다.[10] 여기서 정의는 평화를 평화답게 하는 정의이다. 반면 정의를 중심에 두고 평화와 연결하는 관점은 정의가 바로 지금 이 자리에서

8 World Council of Churches, *Just Peace Companion*, Second Ed. (Geneva: WCC Publications, 2012). 한국어 번역본은 오상렬 옮김, 『정의로운 평화 동행』(서울: 대한기독교서회, 2013)이다.

9 Allan & Keller, *What Is a Just Peace?*

10 World Council of Churches, *Just Peace Companion*, 86-97 과 Allan & Keller, *What Is a Just Peace?*, 61-3을 보라.

이루어져 할 긴급한 과제이다. 불의한 억압 때문에 어떠한 평화도 불가
능하다고 본다. 이 입장에서 평화는 좀 더 먼 미래의 과제가 된다. 평화
는 우리가 가야할 길이지만 정의라는 문을 반드시 통과해야 한다. 이러
한 관점의 대표적인 입장이 바로 킹 목사의 사상이다. 이 논문에서는
킹 목사의 입장을 정의를 중심으로 평화를 보는 시각의 대표적인 사상
가이자 실천가로 보고 논의를 집중하도록 하겠다.

3. 정의와 평화의 연결고리로서의 비폭력 저항

갈등을 해결하는 데 있어서 두 가지 방법이 있다. 폭력적 방법과 비
폭력적 방법이다. 킹은 갈등을 해결하는 데 폭력적인 정치적인 변화를
원하는 않는다. 그는 평화로운 갈등 해결을 제시하고 그러한 정신을 가
지고 흑인 민권운동을 이끌었다. 평화로운 갈등해결 방법의 핵심적 방
법론은 바로 비폭력 저항이다.

킹은 비폭력 저항 운동을 20세기 후반 이후 전 세계에 대중화 시키
는데 중요한 역할을 하였다. 킹의 비폭력 운동에 따르면,[11] 폭력은 아무
리 정당하다고 할지라도 희생자를 파괴할 뿐 아니라 그 폭력을 행사하
는 사람들의 내면도 동시에 파괴한다. 이러한 개인적 차원뿐 아니라 사
회정치적 차원에서 폭력은 정치적 갈등을 해결하기보다는 오히려 그것
을 억압한다. 폭력은 결국 한 종류의 억압을 다른 종류의 억압으로 대체

---

11 킹의 비폭력 저항 운동에 대하여는 다음 문헌을 참조하라. Martin Luther King Jr. and
   James Melvin Washington, *A Testament of Hope: The Essential Writings and Speeches of
   Martin Luther King, Jr* (New York: HarperCollins, 1991); James A. Colaiaco, *Martin
   Luther King, Jr.: Apostle of Militant Nonviolence* (Springer, 1993). Alan F. Westin,
   Freedom Now: The Civil Rights Struggle in America (New York: Basic Books, 1964);
   James Peck, *Cracking the Color Line: Nonviolent Direct Action Methods of Eliminating
   Racial Discrimination* (New York: CORE, 1960).

할 뿐이다. 그러므로 폭력은 진정하고도 영속적인 변화를 이끌어내는 데 효과가 없다. 폭력을 이겨내는 유일한 길은 비폭력이다. 비폭력 운동의 핵심은 비폭력 저항을 통하여 불의와 억압을 이겨내는 것이다.

비폭력 저항은 폭력 무장 투쟁과 구분될 뿐 아니라, 다른 한편으로는 비폭력 무저항 운동과도 다르다. 비폭력은 아무것도 하지 않음을 의미하지 않는다. 비폭력은 무조건적인 순종이나 굴종을 의미하지 않는다. 킹 목사의 비폭력은 저항을 의미한다. 이런 점에서 엄격한 비폭력을 가르치면서, 악에 대한 무저항을 강조하는 메노나이트 입장과 다르다.[12] 킹의 비폭력은 저항주의이지 무저항주의가 아니다. 불의에 대하여 적극적으로 저항하는 것이다.

킹 목사가 저항이 반드시 필요하다고 생각한 이유는 "불의라는 옛 시대의 질서"가 "정의라는 새 시대의 질서"로 전환될 때 긴장이나 갈등이 필연적이라는 경험과 인식 때문이다. 인종적인 차원에서 특권과 우월한 지위를 구조적으로 누리는 백인들은 그것을 자발적으로 포기하려 하지 않았다. 이런 이유 때문에 흑인들은 조용히 앉아서 평등한 날이 오기를 "수동적으로 기다릴 수"만은 없었다. "지속적인 압력과 논란"을 통하지 않고는 평등과 정의를 얻을 수 없었다.[13] 이런 점에서 저항은 필수적이다. 버밍햄에서의 시민권투쟁 이후 법을 어긴 죄로 투옥된 킹 목사는 "버밍햄 감옥에서 쓴 편지"에서 이렇게 말했다. "이러한 고통스러운 경험을 통하여 우리가 알게 된 것은 자유는 억압자들에게 의해서 자발적으로 주어지는 것이 아니고, 억압당하는 사람들이 요구해야만 한다는 점이다."[14] 다시 말해서, 불의에 대한 저항 없이 정의의 질서를

12 John Howard Yoder, *Nevertheless: The Varieties and Shortcomings of Religious Pacifism*, rev. and expanded ed. (Scottdale, Pa.: Herald Press, 1992), 107-14.

13 King and Washington, *A Testament of Hope*, 294-5.

14 같은 책, 292.

세울 수 없다고 그는 강조하고 있다.

비폭력 투쟁은 두 가지 차원을 가진다. 하나는 전략적 측면이 있고
또 하나는 본질적 차원을 가진다. 진 샤프(Gene Sharp)는 비폭력 방법
론이 가지는 정치사회운동에서의 전략적 측면을 잘 설명하고 있다.[15]
그는 비폭력 행동을 세 가지 범주로 나눈다: 항의(protest), 비협조
(noncooperation), 비폭력 개입(nonviolent intervention). 항의는 거
리집회, 피켓 들기, 연설, 촛불집회 등을 통하여 문제를 여론화시키는
것이고, 비협조 운동은 파업, 보이콧, 시민불복종처럼 반대자들이 그들
의 시스템을 유지하는 것을 어렵게 만드는 것이다. 마지막으로 비폭력
개입은 앞의 두 가지를 결합하여 직접적으로 반대자들에게 도전하는
것이다. 여기에는 연좌농성, 비폭력적 점거 등이 포함된다. 샤프의 비
폭력 방법론은 폭력을 도덕적인 이유 때문에 거부하는 것은 아니다. 폭
력을 통한 갈등 해결 보다 비폭력을 통한 해결이 보다 더 효과적이라는
믿음 때문에 비폭력 방법론을 선호한다. 샤프는 비폭력 투쟁을 전략적,
수단적으로 접근하면서, 비폭력 운동의 실제적이고 실용적인 면을 강
조한다.

킹 목사도 샤프처럼 비폭력 저항 운동의 전략적이고 실용적인 면을
강조하였다. 킹과 그의 남부 기독교 지도자들은 흑인 시민권 운동을 조
직적으로 전개하기 위해 1957년에 SCLC(Southern Christian Leader-
ship Conference)를 설립하였다. 킹을 포함한 SCLC는 1963년도의 앨
라배마 주 버밍햄 시에서의 벌어진 인종차별 반대 투쟁을 주도하였
다.[16] 이 투쟁이 비폭력적으로 전개되기는 하였지만, 그 운동은 의도적

---

15 Gene Sharp, *The Politics of Nonviolent Action* (Boston: Porter Sargent Books, 1973).

16 버밍햄 시 투쟁에 대한 자세한 기록으로는 Martin Luther King Jr. and Clayborne Carson,
The Autobiography of Martin Luther King Jr. (New York: Time Warner, 1998), 170-86을
보라.

으로 대립적인 전략을 사용하였다. 인종차별적인 짐크로법(Jim Crow Laws)의 철폐와 평등을 이루기 위하여 버밍햄 투쟁에 참가한 흑인들은 시위와 연좌농성을 통하여 거리를 점거하고, 그들이 볼 때 부당하다고 생각하는 법들을 의도적으로 위반하였다. 킹 목사는 대규모 체포를 유발하는 전술을 사용하였고, 상황을 위기국면으로 몰고 가서 주정부나 지방정부가 협상에 나서지 않을 수 없도록 하는 전략을 취하였다. 그항의 시위 중에, 버밍햄 경찰청은 시위대를 진압하기 위하여 고압력 물분사기와 경찰견을 사용하였다. 이러한 비폭력 투쟁과 저항의 장면 그리고 법집행자들의 비인간적이고 잔인한 모습이 TV 방송국을 통해 미전역에 방송되었고, 이는 전국적인 관심과 공분을 일으켰다. 킹의 민권운동은 미디어를 전략적이고 효과적으로 이용하여, 전국에 걸친 미국 시민들의 우호적인 여론을 형성시키는데 성공하면서 비폭력 운동의 유효성을 극대화하였다. 인종차별주의자들과 그들의 법집행 기관들은 조직화 되고 제도화된 억압을 통해 비폭력 저항을 교묘하게 무력화시키려 하였다. 이에 대응해서 비폭력 투쟁은 군사작전이 전략적으로 접근하는 것처럼 빈틈없고 치밀하게 전략을 짜서 효과적으로 투쟁하였다.

킹 목사가 볼 때, 폭력을 사용하는 것은 "비도덕적"일 뿐 아니라 "비실용적"이다.[17] 폭력은 더 큰 폭력을 유발하기 때문에 비실용적이다. 폭력이 동반된 저항은 정부나 지배적 힘을 가진 세력으로부터 더 가혹한 폭력을 부를 뿐이라는 전략적인 판단은 비폭력 방법론의 중요한 부분이다. 폭력이 악순환 될 때 무력이 약한 쪽이 불리하기 마련이다. 흑백분리정책의 미국 사회 속에서 흑인은 항상 여러 가지 면에서 소수자였기 때문에 폭력으로 백인의 폭력을 이길 수 없다는 현실적인 면이 여기에서 고려되고 있다.[18] 비폭력 접근은 상대진영이 폭력이나 무력에

---

17 King and Washington, *A Testament of Hope*, 17.

과도하게 의존하는 것을 방지하는 효과도 있다. 위에서 언급한 이러한 이유 때문에 킹은 흑인들의 폭력적 저항을 백인들의 폭력에 대한 정당 방위라고 정당화한 말콤 엑스(Malcome X)와 흑인 권력 운동(Black Power Movement)에 비판적이었다.19

그러나 킹은 비폭력운동을 전략적인 차원에서만 보지는 않았다. 여기서 샤프와 결정적 차이점을 보여준다. 비폭력을 전략적인 차원에서만 바라본다면, 그것의 효용성이 떨어질 때 이 투쟁 방식은 언제든지 버려질 수 있다. 비폭력 운동은 정치적 목적을 위한 수단일 뿐이다. 이러한 입장에 대하여 킹은 강력히 반대한다. 그는 수단과 방법은 도덕적으로 밀접하게 연결되어 있다고 주장한다: "수단은 형성되고 있는 이상과 과정속에 있는 목적을 표현한다. 그러므로 장기적으로 볼 때 파괴적인 수단은 건설적인 목적을 가져다 줄 수 없다. 왜냐하면 목적은 수단에 선재하기 때문이다."20 투쟁의 수단은 결과의 성격에 결정적 영향을 미친다. 이런 이유 때문에 그는 정치적 목적이 수단을 정당화시키는 마키아벨리나 레닌의 방식에 비판적이었다.21

킹 목사에게, 평화는 목적이면서 동시에 수단적인 의미를 가진다. 평화는 우리 모두가 추구해야 할 "먼 미래의 목표"일 뿐 아니라 "우리가 그 목표에 도달하기 위해 필요한 수단"이라고 주장한다.22 수단적 차원의 평화는 평화적 집회, 평화적 시위, 평화적 저항, 평화적인 변화와 같

---

18 Martin Luther King Jr, *Where Do We Go from Here: Chaos or Community?* (Boston: Beacon Press, 2010), 63.

19 흑인 권력 운동에 대한 킹의 비판적 평가에 대해서는 King, *Where Do We Go from Here*, 23-69를 보라. 말콤 엑스에 배한 비판으로는 King and Carson, *The Autobiography of Martin Luther King Jr.*, 265-9를 보라.

20 King and Washington, *A Testament of Hope*, 102.

21 같은 책, 102.

22 King, *Where Do We Go from Here*, 193-4.

은 말로 표현된다. 비폭력은 "수단"으로서의 평화의 가장 좋은 예이
다.23 세상의 평화를 이루는 데 있어서 평화로운 수단은 핵심적이다.
비폭력운동을 통해야만, 수단과 목적이 "일치"를 이룰 수 있다. 수단이
목적으로부터 괴리되면 이 땅에 평화를 이룰 수 없다. 폭력과 같은 "악
한 수단"을 통하여서는 평화와 같은 "선한 목적"을 이룰 수 없다. 그러
므로 킹은 다음과 같이 요약한다: 우리는 비폭력과 같은 "평화적인 수
단을 통하여 평화로운 목적에 도달해야 한다." 목적과 수단이 일치할
때만이 평화로운 사회에 도달할 수 있다고 그는 강조한다.24

킹에게 있어서, 비폭력은 평화를 이루는 데 있어서 전략적이면서
동시에 평화의 본질적 가치를 표현한다. 폭력의 악순환을 끊는 데 비폭
력만큼 유효한 것은 없다. 이뿐 아니라 비폭력을 통한 "평화로운 변
화"25는 평화를 이루는 데 있어서 본질적이다. 비폭력은 그 원리에 헌
신하는 사람들을 평화로운 미래를 준비하도록 돕는다. 더 나아가 비폭
력 운동 그 자체가 바로 평화를 표현하고 상징하며, 그 자체가 평화를
일구어 가고 있는 것이다. 비폭력의 본질적 가치는 바로 평화에 대한
지향에 있다.

비폭력을 통한 평화는 영속적이다. 폭력을 통하여 평화를 이루는
것은 "일시적 승리"만 가져오고 일시적 평화만을 가져올 뿐이다. 킹이
볼 때, 폭력을 통한 승리는 "어떠한 사회문제도 해결하지 못한다. 그것
은 오히려 새롭고 더 복잡한 문제를 만들어낼 뿐이다."26 이러한 이유
때문에 킹은 폭력적 저항도 불사하는 흑인 권력 운동에 비판적이다. 비

23 Marin Luther King Jr., *Stride Toward Freedom: The Montgomery Story* (New York: Harper & Row, 1964), 212.

24 King and Washington, *A Testament of Hope*, 254-5.

25 King, *Where Do We Go from Here*, 22.

26 King and Washington, *A Testament of Hope*, 86, 482.

폭력 저항운동을 통한 승리만이 "영속적인 평화"를 가져온다고 킹은 강조한다.[27]

킹에게 비폭력은 평화를 이루는 중심적 방법론이면서 동시에 정의와 평화를 연결해주는 핵심 고리이다. 킹은 비폭력투쟁을 통하여 불의에 저항하고 사회정의를 이루려고 한다. 동시에 비폭력은 평화의 수단이고 평화를 본질적으로 표현한다. 간단히 정리하면, 킹은 비폭력 투쟁을 통하여 정의뿐 아니라 평화도 함께 이루려고 하고 있다. 킹목사 입장에서, 불의에 대한 저항 없이 평화로 가는 길은 없다. 이런 점에서 평화는 정의가 전제된 평화이다. 그러나 그러한 정의를 이룰 때 어떤 수단을 다 써도 된다고 킹은 믿지 않는다. 정의를 이루는 데 평화로운 방법이 필요하다. 악에 대한 저항이 필요한데 그것은 비폭력 저항이어야 한다. 비폭력 저항 운동은 평화적 방식으로 정의와 평화를 함께 이룬다.

그러나 여기서 킹이 주장하는 "평화적"인 수단으로서의 비폭력은 이상화된 측면이 많이 있다. 갈등과 투쟁이 있는 현장에서 비폭력 저항은 이론적이고 원칙적인 모습과는 괴리를 보였다. 앞에서 비폭력 저항이 갖는 전략적인 면을 설명할 때 논의한 것처럼, 비폭력 저항 방법은 의도적으로 법집행자들이나 공권력과의 대결과 충돌을 유발한다. 물론 민권운동 입장에서는 이러한 방법론이 인종차별의 구조적인 폭력을 드러나게 하는 데 있어서 필수적이라고 방어한다.[28] 민권운동에 참여한 흑인들 중 적지 않은 사람들은 킹의 방법론이 갖는 비현실적인 면을 비판한다. 인종차별에 저항하여 시위에 참여한 흑인들은 공권력에 의해 자행된 구조적, 제도적 폭력에 저항하며, 대항적인 성격의 폭력을 행사하곤 하였다. 이러한 논쟁 속에서 킹 목사는 암살되기 얼마 전에 행한

---

27 King, *Stride Toward Freedom*, 208.
28 King and Washington, *A Testament of Hope*, 295.

여러 연설에서 비폭력에 대한 입장을 약간 수정하였다. "평화적"인 수
단으로서의 비폭력의 원칙에 대한 신념에는 변화가 없지만, 법과 질서
의 이름으로 자행되는 공권력의 폭력에 맞서는 "폭력적 봉기"는 이해하
지 않을 수 없다고 고백하면서, 그는 이렇게 선언한다: "폭동은 자신의
목소리가 무시당한 사람들의 언어이다."[29] 물론 그가 흑인들의 폭력적
인 대응을 완전히 용인하는 것은 아니다. 이러한 흑인들의 저항적 폭력
을 문제 삼기 이전에 먼저 법과 질서의 이름으로 폭력을 자행하는 정부
와 법집행자들을 비난하고 항의하겠다고 킹은 약속한다. 그런 이후에
야 게토에서 가난과 인종차별로 고통 받는 흑인들이 저지르는 "억압자
들의 폭력"에 대하여 반대의 목소리를 내겠다고 그는 말하였다.[30] 이러
한 입장 변화는 현실 속에서 비폭력 저항이 갖는 의미가 킹이 기대한
것처럼 "평화적"인 방법, 평화로운 저항만이 될 수 없다는 점을 잘 보여
주고 있다. 그 근본적 원인이 구조적 불평등과 억압에 있음에도 불구하
고 비폭력운동이 필연적으로 가져올 수밖에 없는 혼란의 문제는 "평화
로운" 방법론으로서의 비폭력 투쟁이 갖는 의미에 심각한 문제를 제기
하였다. 비폭력 투쟁 방법론을 중심으로 한 이러한 논쟁이 보여주는 점
은 정의를 중심으로 평화를 연결하는 시각은 정의와 평화 사이의 긴장
감을 완전히 해소할 수 없다는 점이다. 정의 중심적 관점에서 평화는
정의를 위한 투쟁이 필수적이기 때문에 항상 연기될 수밖에 없다. "평
화적"인 수단과 방법을 유지하려고 하지만 구조적인 폭력구조가 이것
을 아주 어렵게 만든다.

---

29 Martin Luther King, Jr. and Cornel West, *The Radical King* (Boston: Beacon Press, 2016),
   239.
30 같은 책, 204.

4. 소극적 평화 대 적극적 평화

평화에 대한 개념을 정의할 때 요한 갈퉁(Johan Galtung)[31]의 소극
적 평화와 적극적 평화는 널리 받아들여진다. 소극적 평화는 직접적인
폭력이 없는 것으로서, 강제력을 통한 통제나 억제력을 통하여 폭력이
예방된 평화이다. 이에 반해 적극적 평화는 폭력이 다시는 일어날 것
같지 않은 제도를 만들 때 이루어진다. 적극적 평화는 인권과 인간의
존엄성이 존중될 때 실현된다. 그러나 이 개념은 이미 1960년 초반에
킹 목사에 의해서 사용되었다.

킹은 흑인들의 인종차별 반대에 우호적인 백인들을 가리켜 "온건한
백인들"(the white moderate)이라고 부른다. 그들의 입장은 버밍햄시
의 백인 성직자들이 1963년에 발표한 두 선언문에 잘 표현 되어 있
다.[32] 1963년 SCLC가 버밍햄 시에서 흑백분리 정책과 흑인들에 대한
경제적 불평등에 대하여 항의하고 저항하기 위한 운동을 준비하자, 이
들은 인종차별주의자들과 달리 흑인에 대한 차별이 철폐되고 평등이
실현되어야 한다고 킹 목사의 민권운동을 지지하였다. 그러나 그들은
킹 목사의 비폭력 저항운동 방법론에 대하여 매우 비판적이었다. "온건
한" 백인 성직자들의 가장 큰 관심사는 버밍햄시의 평화였다. 그런데
이 도시의 평화란 바로 법과 질서의 유지에 의해 이루어진다고 그들은
믿었다. 그들은 법과 질서가 지켜지고 치안이 유지되는 것을 평화의 핵

31 Johan Galtung and Dietrich Fischer, *Johan Galtung: Pioneer of Peace Research* (New York: Springer, 2013), 173-8..

32 S. Jonathan Bass, *Blessed Are the Peacemakers: Martin Luther King, Jr., Eight White Religious Leaders, and the 'Letter from the Birmingham Jail'* (Baton Rouge: Louisiana State University Press, 2001), 233-6. 하나는 1963년 1월에 발표된 "법과 질서와 상식에의 호소"라는 성명서이고, 다른 하나는 1963년 4월에 발표된 "성금요일 성명서"이다. 다음 논문도 참조하라. Martha Watson, "The Issue Is Justice: Martin Luther King Jr.'s Response to the Birmingham Clergy", *Rhetoric & Public Affairs* 7.1 (2004): 1-22.

심적인 요소라고 보았다. 킹 목사의 비폭력 저항 운동이 의도와 달리
결과적으로 도시의 치안을 교란하고 평화를 파괴하니 비폭력 저항 운
동 방법론의 변화가 필요하다고 백인 성직자들은 킹 목사와 SCLC에
요구하였다. 성직자들은 킹 목사의 비폭력저항 행동을 다음과 같이 비
판한다. "아무리 그러한 행동이 기술적인 면에서 평화적일지 모르지
만," 그러한 행동은 결과적으로 "미움과 폭력을 자극하고 있다."33 그들
은 비폭력운동은 그 의도와 달리 폭력적인 상황을 초래하니, 비폭력 투
쟁 방식은 재고되어야 한다고 주장하였다.

킹은 흑인 시민권 운동에 우호적인 이 백인 지도자들이 극렬한 인종
차별주의자이며 백인 우월주의자들인 KKK(Ku Klux Klan) 지지자들보
다 흑인들이 자유로 나가는 길에 더 큰 "걸림돌"이라고 주장한다. 그러
면서 그는 그들의 평화에 대한 이해에 문제가 있다고 비판한다. 그들에
게 평화는 긴장과 갈등이 없는 상태라고 분석하면서, 킹은 그들의 평화
를 "소극적 평화"(negative peace)라고 부른다. 소극적 평화 속에서 흑
인들은 "수동적으로 자신들에게 가해진 불의한 고통을 감내한다"고 분
석한다. 이러한 평화는 "거북한 평화" 이고 "가혹한 평화"이고, "추악한"
평화이다. 소극적 평화는 백인들의 평화이고 흑인들이 억압당하는 평
화이고, 더 나아가 불의를 정당화하는 평화이다. 이와 달리 정의를 사
랑하고 인종차별을 미워하는 사람들이 나아갈 길은 바로 "적극적 평
화"(a positive peace)라고 킹은 주장한다. 그는 적극적 평화는 "정의가
현존한 상태"라고 강조한다. 적극적인 평화는 "모든 사람이 인간의 존
엄성과 인간성의 가치를 존중하는" 곳에서 이루어진다고 덧붙인다.34
그러나 여기서 주의할 점은 "소극적 평화"를 강조한 "온건한 백인

---

33 Bass, *Blessed Are the Peacemakers*, 236.
34 King and Washington, *A Testament of Hope*, 75, 295.

들"이 정의를 무시하고 평화만을 강조하였다고 결론 내려서는 안 된다. 그들은 그들 나름의 정의에 대한 입장을 가지고 있었다. 그들은 정의는 법과 질서 안에서 이루어져야 한다고 믿고 있었다. 불의를 극복하고 정의로운 사회를 만들려는 노력은 연방법원을 통한 헌법소원이나 주법원에서의 법적투쟁 같은 사법적 절차를 통하고, 입법부의 개혁 입법과 같은 법적 제도 안에서 이루어져야 한다고 그들은 주장한다.35 이러한 법적 제도를 따라 불의를 해결하는 것이 "평화로운" 방식이라고 강조한다. 이러한 시각은 전형적인 자유주의적인 법과 질서에 대한 이해이다.

킹 목사는 백인성직자들이 강조한 절차적 민주주의에 따른 자유주의적 갈등 해결방법에 대하여 아주 비판적이다. 자유주의적 접근은 결국 다수결로 결정된다. 킹이 볼 때 미국의 자유민주주의는 다수결이라는 절차적 민주주의 속에서 인종차별이 구조화되어 있음을 지적한다. 절차적 민주주의가 "남용"되고 있다. 이런 이유로 킹은 공립학교에서 흑백 분리정책이 미국의 헌법에 위반된다는 판결을 주도한 얼 워런 대법원장(Earl Warren)의 유명한 문장을 다시 언급하고 있다: "지체된 정의는 거부된 정의이다."36 킹 목사는 자유민주주의적 절차를 "남용"하여 인종차별 철폐를 지체하는 백인 중심의 민주주의 제도는 정의를 거부하고 부정하고 있다고 강조한다. 또한 버밍햄 백인 목회자들을 포함한 "온건한 백인들"은 "평화적인" 절차를 통한 해법을 강조하면서 결국 정의를 지체시키고 있다고 킹은 비판한다. 법과 질서가 정의를 세우는 데 심각하게 훼손되었음에도 불구하고 평화라는 이름으로 법과 질서 안에서 정의를 찾는 것의 위험성을, 히틀러가 나치 독일에서 행한 모든 정책은 다 합법적이었다는 점을 예로 들어 설명하고 있다.37

---

35 Bass, *Blessed Are the Peacemakers*, 233-234.

36 King and Washington, *A Testament of Hope*, 186.

37 같은 책, 294-5.

다수결을 통하여 사회갈등의 문제를 해결하려는 민주주의 제도에
서 소수의 인권이 억압당할 때, 다수에 의해 소수에게 불의가 행해질
때, 법의 지배라는 자유주의적 민주주의는 심각하게 훼손된다.38 민주
주의적 선거 또는 사법부나 입법부를 통한 제도에 의해서 이러한 불의
를 해소할 수 없을 때, 유일한 길은 시민불복종을 포함한 비폭력 저항뿐
이다. 이러한 저항은 훼손된 민주주의의 의미를 회복한다. 오용된 절차
적 민주주의가 정의로운 사회로의 전진을 가로막을 때, 전후 미국의 흑
인들처럼 억압당하는 이들에게 남는 방법은 바로 비폭력 저항운동뿐
이다.

킹은 법과 질서 중심의 평화라는 개념은 정의에 대하여 아주 억압적
이라고 생각한다. 이런 이유 때문에, 그는 정의와 항상 연결하여 평화
를 이해하며, 평화를 규정한다. 정의를 중심으로 생각하지 않는 평화에
대하여 아주 비판적이다. 이런 의미에서 킹은 "인종간의 평화"(racial
peace)라는 개념에 대하여 아주 부정적이다. 인종간의 평화는 일반적
으로 흑인이 자신들의 굴종적인 지위를 받아들이고, 모욕과 불의와 착
취에도 아무 말 없이 자기에게 주어진 "자리"에 만족할 때 이루어지는
평화라고 킹은 규정한다. 이러한 평화는 진정한 평화가 아니다. "진정
한 평화"(true peace)는 갈등과 전쟁이 없을 뿐 아니라, 정의가 이루어
져야 한다. 그러므로 그는 인종간의 평화보다는 "인종간의 정의"(racial
justice)를 더욱 강조한다.39 이런 킹의 태도는 그가 현실의 평화에 대
하여 아주 비판적이었음을 잘 보여주고 있다.

킹은 비폭력을 통한 시민권 운동을 "소극적 평화에 대한 반란"이라

38 다수결을 중심으로 하는 자유주의적 민주주의에 대한 비판에 대해서는 마이클 샌델의
   책을 참조하라. 안규남 옮김, 『민주주의의 불만: 무엇이 민주주의를 뒤흔들고 있는가』
   (파주: 동녘, 2012).

39 King and Washington, *A Testament of Hope*, 6, 69, 99, 102, 137.

고 규정한다. 이 운동은 "적극적 평화를 실현시키기 위한 투쟁"이라고
덧붙인다.[40] 킹이 구분한 소극적 평화와 적극적 평화라는 구분 속에 흑
인 민권운동에서 평화와 정의가 가지는 긴장감이 잘 표현되어 있다. 킹
목사는 평화를 정의와 연결시킨다. 그러나 킹 목사가 직면한 사회에서
정의와 평화는 항상 긴장감을 가진다. 그에게는 평화는 정의를 통해서
만 이룰 수 있다.

비폭력 투쟁을 통하지 않고는 킹이 주장하고 소망하는 소극적 평화
에서 적극적 평화로의 전환은 불가능하다. 그러나 이 때문에 비폭력 투
쟁은 평화와 긴장감을 갖게 된다. 비폭력 운동이 오히려 평화를 깨고
폭력을 유발한다는 "온건한 백인들"의 비판에 대하여, 킹은 진리에 대
한 사랑 때문에 사회적 갈등에 한복판에 선 소크라테스나, 하나님 나라
에 대한 위대한 가르침 때문에 사회적 혼란의 중심의 선 예수 둘 다 그
사회에서 죽임을 당하게 되는데, 그 백인들의 비판은 결국 이들을 죽으
로 몰아간 법과 질서 중심의 평화를 강조한 사고와 크게 다르지 않다고
비교한다.[41] 이러한 비판을 통하여 킹은 비폭력 투쟁이 결과적이지만
사회적 혼란을 야기하는 측면을 부인하지 않는다. 비폭력 투쟁이라는
개념 속에는 현실 속에서 충돌할 수밖에 없는 두 가지 개념이 섞여 있
다. 비폭력이라는 측면이 있고 투쟁이라는 측면이 있다. 비폭력이라는
측면은 평화적인 요소와 강한 친화성을 갖는다. 그러나 투쟁이라는 측
면은 비평화적이고 반평화적으로 보이곤 한다. 이런 점 때문에 킹이 원
하는 비폭력 저항을 통한 "평화로운" 전환은 자기 모순적인 측면을 가
지게 된다. 이 모순점은 비폭력 투쟁이라는 방법론이나 철학의 문제라
기보다는 현실 속에서 평화와 정의가 가지는 긴장에서 필연적으로 발

---

40 같은 책, 51.
41 같은 책, 295-6.

생하는 문제이다. 비폭력 투쟁이 가지는 모순점을 통하여 우리는 평화와 정의간의 내적 갈등의 한 면을 보게 된다.

5. 반전과 평화 그리고 정의

킹 목사는 미국 시민권 운동의 가장 탁월한 지도자였다. 그러나 1967년부터 그는 베트남전 반대 평화운동에 적극적으로 참여하였다. 1967년 4월 4일 그의 유명한 연설인 "침묵을 깰 때"(A Time to Break Silence)라는 연설에서, 그는 미국의 베트남전쟁 참전을 강하게 비판하였다.[42] 그의 베트남전에 대한 반대는 평화운동의 한 부분일 뿐 아니라 시민권운동을 깊고 넓게 하는 과정의 산물이었다. 그의 반전에 대한 입장은 그의 비폭력 철학의 국제버전이었다. 미국 국내에서 인종차별이라는 구조적인 폭력에 저항하면서 국제적인 폭력에 침묵한다면, 그것은 도덕적으로도 옳지 못할 뿐 아니라, 비폭력 운동의 사상이 갖는 일관성을 훼손하는 것이라고 보았다. 그래서 그는 자신의 나라를 "오늘날 세계에 있는 폭력의 가장 커다란 공급자"[43]라고 부르면서 베트남전쟁을 강력히 반대하였다. 그는 비폭력 저항의 철학이 미국에서의 인종차별 문제의 해결을 위한 방법이 되어야 할 뿐 아니라, 미국의 군사주의로 고통 받고 있는 세계의 여러 나라들의 민중들에게도 적용되어야 한다고 굳게 믿었다.

1967년 성탄절 전야의 설교에서, 킹은 전쟁은 이제 "쓸모없어졌다"고 주장하였다. 그러나 역사적인 차원에서 전쟁이 나름의 좋은 역할을 한 때가 있었다고 인정한다. 그 좋은 역할은 "악한 세력의 확산과 성장

---

42 같은 책, 231-244.
43 같은 책, 233.

을 막아내는 소극적 선"(a negative good)의 역할이었다고 평가한다. 그러나 핵전쟁이 가능해진 이후의 전쟁은 어떠한 선한 역할도 할 가능 성이 봉쇄되고 말았다고 주장한다. 핵전쟁 시대의 전쟁은 인류 모두를 파괴할 뿐이다. 이처럼 핵무기 시대의 전쟁은 그 파괴적인 성격 때문에 반대해야 하며, 더욱이 베트남전쟁은 남과 북 베트남의 내전이기 때문 에 미국이 참전할 이유가 없기에 반대하였다. 킹 목사는 비폭력 정신과 전략은 국가 간의 갈등 즉 전쟁에 대하여도 적용가능하다고 주장한다. UN을 통한 외교적 해결방식이 비폭력적 해결방식 중 하나라고 주장한 다.[44]

　킹이 평화운동과 흑인 민권운동을 결합하려는 시도는 민권운동 내 부와 외부 모두로부터 강한 반발을 샀다.[45] 미국 백인들 중에서 시민권 운동에 우호적인 사람들은 정치적으로 자유주의자들이었다. 이들의 대 표적인 언론이 「뉴욕타임즈」인데, 그 신문은 1967년 "킹 박사의 실수" 라는 사설에서 킹의 이러한 노력을 비판한다. 킹은 서로 "분리된 두 가 지 공적인 문제를" 억지로 결합시키고 있다고 묘사하면서, 이러한 시도 는 두 운동 모두 "해롭게" 할 뿐이고, 이러한 결합은 결국 문제를 해결하 기 보다는 "더 큰 혼란"만 야기하고 말 것이라고 주장하였다.[46] 흑인지 도자들도 킹을 비판하였다. 흑인 인권을 위해 앞장서온 대표적 흑인운 동단체인 NAACP(National Association for the Advancement of Colored People) 이사회의 회장인 스테반 스팟츠우드 감독(Bishop Stephen G. Spottswood)은 두 운동을 시도하려는 킹 목사의 시도는 "심각한 전략적 실수"라고 지적하면서, 이러한 노력은 평화운동과 시민 권운동 모두에게 도움이 안 된다고 주장하였다.[47]

---

44 같은 책, 194-5, 253.
45 같은 책, 634.
46 *New York Times*, Editorial: "Dr. King's Error", 1967년 4월 7일.

　　킹이 흑인 민권운동과 베트남전 반대 평화 운동을 연합하려 하였을 때, 그는 민권운동 안 밖으로부터 비판을 받았고, 그러한 시도가 실제로 민권운동에도 부정적인 영향을 미쳤다. 그럼에 불구하고, 그가 생애 마지막 일 년여 동안 이러한 연합을 시도하고 헌신한 한 이유는 무엇인가. 이것은 그의 정의에 대한 깊은 이해와 직결된다. 킹은 베트남전쟁을 평화라는 관점에서 볼 뿐만 아니라 이것을 정의라는 관점, 좀 더 좁게는 인종차별을 극복하는 시각과 연결한다. 킹 목사는 베트남전쟁이 인종차별과 구조적으로 깊게 연계되었다고 확신하였다. 베트남전쟁에 미국의 참전은 "인종차별적 의사결정의 결과"라고 킹은 보고 있다. 인종차별적 문화 속에서 자라난 "백인 서구의 사람들"은 백인이 아닌 아시아인들, 좀 더 정확하게 베트남인들을 결코 존중하는 않는다. 그러므로 킹은 다른 인종에 대한 "존중이 없는 세상에서 평화를 이룰 수 없다"고 강조한다. 제국주의적 폭력이 인종주의적인 것과 내적으로 연결된다. 또한 그는 베트남전쟁에서 미국의 모순을 목격하였다. 당시 미국사회는 흑백분리 정책이나 짐크로법, 그리고 교묘하게 구조화된 인종차별로 미국의 최고의 가치인 "자유"가 부정 당하는 상황이었고, 또한 남부사회에서 흑인과 백인은 여전히 분리되어 있는 상황이었지만, 미국의 흑인들은 베트남의 "자유"를 지키기 위해 자신들을 차별하는 백인과 함께 타국의 전쟁터에서 함께 싸우고 있는 것을 보면서, 킹은 이것을 "잔인한 아이러니"라고 표현한다.48

　　킹은 인종차별이 베트남전쟁과 구조적으로 연결되어 있을 뿐 아니라, 이것은 또한 경제적 불평등과도 직결된 문제임을 지적한다. 1950년대와 1960년대의 시민권운동을 통하여 흑인들은 법적인 차별이 많

---

47 "Civil Rights in War and Peace: Statement of NAACP Board of Directors", *The Crisis: A Record of The Darker Races* Vol. 73. no. 3 (1967), 126.

48 King and Washington, *A Testament of Hope*, 233, 317-8.

이 해소되었다. 1964년도 시민권법(the Civil Rights Act)과 1965년 투표권법(the Voting Rights Act)이 의회에서 통과되면서, 흑인들의 투표할 수 있는 권리의 보장이 확대되었고, 흑백분리 정책의 법적 근거들이 철폐되었으며, 여러 시민권이 향상되었다. 그러나 흑인들의 시민권 향상에도 불구하고, 흑인들의 경제적 상황은 결코 나아지지 않았다. 흑인들은 자신들이 노동한 만큼 대우받지 못했고, 경제생활에서 구조적으로 차별당하였고, 경제성장의 혜택으로부터 구조적으로 불평등한 대접을 받았다. 시민권이라는 형식적 평등이 경제적 평등 같은 실질적 혜택으로 연결되지 못하였다. 남부출신인 킹이 시카고나 디트로이트 같은 북부 도시들 속에 흑인들이 당하는 경제적 차별을 보고, 킹은 시민권운동이 가난한 흑인들의 경제적 권리를 찾아주는 데 근본적인 한계가 있음을 목도하게 되었다. 시민권법안의 통과로 흑인에게 경제적 혜택이 있다면 많지도 않거니와 있는 혜택도 대부분 미국 흑인들 중 소수만을 차지하는 흑인 중산층에게 돌아갔다고 주장하였다. 흑인의 대다수는 경제적으로 가난한데 그들 대부분은 경제적 불평등 속에서 여전히 착취당하고 고통 받고 있다고 진단하였다.[49] 킹은 이것이 세계에서 가장 부자 나라인 미국의 가장 수치스러운 모순중의 하나라고 지적한다. 그는 시민권이라는 형식적 평등의 향상은 인종적 정의를 이루는 데 충분하지 않다고 말하면서, 경제적 분배의 실질적이고 근본적인 변화가 필요하다고 역설한다. 바로 경제적 평등과 경제민주화가 필요하다고 강조한다.[50]

여기서 우리는 정치경제적 입장에서 급진적인 킹의 모습을 발견하게 된다. 그는 소련으로 대표되는 공산주의에 대하여 아주 부정적이었

---

49 같은 책, 354.
50 경제적 불평등과 인종차별의 구조적 연결성은 생애를 마치기 직전에 쓴 다음의 책에서 자세히 설명하고 있다. King, *Where Do We Go from Here*.

다. 그는 윤리적인 상대주의와 정치적 전체주의 때문에 공산주의를 반대하였다. 그러나 동시에 시장 만능주의적이고 모든 것을 상품화하는 자본주의에 대하여도 매우 비판적이었다.[51] 이런 점에서 미국의 주류적인 정치적 전통인 자유민주주의를 뛰어넘어 사회민주주의적 성향을 아주 강하게 가지고 있었다. 이러한 사회민주주의적 관점에서 킹은 경제적 정의와 정치적 정의를 이해하였다.

경제적 불평등과 인종차별의 관련성은 또한 베트남전쟁과도 깊게 연계되어 있었다. 존슨 행정부의 "가난에 대한 전쟁"(War on Poverty) 정책은 베트남전쟁 시대 미국 사회에서 보게 되는 또 하나의 모순이었다. 존슨 대통령은 국내에서 "위대한 사회"라는 슬로건을 내걸고 가난이 없는 미국을 만들겠다고 약속하였다. 그러나 가난의 문제를 해결하기 위한 재정이 부족하였는데 그 이유는 비도덕적이고 제국주의적인 베트남전쟁에 수많은 군사비를 쏟아 붓고 있었기 때문이었다. 이러한 모습을 가진 미국사회는 "영적인 죽음"으로 달려가고 있다고 킹은 비판한다.[52]

킹 목사는 미국사회가 직면한 세 가지 사회악이 있는데, 그것을 인종차별, 경제적 불평등, 불의한 전쟁으로서의 베트남전쟁 참여라고 지적한다. 그리고 이 세가지를 가리켜 "삼중의 악"[53](triple evils)이라고 부른다. 이 세 가지 사회악들은 구조적으로 서로 밀접하게 연결되어 있다고 킹은 보고 있다. 그러면서 유명한 말을 남긴다: "정의는 나눌 수 없다. 어떤 곳에든 불의가 있다면 그것은 도처에서 정의에 위협이 된다. 내가 불의를 볼 때마다 언제든 나는 그것에 반대하며 서있을 것이다."[54]

---

51 King and Washington, *A Testament of Hope*, 250.
52 같은 책, 241.
53 같은 책, 250.
54 같은 책, 408.

정의라는 가치가 인종차별 철폐, 경제적 평등, 반전 평화운동을 묶어주고 있다. 킹은 정의를 중심으로 세상을 보는 관점을 통하여 삼중의 악이 서로 구조적으로 밀접하게 연결되어 있음을 보고 있다. "삼중의 악"이라는 개념은 평화의 문제도 정의에 의해 방향이 정해진다는 점을 명확히 보여준다. 킹은 "전쟁은 인류가 직면한 거대한 악 중의 하나"라고 주장하면서, 악에 저항하는 정의를 향한 열정이 바로 반전운동, 즉 평화운동으로 연결된다고 강조하였다. 더욱이 베트남전쟁은 미국의 군국주의적이고 제국주의 모습이 가장 적나라하게 드러난 전쟁이었다. 베트남을 "미국의 식민지"[55]로 만들기 위한 그 전쟁은 킹이 볼 때 불의한 전쟁이다. 다시 말해서 킹의 반전 평화운동은 그의 정의에 대한 헌신으로부터 나왔다.

"삼중의 악"이라는 개념은 미국에서 사회악들이 구조적으로 연결되어 있음을 잘 설명해주고 있다. 그러나 이 개념에는 아주 중요한 한계점이 있다. 삼중의 악이라는 개념이 흑인에 대한 인종차별을 중심으로 형성된 개념이지만, 흑인 여성의 관점은 전혀 제기 되고 있지 않다. 페미니즘에서 제기하는 가부장적 구조에 의한 여성의 보편적인 억압에 대하여 전혀 제기하지 않을 뿐 아니라 흑인 여성들이 당하는 차별에 대한 언급도 없다. 흑인여성들은 인종차별, 성차별, 그리고 경제적 불평등 등 겹겹의 억압 속에 있었지만, 킹 목사는 이러한 문제를 "삼중의 악"과 같은 개념 속에서 설명하지 못하고 있다. 이렇게 된 근본적인 이유는 남성중심의 흑인 입장에서 정의를 이해하기 때문이다.[56] 이런 점에서 킹의 정의에 대한 이해가 가지는 한계성은 분명하다.

이뿐 아니라 "삼중의 악"이라는 개념은 평화에 대한 이해를 축소시

---

55 같은 책, 239.
56 여성 흑인의 입장에서 흑인 시민권운동을 서술한 내용으로 Katie Cannon 책 6장을 보라. *Black Womanist Ethics* (Eugene: Wipf and Stock Publishers, 2006).

키고 있다. 킹은 "삼중의 악"이라는 관점을 통해 정의라는 관점에서 평화를 이해하고 평화를 포섭하려고 하였다. 그러나 그의 이러한 관점을 전쟁이 만연한 지역에 적용하는 데는 근본적인 한계가 있다. 내전이나 외국과의 전쟁이 자기의 땅에서 벌어지면서, 전쟁으로 인한 폭력이 직접적이고도, 극도로 비인간적이고, 대규모로 매일 매일 벌어지는 전쟁터에서 이러한 시각을 수용하기는 어렵다. 이러한 곳에서는 평화가 더욱 긴급하고 중요한 문제로 부상하고 평화를 중심으로 정의를 이해하는 관점이 강조될 수밖에 없다. 더욱이 정의를 강조하면서 서로를 악하다고 비난하게 되면 갈등의 골은 더욱 깊어지고 그로인해 파괴적인 전쟁으로 치닫는 경우를 많이 볼 수 있다.[57] 이런 경우 정의라는 명분은 평화의 파괴일 뿐이다. 내전을 포함한 전쟁으로 모든 것이 폐허가 된 세상에서 평화가 먼저 요청 될 수밖에 없다. 이런 곳에서는 평화는 더불어 살아가는 공동체의 기초를 놓는다. 평화라는 기초가 세워지지 않으면 어떠한 정의의 집도 그 위에 지을 수 없다. 정의의 집을 짓는다 해도 그 기초가 약하여 무너질 수밖에 없다. 킹이 처한 상황은 이러한 실질적 내전의 상황이나 전쟁의 상황은 아니다. 그러므로 킹의 관점을 보편화하는 것은 위험하다.

6. 나가는 말

지금까지는 우리는 킹 목사의 사상에서 정의와 평화라는 가치가 어떻게 연결되었는지를 검토하였다. 킹 목사의 입장은 정의를 중심으로 평화를 보는 관점으로 요약될 수 있다. 킹은 "정의의 제국"[58]에 충성을

---

57 이러한 관점에서 전쟁을 분석한 David A. Welch책을 참조하라. *Justice and the Genesis of War* (Cambridge: Cambridge University Press, 1995).

58 King, *Where Do We Go from Here*, 142.

다하면서 새로운 세상을 만들어가자고 역설한다. 정의가 없는 평화는 언제든 깨지고 쉽고 뒤집어 질수 있다고 그는 굳게 확신하였다. 비폭력 운동으로 대표되는 수단으로서의 평화라는 개념에 대하여 킹은 아주 긍정적이지만, 일반적 의미의 평화라는 개념은 결국 소극적 평화로 귀결되기 때문에 아주 비판적이었다. 그에게 평화는 정의가 실현될 때만 진정한 의미를 가진다. 그렇다고 킹이 평화보다 정의가 중요하다고 주장하지는 않았다. 이보다는 정의와 평화를 연결하려고 하는데, 정의를 중심으로 해서, 정의가 방향을 정해주면서 평화를 이루려 한다. 평화를 위한 평화가 아닌 정의가 세워진 평화를 원했다.

킹에게 있어서, 평화와 정의를 연결하는 핵심적 연결고리는 비폭력 저항 운동이다. 불의를 극복하고 정의로운 사회를 만들어나가기 위해서는 반드시 평화로운 수단을 통해야만 한다. 그것이 바로 킹의 비폭력 저항 투쟁이다. 비폭력은 정의를 이루는 수단일 뿐 아니라 평화 자체를 실현하면서, 한 사회를 평화로 나아가게 하는데 결정적인 역할을 한다고 킹은 믿었다. 킹 목사에게 평화의 길은 정의의 문을 통하지 않고는 나갈 수 없다. 이 정의의 문은 폭력이라는 열쇠로는 열수 없고, 비폭력 투쟁이라는 열쇠로만 열수 있다.

그러나 "평화적" 수단이 되고자 천명한 비폭력 투쟁은 현실 속에서 불가피하고도 필연적으로 평화롭지 못한 갈등의 상황을 만들어 내곤 하였다. "자신의 목소리가 무시당한 사람들의 언어"로서의 흑인 민중들의 폭력에 대하여 킹 목사도 생애 마지막에 수용적 태도를 취하였다. 이러한 논쟁은 평화와 정의를 현실 속에서 통합하는 것이 얼마나 어려운가 하는 문제를 제기해주고 있다.

성경의 시편 말씀이 잘 표현하고 있는 것처럼, 이 땅에 살고 있는 사람들은 "정의는 평화와 서로 입을 맞추"[59]는 세상을 꿈꾸며 희망한다. 그러나 현실의 삶 속에 정의와 평화는 갈등과 충돌하는 경우가 많다. 킹의 사상은 정의와 평화를 연결하려는 한 시도를 보여주었다. 그러나 그의 접근법은 전쟁이 벌어지려고 하거나 전쟁이 벌어진 곳에 적용하기는 어렵다. 이런 점에서 킹의 시각을 보편화하는 데는 무리가 있다. 이 지점에서 정의와 평화는 상대방의 개념으로 완전히 환원될 수 없는 고유한 영역과 의미를 갖고 있음을 다시 한 번 되새겨보지 않을 수 없다. 이러한 제한점에도 불구하고 킹의 시각은 불의 때문에 억압당하는 사회에서 정의와 평화를 함께 이루려고 노력하는 이들에게 큰 영감을 주고 있다. 킹의 의미와 한계 속에서 우리는 지혜를 찾아야 한다. 정의와 평화로운 세상을 위해서.

---

59 시편 85:10 (새번역).

참고문헌

마이클 샌델/안규남 옮김. 『민주주의의 불만: 무엇이 민주주의를 뒤흔들고 있는가』. 파주: 동녘, 2012.

_____/김명철 옮김. 『정의란 무엇인가』. 서울: 와이즈베리, 2014.

Allan, Pierre and Alexis Keller. *What Is a Just Peace?* New York: Oxford University Press, 2006.

Barash, David. *Approaches to Peace.* Oxford: Oxford University Press, 2000.

Bass, S. Jonathan. *Blessed Are the Peacemakers: Martin Luther King, Jr., Eight White Religious Leaders, and the 'Letter from the Birmingham Jail.'* Baton Rouge: Louisiana State University Press, 2001.

Cannon, Katie. *Black Womanist Ethics.* Eugene: Wipf and Stock Publishers, 2006.

Colaiaco, James A. *Martin Luther King, Jr.: Apostle of Militant Nonviolence.* New York: Springer, 1993.

Cortright, David. *Peace: A History of Movements and Ideas.* Cambridge: Cambridge University Press, 2008.

Deats, Richard. "Active Nonviolence Across the World." *Fellowship* Vol. 75, Iss. 1-6 (Winter, 2009), 20-29.

Fahey, Joseph J. and Richard Armstrong. eds. *A Peace Reader: Essential Readings on War, Justice, Nonviolence and World Order.* New York: Paulis Press, 1992.

Galtung, Johan and Dietrich Fischer. *Johan Galtung: Pioneer of Peace Research.* New York: Springer, 2013.

Gandhi, M. K. *Non-violent Resistance.* New York: Schocken, 1961.

Groff, Linda. "A holistic, evolving view of peace, with implications for development." *Journal of Globalization for the Common Good* (2007), 1-26.

Groff, Linda. "Seven concepts in the evolution of peace thinking." *Peacebuilding: Newsletter of the Peace Education Commission of the International Peace Research Association* 3/1 (2001), 11-15.

King, Marin Luther Jr. *Stride Toward Freedom: The Montgomery Story.* New York: Harper & Row, 1964.

_____. *One Dream or Two?: Justice in America and in the Thought of Martin*

Luther King Jr. Lexington Books, 2002.

_____. *Where Do We Go from Here: Chaos or Community?* Boston: Beacon Press, 2010.

_____ and Clayborne Carson. *The Autobiography of Martin Luther King Jr.* New York: Time Warner, 1998.

_____ and Cornel West. *The Radical King.* Boston: Beacon Press, 2016.

_____ and James Melvin Washington. *A Testament of Hope: The Essential Writings and Speeches of Martin Luther King, Jr.* New York: HarperCollins, 1991.

Kymlicka, W. *Multicultural Citizenship: A Liberal Theory of Minority Rights.* Clarendon Press, 1995.

Peck, James. *Cracking the Color Line: Nonviolent Direct Action Methods of Eliminating Racial Discrimination.* New York: CORE, 1960.

Sharp, Gene. *The Politics of Nonviolent Action.* Boston: Porter Sargent Books, 1973.

Smith, Efrem. *The Post-Black and Post-White Church: Becoming The Beloved Community in a Multi-Ethnic World.* San Francisco: John Wiley & Sons, 2012.

Watson, Martha. "The Issue Is Justice: Martin Luther King Jr.'s Response to the Birmingham Clergy." *Rhetoric & Public Affairs* 7/1(2004), 1-22.

Welch, David A. *Justice and the Genesis of War.* Cambridge: Cambridge University Press, 1995.

Westin, Alan F. *Freedom Now: The Civil Rights Struggle in America.* New York: Basic Books, 1964.

World Council of Churches. *Just Peace Companion,* Second Ed. Geneva: WCC Publications, 2012.

Yoder, John Howard. *Nevertheless: The Varieties and Shortcomings of Religious Pacifism,* rev. and expanded ed. Scottdale, Pa.: Herald Press, 1992.

Young, Nigel. "Concepts of peace: From 1913 to the present." *Ethics & International Affairs* 27/2 (2013), 157-173.

세월호 안전담론 투쟁과
주체의 평화를 향한 연대 욕망

고 성 휘

(성공회대학교)

1. 들어가는 말

2014년 4월 16일. 우리는 아무런 손을 쓰지도 못한 채 304명의 꽃들이 바다 속으로 수장되어가는 이 시대 최대의 비극을 보았다. 세월호를 통해 그동안 숨겨졌던 정치사회 제 문제들이 차례로 수면 위로 드러났고 우리 사회는 안전담론을 시작으로 생명윤리, 공동체, 치유, 기억, 미디어, 죽음담론 등의 사회담론에 귀를 기울이게 되었다. 그중 가장 먼저 떠오른 핵심담론인 안전담론은 지지부진한 논의 속에서 헤매다가 2016년 4.16 생명안전공원 설립에 대해 안산시 주민들과 대립을 초래하면서 다시 한 번 불거진 담론이 되었다. 누구를 위한 안전인가, 안전의 범위는 어디까지인가 등의 논란이 지속되면서 타자의 안전과 나의 안전이 밀접히 연관되지 않을 수도 있다는 의구심이 고개를 들었다. 그의구심은 사회적 약자로 분리되어버린 자들을 향한 세금도둑이라는 혐오로 전환되게 만들었고, 이내 '죽은 자는 뒷산으로'라는 말로 안전사회에서 분리된 죽음에 대한 공포를 밀어내는 터부의식을 불러내었다. 이처럼 안전은 우리 사회를 평화롭게도 만들지만 오히려 폭력적인 갈등의 사회로까지 치닫게 만들기도 한다. 과연 안전사회와 평화로운 사회는 공생할 수 있을 것인가.

2. 신자유주의 통치 수단으로서의 안전담론

1) 통치수단으로서의 안전

인류가 국가를 세운 가장 큰 이유 중의 하나는 인간이 스스로 감당할 수 없는 위험에 대비하려는 것이다. 더욱이 대한민국은 짧은 시간에 압축성장을 하면서 위험과 안전 문제에 거의 관심을 두지 않은 채, 오로지 외형적 성장에만 몰두하는 '폭압적 근대화'의 길로만 달려왔다. 위험사회[1]에서 위험은 근대화를 이룬 서구 사회에서 나타났는데 우리나라는 더욱이 짧은 시간에 압축성장을 하면서 위험과 안전 문제에 거의 관심을 두지 않고 외형적 성장에만 몰두하는 폭압적 근대화의 길로만 달려오면서 서구 사회가 가졌던 위험요소뿐 아니라 '파행적 근대화'가 남긴 사회적 합리성 무시나 부족으로 말미암은 요소들까지 내포하고 있기에 이중적 위험사회라 할 수 있다.[2] 이러한 이중 위험사회 속에 사는 국민들의 의식 속에는 불안심리가 작동하게 되고 이 불안심리는 다시 국가에게 강력한 권력을 주어 불안을 해소하고자 하는 심리적 충동을

---

1 Ulrich Beck/홍성태 옮김, 『위험사회: 새로운 근대(성)을 향하여』 (서울: 새물결, 2006).
2 허완중, "국가의 목적이면서 과제이고 의무인 안전보장", 「강원법학」 vol. 45 (2015), 6, 65-66.

갖게 한다. 권력은 국민의 안전에의 심리적 충동을 증가시켜 안전담론의 헤게모니를 갖게 된다. 이로써 권력은 시민의 능력과 시민의 권리를 통해 안전을 매개로 하는 통치를 작동하게 되는 것이다.[3] 따라서 권력은 결코 고정되고 폐쇄된 체계가 아닌 끝없이 열려 있는 전략적 게임을 조장하면서[4] 안전담론의 헤게모니를 전취하려 한다. 그 대표적인 예가 바로 세월호 참사이다. 권력이 안전을 통치 권력을 증가시키는 도구로 사용할 때 세월호라는 안전사고는 이미 정치적인 전략 게임이 된다. 현재까지도 세월호의 침몰의 원인이 밝혀지지 못하여 여러 가지 추측을 가능케 하는 상황에서 희생자 수색이 아직 한창이었던 2014년 5월, 참사가 난 지 보름 정도 지난 시기에 정부는 이미 참사를 평계로 안전에 대한 더 많은 권리확보와 비용에 대한 계획을 세워놓았다. 기획 침몰인지는 아직 밝혀지지 않았으나 참사가 난 지 얼마 되지 않은 시기에 이미 안전을 매개로 전략을 세웠다는 사실은 권력이 안전을 통치의 도구로 사용하기에 용이하다는 것을 증명한다.

권력은 안전의 작동을 위해 규율메커니즘에서 발전된 안전메커니즘의 통치 원리를 갖는다.[5] 규율메커니즘은 일정한 공간을 중심으로 구심적 특성을 갖고 있는 데 반해 안전메커니즘은 거꾸로 언제나 바깥을 향해 확대되려는 원심적인 경향을 갖는다. 이 특성은 끊임없이 새로운 요소의 통합을 추구한다. 생산자, 구매자, 소비자, 수입업자, 수출업자의 생산 활동, 심리, 반응, 행동방식이 통합되고 세계시장이 통합된다. 여기서 문제가 되는 것은 점점 거대해지는 회로를 조직하는 것, 혹은

---

3 Michel Foucault/홍성민 옮김, 『권력과 지식: 미셸 푸코와의 대담』(서울: 나남, 1991), 305.
4 Colin Gordon/심성보 역, "통치 합리성에 관한 소개", 『푸코 효과: 통치성에 관한 연구』(서울: 난장, 2014), 20.
5 푸코는 안전을 확보하는 것이 통치성의 근본 개념임을 증명하면서 정치적 사목이라는 실천적 형태, 즉 세속적 안전과 번영을 목적으로 한 '전체적인 동시에 개별적인 통치' 형태로서 사목 권력을 제시한다.

그 회로가 자연스럽게 발전하는 것을 내버려두는 것이다.6 이 두 메커니즘의 차이는 '방임'의 의미를 살펴보면 더 분명해진다. 규율메커니즘에서는 규율을 지키기 위해 특정한 공간에 존재하는 이들의 생사여탈권을 권력이 갖는다. '살게 내버려 두는 것'이다. 안전을 위한 규율을 개인이 지키지 않을 때 권력은 공동체의 안전을 지키기 위해서 규율에 복종하지 않는 자의 죽음을 맞게 하는 반면에 삶을 살아가는 것에 대한 권리는 방임해 버린다. 규율을 지키지 않는 것에 대한 대가로 권력이 생사여탈권을 갖는 것이 곧 안전을 지키는 방법이다. 하지만 안전메커니즘 하에서의 방임은 '죽게 내버려 두는 것'이다. 죽어가는 사람이 있어야 권력에 더 많은 권한이 집중되고, 더 많은 비용이 지불되며, 국민의 권리가 더 많이 권력에 양도될 수 있기 때문이다.

이러한 안전메커니즘의 원리는 곧 세월호 사건 직후 곳곳에서 터져 나오는 총체적인 문제점들에서 원심적인 방향의 모습을 나타내 보이고 있다. 세월호 사건의 진상을 파헤칠수록 구원파 문제, 고용 문제, 규제완화의 문제, 과적화물의 문제, 고박의 문제 뿐 아니라 해경과 언딘의 유착, 제주 해군기지 문제, 청해진 해운과 국정원 유착 등으로 문제의 사안이 점점 확대되면서 하나의 원인으로 규명될 수 없는 총체적인 문제의 그물망을 발견하게 된다. 죽게 내버려두는 정치의 결과 304명의 꽃 같은 생명이 수장 당했고 국가는 이것으로 안전에 대한 비용계산을 더 강조하며 국민들을 위협한다. 죽게 내버려 둠을 당할 것인가 살 수 있는 사회 안에 온존해 있을 것인가를 선택하게 하고 그 선택의 결과로 안전을 위한 더 많은 비용과 권리를 국가에 양도하게 만든다. 세월호 참사 직후인 2014년 7월 30일에 실시된 국회의원 재·보궐 선거에서 11대 4로 야권의 참패를 기록하였다. 여권은 경제 활성화를, 야권은 세

---

6 Michel Foucault/심세광·전혜리·조성은 옮김, 『안전, 영토, 인구』(서울: 난장, 2011), 82.

월호 심판론을 들고 나왔다. 하지만 여론은 세월호보다는 경제 활성화를 택하였다. 이는 세월호로 인해서 경제가 침체되는 것에 대한 불안심리가 크게 작동한 결과였다. 국민은 세월호라는 대참사를 겪으면서도 국가에게 더 많은 권리를 안겨 줌으로써, 여권은 야권에 대하여 공세를 취했으며 세월호 국정조사는 열지도 못한 채 끝나게 되었다. 안전의 비용과 권리가 국가에게 터무니없이 이양되었을 때 국민이 당해야 하는 권리박탈의 문제들은 이제 정부로 하여금 국정교과서 선언을 위시하여 순차적으로 위안부 합의라는 파행적인 정책을 강압적으로 할 수 있게 하는데 정당성을 부여하였다.

안전메커니즘은 사람들로 하여금 사건을 통해 강박의식을 불러일으키게 한다. 안전에 대한 불신이 극에 달하게 되는 참사를 맞이했을 때 두 가지의 사회 심리적 기제가 작동하게 되는데 그 첫째 기제가 귀속이론이다. 귀속이론은 사람들이 사건의 원인을 어떻게 판단하는가에 관한 인지이론이다. 사람들이 사건의 원인을 설명할 때 범하는 주된 오류는 자기중심적 착각에 빠지는 것이다. 긍정적인 사건들의 원인은 자기에게 귀속시키고, 부정적인 사건들의 원인은 남들에게 귀속시키는 것이다. 그래서 사람들은 긍정적인 사건들은 자기 집단에, 부정적인 사건들은 다른 집단에 귀속시킨다. 이 귀속형태는 타자에게로 돌려지는 부정적 사건들의 설명에서 성향적인 요인들의 역할은 과대평가하고, 상황적인 요인들은 과소평가한다. 자신보다는 타자가 부정적 사건들을 일으킬 가능성이 더 높고 자신이 처한 상황적인 것보다는 자신의 행동이나 성격이 그 원인과 연관된다.[7]

둘째 기제는 분리심리이다. 무의식적 방어기제의 하나인 분리는 일반적으로 자아의 좋은 경험과 감정들은 취하고, 나쁜 경험과 감정들은

---

7 Helen Joffe/박종연 · 박해광 옮김, 『위험사회와 타자의 논리』 (서울: 한울 아카데미, 2002), 119.

밖으로 밀어내는 것과 관련되어 있다. 맛없는 것을 뱉는 신체적 원형은 분리라고 불리는 원시적인 심리적 방어를 형성시킨다. 분리의 요점은 선을 침해하고 파괴하지 못하도록 선으로부터 악을 떼어놓는 것이다. 투사적 동일시(projective identification)는 한 사람이 소유를 원치 않는 자아의 일부를 외부 대상에 투사하는 것을 의미할 뿐 아니라 이 외부 대상들이 투사된 자아의 일부에 의해 소유되고 통제되고 동일시되는 것처럼 보이는 것을 의미한다. 투사과정의 목적은 자아의 악한 부분들을 제거하는 것뿐 아니라 결정적으로는 위험의 근원을 통제하기 위한 것이다.[8]

이렇게 경쟁의 원리에 의해서 바깥으로 밀려난 사람들의 약함이 '악'으로 치부될 때 사회적 약자들은 자신으로부터 선과 악을 분리시키고자 하는 욕망을 갖게 된다. 세월호 사건의 피해자들이 사회적 약자이고 이 약함은 곧 악으로 치부되도록 긴밀하게 연결시킬 때 무의식적 방어기제가 작동하게 되는 것이다. 박근혜 정부는 언론을 통해 세월호 참사 당일 안산지역의 특성을 집중 보도하면서 '가난한 집 아이들…'이라는 키워드를 등장하게 하였다. 가난한 집 아이들이 희생되었으니 그들은 아마도 보험금을 더 많이 받으려고 생떼를 부릴 것이라는 암시를 참사 당일부터 '사회적 약자 배제프레임'을 통해 가동시켰고 이들에게 주어지는 거대한 보험금에 내가 낸 세금이 쓰여야 함에 분노를 느끼도록 조장하였다. 이른바 '세금도둑'이 그것이다. 세월호 유가족에 대한 사적 공감대는 내 주머니를 털어가는 도둑으로 뒤바뀌는 프레임이 형성되면서 무임승차하는 특권층에 대한 분노가 역으로 '사회적 약자-세금도둑', '세월호 유가족 특혜-혈세 낭비'의 프레임으로 반전되게 된다. 신자유주의의 가장 핵심적인 키워드인 자율과 배제에 따른 경쟁의 원리[9]

---

8 같은 책, 136-137.

가 세월호 유가족을 혈세 낭비의 주원인으로 몰아세운다. 신자유주의 권력은 규율 권력처럼 규범의 내면화를 통해 순종적 주체를 형성하는 것이 아니라 시장원리의 내면화를 통해 자기 경영의 주체를 형성하고 그런 주체 형성 모델에 적응할 수 없는 개인들을 가차 없이 사회 바깥으로 내던짐으로써 안전한 사회영역을 확보하려 든다. 사토 요시우키(佐藤嘉幸)는 규율권력에 의해 규율화에 대한 욕망을 형성하고 신자유주의 권력에 의해 자기-경영에 대한 욕망을 형성함으로써 주체를 복종화한다는 점을 분명히 한다.[10] 사회적 약자이면서도 자신이 약자이기를 거부하는 타자의 욕망이 우리 내면에 가득해 있을 때 우리는 서로의 약함을 증오하고 모든 사회적 책임을 자신의 무능력 탓으로 돌리게 된다는 말이다. 자본주의가 우리를 지배하는 것이 아니라 우리를 통해 우리 자신을 지배하려 하는 것이며 거대한 통치적 속성 속에 우리는 우리 자신이 바라보고자 하는 곳을 보는 것이 아니라 권력이 바라보고자 하는 그 곳을 응시하고 있는 것이다. 타자의 욕망이 응시하는 그 시선을 자신의 시선으로 착각하는 사회적 심리기제가 곳곳에서 안전을 매개로 고개를 든다.

2) 안전에의 응시(gaze) 현상

앞서 서술한 바와 같이 신자유주의의 질서가 우리에게 주는 자유는 선택할 수만 있는 자유, 즉 소비를 선택할 수 있고 자기 경영의 방법을 선택할 수 있는 자유이다. 그 자유 속에는 배제된 시선이 자리 잡는다. 배제된 시선이란 다시 말하면 우리의 시선을 여러 가지 기표의 배열로

---

9 강내희,『신자유주의 시대 한국문화와 코뮌주의: 문화 사회론적 접근』(서울:문화과학사, 2008), 143.

10 佐藤嘉幸/김상운 옮김,『신자유주의와 권력』(서울: 후마니타스, 2014), 13.

형성된 문화의 그물망 안에 가두고 이미 지배질서 내에 형성된 그물망을 벗어나는 일체의 행위를 외면하게 하는 것이다. 하지만 그 강요되는 시선은 자기의 그물망의 모습을 드러내지 않은 채 우리로 하여금 그 안에서 배회함에 만족과 자유를 느끼게 한다.

바라보는 눈과 보여지는 응시, 즉 주체가 어떻게 시각의 장 속에 사로잡히며 그것에 의해 조종되고 매혹되는지[11]에 대한 설명은 세월호를 둘러싼 미디어 담론에서 보다 구체화된다. 2014년 세월호 침몰 당시 정부는 각종 SNS를 통하여 직접 여론을 형성하였고, 언론사에 보도의 기준을 제시하며 언론에 개입하였다.[12] 팩트보다는 메시지 전달에 주력하였던 미디어는 국민들을 권력이 요구하는 시선에 가두어버리며 순간적으로 세월호 사건에 대한 인식에 편견을 갖게 만들었다. 미디어는 '유가족-희생자-세월호'의 프레임에서 세월호는 '민주노총-선동-정치', '민주노총-반정부'로 연결되어 세월호 집회가 반정부 세력과 연결되었음을 강조했다.[13] 또한 미디어는 참사 직후 세월호 유가족의 사회적 약자 이미지 구축을 서둘렀다. 세월호 참사의 희생자들을 사회적 약자의 프레임에 밀어넣는 일은 외곽으로 밀려난 사람들이 당하는 참담한 피해가 자본주의 사회에서는 어쩔 수 없는 것이라는 왜곡된 인식을 심어주게 된다.

'가난한 집 아이들이 왜 수학여행까지 갔느냐'는 어느 한 개신교 목사의 비난을 시작으로 나로부터 타자를 떼어내기의 작업을 스스럼없이 하게 된다. 이데올로기는 사람들이 자신이 실제로 하고 있는 것을 알지 못한다는 사실, 즉 자기들이 속한 사회현실에 대해 그릇된 표상을 가지

---

11 Todd McGowan, *The Real Gaze: film theory after Lacan* (SUNY, 2007), 7.

12 박천웅, "재난 보도사진에 대한 '상호텍스트 정치' 시론",「문화와 사회」21 (2016), 9.

13 홍주현·나은경, "세월호 사건 보도의 피해자 비난 경향 연구-보수 종편 채널뉴스의 피해자 범주화 및 단어 네트워크 프레임 분석",「한국언론학보」59/6 (2015), 71.

고 있게 한다.14 이데올로기의 환상으로서의 미디어 조작은 대다수 국
민들로 하여금 세월호 희생자들에 대한 슬픔의 공유와 아울러 그 이면
에 사회적 약자에 대한 적대감을 갖게 만들며 양가감정을 유지하는 자
아이상과 이상적 자아의 동일시로서 바라보게 한다. 부모로서 함께 느
낄 수 있는 슬픔과 감정의 공유 및 연대의 움직임으로부터 철저하게 분
리시켜 상황에 무지한 자로 남기는 것이 세월호 참사에서 나타나는 사
회적 약자의 프레임으로 가둬 놓은 응시현상이다. 하지만, 주체-인간
주체, 인간의 본질인 욕망의 주체-는 상상적 포획에 완전히 사로잡히
지 않는다. 주체는 거기서 자신의 위치를 파악해낸다.15

> 세희 아빠는 정부가 내놓은 보상안에 울분을 토했다. "대한민국에서
> 유가족으로 산다는 게 어떤 건지 지난 일 년 동안 저희들이 해 온 것을
> 보시면 됩니다. (진상규명을 해달라며) 단식을 해야 했고 도보를 해야
> 했고 삼보일배를 해야 했습니다. 그리고 오늘 삭발까지 하게 됐습니다.
> 보상금이 부러우십니까, 부러우시면 유가족 되시면 됩니다. 바라건대
> 저희처럼 또 다른 유가족이 발생하지 않도록, 간절히 바랍니다. 저희
> 들, 먼저 시작하고 있습니다. 저희들처럼 되는 사람들이 더 없도록 바
> 라는 마음에서 저희는 앞으로 계속해서 가겠습니다."16

위의 사진은 2015년 진상규명을 위해 세월호 유가족들이 감행한
광화문 광장의 삭발식이다. 이들은 언론들의 일방적인 왜곡과 정부의

---

14 Slavoj Žižek/이수련 옮김, 『이데올로기의 숭고한 대상』 (서울: 새물결, 2013), 64.

15 Jacques-Alain Miller/맹정현, 이수현 역, 『쟈크 라캉 세미나 11 -정신분석의 네 가지 근본
개념』 (서울: 새물결, 2008), 166.

16 "세월호 유가족의 탄식 '보상금이 부러우십니까?'", 「아시아 경제」, 2015. 4. 2.

[사진 1] 2015년 4월 2일, '세월호 배·보상법'의 중단을 촉구하는 눈물의 삭발식

은폐조작에 맞서 과감한 저항을 택했다. 이들은 삭발 이후 시민들의 차가운 시선에 또 한 번 몸살을 겪어야 했지만 언론과 정부가 강요하는 포획된 응시를 철저히 거부하고 자신들의 뜻을 굽히지 않았다. 응시가 만들어 놓은 상상적 포획에 사로잡히지 않는 주체의 출현, 이 주체들은 스크린의 기능을 자신의 시각으로 이끌어 올 수 있는 고유의 욕망을 가지고 있다.

3. 주체의 평화를 향한 연대욕망

1) 저항담론으로 전복되는 안전담론

4. 16 생명안전공원 설립을 위한 노력은 사건을 통과한 주체가 안전과 통치라는 두 개의 기표 사이의 벌어진 틈을 인지하고 안전담론을 자신의 담론으로 이끌어내는 과정이다. 세월호 안전공원을 둘러싼 안전과의 싸움은 생명관리정치에 대한 저항이자 근원적인 평화에의 욕망

이다. 살게 하고 죽게 내버려두는 정치에 대한 생명윤리의 싸움이며 적극적 평화를 향해 연대하는 주체의 싸움이다. 이는 통치로서의 안전, 보다 많은 비용이 계산되어야 하는 안전, 보다 더 많은 권력의 이양이 요구되는 안전, 배제를 기반으로 한 안전이 아니라 세월호를 둘러싼 제반 담론들, 즉 생명윤리담론, 공동체 담론, 죽음담론 등이 상호의존적으로 연결되어 보다 근본적인 삶의 가치로서의 안전을 주장하는 일이다. 안전이 경제적 효과나 통치에 있어서의 유용성이 아니라 생명존중과 윤리 그리고 공동체적 가치 등에 초점이 맞추어져 있을 때 안전은 응시의 시선, 지배담론의 시선을 몰수하여 주체의 욕망으로 전환되는 저항담론으로서의 의미를 가진다. 안전담론을 저항담론으로 만들기 위해 주체들이 어떠한 노력을 해 왔는지 4.16안전공원을 둘러싼 논쟁을 중심으로 살펴보려 한다.

　세월호 참사 직후 유가족들은 강하게 의문을 제기하였다. "국가는 어디로 갔는가", "국가는 무엇을 하였는가" 등 국가에 대한 근본적인 질문을 하게 되었다. 국가가 국민들에게 보여주는 안전이 진정으로 국민을 위한 안전인가, 정권유지와 통치의 유용성을 위한 안전인가에 본격적인 문제제기를 하게 되는 유가족들의 주장을 아래와 같이 볼 수 있다. 또한 안전을 위해 "가만히 있으라" 하는 세월호 선원들의 이야기가 국가의 통치방법의 축소판임을 철저하게 인식하게 된 유가족들에게 안전은 더 이상 국가의 통치술의 일환으로서가 아닌 시민 주권의 한 요구사항으로서의 안전으로 궁극적인 요구를 하기 시작한다.

생명의 소중함을 죽어서도 연장해서 느낄 수 있는 생명의 가치, 의미들이 새겨져야 하는데 우리나라는 아직 그런 것들이 부족하다. 여기 나오는 반대하는 세력들이 물론 세월호뿐 아니라 무조건적으로 싫어하는 측면들이 있는 것 같아요…. 우리 아이들을 보면서 느낀 것은 인간성을 회복

하고 생명의 소중함을 깨닫고 근본적인 안전체계가 갖춰지면서 정의로운 세
상이 될 때만이 본질적인 실상의 세계가 되지 않겠는가… 국민들은 세월호
로 인해서 눈을 떠야 한다. 인식을 전환해서 새로운 시각으로 목소리를
내서 저항할 땐 저항하고 해야 새로운 혁신이 이루어지는 거지… 이번
에 국민촛불 운동은 가만히 있으라는 억압적 통치에 저항해서 자기 목
소리를 낸 역사적 행동 아니겠느냐… 국민들도 저항의식을 가지고 주인
된 입장에서 나서고 행동하고 연대하고 그런 것들이 필요하다.17

　　그는 '맨 처음에는 아이를 찾아서 안산에 올라왔더니 나를 빼고 난
나머지 세상이 그대로이더라. 나를 뺀 이 세상은 허상이구나'를 느끼게
되었다고 하였다. 그는 세월호 참사를 보면서 세상과 국가와 자본이 우
리를 어떻게 억압하고 있는가를 알게 되었고 이제 허상에서 벗어나 실
상을 찾아야 한다고 생각하게 되었다. 실재를 마주한 주체가 그동안 인
식하지 못한 상징계의 균열을 직시하게 되었을 때 안전이라는 지배담
론의 역전현상을 일으키며, 저항담론의 상호적 관계 안에 주체로 서게
된다.
　　다음은 4.16 인권선언 전문의 일부분이다. 인권선언은 세월호 주체
들은 국가의 지배담론으로서의 안전담론이 통제와 억압의 산물이며 이
윤취득과 권력유지의 수단임을 지적하고 국가의 지배담론으로서의 안
전이 아니라 시민의 저항담론으로서 안전담론에 대한 근본적인 시각을
설명하고 있다. 이렇게 실재를 경험한 주체는 안전이라는 기표를 통해
담론의 역전현상을 만들어간다.
　　… 모든 사람은 그 자체로 자유롭고 평등하다. 안전한 삶은 모든 사람
이 누려야할 권리다. 안전은 통제와 억압으로 보장될 수 없으며, 돈으로 살

---

17 SY학생 아버지 인터뷰 중에서 (2017. 7. 24 안산 4.16 희망목공방).

438 4부 _ 시민운동과 평화

수 있는 것도 아니다. 자유, 평등, 연대 속에서 구현되는 인간의 존엄성이야 말로 안전의 기초이다. 우리의 존재가 오직 이윤 취득과 특권 유지의 수단으로만 취급되고 부당한 힘이 우리의 권리와 삶의 안전을 위협할 때 우리는 이에 맞서 싸울 것이다. 권리는 저절로 주어지지 않으며 우리가 협력하여 싸울 때 쟁취하고 지킬 수 있다. 권리를 위한 실천이 우리가 주권자임을 확인하는 길이며, 곧 민주주의 투쟁이다.

권력은 시민의 권리를 매개로 안전을 지배담론화하여 그들의 통치성을 향유하고자 한다. 하지만 그 향유는 허망한 욕망에 불과하다. 자연적인 사물과 투쟁하여 얻은 지식을 습득한 노예는 사물을 길들일 수 있는 능력을 갖춘다. 이 때 주인의 향유는 노예의 지식에 의존하며 노예를 매개로 하고 있으며 노예가 인정해주어야 비로소 주인이 된다. 마찬가지로 안전으로 확보되는 통치성의 근거는 시민 권력이다. 시민이 인정해주어야 비로소 정치권력은 통치성을 갖게 된다. 시민을 매개로 시민의 지식과 권리에 의존할 수밖에 없는 것이 안전담론의 원천적 구조이기 때문에 안전은 국가에 의해서 지켜지는 것이 아니라 주체 스스로가 지켜내는 것이며, 스스로의 권리를 양도할 수 없음을 주체가 밝혀내는 과정에서 담론의 헤게모니 위치는 역전된다. 결국 국가가 지키려는 안전은 시민의 힘에 의존하고 있기 때문에 지배담론이 텍스트를 변형시켜 불안정한 균형을 이루려 할 때 상호적인 텍스트들은 저항담론으로 이동할 수밖에 없게 되는 것이다.

2) 사회적 연대의 확산

신자유주의 체제는 규율이나 시장원리 같은 통치원리에 따라 자기

관리를 실행하는 주체를 형성하도록 한다. 하지만 주체가 자신을 표상
하기 위해 사용하는 기호 $1, $2, $3⋯ 의 순환과정에서 소외되어 사라
진 주체성이 오히려 통치 원리를 문제로 삼는 주체($)로 발생하게 된
다. 주어진 주체($)가 아니라 자신의 소외와 결여를 인정하는 주체($)
가 나타나게 된다. 왜 나는 자기 자신을 운영하는 주체로서 사회적 책임
을 떠맡아야 하는가에 대한 문제제기가 바로 그것이다. 자기경영의 주
체되기를 요구하는 통치 원리의 계산과는 달리 개별화된 주체에 의한
자기 형성이 왜 통치원리의 명령을 따라야 하는지에 의문을 제기하고
자신을 다른 방식으로 재창조하는 자기 변용의 실천이 빈번하게 나타
나게 된다.[18]

주체를 표상하기 위해 사용되어지는 기호 $1, $2들은 개별화된 언
표들의 집단적인 배치물이다. 주체는 자신을 표상하는데 있어서 이들
집단적 배치물을 통해서 드러내고자 하는데 여기에는 이들을 움직이는
다양한 축이 존재한다. 이때 가장 중요한 개념은 언표행위라는 집단적
배치물의 성격에 있다.[19] 행위와 언표의 복합체는 필연적으로 집단적
배치물을 얻어낸다. 배치물들은 끊임없이 변주되며, 끊임없이 변형들
에 내맡겨진다. 집단적 배치물은 언제나 소문과도 같고 서로 어울리거
나 어울리지 못하는 목소리들의 집합과 같다. 혼합 상태와 같은 목소리
들의 집합, 언표행위의 혼합물들이 서로 공감하거나 반감, 변질되거나
새로운 요소로 합체되거나 요소들끼리 침투하기도 팽창하기도 하는 여
러 혼합과 변용의 과정을 거치면서 개별화된 주체에게 하나된 목소리
로 결합됨을 돕는다.[20] 상호대립적인 언표행위가 권력과 주체 사이에

---

18 佐藤嘉幸, 『신자유주의와 권력』, 57.

19 Gilles Deleuze, Felix Guattari/김재인 옮김, 『천개의 고원』 (서울: 새물결, 2001), 156.

20 "여기에는 인력과 척력, 공감과 반감, 변질과 합체, 침투와 팽창이 있어 모든 종류의 몸체
들을 서로 변용시킨다." 같은 책, 175.

대립하면서 담론투쟁으로 확산되는 과정에서 주체의 언표행위의 혼합과 변용을 가져오게 된다. 이는 영토화, 재영토화, 탈영토화의 과정을 거쳐 사건을 직접적으로 경험한 주체뿐만 아니라 각자의 개별적인 주체들을 하나된 목소리로 묶어내는 역할을 하게 된다. 전 국민이 경험한 세월호의 집단적 기억은 주체들의 언표행위의 복합물로 표출된다. 권력이 세월호의 사건과 기억을 왜곡하고 진실을 봉합하려 해도 집단적 기억은 외현기억 뿐 아니라 암묵기억으로 남아 시민들의 언표행위로 확산되고 그 확산을 공유하며 새로운 집단적 배치물을 생산한다.

'네가 울면 내가 같이 울어줄게'
'생각 없는 사람보다 슬픔을 모르는 사람을 모르고 싶다'
'행동으로 복습하고 실천시킬 수 있게 하자'
'지켜봐주렴. 우리의 용기가 무엇을 바꾸는지'
'희망은 바다에서 일어나 세상으로 걸어 나온다'
'진실을 감추는 눈, 거짓을 말하는 혀'
'돈보다 생명, 권력보다 국민, 편리보다 안전'
'고개를 숙일 때마다 노란 리본에 눈이 찔린다'
'부끄럽습니다'
'팽목항에 흘리는 하나님의 눈물'
'사랑해 그리고 기억해'
'304의 십자가를 기억해'
'바닷물을 다 퍼내서라도 세월호를 어머니들 가슴에 띄우라'
'꽃만 봐도 서러운 그날'
'절대 잊지 않겠습니다'
'저는 엄마입니다'

세월호를 통과한 주체들의 암묵기억의 영토화 작업은 같은 기억의 과정을 겪지 않았어도 암묵기억이 가져다주는 사건의 의미, 그리고 서로의 아픔을 공감하는 마음의 공유 그리고 서로를 향한 신뢰들로서 형성되도록 하는 작업이었다. 세월호 유가족들은 어떤 치유 프로그램의

참여로 자신들의 트라우마가 치유되는 것이 아니라 사람들과 함께 아픔을 나눌 때 치유될 수 있음을 확신하였다. 이를 위하여 그들은 밀양 할머니들과 함께 아픔을 나눴고 광주 민주화 항쟁 유가족들, 쌍용차, 용산, 강정에서 기억으로 함께하는 많은 시민들과 함께 기억 나누기를 하면서 저항과 연대의 다짐을 하였다. 분명 외현기억은 서로 다른 기억으로 남아 있다. 하지만 암묵기억을 공유했던 그들 모두는 사건을 통과한 주체들로서 이데올로기의 호명에 응하지 않고, 권력이 응시하는 그 시선을 멈추고 오히려 권력의 응시의 점들을 한 발 뒤로 물러서서 연대의 힘으로 그들의 시선을 몰수하였다. 이로써 그들은 '우리 모두가 유가족입니다'를 외칠 수 있었다. 그리고 기억은 주체로 하여금 각자의 자리에서 기억 나누기의 힘을 유지시키는 일들을 추진하게 하였다.

> 그래도 이 일을 겪고 나서 남의 일을 돌아보게 된 것 같아요. 밀양이든 쌍용자동차든 사회문제가 됐던 것들. 나는 그들의 외침에 하나도 관심이 없었는데… 지금은 내가 사건의 한가운데 있지만, 내가 그랬던 것처럼 남들도 똑같이 그렇겠구나 싶어요. … 하루 아침에 될 것도 아닌데… 1진, 2진, 3진이 있어야 한다는 말이 맞는 거 같아요. 누군가 준비되면 나가고 또 다른 누군가가 준비되면 나가고…."[21]

서로 모르던, 각자의 삶 속에서 지내던 부모들은 세월호라는 사건으로 인해서 서로 모여서 만 4년여 시간을 함께하면서 공통의 관심사를 모아 공방과 같은 모임체를 만들었다. 공방은 각자의 취미생활의 연장선으로 보일 수 있으나 이 활동을 통하여 내부적으로는 단결과 공유,

---

21 416 세월호 참사 기록위원회 작가기록단,『금요일엔 돌아오렴』(서울: 창비, 2015), 232. CW학생 어머니 인터뷰 중에서.

그리고 서로의 아픔을 치유하는 공간을 만들었고, 외부적으로는 내부
적인 연대가 동력이 되어 공동체적 의식을 확인하고 더욱 강고하게 하
는 두 가지 활동의 상호작용을 이루면서 기억의 영토화를 이루었다. 이
들의 내부적 연대 역시 집단적 표상물을 매개로 하여 이뤄지는데 대표
적인 예가 꽃 누르미 공방, 4.16 희망 목공방 등이다. 이들은 언표행위
를 통해서 그들의 기억을 소환하고 기억하고 공유하고 그곳에서 힘을
얻는 것뿐 아니라 자신들의 몸으로 활동하는 것을 기억과 통합시켜 기
억을 소환하고 재해석하고 있다. 죽음의 고통 가운데서 생명을 기억하
는 것, 십자가 사건의 암묵기억을 공동체적으로 회복하는 일이 부활신
앙인 것처럼[22] 세월호 주체들이 기억을 재구성하며 공동체를 회복하려
는 노력은 사건을 통해 나눔의 의미를 주시는 하나님의 은총이다.

> 내 새끼 하나만으로도 압화로 하는 게 힘든데 또 다른 엄마들 이야기를 듣고
> 그 이야기에 맞춰서 압화로 이야기를 구성하는 과정을 도와줘야 하고 그래서
> 또 슬퍼져야 하고 또 팽목으로 가야하고 또 세월호 속으로 들어가야 하고…
> 그런데 나중에 이게 아 그게 아니구나. 든든한 친구가 생긴 거예요. 내
> 아이만 알다가 아이의 친구를 알게 되고 또 다른 아이를 알게 되고, 이건 바
> 람이 불면 안 되잖아요. 마른 꽃이라…에어컨도 안 되고 선풍기도 안
> 되고 자연바람도 안되고… 그거 하는데 큰 나비 304마리를 만들면서
> 엄마들이 우는데 눈에서는 눈물이 나오고요, 이마에선 땀이 나오고…
> 덥고 속상하고 애들 생각하며 말하면서 웃고 울고 정말 누가 보면 이상
> 한 집단이라고… (웃음) 웃으면서 울면서 했던 게, 여름에 제일 힘들었
> 던 것 같아요… 저희는 나가야 되면 얼른 나가요. 이거 해가지고 같이

---

22 권수영, "트라우마와 기억의 재구성-세월호 이후 십자가 신학과 실천",「신학논단」79,
    2015, 31.

[사진 2] 꽃누르미 작품 '결혼식'

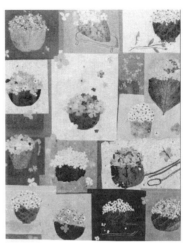
[사진 3] 꽃누르미 작품 '엄마 밥은 꽃밥'

[사진 4] 4.16 가족극단 2차 공연

[사진 5] 4.16 가족극단 '연극을 마치고'

친해진 엄마들이 밖에 나가서 활동할 때 더 반갑고, 사실 서로 몰랐잖아요. 그런데 이걸 하는 엄마들은 서로 반가운거예요. 서로 챙겨주고. 그래서 다 식구가 되어버렸어요. 이 공방활동이 우리로 하여금 또 새로운 힘을 줘요. 만일 한 사람이 이 모든 걸 했으면 나오지 않을 아이에 대한 이야기들, 예쁜 감동적인 이야기들을 공유할 수 없었겠죠.[23]

---

23 KW학생 어머니 인터뷰에서, 2017. 3. 28. 오후 4시~5시.

꽃 누르미, 뜨게 등의 수작업을 통해 괴로움을 잊기도 하고 아이들을 기억 밖으로 소환하여 서로 마음으로 만나고 내 아이의 친구들과 만나면서 몰랐던 내 아이의 이야기, 그리고 엄마들의 이야기, 학교 이야기 등을 할 수 있었다. 삶은 침몰하지 않는다. 이러한 공방 활동은 유가족들의 활동에 더 큰 의미를 부여하면서 한 편으로는 나눔으로, 다른 한 편으로는 삶의 안정을 찾아가는 모습으로 전환되었다. 3주기가 지나고 그들은 이제 생계유지를 위해서라도 각자의 삶의 자리로 돌아가면서 진실규명 싸움과 삶을 하나로 이어갔다. 그리고 또 다른 영역, 즉 4.16합창단 활동을 통해서 연대의 공간을 넓혀 나갔고 4. 16 가족극단 '노란리본'의 연극을 통해 시민들과 공유의 폭을 넓혀 나갔다.

세월호 유가족과 연대하는 많은 이들의 언표행위, '진실은 침몰하지 않는다', '우리는 포기하지 않는다', '어둠은 빛을 이길 수 없다', '끝까지 함께 하겠습니다' 등은 광화문 세월호 광장의 정치적 영토화의 기초가 되었다. '종북좌파', '사회적 혼란 야기자', '세월호 그만해라. 지긋지긋하다' 등의 대립된 언표행위에도 불구하고 광장에 모인 이들의 집단적인, 확산적인 언표행위는 권력의 담론으로부터 저항담론으로 변용되는 안전, 생명, 윤리, 기억, 언론, 치유, 죽음담론으로 변화, 확산되어 갔다. 그리고 안산과 세월호 광장의 기계적 축은 세월호로 드러나는 주체의 움직임과 담론투쟁으로서 드러나는 언표의 무수한 결합과 교체과정 등에 수직과 수평의 양 축으로서의 상호보완적 역할을 하였다. 만일 이러한 작업들이 진행되지 않았다면 세월호 투쟁은 지속될 수 없었으며 신자유주의의 질서 내에 저항하는 개별자로서의 주체가 광화문 광장에 촛불의 주체로서 등장할 수도 없었을 것이다. 이로써 어느 누구도 배제되지 않은 안전한 사회, 생명을 경시하지 않고 상호존중하며 사는 평화로운 사회를 주장하는 세월호 주체들은 서로의 연대를 통해 안전담론, 평화담론의 주체의 길을 열어간다.

4. 평화를 향한 저항의 연대

1) 사목권력과 하나님의 주권

안전담론은 이제 지배담론과 저항담론의 전복문제를 넘어서 하나
님의 주권의 문제로 확장된다. 안전을 매개로 한 통치권력은 생명의 존
엄보다는 오히려 죽게 내버려두는 배제의 정치를 통해서 국민 개개인
의 안전을 돌보는 주체가 권력 자신임을 주지시킨다. 이에 저항하는 세
월호 주체들은 생명의 존엄이 배제된 안전을 거부하고, 존재가 오직 이
윤 취득과 특권 유지의 수단으로만 취급되는 부당한 힘의 논리인 지배
담론과 싸웠다. 이 과정 안에는 하나님 주권의 문제와 이원화된 사목
주체의 문제가 기초되어 있다.

생명관리 정치의 역사를 서술한 푸코는 개별화와 전체화를 결합시
킨 세속적인 정치의 근대통치술이 사목권력(pastoral power)의 형태
를 근간으로 삼고 있다고 말한다. 사목이란 본질적으로 신과 인간의 관
계유형이다.24 이 때 목자는 신의 사목적 구조에 참여하는 자이며 목자
의 권력은 부양의 의무와 책무 안에서 드러난다. 근대국가 권력은 이러
한 사목권력의 형태를 오히려 통제와 내치의 중요한 관점으로 끌어들
여서 국가권력의 통치목적을 달성시키려 한다. 양떼 전체와 양 한 마리
한 마리 모두에게 신경을 쓰는 목동은 목자인 동시에 가부장이며, 통치
받는 인구는 "돌봐야 할" 양떼인 동시에 "집안의 자산인" 가축이기도
한, 두 가지의 상반된 사목의 특징이 통치 원리로 작용하게 된다. 양을
이끄는 자와 양떼의 관계가 전면적 의존관계가 된다는 사목 권력의 고
유한 특성에서 한 개인이 다른 개인에게 하는 복종의 관계가 도출된다.

---

24 Michel Foucault, 『안전, 영토, 인구』, 183.

이러한 전면적 의존관계가 개인화된 관계에서 비롯되었을 때 이 개인화는 예속의 네트워크 전체, 만인의 만인에 대한 전반적 예속일 뿐 아니라 개인의 중심적, 핵심적 형식인 자기, 자아, 이기주의의 배제와 관련된 네트워크에 의해 작동되게 된다.[25]

개인의 종속화는 전체를 위해 하나를 희생하고 하나를 위해 전체를 희생하는 사목권력의 역설에서 그 특징이 나타난다. 단 한 마리의 양도 목자의 지도와 안내행위에서 벗어나서는 안 된다는 역설로 인해 경우에 따라서는 전체를 위험에 빠뜨릴지 모를 한 마리의 양, 파문을 일으키는 양, 그 자신의 부패가 무리 전체를 부패시킬 염려가 있는 양은 내칠 필요가 있고 경우에 따라서는 배제하고 쫓아내야 할 필요가 있게 된다. 따라서 통치권력은 안전메커니즘이라는 배제된 안전을 통해 더 많은 권리를 획득하면서 국민에게는 복종의 관계, 의존의 관계를 유지하고 실천하도록 요구한다. 국민은 자신의 안전을 위해 권력에게 자신의 권리를 이양한다. 이러할 때 국민은 이미 예속의 네트워크, 배제 네트워크, 객체화 된 권력의 대상으로 전락하게 되는 것이다.

세월호 사건을 통해 본 통치 권력의 안전담론은 두 가지 문제로 다시 볼 수 있다. 하나는 안전을 위해 세세하게 보호한다는 사목의 개념에서 하나님과 인간관계를 이원화시키고 주체와 객체로 분리시켜 복종의 개념을 추출했다는 문제이다. 비대칭적이고 이원화된 하나님과 인간의 관계는 애초부터 의존적 관계일 수밖에 없다. 하지만 하나님과 인간의 관계는 연합적이고 상호의존적인 관계이지 종속, 의존의 관계가 아니다. 하나님의 안전을 위한 돌봄은 주체와 객체를 둘로 나누어 인간을 장악하는 과정이 아니라, 주체화된 인간이 고통 속에서 하나님을 만나고 그 고통과 함께 하는 하나님을 고백하는 과정을 돕는 하나님과 인간

---

25 같은 책, 263.

과의 연합활동이다. 이는 자식을 잃은 부모의 환원할 수 없는 고통이 사랑으로 전환되고 그들로 하여금 신 자체이기도 한 사랑의 속성이 끝없는 질문 속에서, 절규 속에서 찾아가는 향유의 길이기도 하다. 불가능한 향유를 받아들이는 것, 이것이 사랑이요 실천이다.[26] "신은 없었다. 세월호에 신은 없었다"고 절규했지만 그들은 다시 돌이켜 "세월호 안에 아이들과 함께 한 하느님을 믿는다"고 고백하였으며 또 미수습자 가족은 "여러분의 하나님은 어디 계십니까? 제가 믿는 하나님은 저기 저 세월호 안에 계십니다. 지금도 내가 믿는 하나님은 세월호 안에 9명을 안고 계십니다"로 고백하는 과정은 이미 하나님의 돌봄이 있음을 말한다. 연합으로서의 하나님의 돌봄은 폭압적인 세월호 사건을 통해 부재하는 하나님으로 그들을 좌절시키는 것이 아니라 오히려 단결시키고 지칠법한 대정부와의 싸움에 큰 원동력이 되는 힘을 부여한다. 여기에서 하나님의 돌봄은 감시와 배제가 아니라 '함께 이끌어감'이다.

둘째로 하나님의 주권을 어떻게 해석하느냐에 대한 문제이다. 세월호 사건을 통해 우리는 부재하는 하나님을 만났다. 강한 하나님이 아니라 약함의 하나님, 결핍된 하나님을 만났다. 강함의 주권을 가진 하나님은 심지어 폭력적이기까지 했다. 세월호 사건은 위계적이며 가부장적인 하나님, 권위적이고 집요하고 혐오적이며 식민적이고 군국주의적이며 폭력적인 하나님을 표상하는 강력한 주권개념의 하나님이 이미 부재하였음을 보여주고 있었다. 오히려 세월호는 강력한 주권의 하나님이 아니라, '위에서 아래로 향하는 형식'을 버리고 땅을 통치하는 왕이라는 인식을 버린 강제성 없는 주권의 하나님을 만나게 한 사건이었다. 이 사건을 통해 생명의 존엄함과 안전한 사회, 적극적인 평화의 사회를 향하고자 하는 세월호 주체는 연약함, 낮아짐, 모순 및 저항으로

26 Jacques-Alain Miller, ed., *The Seminar of Jacques Lacan 7; The Ethics of Psychoanalysis*, trans. by Dennis Porter (W.W. Norton & Compony, Inc. 1997), 195.

표상되는 약함의 하나님의 해체적 부름에 응답하였다.

> **어디를 가든 당신이 계시더군요.** 더 이상 울 힘조차 없어 그저 멍하니 앉
> 아 바다만 바라보던 팽목항에도, 차가운 시멘트 바닥에서 하늘을 보며
> 잠을 청해야 했던 국회에도, 내리 쬐는 땡볕을 피할 그늘 하나 찾기 어
> 려웠던 광화문에도, 하수구냄새에 시달려야 했던 청운동사무소에도,
> 침몰지점이 바로 눈앞에 보이는 동거차도에도, 그리고 병든 몸을 이끌
> 고 세월호가 누워 있는 목포 신항에도, 당신은 계셨습니다.[27]

강제성 없는 주권의 하나님을 만난다는 것은 세월호를 통과한 주체
들이 그들을 사로잡는 안전담론의 '안전-배제-규율-종속'의 기표의
배열을 뚫고 '안전-생명-존엄-평화'의 기표를 재배열해 가며 주체화
되어가는 일이다. 배제된 안전은 오히려 인간을 끊임없이 위협하며 하
나님과 이원화시키고 자신의 삶과 연합하는 하나님을 볼 수 없게 만든
다. 두려움을 만들고 그 두려움으로 평화를 깨뜨리는 폭력을 심는다.
하지만 세월호 사건으로 만난 약함의 하나님과의 연합된 안전추구에의
활동은 이미 평화를 지향하는 주체들의 적극적인 발걸음이다. 안전메
커니즘 속에 숨어있는 폭력을 뚫고 저항하는 일은 우리의 궁극적인 평
화를 지키는 일이 되는 것이다.

2) 개별 주체에서 평화를 향한 연대로

신자유주의가 의도한 파편화된 개인은 다양성의 확산으로 아무것
도 결정되지 않은 주체를 형성하게 되고 자신을 각자 다른 방식으로 재

---

27 CH학생 어머니의 2017년 4월 11일 삼일교회 기도 중에서.

창조하는 변용을 하기 시작하였다. 특히 사건을 통과한 주체들은 소수자 되기를 두려워하지 않고 고립된 목소리를 내러티브의 실천으로, 사회적 자원으로 뒤바꿔놓는 일들을 하기 시작한다. 이들은 배제된 안전사회에서 배척되고 약자가 될 수밖에 없는 사건을 경험하면서 논리와 법에 의해 통치되는 수동적인 주체임을 거부하고 서로의 차이를 옹호[28]하며 고요히 잠든 세상을 깨우는 자들이다. 침묵의 폭력을 깨는 평화로운 주체, 혁명적인 부름의 주체로 나섬으로써 서로의 차이가 가져오는 시끄러운 목소리를 통해 그 과정에서 형성되는 가치[29]를 획득한다. 이들의 사회적 협력이야말로 평화의 길을 적극적으로 열어나가는 행위임을 보여주는 일이다. 5.18 광주 유가족, 밀양, 용산, 강정 등 전역에 걸친 평화로의 연대는 각자의 아픔의 결은 다를지라도 고요함이 불러오는 세상의 폭력에 저항하며 생명의 존엄함과 온전한 평화를 이루기 위한 행동은 하나임을 확인하는 과정이었다.

5. 나가며

세월호를 통과한 주체는 안전-배제-규율-종속의 기표의 배열을 뚫고 안전-생명-존엄-평화의 기료로 재배열하며 지배담론으로서의 안전담론을 저항담론으로 뒤바꾸어 놓았다. 이들은 또한 자식을 잃은 환원할 수 없는 고통 속에서만 머물러 있지 않았고 세금도둑이라는 사회의 냉대에 날개를 꺾지 않았다. 밖으로는 전국 각 지역 곳곳을 돌아다니며 시민들을 모아 세월호 투쟁을 벌여 나갔고 안으로는 자신들의 삶을 다져나갔다. 삶은 침몰하지 않음을 보여주었고 '우리는 엄마 아빠잖

---

28 John D. Caputo, "God without Sovereignty", *The Weakness of God* (Indiana University Press, 2006), 29-30.

29 Nick Couldry/이정엽 옮김, 『왜 목소리가 중요한가』 (서울: 글항아리, 2014), 19.

아'라는 서로의 호명으로 근 5년여 시간을 버텨나가며 '진실규명의 그 날까지'라는 아이들과의 약속을 지키려 지금도 마음을 다지고 또 다져 간다. 그들은 '죽은 자는 뒷산으로' 악다구니 쓰는 자들을 일일이 설득 하는 일에 게으르지 않았으며 더 이상 폭력이 일상이 되는 사회를 만들 지 않겠다는 시민들의 다짐을 모아 건립되는 4.16 생명안전공원이 순 조롭게 진행되도록 지금도 평화의 기도와 순례를 지속하고 있다. 그리 고 아픔의 결은 서로 달라도 침묵을 강요하는 폭력에 저항하는 5.18, 강정, 용산, 밀양의 주체들과 하나의 목소리로 연대하였다.

이들의 평화를 향한 연대의 발걸음은 우리에게 세월호, 쌍용차, 용 산, 강정, 밀양이 다른 지역의 일이거나 나와는 상관없는 일이 아닌 우 리 모두의 일이며 우리 모두가 지켜가야 할 평화를 이룩하는 일임을 함 께 고백하게 한다. 그리고 그 일에 함께 연대해야 함을 촉구한다.

참고문헌

강내희.『신자유주의 시대 한국문화와 코뮌주의: 문화 사회론적 접근』. 서울: 문화과학사, 2008.

권수영. "트라우마와 기억의 재구성-세월호 이후 십자가 신학과 실천."「신학논단」 79 (2015).

박천응. "재난 보도사진에 대한 '상호텍스트 정치' 시론."「문화와 사회」 21 (2016).

임진수.『전이와 반복』. 서울: 파워북, 2016.

허완중. "국가의 목적이면서 과제이고 의무인 안전보장".「강원법학」 vol. 45 (2015).

홍주현·나운경. "세월호 사건 보도의 피해자 비난 경향 연구 — 보수 종편 채널뉴스의 피해자 범주화 및 단어 네트워크 프레임 분석".「한국언론학보」 59/6 (2015).

416 세월호 참사 기록위원회 작가기록단.『금요일엔 돌아오렴』. 서울: 창비, 2015.

Beck, Ulrich/홍성태 옮김.『위험사회: 새로운 근대(성)을 향하여』. 서울: 새물결, 2006.

Caputo, John D. "God without Sovereignty." *The Weakness of God*, Indiana University Press, 2006.

Couldry, Nick/이정엽 옮김.『왜 목소리가 중요한가』. 서울: 글항아리, 2014.

Deleuze, Gilles & Felix Guattari/김재인 옮김.『천개의 고원』. 서울: 새물결, 2001.

Foucault, Michel/홍성민 옮김.『권력과 지식: 미셸 푸코와의 대담』. 서울: 나남, 1991.

_____/심세광·전혜리·조성은 옮김.『안전, 영토, 인구』. 서울: 난장, 2011.

Gordon, Colin/심성보 옮김. "통치 합리성에 관한 소개."『푸코 효과: 통치성에 관한 연구』. 서울: 난장, 2014.

Joffe, Helen/박종연·박해광 옮김.『위험사회와 타자의 논리』. 서울: 한울 아카데미, 2002.

McGowan, Todd. *The Real Gaze: film theory after Lacan.* SUNY, 2007.

Miller, Jacques-Alain. ed. *The Seminar of Jacques Lacan 7: The Ethics of Psychoanalysis,* trans. by Dennis Porter. W.W. Norton & Company, Inc. 1997.

_____ ed./맹정현·이수현 옮김.『쟈크 라캉 세미나 11 -정신분석의 네 가지 근본 개념』. 서울: 새물결, 2008.

Žižek, Slavoj/이수련 옮김.『이데올로기의 숭고한 대상』. 서울: 새물결, 2013.

佐藤嘉幸/김상운 옮김.『신자유주의와 권력』. 서울: 후마니타스, 2014.

함석헌의 평화론과 촛불혁명

전 철 후

(원광대학교 종교문제연구소)

1. 들어가는 말

한국 사회에서 평화운동의 대표사례는 촛불집회를 들 수 있다. 한국 사회의 촛불집회는 2002년 한 동네 친구였던 효선과 미선 양이 훈련 중이던 미군의 장갑차에 희생된 사건 이후 이들을 추모하기 위해 처음으로 시작되었다. 이후 국내 정치적, 사회적 문제가 불거질 때마다 시민들은 시위의 한 형태로 촛불을 들고 광장에 모이기 시작했다. 2004년 고 노무현 전(前) 대통령 탄핵 반대 집회나 2008년 미국산 쇠고기 수입 반대 집회, 2009년 용산 철거민 진압 참사 추모 집회 등이 있다. 2016년 겨울 후반부터 시작된 촛불집회는 정권 교체를 넘어선 한국 사회의 온갖 불평등한 적폐를 청산하고 새로운 사회를 열어가고자 하는 시민들의 요구가 담겨 있다.

촛불집회는 문화제의 형태로 이루어진다는 특징을 보인다. 법률적 불법성을 띠기보다는 어린이부터 어르신들까지 능동적이고 주체적인 참여와 공연과 침묵, 종교적 의식 등의 문화제 형식으로 이루어지고 있다. 촛불은 자신의 몸을 불살라 주위를 밝게 비춘다는 점에서 희생을, 약한 바람에 꺼지면서도 여럿이 모이면 온 세상을 채운다는 점에서 결집을, 어둠 속에서도 빛을 잃지 않고 새벽을 기다리는 불꽃이라는 점에서 꿈과 기원을 의미한다. 촛불은 종교적 성격이 강하다. 아메리카 인디언의 종교적인 집회소에서 불은 위대한 신령이 사는 성스러운 중심이다. 불교에서도 촛불은 인간의 영혼을 구제하며 촛불의 수직적인 빛의 상승을 통하며 인간의 뜻이 하늘로 올라가며 하늘의 뜻 또한 촛불을 통해 계시된다고 본다. 기독교에서는 촛불은 종교적 열정과 순교를 뜻한다. 또 예수의 '몸'을 상징하고 불은 '영원한 삶'의로의 변화, 즉 예수의 '부활'을 의미한다.[1]

한국 근대사의 세월 속에 함석헌의 평화사상은 20세기를 살았던 풍부한 역사적 경험과 철학 그리고 깊은 종교사상을 만들어냈다. 한국의 간디로 불리며 두 번이나 노벨평화상 후보로 추천되었던 삶과 사상을 이해함에 있어서 평화가 주된 사상임을 알 수 있다. 함석헌과 간디가 한국과 인도라는 특수 환경에서 평화를 보편적 진리의 차원에서 내세웠다. 그리고 함석헌은 세계가 하나로 되어간다는 것을 누구보다 먼저 내다본 사회진화론자였다.[2] 함석헌은 한국 근현대사의 구조적 폭력 안에서 해결해야 할 선행과제로 평화를 강조했고, 20세기 동양과 서양을 결합하여 독보적인 한국 사상을 만들고 억압과 불의에 정면으로 대응했던 평화운동가이자 역사, 문학, 종교, 사회 등 다양한 분야의 사상가였다.

함석헌은 민족정신을 담아냈던 사상가이면서 독재정권에 저항하

---

1 이나경, "촛불: 신성한 보호 공간에서의 의식화의 상징", 「상징과 모래놀이치료」 제7권 (2016), 74.

2 노명식, 『함석헌 다시 읽기』 (인간과 자연사, 2004), 54.

는 민주화 운동의 중심에 있었다. 또한, 민중을 억압하는 군사독재는 인간이 지향하는 평화의 길에 반하는 것이기에 저항하는 것이 평화를 만들어가는 것이라 주장했던 싸우는 평화운동가였다. 1970년 「씨알의 소리」 창간과 함께 민중운동을 전개하면서 반독재 민주화운동에 앞장 섰다. 특히, 1979년 미국 퀘이커봉사회의 추천으로 노벨평화상 후보에 올랐으며, 1985년에도 다시 한 번 노벨평화상 후보에 오른 20세기 한 국을 대표하는 평화운동가이다. 한국 사회의 비폭력적 정신이 담긴 평 화운동이면서 혁명이라 불리우는 촛불혁명이 함석헌의 평화론의 시선 으로 그 의미를 살펴보고자 한다.

2. 생각하고 행동하는 씨 올

'씨올'이라는 말은 유영모로부터 시작되었다. 그가 대학의 "대학지 도 재명명덕 재친민 재지어지선"(大學之道 在明明德 在親民 在止於至善) 을 "한배움 길은 밝은 속알 밝힘에 있으며 씨알 어뵘에 있으면 된 데 머묾에 있나니라"고 풀이하고, 民을 씨올으로 명한 것에서 '씨올'이라 는 말이 생겨지게 되었다.[3]

민중, 백성, 국민과 같은 말들이 엄연히 존재 하는데 굳이 '씨올'이 라는 말을 쓰는 까닭은 두 가지로 말 할 수 있다. 첫째, 민(民)이란 말 속에 지배ㆍ피지배의 관계가 설정되어 있다는 것이다. 이것은 봉건제도 의 잔재가 들어있기 때문이다. 민(民)이 봉건시대를 표시하는 말이라 면, 씨올은 민주주의 시대를 표시한다고 할 수 있다. 둘째, 우리의 민족 의 주체성과 민족혼을 되찾기 위함이다. 중국의 사대주의 한자문화에 의해 잃어버린 민족정신과 언어를 되찾기 위해서라도 순수한 우리말인

---

3 함석헌, "씨올", 『생각하는 백성이라야 산다』, 전집 14 (한길사), 323-324.

'씨올'을 쓰자는 것이다.4 함석헌에게 있어 '씨올'은 모든 삶의 근원이면 서도 거의 잊혀져가고 있던 민(民)의 제 모습을 찾기 위한 하나의 형상 이며 운동이다.

함석헌은 "'씨올'은 평화이며, 평화는 씨알에 있다. 씨알은 내재의 평화와 본질적인 평화이다. 때문에 씨알의 목적은 평화의 세계이다"5 라고 말하며, 씨알이 가지는 의미는 평화의 주체이며, 평화를 만들어가 는 하나의 요소로 보았다. 씨올이 자기 바탕에 따라 제소리를 내는 것이 평화운동의 시작이고 평화운동의 중심이다. 함석헌이 나이 70에 「씨올 의 소리」를 내고 평화의 외침을 부르짖은 것도 씨올의 본성이 평화이며 그것을 드러냄이 평화의 완성이기 때문이다.

함석헌은 씨올이 스스로 자기 생명이 불멸체임을 인식하게 되면 비 폭력 평화주의 정신을 일깨울 수 있을 것이라고 보았다.6 씨올이 자신 안에 있는 영성의 평화적 속올을 깨달을 때 평화실현의 기초를 닦는 것 이자 그 운동의 강력한 원동력으로 작용하는 것이다. 씨올의 평화주의 는 스스로 함에 대한 이해에서 비롯된다. 스스로 함에 있어서 어떠한 억압이나 폭력적인 방법은 원천적으로 거부된다. 스스로 함은 폭력의 거부이고 폭력에 대한 저항이다. 폭력이야 말로 스스로함을 방해하는 요소이다. 나와 남의 스스로 함을 지키기 위해서 어떠한 폭력과 강제를 거부해야 한다. 스스로 함은 불의한 권력에 저항하되 적대적인 권력자 들에 대한 폭력을 거부하고 상대의 이성과 양심에 호소하는 비폭력 저 항의 평화주의이다.7

함석헌은 평화운동은 곧 정신운동이기 때문에 가능 불가능을 계산

---

4 박재순, "씨올사상과 민중신학", 「씨올의 소리」 제96호 (1988), 62.

5 함석헌, "세계 평화의 길", 『6천만 민족 앞에 부르짖는 말씀』, 전집12 (한길사), 281-282.

6 함석헌, "씨올의 소리, 씨올의 사상", 『생각하는 백성이라야 산다』, 383.

7 박재순, "씨올의 생명사상", 『씨알 생명 평화』 (한길사, 2007), 144.

하지도 않고 성공과 실패를 따지지도 않는 인간의 속마음을 변혁하자
는 것이라 한다. 1946년 11월부터 발효되기 시작한 유네스코헌장은
'전쟁들이 인간의 마음들에서 시작되므로, 평화를 지키는 것도 인간의
마음에서 비롯되어야 한다'고 선언하면서 국제평화와 인류의 공동번영
을 목표로 하였다. 또한, 그동안 전개되어온 평화연구의 접근방식 중
한 가지는 인간적 개인적 접근방법이며, 전쟁의 원인을 인간성에 내재
해 있다고 보고 인간의 공격성, 전쟁본능을 순화함으로서 내면적 마음
의 평화는 국가 간의 전쟁을 막는 데도 이바지 할 수 있다고 본다.[8] 함석
헌 역시 비폭력적 평화는 종교가 가지는 영성운동을 통해 인간의 새로
운 정신운동으로 가능하다고 보고 있다. 함석헌은 일생을 종교체험을
통한 종교영성과 종교철학적 기재를 보임으로서 새 종교 운동을 통한
인간의 정신개혁을 강조하였다. 이는 민중을 빗대어 말하는 씨올이 곧
생명과 전체의식을 사상화 · 철학화해가는 '생각하고 행동하는 씨올'이
되어야 한다는 것이다.

3. 비폭력은 오직 길 감(道)

함석헌의 비폭력은 간디에게서 이어져 내려왔다. 간디의 비폭력 사
상은 상대방에 대한 적대감의 극복이자 폭력의 포기가 아니라 폭력으
로부터 자유스러운 비폭력이다. 비폭력은 현실의 삶에 진리를 실현하
는 것이다. 함석헌의 비폭력 사상은 평화를 실현하기 위한 삶의 방향이

---

8 최상용은 서양이 중심이 되어 전개되어온 평화연구는 세 가지 수준의 접근방법으로 나누
어진다고 한다. 첫째는 내면적 마음의 평화를 통한 인간적 개인적 접근방법이며, 둘째는
정치개혁과 민주화를 통한 국가 수준의 접근방법이며, 셋째는 연맹이나 세계정부를 설
립함으로써 평화에 공헌하는 국가 간의 교섭이나 기구를 통한 국제적 수준의 접근방법
을 말한다. 최상용, "근대 서양의 평화사상", 『21세기 평화학』 (풀빛, 2002), 13.

며, 정신혁명이었고 자기 희생정신을 동반하는 것이었다.

함석헌은 1965년에 쓴 "비폭력혁명"이라는 글을 통해 비폭력만이 우리가 나아가야 할 방향으로 제시하였다

> 우리 나갈 길은 오직 한 길 밖에 없습니다. 비폭력혁명의 길입니다. 그 것은 참입니다. 누구나 어떤 일에서나 지켜야 할 진리입니다. 영원한 진리가 이 시대의 나갈 길로 우리 앞에 나타난 것이 곧 이 비폭력의 길 입니다. 이날까지 이 역사를 이끌어온 것은 폭력주의였습니다. 그 결과 세계는 오늘에 보는 것 같이 이렇게 어지럽게 참혹하게 되었습니다. 이 제 그것이 이 이상 더 나갈 수 없는 막다른 골목에 빠졌습니다. 그것은 당연한 일입니다. 그것은 참이 아니요 거짓이기 때문입니다. 그러므로 이제 우리는 우리 생각과 행동과 살림을 근본적으로 전체적으로 고치 지 않으면 아니 되는 대목에 이르렀습니다. 그러므로 이것은 혁명의 길 이라는 것입니다.9

참된 혁명은 비폭력의 길이며, 그것이 진리로 향하는 길이라고 보 았다. 폭력주의라는 거짓에 맞설 대안으로 비폭력사상을 견지하였다. 평화를 지향한다면 실천을 위한 수단도 평화적이어야 한다. 고대 로마 의 전략가 베게티우스가 말한 '평화를 원하면 전쟁을 준비하라'는 격언 에 반대하며 근대 평화학에서는 요한 갈퉁의 『평화적 수단에 의한 평화 』라는 책의 제목처럼 '평화를 원한다면 평화를 준비하라'10는 말로 대 비하고 있다. 함석헌 역시도 비폭력 원리의 핵심은 수단과 목적의 일치 를 말하며, 비폭력의 목적은 수단의 길 감(道)이라고 표현하고 있다.

---

9 함석헌, "非暴力革命", 『인간혁명의 철학』, 전집2 (한길사, 1983), 34.
10 이동기, 『20세기 평화텍스트 15선』 (아카넷, 2013), 19.

목적은 선하면서 수단은 나쁜 것이 혁명이다. 그리고 수단이 나쁠 때
목적의 선은 남아있지 못한다. 목적은 끄트머리에만 있는 것이 아니라
전 과정의 순간순간에 들어있다. 수단이 곧 목적이다. 길이 곧 종점이
다. 길 감이 곧 목적이다. 그러므로 도(道)라는 것이요. 길 감을 바로
하는 것이 바로 그 목적이기 때문에 도덕이라 하는 것이다. 목적은 수
단을 신성화 한다. 목적을 위하여는 수단을 가리지 않는다. 결과만 좋
으면 좋다 하는 것이 모든 혁명가가 외치는 구호지만 속는 것이 바로
여기에 있다.11

여기서 혁명은 폭력을 의미한다. 그런 의미에서 폭력을 수단으로
하는 혁명은 모두 실패했다고 함석헌을 말하고 있다. 비폭력 평화운동
은 수단과 목적의 일치를 말하고 있다. 그리고 이것은 인간이 마땅히
도달해야 하는 길 감 곧 도(道)이다.

그러나 함석헌의 비폭력주의는 당시의 투쟁의 주류에 있는 사람들
에게 인정받지 못하였다. 과격한 투쟁으로 민정과 평화를 수립하려는
사람들에게 함석헌의 외침은 종교적 망상과 다름이 없었다. 비폭력이
라는 말은 폭력의 의미를 제한적으로 해석하는 곳에서만 유의미하다.
무력에 무력으로 대응하지 않음으로써 무력의 비인간성을 폭로하는 의
미로서 크지만 사회와 국가적 구성 자체가 폭력적이라는 인식이 확장
되어가고 있는 오늘날에는 제한적 효과만을 가져온다.

또한, 개인, 집단, 국가가 평화를 바라는 의도와 목적은 동일하지
않을 때가 많다. 가령 강자는 현 체제 및 질서의 안정을 통해 평화를
이루려 한다면, 약자는 강자에 의해 만들어진 불평등의 해소에서 평화
를 느낀다. 그래서 강자는 구조적 혹은 체계적 폭력을 불가피하거나 필

---

11 함석헌, 『함석헌 저작집』, 2권 (한길사, 2009), 170.

연적인 것으로 정당화하려 하고, 약자는 불평등의 해소를 위한 구조적
폭력에 대항하는 과정을 겪는다. 때문에 수단과 목적의 일치에 의한 길
감(道)은 타인의 희생이 아닌 자기희생을 필요로 한다. 함석헌은 "자기
희생을 각오해서라도 그 사람이 동의할 때까지 각성을 촉구하는 말을
계속해야 한다. 자기희생은 정신적으로 폭력을 이길 수 있다는 신념으
로 작용한다[12]고 말한다.

4. 다원주의적 평화공동체

촛불혁명의 과정은 시민성 함양의 직접적인 효과가 있었다. 특히,
참여의식과 공동체의식에 긍정적인 영향을 미치고 있었고 공동체 문제
에 대한 정치사회적 대화를 증진시키고 공동체 의사결정에 관여하려는
태도를 보인다. 사회문제에 대한 관심과 가치를 인식하여 사회변혁의
주체로서 거듭날 수 있는 계기를 제공하였다.[13] 이처럼 촛불혁명의 참
여 속에서 공동체 사회의 주체적이고 긍정적 변화와 의미는 함석헌의
평화공동체 사상에서도 살펴볼 수 있다.

함석헌은 평화의 개념을 동양적인 사고의 틀 속에서 이해한다.

평화란 말은 한문으로 平和라 쓴다. 평자는 기운이 땅에서 올라와서

---

12 함석헌, "人間을 묻는다", 『죽을 때까지 이 걸음으로』, 전집4 (한길사), 341.

13 도묘현은 2016-2017년 촛불집회 참여가 시민성(관용, 신뢰, 참여의식, 공동체의식)에 미
   친 영향을 실증적으로 분석하였다. 연구방법은 첫째로 촛불집회 참여자를 실험 집단으
   로 비참여자를 통제집단으로 선정하여 양 집단 사이의 시민성의 차이를 구명하였다. 둘
   째로 시민성에 미친 촛불집회 참여의 영향력은 시민성에 영향을 미치는 사회경제적 변
   수와 평상시 정치형태를 통제변수로 설정하여 분석하되, 위계적 회귀분석을 수행하여
   촛불집회 참여의 개관적인 영향력을 도출하였다. 도묘현, "2016년-2017년 촛불집회 참
   여가 시민성에 미친 영향력 분석", 「한국지방자치연구」 제19집 (대한지방자치학회,
   2017), 26-43 참조.

퍼져 나가는 것을 그린 것이요. (중략) 화자는 음악에서 여러 가지 소리를 골고루 잘 조화 되도록 낸다는 뜻이다. (중략) 한 사람이 노래를 하면 그것을 듣고 이쪽에서도 맞부는 것을 화답이라 한다. 이것을 한데 붙여서 생각한다면 이는 사람과 사람 사이, 집과 집, 단체와 단체 사이, 나중에는 나라와 나라 사이, 하늘과 땅 사이를 고르게 하는 것이 평화다.[14]

'평'(平)이란 단순히 반듯한 기계적, 물리적 정지 상태라기보다는 갇혀있는 기운을 헤쳐서 자유롭게 뻗어나가는 정신 상태를 의미하며, 그것은 골고루 갈라놓아서 많고 적고가 없도록 고르게 한다는 의미이다. '화'(和)란 음악에서 여러 가지 소리가 조화를 이루어 아름다운 음악을 만들어낸다는 의미에서 조화롭게 고르게 한다는 뜻이다. 평화는 인간 삶의 모든 영역 속에서 골고루 고르게 하며, 서로 조화와 통일을 이루며 인간 삶의 기운을 활짝 열게 하는 것이다. 이처럼 함석헌의 평화 개념은 정적인 상태의 개념이 아니라 동적인 상태이다.

또한, '평화'(平和)는 관계와 관계가 소통하고 조화로운 상태를 일컫는 폭넓은 개념으로 사용한다. 사람과 사람 사이, 집과 집 사이, 단체와 단체 사이, 국가와 국가 사이, 하늘과 땅의 사이마저도 고르게 하는 것이 평화이다. 이는 씨울이 개인, 사회, 국가 그리고 우주까지의 생명과 조화를 이루어가야 하는 공동체를 말하고 있다.

공동체(共同體)는 '같음(同)을 공유(共)하는 단체(體)'를 말한다. '같음'을 중시하기보다는 '공유'를 중요시 하면서 타자에 대한 포용성[15]을 키워 나가야 한다. 그리고 씨울은 무엇을 공유할 것인가에 대한 고민

14 함석헌, "한민족과 평화",『함석헌저작집』, 2권 (한길사, 2009), 245.
15 이찬수 편,『아시아평화공동체』(모시는사람들, 2017), 4.

이 필요하다. 함석헌의 공동체는 씨올의 정신 운동을 기반으로 동일성 내지 통일감의 공동체 보다는 다양성을 수용하고 포함 해 가는 평화공동체이다. 함석헌은 다양성을 포함한 조화로운 평화공동체에 대해 이렇게 표현하고 있다.

> 나는 통일된 한 빛깔의 한 가지 꽃만 만발한 봄을 상상할 수 없습니다. 붉은 장미가 아름답기 그지없지만 천하가 다 붉기만한 풍경은 완전을 잃은 모습입니다. 흰 백합의 향기가 아무리 좋아도 이 지구촌이 온통 흰 백합뿐이라면 백가지 꽃들의 천가지 빛깔과 향내를 결하여 쓸쓸할 것입니다.

함석헌은 전체로서의 민주주의 인식을 강조한다. 그리고 이는 '인간혁명'을 통해 '같이살기운동'의 이상적인 사회를 만들어가야 함을 말하고 있다.

> 근대의 정치이념은 링컨의 '민중을 위한, 민중에 의한, 민중의'라는 세 마디가 된다. 민중을 위할 뿐 아니라 민중에 의한 민중 자신의 정치여야 한다. 그러므로 그것은 민중이 직접, 전체가 하는 운동이어야 한다.[16]

민중이 직접 참여하는 민주주의 형태뿐만 아니라 민중이 함께 일어나는 운동임을 말한다. 전체로서의 민중을 강조하는 것은 근대의 민중은 자각된 민중이어야 한다는 것이다. 때문에 함석헌은 '인간혁명'을 강조하였다.

---

16 함석헌, "인간혁명", 『함석헌 전집2 - 들사람 얼』 (한길사, 1988), 36.

이제 인간은 일대혁명이 필요하게 된 때인데, 혁명은 결코 정권 다툼을 하는 일이 아니라 사회생활의 근본 제도를 전반적으로 변경하는 일이요, 제도를 고치는 일만이 아니라 민족의 성격을 고치는 일이며, 민족의 성격을 고치는 일이 아니라 나 자신을 혁명하는 일인데, 나는 내 본성이 제대로 있지 못하고 썩은 사람이다. (중략) 먼저 내 가슴 속에서 죄의 병균이 없어져야 한다.[17]

인간이 바뀌지 않으면 저항은 불완전하며, '같이살기운동'이 가능하기 위해서는 민중이 윤리적 종교적 존재로서 자기안의 '참 씨알'을 발견해 가야 한다는 것이다. 그리고 함석헌은 내속에서 인(仁)을 깨닫는 일, 하나님의 씨를 보는 일, '참 나'를 찾는 일이 자아개조이며 인간혁명이라 보았다.

함석헌의 평화사상은 여러 생명과의 조화로움 속에서 살아가는 '평화다원주의'(pluralism of peace)[18]의 공동체적 정신과 통한다. 이는 비폭력 평화운동이 일시적인 구호로만 그치는 것이 아니라 각자의 삶속에서 수용되어야 하는 실천과제이면서 생명운동이다. 정치이념, 민족, 지역, 남녀, 계층 간의 갈등을 넘어선 생명들 간의 조화로움을 인정해 가는 공동체의 형태여야 한다.

5. 나오는 말

한국 사회의 촛불혁명은 인간의 존엄성을 한층 승화시켰고, 그것의

---

17 함석헌, 같은 글, 67-68.
18 이찬수는 평화다원주의를 평화의 개념, 이유, 이해 등이 다양하다는 사실을 인정하되, 다양성들 간 조화의 가능성을 긍정하는 태도라고 말한다. 이찬수, 『평화와 평화들: 평화다원주의와 평화인문학』 (모시는사람들, 2016), 18.

고귀성을 강력하게 재확인시켜 주었으며, 시민들의 정치적 정체성을 회복해 주는 계기를 마련해준 공적 공간으로서 의미를 갖는다. 또한, 다양한 계층의 시민들이 참여하면서 자신의 고유한 정체성을 부각하고 시민들 간의 정치적 연대감을 형성할 수 있는 경험을 제공하였다. 촛불 광장은 정권교체를 성취하고 시대교체의 과제를 분명히 한 데 더하여 우리 자신과 화해하고 동료를 향한 신뢰를 재발견하게 해준 점에서 혁명의 시간이자 치유의 시간이었다. 또한, 인간 내면의 행복, 인권, 생명 등의 성스러움을 드러냄으로써 한국형 비폭력운동으로 긍정적 희망을 던졌다. 이제는 적극적 평화를 위한 비폭력적인 삶이 개인적인 것만이 아니라 전체적인 삶과 연관되고 있음을 자각해 갈 과제가 남아있다.

비폭력적인 삶은 진리에 따르는 삶이고, 다른 사람에 대한 사랑과 봉사를 통해서 가능하다.[19] 간디 역시 비폭력은 정책이나 방편으로서 일시적으로 동원되는 행동양식이 아니라 온 세상을 변화시키며 성장시키는 생명의 원천이며 열렬한 신앙의 대상[20]이라 말하고 있다. 자기의 삶 속에서 드러나는 것이기 때문에 사회를 벗어나서 이루어질 수 없다. 때문에 촛불혁명이 국가의 권력에 대항하는 비폭력적 운동으로만 그칠 것이 아니라 인간 삶의 전체에 대한 인권과 존엄성까지도 들여다봐야 한다. 촛불혁명이 한계를 극복하기 위해서는 인간과 인간 간의 구조적 폭력에 대응하는 좀 더 능동적인 수단이 필요하다. 그 비폭력의 수단들이 장애자, 성적 소수자, 외국인 노동자, 여성, 어린이 등의 사회적 약자들이 개별 민중으로서의 인간성의 성스러움을 배려하고 하나의 생명이 하늘의 존귀함으로 서로 연계되어 있음을 자각하여야 한다.

함석헌은 1988년 서울 올림픽 개회식에서 「평화로운 새 세계로의

19 이윤복, "비폭력운동에 관한 철학적 고찰", 「동서철학연구」 제41호 (2006), 450.
20 안신, "간디의 다문화 종교관에 대한 연구", 「종교연구」 제57집 (2010), 124.

초대」를 발표하면서 평화이론과 평화운동을 세계사에 알렸다. 이 시기에 서울평화올림픽 위원장의 자리를 수락하고 평화대회에 참석한 함석헌의 행위는 그와 절친한 안병무로부터도 거짓 평화주의자인 노태우 정권에 이용당하는 행동으로 비판받았다. 하지만 함석헌에게 평화는 노태우 정권보다 큰 가치는 한민족이었고, 한민족 보다 더 중요한 가치는 세계평화였다. 함석헌은 평화는 인류가 최후로 실현해야 할 과제임을 강조하고자 하였다.

함석헌은 평화운동을 전체의식에 바탕한 정신운동에 기반해야 한다고 말한다. 개개인의 시민들이 자기중심적인 가치매김에서 조화로운 공동체의식을 만들어가야 한다. 이러한 가능성은 한국 사회의 촛불집회가 비폭력 평화운동의 형태로서 보여 주었다. 하지만 이를 각자의 삶 속에서 얼마큼 수용해 나가느냐의 문제가 함석헌이 말한 '생각하고 행동하는 씨올'의 삶이다. 정신운동을 통한 개인의 혁명이 잠재된 씨올의 정신을 일깨울 수 있다.

폭력에 대응하여 비폭력으로 나서는 것은 자기희생이 없으면 불가능한 것이다. 함석헌은 비폭력저항은 정신혁명이 무력혁명보다 우선한다는 것을 말해주고 있다. 지금의 민중의 사회의식이 어느 정도 성숙한 시대에서 구조적 폭력과 억압에 맞서 비폭력저항을 일으키는 일은 함석헌의 평화사상에 중요한 요소이다. 이는 씨올로 대변되는 민중이 평화를 만들어 가는 핵심적 역할을 수행하여 갈수록 탈인간화해가는 현대사회에 인간존중의 각성을 말하고 있다. 함석헌은 다양성을 수용해 가는 조화로운 평화다원주의 공동체를 이상적인 세계로 바라보았다. 21세기 평화문제는 성소수자, 이주노동자, 장애인, 사회적 약자 그리고 최근의 난민 문제까지 확대 해 나가야 한다. 함석헌의 표현처럼 다양한 꽃내음이 만발한 평화공동체의 모습이 필요하다.

참고 문헌

김경재. 『함석헌 사상을 찾아서』. 삼인, 2001.

노명식. 『함석헌 다시 읽기』. 인간과 자연사, 2004.

마하트마 간디/박홍규 옮김. 『간디의 비폭력 저항운동』. 문예출판사, 2016.

박재순. "씨올사상과 민중신학." 「씨올의 소리」 제96호 (1988).

_____. "씨올의 생명사상." 『씨알 생명 평화』. 한길사, 2007.

이동기. 『20세기 평화텍스트 15선』. 아카넷, 2013.

이찬수. 『평화와 평화들: 평화다원주의와 평화인문학』. 모시는사람들, 2016.

최상용. "근대 서양의 평화사상." 하영선 편, 『21세기 평화학』, 풀빛, 2002.

함석헌. "非暴力革命." 『인간혁명의 철학』, 전집2. 한길사, 1983.

_____. "人間을 묻는다." 『죽을 때까지 이 걸음으로』, 전집4. 한길사. 1983.

_____. "씨올." 『생각하는 백성이라야 산다』, 전집14. 한길사. 1983.

_____. "세계 평화의 길." 『6천만 민족 앞에 부르짖는 말씀』, 전집12. 한길사. 1983.

_____. "씨올의소리, 씨올의사상." 『생각하는 백성이라야 산다』, 전집14. 한길사, 1983.

_____. 『함석헌 저작집』, 2권. 한길사, 2009.

김대식. "함석헌의 평화사상과 협화주의를 중심으로." 「통일과평화」 제8집 (서울대학교 통일평화연구원, 2016).

김명희. "종교, 폭력, 평화: 요한 칼퉁의 평화이론을 중심으로." 「종교연구」 제56집 (한국 종교학회, 2009).

김영호. "함석헌의 비폭력 평화사상과 그 실천 전략." 「우원사상논총」 제10집 (강남대학교, 2001).

안신. "간디의 다문화 종교관에 대한 연구." 「종교연구」 제57집 (2010).

이윤복. "비폭력운동에 관한 철학적 고찰." 「동서철학연구」 제41호 (2006).

지은이 알림

강응섭

프랑스 몽펠리에 III(폴 발레리)대학교 정신분석학과를 거쳐 몽펠리에신학대학교에서 조직신학 박사학위를 받았다. 현재 예명대학원대학교 조직신학 교수로 재직 중이다. 정신분석학, 리더십학 등의 학문을 엮으면서 인공지능 시대의 ps-system에 관해 고민하고 있다. 주요 저서로『한국에 온 라캉과 4차 산업혁명』,『첫사랑은 다시 돌아온다: 프로이트와 라캉의 사랑론』등, 번역서로『신화 꿈 신비』(M.엘리아데),『정신분석대사전』(루디네스코, 공역) 등이 있고, 논문으로 "다윗의 편지에 나타난 주체: 프로이트와 라깡의 관점으로", "사랑의 문자와 실재의 사랑: 라깡, 지젝, 중세스콜라신학에 따른 고찰" 등이 있고 이 가운데 신학과 관련된 논문을 엮어『라깡과 기독교의 대화: 라깡의 정신분석으로 기독교 읽기』로 출판하였다.

고성휘

성공회대학교에서 신학박사 학위를 받았으며, 질적 사례연구에 관심을 가지고 연구활동을 해왔다. 현재 목민연구소에서 1956~2000년에 이르기까지 수집된 목사 고영근의 사료를 중심으로 지역사 연구와 개인사 연구를 하고 있다. 주요 논문으로는 "세월호 담론투쟁과 주체의 전이현상 연구"(학위논문), "교회교육에 있어서 교육적 주체의 중요성과 스캐폴딩 사례연구", "협력적 관계가 교회와 마을공동체에 미치는 영향 연구" 등이 있다.

김상덕

영국 에딘버러대학교에서 기독교윤리와 실천신학 박사학위를 받았다. 현재 한국기독교사회문제연구원에서 상임연구원으로 재직 중이다. 평화학과 미디어연구, 공공신학의 관점에서 폭력과 갈등의 역사를 사진을 매개로 재해석하고 화해와 용서의 상상력에 대한 연구에 관심을 가지고 있다.

김은규

연세대학교 신학과를 졸업하고 동대학원에서 박사학위를 받았다. 성공회 성미카엘 사목신학연구원을 마치고, 성공회 사제로서 현재 성공회대학교 신학과 교수로 재직 중이다. 지은 책으로는『구약 속의 종교권력』(2013),『하느님 새로 보기』(2009),『제국의 신』(공저, 2008),『초월과 보편의 경계에서』(공저, 2008) 등이 있고, 옮긴 책으로는『구약성서의 희년』(1991),『성서비평 방법론과 그 적용』(1997),『구약오경 이야기』(2004),『구약입문』(공역, 2008) 등이 있다.

김종만

서강대학교 종교학과에서 비교종교학, 종교신학 전공으로 박사학위를 받았다. 현재 배재대학교 복지신학과에서 강의를 하고 있다. 종교간 대화와 한국 종교에 관심을 가지고 연구를 진행하고 있다. 주요 논문으로는 "상호존재신론: 틱낫한과 폴 니터를 중심으로"(2018), "틱낫한의 'Interbeing'의 관점으로 보는 개신교 재해석: 성육신, 원수사랑, 예배"(2018), "신학이 있는 묵상"(2019)이 있다.

김혜경

로마에서 가톨릭 선교신학으로 박사학위를 받았다. 그간 서강대, 가톨릭대, 성신여대, 한국학중앙연구원에서 강사 및 연구교수로 활동했다. 인문주의와 르네상스 문명, 동·서양문화사와 문명 교류사를 선교역사에서 조명해왔다. 저서로『예수회의 적응주의 선교』(2012),『인류의 꽃이 된 도시 피렌체』(2016) 등과 20여 편의 역서 및 "실천하는 영성가 요한 바오로 2세의 평화의 관점에서 본 가난의 문제"(2011), "마태오 리치의 세계지도에 대한 선교신학적 고찰"(2017) 등의 논문이 있다.

박문수

서강대학교에서 가톨릭신학으로 박사학위를 받았고, 현재는 북한대학원대학교에서 북한학 전공으로 박사학위논문(주제: 샌프란시스코 체제의 기원)을 쓰는 중이다. 가톨릭평신도영성연구소 소장과 가톨릭동북아평화연구소 운영연구위원으로 활동하고 있다.

박일준

감리교신학대학교 종교철학과를 졸업하고 동대학원을 거쳐 보스턴대학교(S.T.M.)
와 드류대학교(Ph.D.)에서 학위 과정을 마쳤다. 현재 감리교신학대학교 기독교통
합학문연구소 소속으로 감신대에 출강하고 있으며, 종교학, 철학과 신학의 접경
지역들에 대해 학문적 관심을 집중하고 있다. 저서로는『인공지능 시대, 인간을 묻
다』,『정의의 신학: 둘(the Two)의 신학』,『포스트휴먼 시대를 위한 종교철학적
상상력: 인간과 기계의 공생을 위한 존재론』,『종교와 철학 사이』(공저), *A
Philosophy of Sacred Nature: Prospects for Ecstatic Naturalism* (공저) 등이 있다.

박종현

연세대학교에서 한국교회사 전공으로 박사학위를 받았다. 관동대학교에서 교양
학부 교수로 일하였으며 한국교회사학연구원 원장으로 있다. 한국교회사와 기독
교 문화운동 연구에 주력하고 있다. 저서로『일제하 한국교회 신앙구조 연구』,
『기독교와 문화』,『한국 여선교사 기도회』,『변화하는 한국교회와 복음주의 운동』
(편저),『문화적 시대의 창의적 그리스도인』(공저),『세월호 이후의 신학』(공
저),『기독교 한국에 살다』(공저),『한류와 K-Christianity』(공저) 등과 다수의
논문이 있다.

박태식

성공회 사제로 현재 성공회대 신학과 교수로 재직하고 있다. 서강대 영문과와 동
대학원을 졸업했고, 독일 괴팅엔대서 신학박사를 취득했다. 에세이스트로 등단
했으며, 영화평론가로 활동 중이다. 한국 가톨릭 개신교 신앙·직제협의회 신학
위원장 직을 맡고 있다. 저서로는『넘치는 매력의 사나이 예수』(2013),『그것이
옳은 일이니까요』(2016),『팔레스티나에서 세계로』(2019) 등이 있다.

손원영

연세대학교에서 기독교교육학으로 박사학위를 취득하였고, 서울기독대학교 신
학전문대학원 교수로 재직하였다. 한국기독교교육정보학회 회장을 역임하였
고, 지금은 한국종교교육학회 부회장과 예술목회연구원 원장으로 활동하고 있
다. 주요 저서로는『프락시스와 기독교 교육과정』,『기독교교육의 재개념화』,
『기독교문화교육과 주일교회학교』,『영성과 교육』,『한국문화와 영성의 기독

교교육』, 『테오프락시스 교회론』, 『예술신학 톺아보기』(공저) 등이 있다.

윤영훈

미국 드류대학교에서 미국 복음주의와 종교문화사 연구로 박사학위를 받았다. 현재 성결대학교 신학부 교수로 일하고 있으며, 2012년 홍대에 빅퍼즐문화연구소를 설립해 대안적인 문화 연구와 문화선교를 위한 연구와 활동을 하고 있다. 저서로 『문화시대의 창의적 그리스도인』(2010), 『현대인과 기독교』(2013), 『복음주의와 대중문화』(2014), 『윤영훈의 명곡묵상』(2017) 등이 있고 다수의 역서와 논문을 발표하였다.

이민형

미국 보스턴대학교에서 실천신학—기독교 전도, 기독교 문화와 대중문화— 연구로 박사학위를 받았다. 현재 성결대학교에서 객원교수로 있으며, 기독교 교양과 문화신학, 미디어와 커뮤니케이션, 기독교 전도(선교)와 문화 등을 강의하고 있다. 또한, "오래된 미래"라는 팀을 이끌며 교회 안의 문화를 풍성하게 만드는 프로젝트를 진행 중이다. 문화와 종교 간의 연구를 통해 다채로운 신학적 논의를 끌어내고, 목회를 위한 실천적 제언을 하는 사람이 되려 한다. 최근에 학위를 마친 터라 머릿속에 품고 있는 "논문과 저서"는 이제부터 쏟아낼 예정이다.

이병성

캐나다 McGill University 에서 종교학으로 박사학위를 받았다. 박사학위 논문 제목은 다음과 같다. "Christianity and Modernity in Korea under Japanese Colonial Rule: the Federal Council of Protestant Evangelical Missions in Korea, Japanese Colonialism, and the Formation of Modern Korea." 기독교와 근대성, 종교와 정치에 대한 연구에 관심을 기울이고 있고, 현재 감리교신학대학교에서 기독교윤리학 강사로 강의하고 있다.

이상목

연세대학교에서 신약학을 전공하여 박사학위를 받았다. 현재 평택대학교 피어선신학전문대학원 연구교수로 재직 중이다. 초기 기독교를 그리스-로마의 사회 문화적 환경 속에서 해석하는 데 관심을 기울인다. 저서와 주요 논문으로는

『요한계시록』(연세신학 백주년기념 성경주석, 출간예정), "Christ's Πίστις vs. Caesar's *Fides*: Πίστις Χριστοῦ in Galatians and the Roman Imperial Cult", *Expository Times* 130/6 (2019); "Jesus' *Philoi* vs. Jesus' *Douloi*: Conflicts over the Paraclete's Function and Authority in the Johannine Community", *Expository Times* 129/8 (2018); "바울의 성령 이해와 그리스도의 몸이 지닌 공동체적 의미-대안 사회로서의 고린도교회", 「신약논단」 23/2 (2016) 등이 있다.

이찬수

서강대학교 화학과를 졸업하고 같은 대학원 종교학과에서 불교학과 신학으로 각각 석사학위를, 칼 라너와 니시타니 케이지 비교 연구로 박사학위를 받았다. 강남대 교수, 코세이가쿠린 객원교수, 난잔대학 객원연구원 등을 지냈고, 현재 서울대 통일평화연구원HK연구교수로 재직하면서, 종교평화학의 정립을 위한 연구를 하고 있다. 『평화와 평화들』, 『다르지만 조화한다 불교와 기독교의 내통』, 『인간은 신의 암호』, 『유일신론의 종말 이제는 범재신론이다』, 『아시아평화공동체』(편저), 『탈사회주의 체제전환과 발트3국의 길』(공저) 외 다수의 책과 논문을 썼다.

전철

독일 하이델베르크대학교에서 조직신학으로 박사학위를 받았다. 현재 한신대학교 신학과 부교수로 조직신학, 종교와 과학을 가르치고 있으며 한신대학교 종교와과학센터(CRS) 센터장이다. 『박근혜 정부의 탄생과 신학적 성찰』(공저), 『한국신학의 선구자들 ― 20세기 한국신학자 13인』(공저) 외 다수의 논문이 있다.

전철후

원불교 교무. 원불교 대학원대학교에서 석사학위를 마치고, 성공회대학교 NGO대학원 비정부기구학과에서 "함석헌의 평화사상"으로 석사논문을 쓰고 있다. 원광대학교 종교문제연구소에서 연구원으로 있으며, 종교 평화를 위한 연구와 토론 모임인 "레페스(REPES)포럼"에서 활동하고 있다. 원불교학을 기반으로 종교평화학과 통일 및 NGO에 관심을 갖고 공부하고 있다. 주요 논문으로는 "국제NGO 활동을 통한 원불교 세계화 방안 연구" 등이 있다.

엮 은 이   한국문화신학회

한국문화신학회는 1994년 유동식 교수님을 중심으로 민중신학과 토착화 신학을 한국적 신학으로 아우르려는 통 큰 몸짓으로 출범하면서, 한국적 신학의 핵심 소재를 '문화'에서 찾았다.

문화는 그 사회를 살아가는 이들에게 주어진 것이기도 하면서, 그 자신만의 창조성을 갖는다. 한국기독교학회의 일원인 한국문화신학회는 우리의 옛 문화만이 아니라 현대의 문화 안에서도 한국적 신학의 단초들을 찾을 수 있다고 믿으며, 진정으로 한국적인 것만을 추구하는 것이 아니라, 신학적 사유와 성찰로 숙성해 나아가기를 도모한다.

이런 노력들의 일환으로 지금까지 "한국 종교문화와 그리스도," "한국종교문화와 기독교," "한국종교문화와 문화신학," "한국문화신학 방법론에 대한 반성," "한국문화와 예배," "종교와 과학," "종교와 사이버 문화," "종교와 예술," "개신교와 조상 숭배," "한국문화신학의 새로운 모색" 등을 주제로 활발한 학술행사들을 주관해 왔으며, 최근에는 2011년에 〈한류와 정의〉를 주제로 연세대 기독교문화연구소와 함께 "한류, 종교에게 묻다"라는 제목의 일련의 강연들을 주최하기도 하였다.

이러한 활동들을 발판으로 한국문화신학회는 『한국문화와 풍류신학』(2002), 『죽음 삶의 현장에서 이해하기: 그리스도교의 죽음관』(2004), 『한국에 기독교문화는 있는가』(2005), 『한국신학, 이것이다』(2008) 및 『한류로 신학하기: 한류와 K-Christianity』(2013) 그리고 『세월호 이후 신학: 우는 자들과 함께 울라』(2015), 『소수자의 신학』(2017)을 출판했고, 이번에는 『평화의 신학』을 출판하면서 점차 고조되고 있는 한반도의 평화에 대한 상상을 '하느님 나라'와 연결 지을 수 있는 신학적 토대를 놓았다.